자살은 죄악인가 용기인가 아니면 도피인가

자살의 역사

이병욱 저

학지사

자살이란 무엇인가

인류 역사 이래 자살은 가장 오랜 전통을 유지해 온 고질적 현상 가운데 하나였다. 비록 종교적 신화에 가까운 이야기이긴 하지만 구약 창세기에는 아담과 이브의 아들 카인이 동생 아벨을 죽인 사실을 기록하고 있어 마치 자살보다 살인이 먼저 이루어진 것으로 볼 수도 있겠지만, 어쨌든 역사적 기록에 남겨진 최초의 자살은 기원전 11세기경 중국의 은나라 마지막 군주인 주왕과 이스라엘 왕 사울의 자살이라 할 수 있다. 물론 사울 이전에도 삼손이 스스로 목숨을 끊긴 했지만, 실제로 있었던 사실인지는 알 수 없다.

역사적으로 볼 때 이루 헤아릴 수 없이 많은 사람이 스스로 목숨을 끊었으나 문명이 발달할수록 자살의 빈도는 오히려 더욱 늘어만 가고 있으니 매우 역설적인 현상이 아닐 수 없다. 그런 점에서 무의식의 존재를 처음으로 알린 프로이트의 기념비적인 저서 『꿈의 해석』보다 3년 전에 발표된 프랑스 사회학자 에밀 뒤르켐(Emile Durkheim)의 『자살론』이 자살에 대한 가장 최초의 본격적인 학문적 탐색이었다고 할 수 있다.

자살을 전적으로 개인심리 차원에서 다루었던 프로이트는 자살도 자기를 향한 일종의 타살 행위로 보았기 때문에 자살이나 타살이 그 방향만 다를 뿐 근본은 같다는 것이 프로이트의 관점이었다. 하지만 뒤르켐은 자살을 개별적 행위가 아니라 사회적 조건에 의해 발생하는 현상으로 보고 그 사회적 유형을 네 가지로 나누어, 이기적 자살과 이타적 자살, 숙명적 자살과 아노미적 자살로 구분한 것은 너무도 유명하다. 그런데 자살에 대해 서로 상이한 접근을 시도한 프로이트와 뒤르켐 모두 유대인 학자라는 점이 특징이기도 하다.

어쨌든 이미 120년 전에 뒤르켐은 자살에 대한 사회학적 접근으로, 오늘날에도 그대로 통용될 수 있는 매우 놀라운 업적을 남겼다. 예를 들어, 여성보다 남성이, 기혼자보다 미혼자가, 저학력보다 고학력자가, 가톨릭과 유대교 신자보다 개신교 신자가, 전쟁 시보다 평화 시기에, 남부 유럽보다 북유럽에서 자살률이 훨씬 더 높다는 연구 결과를 발표한 것이다.

비록 뒤르켐은 자살의 유형을 네 가지로 구분했지만, 좀 더 세분해 보자면, 자기애적 자살, 자기징벌적 자살, 허무주의적 자살, 이타적 자살, 공격적 자살, 수동적 자살, 충동적 자살, 준비된 자살, 도착적 자살, 미필적 고의에 의한 자살, 동반 자살, 집단 자살, 만성적 자살 등으로 구분할 수 있을 것이다.

전통적으로 서양은 죄의식의 문화요, 동양은 수치심의 문화라는 특성이 이미 오래전부터 언급되어 오기도 했지만, 그런 특성은 자살에서

4

도 엿볼 수 있다. 즉, 서양인에게서 죄책감을 이기지 못하고 자살하는 경우가 많다면, 동양인들은 주로 죄의식보다는 수치심과 모멸감을 이기지 못해 자살하는 경우가 많기 때문이다. 일본의 작가 미시마 유키오와 가와바타 야스나리의 자살이 그 대표적인 예라 할 수 있다.

동반 자살은 특히 사랑하는 연인이나 배우자끼리 서로 동의하에 이루어지는 게 보통인데, 서양에서는 1899년에 일어난 엘비라 마디간과 스파레 중위의 비극적인 자살과 오스트리아 황태자 루돌프와 베체라의 동반 자살이 너무도 유명하며, 우리나라에서는 1926년 대한해협에 함께 뛰어든 윤심덕과 김우진이 유명하다. 하지만 로미오와 줄리엣처럼 연인의 죽음을 슬퍼하다가 자살하는 경우도 있는데, 클레오파트라가 죽은 것으로 믿고 자살한 안토니우스의 경우도 일종의 동반 자살로 볼 수 있겠다.

우리나라에서는 한때 가족 동반 자살이 성행하기도 했는데, 생활고를 비관하고 어린 자녀들과 함께 자살한 경우가 대부분으로 서양에서는 극히 드문 현상이라 할 수 있다. 이는 자녀들을 독립된 개체로 보지 않고 자신의 일부로 여기는 동양인 특유의 원초적 심리 때문에 벌어진 현상이라 할 수 있지만, 결코 바람직한 현상은 아니다. 원래 소아들은 10세 이전에는 죽음에 대한 개념이 없기 때문에 그런 상태에서 영문도 모르고 죽는다는 것은 분명 살인에 해당하는 일이 아닐 수 없다.

그런데 일가족 자살보다 더욱 끔찍한 자살은 대규모 집단 자살이라 할 수 있다. 주로 사이비 종교단체에서 벌어지는 현상으로 역사상 가장 처참한 집단 자살은 1978년 짐 존스 목사가 이끄는 인민사원 신도

900여 명이 집단 자살한 사건일 것이다. 그 후 1987년에는 우리나라에서 교주 박순자를 포함한 오대양 신도 32명이 집단 자살한 사건이 벌어져 세상에 큰 충격을 안겨 주기도 했다.

미국의 정신의학자 칼 메닝거(Karl Menninger)가 말한 만성적 자살은 서서히 자신을 파멸로 몰고 가는 모든 행위를 가리키는 용어로, 여기에는 술과 담배, 마약, 도박, 폭식, 난폭운전, 반복적인 사고, 위험한 암벽등반, 심지어는 종교적 순교행위나 국경 없는 의사회처럼 생명이 위태로운 상황에 자발적으로 뛰어드는 등 매우 다양한 행동이 모두 포함된다. 단적인 예로 출입이 금지된 알래스카 국립공원에 몰래 들어가 위험한 회색곰 연구를 계속하다 결국에는 회색곰의 먹이가 되어 희생당하고만 미국의 환경운동가 티모시 트레드웰(Timothy Treadwell)을 들 수 있다.

물론 뒤르켐의 주장처럼 사회적 환경도 자살에 매우 중요한 영향을 미치는 게 사실이지만, 그런 극단적인 행위를 벌이는 개인의 심리적 차원 또한 무시할 수 없을 것이다. 그런 점에서 자살이 그 개인에게 어떤 의미가 있는지 동기적 측면에 대한 이해가 필수적이다. 자살의 가장 근본적인 의미는 결국 고통스러운 현실로부터의 도피라 할 수 있으며, 그 외에도 죄책감을 견디지 못한 자기징벌, 내세 및 환생에 대한 믿음, 사랑했던 대상과의 재상봉, 영원한 휴식을 의미하는 잠든 상태로 들어가기, 또는 살아남은 자들에게 죄책감을 심어 주거나 복수하기 위해 자살하는 경우도 있을 수 있다.

전통적으로 자살은 가톨릭과 유대교, 이슬람교에서 죄악으로 간주하지만, 불교와 개신교에서는 자살에 대해 상대적으로 관대한 편이라 할 수 있다. 그래서 불교 승려들의 분신자살이 한때 성행하기도 했으며, 같은 기독교 내에서도 개신교도의 자살률이 가톨릭에 비해 상대적으로 높은 편이다. 더욱이 윤회와 환생을 믿는 불교와 힌두교에서는 현세의 삶조차 부질없는 일시적인 현상으로 보는 경향이 높기 때문에 자살을 그렇게 죄악시하지 않고 있다. 따라서 종교적 신앙과 교리 또한 자살에 미치는 영향이 매우 크다고 할 수 있다.

사회적 관점에서 보자면, 자살의 방법 또한 매우 중요한 문제라 할 수 있는데, 목 매달기, 총기자살, 할복자살, 음독자살, 투신자살, 가스자살, 철도자살, 분신자살 등 다양한 수단이 동원된다. 이들 방법은 문화적 차이에 따라 선호도가 달라지기도 하는데, 총기 소지가 허용된 서구사회에서는 총기자살이 성행하는 반면에, 우리나라에서는 목을 매 자살하는 경우가 가장 많다. 한편 일본에서는 전통적으로 할복자살이 유행하기도 했으며, 1960년대 베트남에서 일기 시작한 승려들의 분신자살은 우리나라에도 유입되어 전태일을 비롯해 한때 시위현장에서 대학생들과 노동자들이 분신자살을 시도하기도 했다.

자살 문제가 거론될 때마다 항상 따르는 용어는 '베르테르 효과'라 할 수 있는데, 괴테의 소설 『젊은 베르테르의 슬픔』이 발표된 후 주인공 베르테르의 자살을 모방한 청년들의 자살이 줄을 잇게 된 현상에서 비롯된 용어로 그런 자살의 모방심리, 파급효과는 오늘날에 와서도 결코 무시할 수 없는 영향을 주고 있는 게 사실이다. 특히 연예인들의 자살에서 그런 파급효과를 실감할 수 있는데, 우리나라에서는 이은주, 안재환, 최진실 등의 배우들이 대표적인 예라 할 수 있다.

그런 점에서 연예인뿐 아니라 예술가들의 자살 역시 사회적 파급효과라는 측면에서 알게 모르게 큰 영향을 주기 쉽다. 세계적인 예술가로 자살을 시도한 인물로는 화가 고흐, 음악가 슈만 등이 있지만, 대부분의 경우는 작가들이라 할 수 있다. 특히 시인 중에서 자살한 인물이 많은데, 채터턴, 네르발, 트라클, 예세닌, 하트 크레인, 마야콥스키, 마리나 츠베타에바, 실비아 플라스, 폴 셀랑, 앤 섹스턴, 김소월, 이장희 등이 대표적인 사람들이다.

그 외에도 고골리, 모파상, 버지니아 울프, 슈테판 츠바이크, 헤밍웨이, 테네시 윌리엄스, 윌리엄 인지, 아쿠타가와 류노스케, 다자이 오사무, 미시마 유키오, 가와바타 야스나리, 로맹 가리, 아서 쾨슬러, 코진스키, 존 오브라이언 등 많은 작가가 자살했지만, 특이한 현상은 일본과 달리 우리나라 소설가 중에는 자살한 인물이 거의 없다는 점이다. 물론 그 정확한 이유는 잘 모르겠으나 절망적인 일제강점기 상황에서조차도 자살한 소설가는 없었다. 살아남아야 한다는 처절한 생존욕구 때문에 자살을 생각할 여지조차 없었는지도 모른다.

자살은 많은 문학 작품에서 단골 메뉴로 등장하기도 하는데, 자살을 망설이며 "사느냐 죽느냐 그것이 문제로다."라는 유명한 대사를 읊조리는 매우 강박적인 성격의 햄릿과 그의 사랑을 얻지 못하고 끝내는 자살해 버린 오필리아, 로미오와 줄리엣의 동반 자살, 죄책감에 사로잡힌 맥베스 부인의 자살, 사랑하는 아내를 의심해 목 졸라 살해한 후 자살한 오셀로 등 셰익스피어의 비극이 대표적인 예라 할 수 있다.

그 외에도 괴테의 『젊은 베르테르의 슬픔』, 위고의 『레미제라블』에서 자살하는 자베르 경사, 톨스토이의 『안나 카레니나』, 체호프의 희곡 『갈매기』와 『이바노프』, 오스카 와일드의 『도리안 그레이의 초상』,

카프카의 『판결』, 헤르만 헤세의 『수레바퀴 밑에서』와 『게르트루트』, 한스 카로사의 『의사 뷔르거의 운명』, 잭 런던의 『마틴 에덴』, 아서 밀러의 희곡 『세일즈맨의 죽음』, 카네티의 『현혹』, 스타이런의 『소피의 선택』 등 자살이 등장하는 예는 무수히 많다. 우리나라 작가로는 김동인의 『배따라기』, 최인훈의 『광장』, 황순원의 『독 짓는 늙은이』, 조세희의 『난장이가 쏘아올린 작은 공』, 신경숙의 『외딴 방』 등에서 자살을 다루고 있다.

어디 소설뿐인가. 영화에서도 자살을 다룬 작품은 무수히 많다. 줄리앙 뒤비비에의 〈망향〉, 머빈 르로이의 〈애수〉, 캐럴 리드의 〈심야의 탈주〉, 루이스 브뉘엘의 〈무셰트〉, 줄스 다신의 〈죽어도 좋아〉, 보 비더베리의 〈엘비라 마디간〉, 롤프 쉬벨의 〈글루미 선데이〉, 앨런 파큘라의 〈소피의 선택〉, 마이클 치미노의 〈디어 헌터〉, 피터 웨어의 〈죽은 시인의 사회〉, 리들리 스콧의 〈델마와 루이스〉, 구스 반 산트의 〈라스트 데이즈〉, 뤽 베송의 〈그랑 블루〉, 마리아나 체닐로의 〈노라 없는 5일〉, 존 카니의 〈세상 끝에서〉, 일레한드로 아메나바르의 〈씨 인사이드〉, 시미즈 히로시의 〈자살관광버스〉, 이창동의 〈박하사탕〉, 김기덕의 〈악어〉와 〈피에타〉, 이형선의 〈무도리〉 등 일일이 열거하기도 힘들 정도다.

어쨌든 자기주장이 매우 강해진 오늘날에 이르러 자신의 삶과 죽음을 스스로 결정할 권리가 있음을 주장하는 목소리가 높아지고 있는 가운데, 세계적인 경제학자 스콧 니어링이 100세 나이로 모든 음식을 중단한 채 온전한 몸과 마음으로 죽음을 맞이한 사실은 또 다른 관점에서 자살과 안락사 문제를 고려해 볼 수 있는 계기를 마련했다고 볼 수도 있다. 그런 점에서 스스로 죽을 권리에 대한 요구는 앞으로도 더욱 힘을 얻을 것으로 보이기도 하지만, 인터넷상에서 성행하는 자살 사이트의 범람은 결코 바람직한 현상이 아니라고 본다. 왜냐하면 그것은 삶과 죽음에 대한 고도의 성찰을 전제로 한 것이 아니라 매우 말초적인 유혹에 가까운 내용이 대부분이기 때문이다.

존 던의 시에 '인간은 섬이 아니다'라는 구절이 있듯이 인간은 홀로 존재할 수 없는 게 사실이기도 하지만, 신분 고하를 막론하고 누구나 죽을 때는 홀로 죽음을 맞이한다는 공통점을 안고 있다. 물론 그런 두려움 때문에 자살 사이트를 통해 만난 사람들끼리 동반 자살을 시도하는 경우도 있지만, 독거노인들처럼 외롭게 죽음을 맞이하는 고독사의 경우도 결코 적지 않다. 그런데 문제는 남은 생을 마다하고 스스로 목숨을 끊는 사람들이 우리 주위에 너무도 많다는 점이다.

사람들은 못 볼 것을 보았을 때 차라리 눈을 감는다. 듣기 싫은 소리에는 귀를 막고, 악취가 나면 코를 틀어막는다. 자기를 보호하고 지탱하기 위해서다. 그러나 밀려드는 정신적 고통은 막을 도리가 없다. 그래서 사람들은 도피하려 한다. 그런 도피 중에서 가장 극단적인 도피가 바로 자살이다. 앞뒤가 막히고 사면초가에 처했을 때 사람들은 소리쳐 외치고 싶을 것이다. 차라리 땅속으로 꺼지든지 하늘로 날아오르든지 하여튼 지금 당장 여기서 벗어나고 싶다고. 이러지도 저러지도 못하니 미치고 환장하겠다고 말이다.

따라서 자살은 옳다, 그르다, 잘했다, 못했다 등으로 단순하게 평가할 수 없는 고도의 윤리적 선택의 문제다. 문제는 과연 다른 차선책이 없었을까 하는 점이며, 그런 결정이 과연 바람직스러운 선택이었을까

하는 점이다. 그러니 자살은 숨기며 쉬쉬할 것이 아니라 오히려 공개적으로 다루어야 한다. 특히 가족과 친지, 친구 및 동료의 도움이 절대적이다.

물론 심각한 우울증이나 정신과적 질환의 경우에는 전문가의 도움이 필요하기도 하지만, 가족의 관심과 격려가 다른 무엇보다 중요하다. 그런데 자신의 괴로움을 말로 표현하지 못하거나 내색하지 않으려는 동양적 정서뿐 아니라 타인의 감정에 무관심하고 타인의 입장에 무신경한 오늘날의 이기적 개인주의가 더욱 큰 문제라 할 수 있다.

최근 세계보건기구가 밝힌 통계자료에 의하면, 대한민국의 자살률이 남미 기아나에 이어 세계 2위라고 하고, 남녀 모두 각각 세계 5위를 차지하고 있어서 국력에 비해 엄청나게 높은 자살률을 보이고 있는 셈이다. 더욱이 10위권 안에 드는 국가들은 거의 모두가 동구권, 적도에 위치한 남미 국가, 동아프리카 국가, 스리랑카, 네팔 등 OECD 회원국이 아니며, 대부분이 경제적으로 낙후된 지역이다.

그런데 우리나라 대중매체에서는 대한민국의 자살률이 OECD 회원국 중에서 최고라고만 보도하고 있어서 마치 경제적으로 부유한 일부 나라 중에서만 자살률이 높다는 인상을 주기 쉬우나 사실은 그렇지 않다. 실제로는 전 지구상에서 두 번째로 높은 자살률 보유국이기 때문이다. 더욱이 1위를 차지한 기아나는 적도에 위치한 인구 75만 명의 소국으로 나라 전체에 정신과 의사가 5명밖에 없는 매우 열악한 환경임을 고려할 때, 그런 나라에 이어 우리가 2위를 차지했다는 사실은 참으로 어이없는 현상이 아닐 수 없다. 그런 점에서 본다면, 사실상 대한민국이 전 세계에서 가장 높은 자살률을 기록하고 있는 셈이라 할 수 있다.

한편 베트남, 요르단, 페루, 시리아, 이집트, 아이티 등은 거의 자살자가 없다고 할 수 있는데, 유럽 최빈국으로 알려진 알바니아도 역설적으로 유럽에서 가장 낮은 자살률을 보이고 있으며, 최근 총체적 난국을 겪고 있는 그리스 역시 마찬가지다. 오랜 기간 참담한 전쟁을 겪은 베트남이나 요르단, 그리고 오늘날 집단 탈출자가 속출하고 있는 시리아, 세계에서 가장 가난한 빈국 아이티 등에서 자살자가 거의 없는 이유는 그만큼 생존에 대한 욕구가 오히려 필사적일 만큼 강하다는 사실을 나타낸다. 그것은 이스라엘이나 레바논, 이라크도 사정은 마찬가지다.

물론 종교적·이념적 영향도 결코 무시할 수 없다고 할 수 있다. 특히 한 인간을 독립된 개체로 보지 않고 조직의 일부로만 간주하는 공산주의 사회에서는 인명을 소중하게 여기지 않는 전통에 젖어 살았기 때문에 지금도 동유럽이나 중국, 북한 주민의 자살률이 여전히 높다고 할 수 있으며, 신의 존재를 믿고 따르는 유대교 및 이슬람 사회, 가톨릭 사회에서 자살률이 낮은 것도 그만큼 종교적 교리에 충실하기 때문이라 할 수 있다. 반면에 교리 해석에 자유로운 개신교는 상대적으로 자살률이 가톨릭 사회보다 높은 편이며, 신의 존재를 믿지 않는 유교 및 불교 문화권에서는 자살률이 훨씬 더 높다고 할 수 있다.

어쨌든 지금까지 역사적으로 입증된 사실은 극한적 위기를 맞이한 상황에서는 오히려 자살률이 평소보다 낮아지고, 반대로 태평성대를 누리는 시절이나 복지혜택이 큰 나라에서 자살률이 더 높다는 점이다. 아우슈비츠에서 자살한 유대인들에 관해서 들어 본 적이 있는가? 오히려 가해자였던 독일인들의 자살률이 훨씬 높았다고 한다. 잔악한 일본에 의해 피해를 입은 중국인이나 조선인보다 가해자인 일본인의 자살률이 더욱 높았던 것은 잘 알려진 사실이다.

한때 우리도 먹고살기 어려워 일가족 동반 자살이 유행하던 시절이 있었다. 정치적으로 살벌하던 시절에는 하루건너 꽃다운 젊은이들이 분신자살로 목숨을 초개같이 내버리던 때도 있었다. 그러나 그때 대부분의 사람은 강 건너 불구경하듯 했다. 전문용어로는 그것을 '방관자 효과(bystander effect)'라고도 부른다. '내가 굳이 나서지 않더라도 다른 누군가가 나서서 도와주겠지'라는 안이한 태도를 가리킨 용어라 할 수 있다.

오늘날 OECD 회원국 중에서 가장 높은 자살률을 보이고 있는 우리나라의 문제점은 경제적 혼란과 상대적 박탈감, 부실한 의료정책, 도덕적 가치관의 붕괴 등 다양한 요인이 복합적으로 작용한 결과로 볼 수 있겠다. 그러나 뒤르켐의 분류에 의하면, 총체적 혼란에 의한 아노미적 자살에 속한다고 할 수 있다. 동유럽에서 높은 자살률을 보인 것도 소련의 붕괴로 인해 갑작스레 다가온 체제의 변화를 제대로 감당하지 못했기 때문일 것이다. 예기치 못한 경제적 혼란과 가치관의 붕괴를 겪어야 했던 동유럽인들 역시 일종의 아노미 현상에 휘말린 셈이라 할 수 있는데, 앞으로 통일을 앞둔 우리 입장에서는 반드시 타산지석으로 삼아야 할 과제라 하겠다.

어쨌든 자살은 한 개인의 고유한 선택에 의한 결단으로 볼 수밖에 없지만, 안락사 등 특수한 경우를 제외한 대부분의 자살은 얼마든지 주위의 관심과 애정으로 사전에 막을 수 있는 문제라고 할 수 있다. 그런 점에서 국가적 차원의 자살예방 대책이 마련되어야 함은 물론 교육적 차원에서도 생명존중사상 및 윤리도덕 강화에 힘을 써야 할 것이다. 종교적 차원의 도움도 마찬가지일 것이다. 무조건 자살을 죄악시하기보다 그런 선택을 할 수밖에 없는 배경을 이해하고 재기할 수 있도록 도움을 베푸는 일이 더욱 시급하다는 뜻이다.

저자가 이 책을 쓴 이유도 자살에 대한 이해를 돕기 위해서다. 물론 환자들의 자살 문제를 직접적으로 다룰 수밖에 없는 정신과 의사라는 직업적 특수성 때문이기도 하겠지만, 다른 무엇보다도 오늘날에 이르러 지구상에서 가장 높은 자살률을 보이고 있는 우리나라의 현실에 큰 충격을 받았기 때문이다. 우리 조상들은 오랜 세월 그 숱한 외침과 가난에 시달리면서도 결코 삶을 포기하지 않고 오로지 인내와 끈기로 생을 버텨 왔지만, 오늘날 전쟁과 가난의 아픔을 겪어 보지 못한 그 후손들은 오히려 유례 없는 높은 자살률을 보이며 스스로 목숨을 내버리고 있지 않은가.

우리 사회에서 자살은 단지 개인적 차원의 위기 문제로만 넘겨 버리기에는 너무도 심각한 수준에 도달해 있으며, 전 사회적 관심과 책임의 필요성이 그 어느 때보다 절실히 요구된다. 그런 점에서 이 책을 통해 수많은 사람의 자살 사례를 굳이 소개한 이유는 자살이라고 해서 무조건 죄악시하거나 반대로 미화할 일도 아니라는 점을 강조하고 싶었기 때문이다. 중요한 점은 자살에 대한 도덕적 · 사회적 평가가 아니라 그런 선택을 하게 된 개인적 동기와 환경적 배경에 있다는 사실이다. 더욱이 그들 가운데 상당수가 적절한 치료나 주변 사람들의 도움을 받았더라면 그토록 극단적인 선택을 피할 수도 있었을 것이라는 점에서 더욱 큰 아쉬움을 남긴다.

어쨌든 자살자의 대부분은 나름대로 어쩔 수 없는 선택을 한 것이겠지만, 그들의 불가피한 죽음이 어떤 동기와 배경에서 비롯된 것인지 조금만이라도 이해할 수 있다면, 앞으로도 벌어질 자살자들의 비극을 예방하는 데 작은 도움이 될 수 있지 않을까 하는 작은 바람에서, 그리고 그 어떤 최악의 상황에서도 결코 손쉽게 굴하지 않는 강인한 자아의 확립을 간절히 바라는 심정으로 저자는 이 책을 썼다.

결국 영원한 죽음보다 소중한 것이 단 한 번뿐인 우리의 삶이 아니겠는가. 그런 점에서 지금 이 순간에도 어디에선가 스스로 목숨을 끊는 사람들이 있을 것이라는 사실에 대해 안타까운 마음을 금치 못하는 가운데 이처럼 어둡고도 부담스러운 내용의 책 발간을 흔쾌히 허락해 주신 학지사의 김진환 사장님과 편집부 임직원 여러분에게 감사의 말씀 올린다.

2017년
이병욱

차 례

17

제2부 • 동양의 수치심 문화와 자살 ⋯ 177

차
례

제3부 • 한국인의 한과 자살 ··· 275

차
례

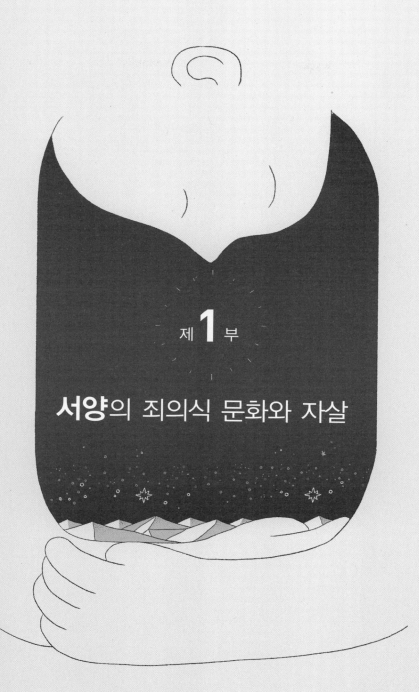

제 **1**부

서양의 죄의식 문화와 자살

에트나 화산에 뛰어든 엠페도클레스

고대 그리스의 철학자 엠페도클레스 (Empedocles, BC 490~BC 430)는 시칠리아 섬 태생으로 세상의 모든 만물이 지수화풍(地水火風)의 4대 원소로 이루어졌다고 주장했으며, 이들 원소가 사랑과 미움 두 가지 힘의 분리와 결합에 따라 만물의 생성과 소멸이 이루어진다고 보았다. 그는 피타고라스학파

엠페도클레스

의 영향을 받아 환생을 믿었으며 자신의 그런 철학을 입증시켜 보이기 위해 폭발하는 에트나 화산에 뛰어들어 죽은 것으로 알려져 있다.

뛰어난 웅변술과 철학뿐 아니라 의술과 예언 등으로 사람들이 마술사라 부르기도 하였던 그는 악을 물리치고 노화를 방지하며 폭풍을 잠재우는 능력의 소유자로 알려지기까지 했는데, 수사학자 고르기아스는 그의 유일한 제자로 알려져 있다. 엠페도클레스는 특히 환생에 집착해 인간뿐 아니라 동식물에도 영혼이 깃들어 있으며, 이들 영혼은 사후에도 다시 환생한다고 믿었는데, 동물의 신체는 벌 받은 영혼이 잠시 머무는 장소로 간주했기 때문에 일생 동안 채식을 고집했다고 한

다. 또한 윤회의 고리에서 벗어나 영원한 행복에 도달하기 위해서는 삶의 비밀을 깨닫고 현자가 되어 신성에 접근해야 한다고 주장했다.

나이 60에 이르러 그는 자신의 육체가 사라지고 불멸의 신으로 거듭날 수 있음을 제자들에게 보여 주기 위해 시칠리아 섬의 에트나 화산에 뛰어든 것으로 알려져 있는데, 물론 전설적인 이야기이긴 하나 매우 극적인 그의 마지막 모습은 후대의 작가들에게 깊은 인상을 심어주었고, 그 결과 횔덜린의 희곡과 매튜 아널드의 시에서 그를 주제로 한 내용이 다루어지기도 했다.

알렉산더 대왕에 저항한 웅변가 데모스테네스

데모스테네스

고대 그리스의 아테네에서 활동한 정치가이며 탁월한 웅변가로 알려진 데모스테네스(Demosthenes, BC 384~BC 322)는 부유한 도공의 아들로 태어나 7세 때 고아가 되었는데, 소년 시절부터 웅변술을 배워 익힌 그는 아버지가 물려 준 유산을 관리하던 후견인들이 제멋대로 돈을 떼어먹자 자신의 재산을 되찾기 위해 그들을 상대로 소송을 제기하면서부터 자신의 웅변 솜씨를 발휘하기 시작했다.

나이 스무 살에 변호사가 되어 법정에서 피고들을 위한 뛰어난 연설 솜씨로 명성을 얻게 된 그는 전문적으로 연설문을 작성해 주는 일에도 종사했는데, 자신에게 변호를 의뢰한 사람들 가운데 정치적인 이유로 곤경에 빠진 경우를 통해 점차 정치에 관심을 기울이게 되었으며, 그 후 여러 정치적인 이슈를 주제로 아테네 광장에서 대중 연설을 하게 되면서 많은 시민으로부터 크게 존경을 받기에 이르렀다. 뛰어난 설득력과 호소력으로 명성을 날린 그의 웅변 솜씨는 로마의 웅변가 키케로도 찬양할 정도로 보기 드문 웅변의 달인이었다.

하지만 당시 아테네를 위협하는 마케도니아 왕국의 팽창정책에 반대한 그는 아테네의 자유와 독립을 수호하기 위해 무진 애를 썼으나 필리포스 왕의 뒤를 이어 마케도니아의 지배자로 등극한 알렉산더 대왕이 본격적으로 그리스 정복에 나서자 이에 맞서 반란을 주도한 그는 결국 반란에 실패하고 쫓기는 몸이 되었다. 이후 알렉산더 대왕이 죽고 그의 뒤를 이어 그리스를 통치한 안티파트로스의 집요한 추적을 피해 칼라우레이아 섬으로 숨어들었으나 그곳까지 추격대가 쫓아오자 스스로 독을 마시고 목숨을 끊고 말았다.

스키피오에게 패하고 자살한 한니발

고대 카르타고의 장군 한니발(Hannibal Barca, BC 247~BC 183)은 제2차 포에니 전쟁에서 대군을 이끌고 피레네 산맥과 알프스를 넘어 로마로 진격함으로써 건국 이래 로마제국을 가장 큰 위기로 몰아넣었던 장본인이었다. 당시 로마인들은 한니발이 알프스를 넘어 공격할 줄은 꿈에도 생각지 못한 충격적인 사건이었는데, 한니발이 로마 군대를 격

한니발

파하고 이탈리아 북부뿐 아니라 로마 시를 제외한 중부와 남부 지방까지 점령하자 고립무원의 상태에 빠진 로마인들은 그야말로 집단공황상태에 빠지고 말았다.

한니발은 지중해의 패권을 두고 승부를 겨룬 제1차 포에니 전쟁에서 로마에 대패한 후 이베리아 반도로 이주한 카르타고 장군 하밀카르 바르카의 아들로 태어나 이미 9세 때 로마에 대한 복수를 신 앞에 맹세하였고, 마침내 기원전 218년 28세가 되었을 무렵 10만 대군을 이끌고 로마 원정에 나섰다. 그는 로마군이 예상하던 해안가를 행군지로 선택하지 않고 피레네 산맥을 넘어 곧바로 알프스 산악지대로 진군했는데, 마르세유 지역에 집결해 있던 로마 군대는 완전히 허를 찔리고 말았다.

하지만 코끼리까지 동원한 한니발의 군대는 한겨울에 험준한 알프스 산맥을 넘으면서 막대한 손실을 입고 병력도 1/4로 줄어들고 말았다. 천신만고 끝에 알프스를 넘은 한니발은 남은 병력을 이끌고 북부 이탈리아 티키누스에서 마주친 스키피오 부자를 격파했는데, 당시 17세 나이로 아버지와 함께 전투에 참여했던 스키피오는 그 후 20대 장군이 되어 한니발이 이탈리아 반도에서 승전을 거듭하던 시기에 오히려 한니발의 본거지인 이베리아 반도를 공격해 카르타고 군대를 격파함으로써 그 기세를 꺾기 시작했다.

무리한 행군으로 눈병에 걸려 한쪽 눈의 시력까지 잃게 된 한니발은 결국 오도 가도 못하는 신세가 되어 이탈리아 최남단까지 쫓기게 되었다. 게다가 기원전 204년 당시 31세에 불과한 스키피오가 총사령관이 되어 카르타고의 본거지인 북아프리카를 직접 공격하자 어쩔 수 없이 본국으로 철수하고 말았다. 하지만 이미 한니발의 전술을 꿰뚫어 본 스키피오에게 자마 전투에서 대패함으로써 제2차 포에니 전쟁은 막을 내리고 소아시아로 도주한 한니발은 결국 그곳에서 독을 마시고 자살하고 말았다. 그런데 공교롭게도 한니발에게 뼈아픈 패배를 안겨 주고 로마의 영웅이 되었던 스키피오 역시 자신의 숙적인 한니발과 같은 해에 숨을 거두었으니 세상만사 참으로 얄궂기 그지없다.

카이사르의 정적 카토와 브루투스의 최후

카이사르의 독재에 맞서 싸우다 자결한 로마의 정치가 카토(Marcus Porcius Cato Uticensis, BC 95~BC 46)는 카이사르 암살을 주도한 브루투스(Marcus Junius Brutus, BC 85~BC 42)의 이종삼촌으로, 브루투스가 정치에 참여하게 된 것도 카토의 영향이 매우 컸다. 브루투스의 어머니는 카토와 이종남매 사이면서 한때 카이사르의 정부이기도 했으며, 비록 일찌감치 과부가 되었지만, 아들 브루투스의 교육에 힘을 쏟아 그리스로 유학을 보내는 등 지원을 아끼지 않았다. 처음부터 원로원파로 카이사르에게 대적했던 브루투스였지만, 아들의 신변을 특별히 부탁했던 어머니 덕분에 죽음을 면하고 카이사르의 보호를 받을 수 있었다.

어쨌든 로마 역사에서 가장 강직하고 청렴결백한 정치가로 정평이

난 카토는 철저한 공화주의자로 스토아학파의 철학자이기도 했으며, 카이사르의 독재에 맞서 로마 공화정을 수호하기 위해 내전을 일으켰다가 실패하고 자결하고 말았다. 하지만 막대한 유산을 물려받고도 매우 검소한 생활로 일관해 많은 시민의 존경을 한몸에 받은 인물로 원로원에 진출한 후에도 회의에 한 번도 빠진 적이 없을 정도로 성실한 의정활동을 벌였다.

이처럼 청렴 강직했던 카토는 삼두정치체제의 가장 큰 방해물로 간주되어 키프로스 총독으로 좌천되고 말았는데, 당시 그를 보좌해 동행했던 브루투스는 키프로스에서 고리대금업으로 큰돈을 벌어 키케로의 비난을 받기도 했다. 로마로 돌아온 후 카토는 카이사르를 공화정의 적으로 간주하고 그의 독주를 어떻게든 저지하려 애썼으나 카이사르가 끝내 군대를 이끌고 로마로 진군하자 폼페이우스와 함께 내전을 일으켜 카이사르에 대항했다. 하지만 북아프리카 전투에서 패하고 도망친 폼페이우스가 죽자 원로원파 군대를 이끌고 카이사르와 최후의 결전을 벌인 카토는 결국 항복을 거부하고 자신의 배를 칼로 찔러 자결하고 말았다.

한편 브루투스는 아버지를 죽게 만든 원수였던 폼페이우스를 몹시 증오했지만, 카이사르의 내전이 발생하자 원로원파의 지지를 얻고 있던 폼페이우스 편에 가담했다. 그럼에도 불구하고 전투에서 승리한 카이사르는 자신의 정부였던 세르빌리아의 간곡한 청을 받아들여 그녀의 아들 브루투스를 용서하고 풀어 주었다. 그 후 이종삼촌 카토가 북아프리카에서 카이사르를 상대로 전투를 치를 때 브루투스는 갈리아 총독으로 파견되어 근무하고 있었으며, 카토가 죽은 후에는 로마로 돌아와 카토의 딸 포르키아와 혼인하고 카이사르 밑에서 계속 출세 가도를 달렸다.

하지만 카이사르가 종신 독재관이 되면서 황제가 될 야심을 드러내게 되자 브루투스는 동료들과 함께 암살을 모의하고 마침내 원로원에서 카이사르를 칼로 찔러 암살하기에 이르렀다. 카이사르를 죽인 후 브루투스는 시민들 앞에서 암살의 정당성을 연설했으나 성난 군중은 그의 연설에 귀를 기울이지 않았고, 신변의 위협을 느낀 그는 카이사르의 심복 안토니우스와 타협해 해외로 도피하였다.

그 후 카이사르의 후계자로 떠오른 옥타비아누스와 안토니우스가 카이사르 암살범들에 대한 복수에 나서게 되자 브루투스는 암살 공모자였던 카시우스와 함께 군사를 모집해 마케도니아에서 로마 군대와 결전을 치르게 되었다. 하지만 안토니우스 군대에 패한 카시우스가 자살해 버리고 홀로 남은 브루투스 역시 두 번째 전투에서 패하자 생포될 것을 수치스럽게 여긴 그는 스스로 목숨을 끊고 말았다. 비록 브루투스는 안토니우스를 저주하며 죽었지만, 안토니우스는 그의 시신을 정중한 예우를 다해 화장해서 어머니인 세르빌리아에게 보냈으며, 그의 가족을 해치지도 않았다.

안토니우스와 클레오파트라의 동반 자살

카이사르의 심복을 자처했던 안토니우스(Marcus Antonius, BC 83~BC 30)는 정치적 야심에 가득 찬 군인으로 모두 다섯 차례 결혼했다.

클레오파트라

특히 정략적 결혼으로 맺어진 네 번째 아내 옥타비아는 정적 옥타비아누스의 누이동생으로 그녀가 낳은 장녀는 폭군 네로의 조모이며, 차녀는 칼리굴라 황제의 조모가 되니 결국 안토니우스는 이들 폭군의 조상이 되는 셈이다. 다섯 번째 아내 클레오파트라가 낳은 2남 1녀는 전처 옥타비아에 맡겨져 자랐으나 그 후의 행적은 알 수가 없다.

한편 안토니우스의 마지막 아내였던 클레오파트라(Cleopatra, BC 69~BC 30)는 이집트 원정에 나선 카이사르의 도움으로 여왕의 자리에 복귀할 수 있었는데, 당시 카이사르와 관계를 맺고 아들 카이사리온을 낳았으나 그 후 카이사르가 암살당하자 그의 심복 안토니우스와 혼인해 3남매까지 낳았다. 그녀가 낳은 카이사르의 아들 카이사리온은 도주 중에 로마 군대에 붙잡혀 처형당하고 말았다.

프랑스의 철학자 파스칼은 클레오파트라의 코가 조금만 낮았어도 세계 역사가 달라졌을 것이라고 말한 적이 있지만, 그녀의 매력은 단순히 뛰어난 미모에 있다기보다는 오히려 상대를 압도하는 카리스마적인 음성과 매너에 있었다고 보는 주장도 있다. 비록 그녀는 카이사르의 환심을 사서 여왕의 자리에 복귀할 수 있었지만, 자신의 든든한 후원자였던 카이사르가 암살당한 후로는 안토니우스와 혼인함으로써 유다와 페니키아 등을 흡수해 이집트의 영토를 확장시키기도 했는데, 그것도 정략적인 시도의 일부로 보인다.

어쨌든 옥타비아누스가 이집트에 선전포고하고 군대를 동원해 공격을 개시하자 안토니우스와 힘을 합쳐 로마군에 대항하던 클레오파트라는 악티움 해전에서 대패한 직후 자살하고 말았다. 비록 그녀가 독사에 물려 스스로 목숨을 끊었다고 전해지고 있지만, 실제로 그랬는지는 정확히 알 수 없다. 분명한 점은 자신의 조국을 구하기 위해 당시 세계를 제패했던 강대국 로마제국을 상대로 절묘한 외교술을 발휘했다는 사실이며, 오히려 로마의 지도자들을 마음대로 농락하며 자신의 발 앞에 무릎 꿇게 만드는 남다른 능력을 발휘한 여성이었음은 틀림없는 사실이다.

안토니우스와 클레오파트라의 비극적인 최후는 후대의 예술가들에게 많은 영감을 불어넣어 주기도 했지만, 대부분 과장되고 미화된 감이 없지 않다. 특히 클레오파트라에 대해서는 그런 경향이 더욱 심한 편인데, 사실상 그녀에게는 자신의 옛 영토를 회복하는 데 안토니우스의 군대가 절대적으로 필요했으며, 안토니우스 역시 자신의 입지를 강화하는 데 그녀의 지원이 절실했을 것으로 보인다. 이처럼 이해관계가 맞아떨어진 두 남녀의 운명이 어차피 로마제국의 권력투쟁 과정에서 빚어진 희생양이 될 처지에 있었다는 점에서 이미 비극적인 최후를 잉태하고 있었다고 할 수 있다.

아내와 함께 동반 자살한 세네카

폭군 네로의 스승으로 알려진 세네카(Lucius Annaeus Seneca, BC 4~ AD 65)는 고대 로마의 사상가이자 정치가이며 문학자이기도 했다. 귀족 가문의 후예인 그는 일찍부터 철학수업을 받았으며, 심한 천식으로 6년간 이집트에서 휴양생활을 보내기도 했다. 하지만 아버지의 뜻에 따라 정계에 입문한 그는 지독히도 운이 없는 시대를 맞이해 숱한 우여곡절을 겪어야 했는데, 폭군으로 악명이 자자한 칼리굴라 황제와 네로 황제 시대를 살았기 때문이다.

세네카는 바른말을 했다가 칼리굴라 황제에게 죽임을 당할 뻔한 적도 있으며, 그 뒤를 이은 클라우디우스 황제에 의해 코르시카 섬으로 쫓겨났다가 아그리피나 황후의 도움으로 간신히 복권되기도 했다. 아그리피나는 황제를 독살하고 자신의 아들 네로를 황제의 자리에 앉혔는데, 세네카는 그의 스승이 되어 집권 초기 선정을 베풀게 하는 데 크게 이바지하였다. 하지만 모친과 아내를 독살하고 기독교도를 무참하게 학살하는 등 날이 갈수록 포악해진 네로는 자신을 암살하려던 피소의 음모에 연루되었다는 이유로 충신 페트로니우스를 비롯해 자신의 스승인 세네카에게도 자살을 명함으로써 결국 세네카는 아내와 함께 나란히 욕조에 누워 혈관을 끊고 자살했다. 페트로니우스(Petronius, BC 27~AD 66) 역시 자살했다.

비록 세네카는 폭군에 의해 어이없게 죽임을 당하고 말았지만, 그가 남긴 수많은 저서는 인생론, 행복론, 도덕론 등 삶의 문제에 관한 조언으로 유명한데, 특히 『서간집』과 에세이집 『대화』는 그야말로 주옥같은 글을 담고 있어 로마 문학을 대표하는 작품들로 손꼽힌다. 특히 그가 남긴 수많은 명언은 오늘날의 독자들에게도 즐겨 인용되는 내용으로 시대적 간격을 뛰어넘는 강한 호소력을 지니고 있다.

그중에서 몇 가지만 소개하면 다음과 같다. "때로는 살아 있는 것조차도 용기가 될 때가 있다." "약간의 광기를 띠지 않은 위대한 천재란 없다." "가장 강한 사람은 스스로를 통제할 수 있는 자다." "말해야 할 때와 침묵해야 할 때를 아는 것은 훌륭한 일이다." "불운을 당해 보지 않은 사람만큼 불행한 사람은 없다." "현자는 삶을 갖는 동안만 산다고 생각하지 않고, 삶이 필요한 동안만 산다고 생각한다." 참으로 놀라운 지혜가 아닌가? 이런 스승을 죽게 만든 네로는 굴러들어온 복을 걷어차 버린 그야말로 어리석기 그지없는 정신적 미숙아였음이 틀림없다.

폭군 네로의 자살

로마 제국 최대의 폭군으로 알려진 네로 (Nero, 37~68)는 기독교도를 무참하게 학살한 죄로 그런 오명을 뒤집어쓰긴 했으나 전임 황제로 정신이상자였던 외삼촌 칼리굴라에 비하면 그래도 로마 문화를 융성시킨 공적을 남기기도 했다. 네로는 칼리굴라 황제가 집권하고 있던 시기에 태어났는데, 아버

네로

지가 일찍 죽고 어머니 아그리피나가 클라우디우스 황제와 재혼하면서 황제의 양자가 되었다.

칼리굴라 황제가 재위 기간 4년도 못 채우고 암살당하자 그 뒤를 이어 클라우디우스가 황제가 되었지만, 부인이자 네로의 어머니인 아그

리피나에 의해 독살된 것으로 알려져 있다. 그러나 클라우디우스의 뒤를 이어 황제가 된 네로는 그런 어머니마저 독살하고 양부였던 클라우디우스의 친아들이자 이복동생인 브리타니쿠스도 죽였으며, 심지어는 자신의 아내 옥타비아도 죽게 하였다. 그녀의 잘린 목은 네로의 후처 포페아 사비나에게 보내졌다.

비록 네로는 로마의 대화재 사건의 책임을 기독교도에게 뒤집어씌워 무자비한 탄압을 가한 폭군으로 알려졌지만, 즉위 초 5년간은 스승인 세네카의 충고에 따라 선정을 베풀기도 했다. 특히 예술을 사랑해서 로마 문화 발전에 이바지한 공이 큰 것으로 평가되기도 한다. 그러나 자신의 어머니와 아내를 죽음으로 몰고 가도록 부추겼던 포페아가 아기를 사산하면서 숨을 거두자 크게 낙담한 네로는 그 후 포페아의 외모를 빼닮은 어린 소년 스포루스를 거세시키고 그와 결혼했으며, 심지어는 이름을 부를 때도 그녀의 이름으로 불렀다고 전해진다.

무자비한 폭정으로 민심이 떠나고 마침내 갈바 장군이 반란을 일으키자 로마를 탈출한 네로는 마지막 순간까지 그를 보호한 노예 출신 파온의 집에서 자살했는데, 네로가 죽자 당시 19세에 불과했던 스포루스 역시 그의 뒤를 따라 자살했다.

자살한 천재소년 시인 토머스 채터턴

18세기 영국에서 활동한 천재시인 토머스 채터턴(Thomas Chatterton, 1752~1770)은 불과 17세라는 어린 나이에 가난을 비관한 나머지 자신의 다락방에서 음독자살한 것으로 알려졌다. 영국의 항구도시 브리스틀에서 유복자로 태어난 그는 어머니와 누이의 보살핌을 받으며 컸는데, 어려서부터 다루기 매우 힘든 아이였으며, 다른 아이들과 어울려 놀지도 않았다고 한다. 그렇게 항상 외로운 아이로 고립된 상태에 있던 그는 아무 이유도 없이 혼자 울거나 때로는 몇 시간 동안 공상에 빠져 멍한 상태로 앉아 있기도 했다.

하지만 조숙한 천재였던 그는 이미 8세 때부터 자신의 골방에 틀어박혀 조용히 책을 읽거나 하루 종일 글을 쓰기도 했는데, 11세라는 어린 나이에 이미 잡지에 자신의 글을 기고할 정도로 문학적 재능을 드러내 보였다. 당시 여학교를 운영하고 있던 어머니는 그런 아들의 재능을 일찌감치 알아보고 작가로 대성할 것을 기대했다고 한다. 비록 그는 자선학교에 들어가 공부했으나 학업에는 전혀 관심이 없었으며, 틈만 나면 책을 수집하거나 글 쓰는 일에만 몰두했다.

이처럼 대부분의 시간을 자기만의 세계에 빠져들어 지낸 그는 자신이 쓴 시들을 중세에 활동한 가공의 인물 토머스 로울리라는 시인이 쓴 것처럼 위장해서 출판하고자 했으나 작품을 의뢰받은 호레이스 월폴이 불과 16세 소년이 쓴 위작임을 알아내고 냉담하게 원고를 돌려보내고 말았다. 이에 크게 상심한 채터턴은 한동안 작품을 제대로 쓰지 못하다가 다시 심기일전해 고대 언어로 위장해서 새로 쓴 작품을 잡지사에 보냈으나 이 역시 거절당하고 말았다. 결국 모든 것을 체념한 그는 식음을 전폐한 채 다락방에 은둔해 있다가 자신의 원고를 모두 찢어버린 후 독약을 마시고 짧은 생을 마감하고 말았다.

그의 존재는 한동안 사람들의 기억에서 사라졌다가 셸리, 키츠, 워즈

〈채터턴의 죽음〉

워스, 콜리지 등의 시인들에 의해 다시 각광을 받기 시작했으며, 19세
기 영국 화가 헨리 월리스(Henry Wallis)는 채터턴의 죽음을 화폭에 담
아 묘사하기도 했다. 그런데 채터턴이 가공의 인물 토머스 로울리를
창조해 낸 사실에 대해 미국의 정신분석가 루이스 캐플런은 아버지
없이 자란 그가 자신의 남성적 동일시 대상으로 삼기 위해 그런 가상
적 인물을 설정한 것으로, 일종의 가족 공상(family romance)의 결과로
보았다. 결국 그것은 자신의 상상 속에서 잃어버린 아버지를 재창조
해 냄으로써 불완전한 자신의 정체성을 확립하기 위한 시도의 일부
였던 것으로 보인다.

독일의 극작가 클라이스트의 동반 자살

독일 낭만주의 작가 중에서도 매우 격렬하고도 박력 있는 작품을 써
서 근대 리얼리즘 문학의 토대를 마련한 것으로 평가되는 천재적 극작

가 클라이스트(Heinrich von Kleist, 1777~1811)는 프로이센의 귀족 가문 출신으로 집안 전통에 따라 군대에 입대해 한때 전투에 참전한 적도 있으나 숨 막히는 병영생활에 환멸을 느끼고 제대한 뒤 대학에서 철학을 공부했다. 하지만 현실과 동떨어진 강단철학에 실망한 나머지 방랑생활에 접어든 그는 작가가 되기로 결심하고 첫 희곡 『슈로펜슈타인 일가』를 발표해 괴테나 쉴러를 능가하려는 야심을 보이기도 했다. 그 후 부패한 법관을 풍자한 걸작 희극 『깨진 항아리』로 명성을 얻기 시작한 그는 나폴레옹 전쟁이 터지자 애국심을 고취시키는 희곡 『헤르만의 전쟁』을 쓰기도 했는데, 국가에 대한 충성을 강조한 그의 민족주의적 성향은 그 후 나치 독일에서 애국심을 부추기는 데 이용되기도 했다.

어쨌든 불합리한 현실에 만족하지 못하고 끊임없이 정신적 방황을 거듭한 그는 구원에 도달하는 괴테식의 결말에도 불만을 품고 현실과의 타협을 거부한 채 인간 내면의 모순되고 혼란스러운 감정세계를 작품으로 승화시키는 작업에 고집스럽게 몰두했다. 인간적 고뇌를 다룬 그의 작품들은 현대극의 아버지로 통하는 입센(Henrik Ibsen)보다 훨씬 앞선 것으로 평가된다. 하지만 어느 한순간도 가만히 있지 못하는 몹시 조급한 성격의 소유자였던 그는 한때는 프랑스에서 스파이로 몰려 감옥 생활을 하다가 풀려나기도 했으며, 결국에는 나폴레옹의 말발굽에 짓밟힌 조국의 현실에 좌절한 나머지 포츠담 근교의 호반에서 불치병으로 죽어 가던 여성 포겔과 함께 총으로 동반 자살하고 말았다.

음식을 거부하고 굶어 죽은 고골리

니콜라이 고골리(Nikolai Gogol, 1809~1852)
는 러시아 남부의 변방 우크라이나 코사크
마을에서 소지주의 장남으로 태어나 42세라
는 한창나이로 사망하기까지 러시아 근대
문학의 선구적 역할을 맡았던 작가로 유명
하다. 그의 아버지는 코사크의 후예였고, 어
머니는 폴란드 귀족의 후손이었다. 우크라

고골리

이나는 호방하고 낙천적 기질을 지닌 코사크들의 주 활동 무대가 되었
던 지방으로 고골리의 탁월한 유머 감각은 그런 풍토와도 결코 무관하
지 않은데, 그런 배경에 힘입어 대중적으로 가장 큰 인기를 얻은 소설
『대장 불리바』를 썼다.

고등학교를 졸업한 후 관리가 된 고골리는 『미르고로드』라는 단편
집으로 문단의 인정을 받으면서 작가로 데뷔했으며, 이 시기에 그는
주로 가볍고 재치 있는 문체를 사용하여 당시의 부패한 관료주의 사회
를 고발하고 비판했는데, 비교적 초기 작품에 속하는 『코』는 유머와
풍자가 뒤섞인 고골리의 특성을 잘 드러낸다. 그러나 1836년에 발표한
희곡 『검찰관』이 당국의 검열에 걸리면서 러시아를 떠날 수밖에 없었
으며, 이후 12년에 걸쳐 타국을 전전하며 지냈다. 그 사이에 고골리는
유명한 『외투』를 집필했는데, 이 작품은 도스토옙스키가 "우리는 모
두 그의 외투에서 나왔다."고 말할 정도로 고골리의 문체와 스타일은

그 후 러시아 작가들에게 지대한 영향을 끼쳤다.

그는 웃음 속에 내재된 통렬한 비판과 독설로 당시 부패한 관료사회를 조롱함으로써 대중의 인기를 한몸에 받았던 작가였지만, 고골리 자신의 내면은 항상 어둡고 침울하기 그지없었다. 그런 성향은 초기작인 『초상화』와 『광인일기』에서도 엿볼 수 있는데, 특히 『초상화』는 악마의 화신을 초상화로 그린 화가가 경건한 수도사가 되어 금식기도와 영혼의 정화를 통한 신앙의 힘으로 결국 악마를 물리치게 된다는 다소 통속적인 내용이지만, 말년에 이르러 오로지 신앙에만 몰두한 고골리 자신의 모습을 이미 예고한 작품이라 할 수 있다.

고골리는 결혼도 하지 않고 독신으로 지내며 영혼의 경건함과 정화를 위해 정진하는 가운데 성지 예루살렘을 방문하기도 했다. 특히 그의 영적인 스승 역할을 했던 수도원장 콘스탄티놉스키의 영향을 받아 영원한 지옥 불에 떨어질 것을 두려워하며 극심한 우울증과 죄의식에 사로잡힌 나머지 결국에는 모든 음식을 일체 거부한 상태에서 3부작으로 예정했던 『죽은 혼』의 제2부 원고를 불태운 직후 기진맥진한 상태로 심한 고통을 겪다가 9일 만에 굶어 죽고 말았다.

파리 뒷골목 하수구에서 자살한 시인 네르발

오랜 기간 사람들의 기억에서 사라졌다가 20세기에 이르러 다시 주목을 받기 시작한 프랑스의 시인 네르발(Gérard de Nerval, 1808~1855)은 참으로 비극적인 생애를 살았던 작가였다. 파리에서 군의관의 아

네르발

들로 태어난 그는 두 살 때 어머니를 잃었는데, 그녀는 아기를 친정에 맡긴 채 나폴레옹 전쟁에 참전한 남편을 따라 독일까지 갔다가 그곳에서 병을 얻어 20대의 젊은 나이로 숨지고 말았다.

어머니의 얼굴조차 모르고 외가에서 자란 네르발은 그 후 뛰어난 번역가로 활동하며 괴테와 하이네의 시를 프랑스어로 번역해 큰 명성을 얻었으며, 대학 동기생인 고티에와는 평생 친구로 우정을 나누었다. 당시 그가 발표한 시는 물질적 세계를 혐오하고 영적인 세계에 몰입한 내용으로 매우 몽환적이고도 상징적인 작풍으로 인해 20세기 초 예술 전반에 돌풍을 일으킨 초현실주의운동과 프루스트의 의식의 흐름 기법에 지대한 영향을 끼친 것으로 평가된다.

하지만 30대 초부터 정신병적 광기에 빠지기 시작한 그는 현실과 환상세계의 구분이 모호해진 일련의 작품들을 남겼는데, 『실비』『판도라』『불의 딸들』『오렐리아, 꿈과 인생』 등이 그 대표적인 작품들이다. 특히 "꿈은 제2의 삶이다."라는 구절로 시작되는 그의 마지막 유작 『오렐리아, 꿈과 인생』은 자전적 경향이 뚜렷한 작품으로 구원의 여인상 오렐리아를 통해 자신이 영원히 잃어버린 어머니에 대한 갈망을 드러내고 있다. 우연의 일치인지 모르나 100년 뒤에 자살한 여류시인 실비아 플라스 역시 자신의 어머니 오렐리아에 대한 혼란스런 감정을 끔찍스러운 모습의 마녀 메두사에 비유하기도 했다.

어쨌든 이처럼 현실을 떠난 몽상의 세계를 다룬 네르발은 프로이트가 태어나기도 전에 죽었는데, 프로이트의 정신분석이 출현하기 이전에 이미 인간의 무의식 세계를 작품으로 형상화함으로써 그 후 20세기 초에 등장한 초현실주의 작가들에게 결정적인 영향을 준 것으로 평가되고 있다. 그러나 당시로는 난해하기 그지없는 광기의 소산으로 평가절하되어 예술적 진가를 제대로 인정받지 못하고 말았다.

결국 정신병원을 드나들기 시작한 네르발은 끝내 회복하지 못하고 어느 추운 겨울 저녁에 외출한 후 파리의 으슥한 뒷골목에서 목을 매 자살하고 말았는데, 그것도 하수구 밑에서 모자를 쓴 채 죽은 모습으로 발견되었다. 그는 숙모에게 남긴 쪽지에 "오늘 저녁 기다리지 마세요. 밤은 검고 하얄 테니까요."라고 적었는데, 이는 자신의 어둡고 외로운 삶을 그대로 드러낸 마지막 유언처럼 들린다.

라인 강에 뛰어든 슈만

독일의 작곡가이자 음악 평론가로 낭만주의 시대를 대표하는 수많은 명곡을 남긴 로베르트 슈만(Robert Schumann, 1810~1856)은 작센 츠비카우에서 출판업자의 아들로 태어났다. 처음에는 대학에서 법률을 공부하다가 도중에 음악으로 전공을 바꿨는데, 원래는 피아니스트가 되려고 프리드리히 비크에게 사사했으나 도중에 손가락 부상을 입는 바람에 그 꿈을 접고 작곡으로 전향했다.

슈만은 스승의 딸 클라라 비크와 사랑에 빠져 청혼했지만, 스승의 강력한 반대로 그녀가 성년이 될 때까지 기다려야 했는데, 우여곡절 끝에 결혼에 성공한 이들 부부는 8명의 자녀를 두었으며, 살벌한 법정 소송까지 제기하며 결혼에 반대했던 스승은 나중에는 마음이 풀려 더 이상 문제 삼지 않았다.

헌신적인 클라라의 도움으로 왕성한 창작욕을 불태우기 시작한 슈만은 피아노곡집 〈어린이의 정경〉을 비롯해서 〈시인의 사랑〉 〈여인의 사랑과 생애〉 등의 가곡집을 남겼을 뿐만 아니라 뛰어난 음악 평론가로도 활약했다. 그러나 43세 무렵부터 정신이상 증세를 보인 그는 라인 강에 투신하는 등 극심한 정신병적 우울증 상태로 정신병원에 수용되었다가 46세를 일기로 세상을 뜨고 말았다.

그런데 슈만의 우울증은 이미 20대 초반부터 그 징후를 보이기 시작하여 그 후에도 여러 차례 재발을 거듭하는 가운데 의기양양한 기분으로 들뜬 상태에서 중금속에 중독될지도 모른다는 피해망상을 동반한 조증삽화를 보였다는 점에서 조울병을 앓은 것으로 의심되기도 한다. 하지만 당시 매독 치료제로 사용되던 수은에 중독된 결과라는 주장도 만만치 않다.

어쨌든 슈만은 23세 때 형 율리우스와 형수가 콜레라로 사망하자 극심한 우울증에 빠진 나머지 처음으로 자살을 기도했는데, 당시 그는 이미 매독에 걸린 상태였다. 그 후에도 수차례 자살충동을 느낀 그는 34세 무렵 아내 클라라와 함께 러시아 여행을 다녀온 직후부터 극도의 탈진상태에 빠져 우울과 환청 증세는 물론 죽음에 대한 공포, 열쇠 등의 금속과 약물 등에 대해 병적인 두려움을 갖는 증세를 주기적으로 보이기 시작했다.

이처럼 극심한 우울상태를 보이다가도 그런 기분에서 벗어나면 말짱한 모습으로 작곡에 전념하기도 했지만, 말년으로 갈수록 그 주기는 더욱 자주 반복되었다. 더욱이 그는 귀에서 음악 소리가 들리는 환청에 시달렸는데, 밤에 자다가도 벌떡 일어나 유령이 자신에게 알려 준 멜로디를 오선지에 옮기는 행동을 보이기도 했으며, 그 결과로 나온 작품이 소위 〈유령 변주곡〉으로 알려진 피아노 소품이다.

44세에 이르자 그의 증상은 더욱 심해지는 양상을 보였으며, 천사나 악마의 모습을 보는 환각 증세까지 나타났다. 결국 슈만은 추운 겨울날 라인 강변 다리 위에서 강물로 뛰어들어 자살을 시도했다가 사람들에 의해 간신히 구조된 후 정신병원으로 옮겨졌으며, 면회도 금지되었다. 그가 죽기 이틀 전에 클라라가 방문했지만, 이미 슈만은 한마디 말도 할 수 없는 상태였다.

슈만이 죽은 후 클라라는 브람스의 극진한 보살핌을 받으며 40년을 더 살다 76세 나이로 죽었지만, 그녀의 삶 역시 불행의 연속이었다. 8명의 자녀 중 4명이 일찍 죽었는데, 그중 아들 루트비히는 아버지처럼 정신병원에서 죽었으니 말이다. 더욱이 그녀는 말년에 청력마저 잃고 결국에는 뇌졸중으로 생을 마감했으니 참으로 기구한 운명이 아닐 수 없다.

다윈과 함께 항해한 비글호 선장 피츠로이

영국의 해군 제독 출신으로 기상학자이며 지질학자이기도 했던 로버트 피츠로이(Robert FitzRoy, 1805~1865)는 비글호 선장으로 임명되어 측량 부문에서 명성을 얻었으며, 두 번째 항해 때에는 찰스 다윈 (Charles Robert Darwin)과 함께 남미 갈라파고스 제도와 태평양을 횡단하는 대탐사를 성공적으로 마침으로써 왕립지리학회에서 금메달까지 수상하고 그동안의 항해 보고서를 작성해 출판하기도 했다.

장군 출신의 국회의원인 아버지와 영국 총리를 지낸 조부 등을 배출한 명문 귀족 가문에서 태어난 피츠로이는 소년 시절 왕립 해군학교를 졸업하고 해군에 입대해 불과 23세 때 비글호 함장에 임명되었는데, 당시 비글호 함장이었던 스톡스가 극심한 우울증으로 권총 자살하는 일이 벌어지자 그 후임으로 임시함장에 임명된 것이다. 남미에서 측량 업무를 성공적으로 마치고 2년 만에 귀환한 그는 이듬해에 다시 비글호 함장에 임명되어 두 번째 남미 탐사에 나서게 되었는데, 그때 찰스 다윈이 승선하게 된 것이다.

다혈질적인 성격이었던 피츠로이는 얼마 가지 않아 다윈과 견해 차이로 심한 불화를 보이기 시작했는데, 특히 노예제도와 종교적 교리 부분에서 치열한 논쟁을 벌였다. 피츠로이는 원주민에 대한 선교 활동에 많은 관심을 기울이면서도 노예제도를 찬성하는 입장이었는데, 다윈은 노예제도에 반대하는 입장을 보여 서로 충돌한 것이다.

어쨌든 숱한 우여곡절 끝에 5년에 걸친 탐사활동을 마치고 귀국한 피츠로이는 오랜 시간 기다려 준 약혼녀와 결혼한 후 정계에 진출해 뉴질랜드 총독에 임명되었으나 무리한 토지정책으로 정착민과 원주민 모두에게서 강한 불만을 사게 되었으며, 식민지 정부 역시 파산 위기에 몰리고 말았다. 결국 5년에 걸친 고달픈 총독 생활을 마치고 귀국한 그는 다윈의 추천으로 런던 왕립학회 회원으로 선출되는 한편, 상무부의 기상국장으로 부임한 후 기압계를 고안해 널리 보급시키는 등 많은 업적을 남기기도 했다.

하지만 1859년 다윈의 『종의 기원』이 발표되면서 극심한 논쟁이 벌어지게 되자 신앙심이 깊은 아내의 영향으로 성공회의 정통교리를 받아들이고 있던 피츠로이는 몹시 당황하게 되었으며, 진화론이 나오게 된 배경에 자신의 비글호 탐사가 연루되었다는 사실로 극심한 죄책감에 빠지게 되었다. 그 후 옥스퍼드에서 개최된 학술회의장에 참석한 피츠로이는 다윈의 진화론이 자신에게 극심한 정신적 고통을 주었다며 성서를 손에 들고 다윈을 맹렬히 비난했는데, 사람보다 하느님을 믿어야 한다는 그의 말에 장내가 숙연해지기도 했다. 그러나 날이 갈수록 우울증이 더욱 심해진 그는 결국 면도칼로 자신의 목을 그어 자살하고 말았다.

19세기 말에 벌어진 비극적인 동반 자살

19세기가 끝나갈 무렵인 1889년 유럽의 심장부인 오스트리아 황실 별장과 북구 덴마크의 외진 섬에서는 두 쌍의 남녀가 나란히 동반 자살하는 사건이 벌어졌는데, 오스트리아의 루돌프 황태자와 그의 연인 마리 폰 베체라가 그 해 1월에 자살해 세상을 발칵 뒤집어 놓았으며, 그 후 6개월이 지나 스웨덴의 젊은 귀족 스파레 중위와 서커스 곡예사 출신의 엘비라 마디간이 함께 자살해 사람들의 심금을 울리기도 했다. 하지만 엘비라 마디간의 동반 자살은 신분상의 차이를 극복하지 못한

49

단순 비관자살이었던 반면에 루돌프 황태자의 자살은 그 자신의 개인적인 우울증뿐만 아니라 오스트리아 황실의 복잡한 내부 사정과 맞물린 결과였다고 볼 수 있다.

마이에를링 사건으로 불리는 루돌프 황태자(Archduke Rudolf, 1858~1889)와 마리 폰 베체라(Marie von Vetsera, 1871~1889)의 동반 자살은 그 후에도 온갖 의혹을 불러일으키기도 했는데, 평소 절대 군주제에 반대하고 공화제를 지지하던 루돌프는 그런 진보적인 사상 때문에 아버지인 황제의 눈 밖에 난 상태로 극심한 불화상태에 놓여 있었으며, 마리 폰 베체라를 처음 만났을 무렵에 이미 자살충동에 휘말리고 있었다. 마음에도 없는 결혼과 정치적 신념의 차이로 좌절에 빠진 그는 결국 황실 전용 사냥터 별장에서 정부인 마리 폰 베체라와 함께 자살해 버린 것이다. 당시 그는 이미 벨기에 공주 스테파니와 혼인한 몸으로 딸 하나를 두고 있었지만 그 결혼은 정략결혼이었기 때문에 부인에 대한 애정은 없었던 것으로 보인다.

황태자의 죽음으로 황제의 계승권은 프란츠 황제의 동생인 카를 루트비히 공작에게 넘어갔지만, 그가 역병으로 숨지자 그의 아들 페르디난트 공이 황위 계승자가 되었다. 하지만 페르디난트 공이 사라예보에서 암살되는 바람에 제1차 세계 대전이 발발했으니 마이에를링 사건의 여파가 얼마나 큰 참화를 불러왔는지 알 수 있다. 어쨌든 황실은 처음에는 동반 자살 사실을 숨기고 루돌프가 병으로 죽었다고 발표했으며, 마리 폰 베체라의 죽음조차 가족들에게 알리지 않고 비밀에 붙임으로써 더욱 큰 의혹을 불러일으키고 말았다.

한편 곡예사 출신의 엘비라 마디간(Elvira Madigan, 1867~1889)은 마구간지기였던 아버지와 서커스 곡예사인 어
머니 사이에서 태어났으나 어머니가 미국인
서커스 단장과 재혼하는 바람에 계부의 성
을 따랐다. 그녀는 계부와 함께 스웨덴에서
서커스 공연을 하는 동안 스웨덴의 젊은 귀
족이며 기병대 장교였던 스파레 중위를 만
나 사랑에 빠졌는데, 그는 이미 아내와 두
아이를 둔 유부남이었다.

엘비라 마디간

불륜으로 인한 주위의 따가운 시선과 신분상의 차이로 이루어질 수
없는 사랑임을 알고 초조해진 그들은 마침내 덴마크로 애정의 도피행
각을 떠났지만, 준비한 돈과 식량이 모두 떨어져 굶어 죽기 직전에 다
다르자 마지막 남은 빵을 나눠 먹은 후 결국 권총으로 자살하고 말았
다. 당시 그녀는 21세였고, 스파레는 34세였다. 그런 애달픈 사연을 남
기고 자살한 두 남녀의 무덤은 지금도 그대로 보존되고 있어서 수많은
방문객들을 맞이하고 있는데, 이들의 비극적인 최후는 피아 데게르마
크가 주연한 1967년도 스웨덴 영화 〈엘비라 마디간〉을 통해 널리 알
려지게 되었다.

정신병원에서 퇴원한 후 자살한 고흐

네덜란드의 천재화가 빈센트 반 고흐(Vincent van Gogh, 1853~1890)
는 생전에는 전혀 인정도 받지 못하고 극도의 가난과 광기에 시달리며

고흐

불행한 삶을 살다가 결국에는 총기 자살로 37세라는 아까운 나이로 생을 마감한 비운의 화가였다. 하지만 사후 고흐의 존재는 새롭게 재평가 받으면서 19세기뿐만 아니라 서양미술사에서 가장 위대한 화가의 한 사람으로 우뚝 서게 되었는데, 그는 자살로 생을 마감하기까지 10년이라는 짧은 기간 동안에 무려 900점에 달하는 많은 작품을 남겼다.

네덜란드의 준데르트에서 목사의 아들로 태어난 고흐는 어려서부터 매우 내성적인 성격으로 어린아이답지 않게 생각이 깊고 진지했으며 때로는 심각하기까지 했다. 반면에 그의 동생 테오는 매우 침착하고 현실적인 사고방식의 소유자로 정신착란에 빠진 형을 죽을 때까지 헌신적으로 돌보다가 고흐가 세상을 떠나자 곧바로 숨을 거두었는데, 이들 형제는 죽어서도 사이좋게 나란히 묻혔다.

젊어서 한때는 아버지처럼 목사가 되고자 꿈꾸기도 했던 고흐는 결국 신학교를 중퇴하고 한때 광산촌에 들어가 선교활동을 벌이기도 했으나 주민들과 자주 마찰을 일으킨 끝에 그 일마저 그만두었다. 동생 테오의 권유로 화가의 길로 들어서긴 했지만, 유달리 고집이 센 고흐는 화랑에 근무하면서도 고객들과 잦은 언쟁을 벌였으며, 게다가 아이들이 딸린 매춘부와 혼인하겠다고 고집을 부려 가족의 애를 먹이기도 했다.

37세라는 젊은 나이로 아깝게 생을 마감한 고흐는 결국 애정에 굶주린 정서적 불안정과 이별 불안에 따른 의존성 문제로 고통받은 셈인데, 그에게는 무한대의 사랑을 베풀어 주는 이상적인 여성이 없었다는 점에서 더욱 큰 불행의 나락에 빠져들게 한 것으로 보인다. 실제로 고흐에게는 여복이 지지리도 없었다. 그는 숱하게 사랑을 구걸하고 때로는 막무가내 식으로 스토킹을 하기도 했지만 번번이 퇴짜를 맞았다.

결국 그를 기꺼이 받아들인 여성들은 창녀밖에 없었다. 특히 고흐는 몸집이 큰 연상의 창녀를 좋아했는데, 그가 함께 동거했던 술주정뱅이 창녀 마리아 호르니크는 고흐보다 세 살 연상으로 그녀가 낳은 아들 빌렘의 아버지가 고흐라고 주장하기도 했지만 입증된 사실은 아니다. 어쨌든 행복한 가정을 한 번도 꾸려 보지 못했던 고흐는 지독히도 운이 따라 주지 않은 인물로 그의 좌절과 절망감이 어땠을지 짐작이 가고도 남는다.

고흐는 한때 아를르에서 고갱과 공동생활을 하기도 했지만, 당시 두 사람 모두 극심한 우울증과 자살충동에 휘말린 상태였던 점을 고려한다면, 이들의 불화와 이어진 결별은 사전에 이미 예고된 수순이었는지 모른다. 처음에는 함께 그림도 그리고, 산책도 하며 사이좋게 지냈으나 점차 성격적인 차이로 인한 충돌과 불화가 심각해지면서 두 사람 사이에는 수시로 심한 언쟁이 벌어지게 되었다. 결국 참다못한 고갱이 떠나겠다고 고집을 부리자 이에 극도로 흥분한 고흐가 면도칼로 고갱을 위협했지만 매정하게도 고갱은 그 집을 나가 버렸다.

결국 고흐는 발작을 일으킨 나머지 자신의 귀를 면도칼로 자른 뒤 그것을 신문지에 싸서 사창가로 달려가 한 매춘부에게 잘 보관하라고 맡기는 등 광기 어린 행동을 보였는데, 당시 수시로 창녀촌을 찾아 외로움을 덜기도 했던 고흐는 자신보다 창녀들에게 인기가 많았던 고갱에 대해 매우 강한 질투심을 느꼈다고 한다. 그 후 곧바로 정신병원에 입원한 고흐는 혼자 자는 것을 거부하고 다른 환자들과 함께 잠을 자겠다고 떼를 쓰거나 간호사의 뒤를 쫓아다니며 어린애처럼 조르기도 하는 등 매우 퇴행적인 행동을 보였는데, 때로는 마치 종교적인 속죄의식을 치르듯이 병동에 놓인 석탄 양동이를 자주 씻는 이상한 행동을 보이기도 했다.

정신병원에서 퇴원한 후 잠시 생 레미에 있는 수도원 자리에 거처를 마련한 고흐는 여전히 그림을 계속 그렸지만, 그의 광기는 충분히 가라앉지 않은 상태였다. 결국 생전에 세상의 인정조차 받지 못한 이 비운의 천재화가는 가난과 광기에 시달리다 총기자살로 37세라는 아까운 나이에 생을 마감하고 말았다.

어쨌든 극도의 피해망상과 환각 증세에 시달린 고흐는 편집증적 의심에 가득 찬 상태로 심지어는 자신을 헌신적으로 돌봐 준 동생 테오마저 자신을 이용해 돈을 벌려고 든다고 의심하기까지 했다. 그럼에도 불구하고 정신착란에 빠진 형을 죽을 때까지 군소리 없이 돌봤던 테오는 고흐가 세상을 떠나자 곧바로 형의 뒤를 이어 세상을 하직했다.

면도칼로 자신의 목을 그어 자살을 기도한 모파상

에밀 졸라와 더불어 19세기 프랑스 자연주의 문학을 대표하는 소설가로 필명을 날린 기 드 모파상(Guy de Maupassant, 1850~1893)은 노르망디의 미로메닐에서 부유한 집안의 아들로 태어났다. 그러나 부모가 오랜 불화 끝에 헤어지는 바람에 10세경부터 는 홀어머니 밑에서 자랐다. 어머니와 친분 이 있던 플로베르에게서 문학수업을 받은 그 는 1870년 보불전쟁이 일어나자 학업을 중단 하고 군대에 지원해 참전했으며, 그 후 10년 간 해군성에 근무하던 중에 단편 『비계덩어 리』를 발표해 반향을 일으키며 화려하게 문 단에 데뷔하였다.

모파상

특히 그는 단편소설의 대가로서 무려 300여 편의 단편을 남겨 러시 아의 체호프(Anton Pavlovich Chekhov), 미국의 오 헨리(O. Henry)와 함 께 단편소설의 3대 거장으로 꼽힌다. 그 외에도 『여자의 일생』『벨 아 미』『피에르와 장』 등의 장편을 썼으나 성적으로 몹시 방탕한 생활을 거듭한 끝에 기력을 소진하고 말았으며, 말년에는 우울증 및 신경매독 에 시달리다 편집증세까지 보이는 등 정신적으로 매우 황폐한 상태에 빠진 끝에 스스로 자신의 목을 칼로 그어 자살을 시도함으로써 결국 정신병원에서 43세라는 젊은 나이로 세상을 뜨고 말았다.

잔인한 운명의 장난에 휘말려 고통받는 인간의 모습은 모파상의 전 매특허와도 같은 것으로 때로는 매우 잔인하고 비정해 보이기까지 한 다. 단편소설 『목걸이』『비계덩어리』 그리고 장편소설 『여자의 일생』 역시 마찬가지다. 심지어 그는 결혼이란 낮에는 온갖 악감정의 교환이 요, 밤에는 악취의 교환만이 난무하는 그런 것으로 비아냥대기도 했지 만, 인간의 삶을 보는 시선으로 보자면 모파상만큼 어둡고 비관적인 작가도 드물다고 하겠다.

물론 결혼에 대한 그의 지나친 염세관은 어린 나이에 겪은 부모의 이혼과 그 후 죽을 때까지 수절했던 어머니의 모습을 통해 형성된 것으로 볼 수도 있다. 하지만 유달리 정력이 강했던 모파상은 한 평생을 독신으로 지내면서도 사창가를 드나들며 병적으로 과도한 성생활에 집착함으로써 자신의 생명을 스스로 단축시키고 말았는데, 다른 무엇보다 한 여성과 지속적인 관계를 유지하는 데 어려움을 겪었던 이유는 진정한 사랑에 대한 의구심 때문이었을 것이다. 세상에 불신만큼 인간을 불행에 빠트리는 병이 어디 또 있겠는가.

세상에 대한 환멸로 가득 찼던 그는 복잡한 여자관계에 과로까지 겹쳐 극심한 우울증에 빠졌지만, 이미 20대 후반부터 매독에 걸려 이상 징후를 느끼기 시작했다. 한때는 자신의 요트를 타고 항해를 즐기기도 했던 그는 말년에 이르러 더욱 고립되고 염세적으로 흘러 죽음에 대한 공포와 동시에 자살충동에 시달렸으며, 더 나아가 피해망상까지 보이기 시작했는데, 특히 고질적인 매독 때문에 더욱 큰 두려움에 사로잡혀 지내야 했다.

자살한 칠레 대통령 발마세다와 아옌데

현직 대통령으로 자살한 가장 최초의 인물로 꼽히는 발마세다(José Manuel Balmaceda, 1840~1891)는 칠레의 제11대 대통령으로 국회와 충돌을 빚은 후 내전이 벌어지자 스스로 목숨을 끊고 말았다. 그 후 82년의 세월이 흐른 뒤에 32대 칠레 대통령에 취임한 아옌데(Salvador

Allende, 1908~1973) 역시 피노체트 장군의 군부 쿠데타에 맞서 싸우다 대통령 관저에서 자살하고 말았다. 한 나라에서 두 명의 대통령이 자살한 것으로 세계 정치사에서도 그 유례가 없는 매우 희귀한 일이라 할 수 있다.

아옌데

1818년 독립을 선포하고 공화국이 된 칠레는 1879년 페루와 볼리비아를 상대로 전쟁을 벌여 초석이 풍부한 북부 지역을 합병해 경제적인 풍요를 누리기 시작했는데, 그런 이유 때문에 초석전쟁으로 불리기도 한다. 그러나 19세기 후반 발마세다 대통령에 이르러 내전이 벌어지면서 대통령이 자살하는 초유의 사건이 일어났는데, 처음부터 그는 대대적인 공공사업과 군사력 강화 등 사회 전반에 걸쳐 무리한 개혁을 추진함으로써 국회와 충돌을 빚었으며, 그 결과 내전으로까지 사태가 확대되면서 고립무원의 처지가 되고 말았다. 결국 모든 권력을 바케다노 장군에게 넘긴 후 아르헨티나 공사관에 은신하던 그는 어차피 공정한 재판이 이루어질 수 없음을 알고 총으로 자살하고 말았다.

발마세다 대통령에 이어 두 번째로 자살한 칠레 대통령 아옌데는 소아과 의사 출신으로 의대생 시절부터 사회주의자가 되어 급진적 학생운동에 뛰어들었는데, 그런 성향 때문에 여러 병원으로부터 취업을 거절당한 아옌데는 병리학 조수로 근무하면서 빈민들의 시신을 부검하는 일을 하기도 했다. 1970년 보수 세력의 저항을 물리치고 힘겹게 대통령에 당선된 그는 세계 최초로 민주적인 선거를 통해 대통령에 당선된 사회주의자라는 기록도 세웠다.

하지만 대통령에 취임하면서 곧바로 사회주의 이념에 따른 개혁정책에 돌입하면서 대규모 산업을 국유화하고 일부 사유재산도 몰수해 국유화하는 토지개혁을 단행함으로써 다국적 기업과 대지주들의 반발을 샀으며, 특히 친미적인 군부의 반발이 심했다. 그는 의료와 교육에도 개혁을 시행해 영양실조에 빠진 아동들에 대해 무상으로 우유를 배급해 서민층의 지지를 얻기도 했지만, 의사 출신으로 경제에 대한 전문지식이 부족했던 아옌데는 단기간에 서두른 경제정책으로 인해 인플레를 초래해 치솟는 물가와 외환보유고의 하락으로 정부예산 적자에 허덕이는 결과를 낳고 말았다.

결국 칠레 경제는 회생불능 상태로 곤두박질치게 되면서 지주와 기업가들뿐만 아니라 생필품 부족과 고용 불안에 시달리던 국민들까지 가세해 극심한 반발을 보이기 시작함으로써 대대적인 파업사태가 벌어졌으며, 계층 간의 대립도 더욱 격화되었다. 이에 미국의 지원을 받은 피노체트 장군이 군사쿠데타를 일으켜 아옌데의 사회주의 정권은 한순간에 무너지고 말았는데, 모든 국경과 공항이 폐쇄되고 정치활동도 금지되었으며, 대대적인 검거를 통해 수많은 좌파 인사들이 체포되어 고문을 당하고 총살당했다. 실종자들이 속출하면서 공포에 사로잡힌 칠레 국민들은 숨을 죽이며 사태를 주시하고 있었다.

비록 아옌데는 대통령궁을 공격한 쿠데타군에 항복하지 않고 총격전을 벌이며 끝까지 저항했지만, 결국 자살로 생을 마감하고 말았다. 그는 죽기 직전 마지막 라디오 연설로 국민들에게 고별인사를 남기고 카스트로가 선물로 준 소총을 자신의 머리에 발사해 즉사했는데, 군사정부는 그의 시신마저 훼손해 목을 자르는 등 만행을 저질렀다. 그 후 아옌데 사회주의 정권을 무너뜨리고 대통령 권좌에 오른 피노체트는 1990년 자리에서 물러날 때까지 17년간 군부독재를 이끌었으며, 수많은 지식인과 학생들을 축구경기장에 모아 놓고 학살하는 만행을 저질렀다. 말년에 가택연금 상태에 있다가 91세를 일기로 죽은 피노체트는 사후 자신의 무덤에 대한 모욕행위를 염려해 화장을 원한다는 유언을 남기기도 했다.

루 살로메를 사랑하다 자살한 파울 레와 타우스크

루 안드레아스-살로메(Lou Andreas-Salomé, 1861~1937)는 탁월한 지성과 미모, 그리고 문학적 소양을 겸비한 여성으로 한 시대를 풍미하며 뭇 남성들을 울리다가 나치 독일의 괴팅겐에서 생을 마친 화제의 인물로 동시대 사람들로부터 성녀와 마녀라는 전혀 상반된 평가를 받기도 했다. 니체, 릴케, 바그너, 하웁트만, 톨스토이, 마르틴 부버, 프로이트 등과도 교분을 지녔던 그녀는 정신분석에도 관심을 지녀 프로이트를 열렬히 지지함으로써 "문학은 꿈과 해석 사이에 있는 그 무엇이다."라는 명언을 남기기도 했으며, 20편의 소설과 100여 편에 달하는 평론을 남겨 문학가로서 명성을 얻기도 했다. 하지만 다른 한편으로는 그녀로 인해 철학자인 파울 레와 정신분석가 타우스크가 자살하는 바람에 지식인 킬러라는 오명도 쓰게 되었다.

더욱이 그녀에게 청혼했다가 거절당한 철학자 니체는 크게 낙담한 나머지 한때 자살까지 고려할 정도로 극심한 우울증에 빠지기도 했으

루 살로메, 니체, 파울 레

나 그런 위기를 극복하고 『자라투스트라는 이렇게 말했다』를 완성함으로써 더욱 심오한 철학체계로 진입하게 되는 계기가 되었으며, 한때 그녀와 연인관계를 유지했던 시인 릴케 역시 그녀와 결별한 후 『기도시집』 『형상시집』 등 깊이 있는 걸작들을 남겼으니 당시 그녀의 존재가 서구 지식인 사회에 얼마나 큰 영향을 끼쳤는지 알 수 있다.

파울 레(Paul Rée, 1849~1901)는 독일의 유대계 철학자로 니체와는 매우 절친한 친구 사이였다. 부유한 사업가이자 지주의 아들로 태어난 그는 라이프치히 대학교에서 법학과 철학을 공부했으며, 20대에 이미 철학박사 학위를 받을 정도로 명석했다. 당시 이탈리아에 거주하던 독일 작가 마이젠부크 부인의 초대로 니체와 함께 소렌토에 머물며 공동 작업에 몰두한 그는 그곳에서 대표작 『도덕의 기원』을 완성했으며, 니체는 『인간적인 너무나 인간적인』을 쓰기 시작했다.

파울 레는 『도덕의 기원』에서 주로 다윈의 진화론과 심리주의적 관점에서 인간의 이타적 감정의 기원을 다루었는데, 인간의 자유의지를 부정하고 선과 악에 대한 형이상학적 설명을 거부한 그 내용은 나중에 니체가 쓴 『도덕의 계보』에서 강한 비판을 받았다. 하기야 초인사상을 내세우고 『선악의 피안』을 쓴 니체였으니 당연한 결과였다.

어쨌든 그 후 어머니와 함께 이탈리아 여행에 나선 루 살로메를 로마의 문학 살롱에서 처음 만난 파울 레는 그녀의 눈부신 미모와 뛰어난 지성에 매료되고 말았으며, 곧이어 니체까지 가세해 세 사람은 함께 이탈리아 각지를 여행하기도 했다. 하지만 파울 레와 니체는 동시에 루 살로메를 사랑하게 되었는데, 알프스 여행 중에 니체가 그녀에게 청혼했다가 거절당한 후로 니체는 모임에서 떨어져 나가고 루 살로메와 파울 레는 독일로 건너가 수년간 동거에 들어갔다. 그러나 그녀가 언어학자 안드레아스 교수와 결혼해 버리자 절망에 빠진 파울 레는 스위스 산악지대 절벽에서 뛰어내려 자살하고 말았다.

그 후 루 살로메는 프로이트의 문하에서 정신분석을 공부하고 있었는데, 프로이트의 제자였던 빅토르 타우스크(Victor Tausk, 1879~1919)가 그녀를 짝사랑하다 자신의 신세를 비관하고 자살한 사건으로 매우 곤혹스러운 입장에 처하기도 했다. 그 사건으로 인해 프로이트뿐 아니라 정신분석학계 전체가 큰 충격에 휩싸였는데, 그것은 실로 정신분석가 전체의 명예를 실추시킨 사건이었기 때문이다. 그럼에도 불구하고 루 살로메와 프로이트는 그 후에도 계속해서 친분관계를 유지해 나갔다.

타우스크는 슬로바키아 태생의 유대인으로 대학에서 법학을 전공한 후 변호사로 활동하다가 신문기자로 일하면서 틈틈이 시와 희곡을 쓰기도 했으나 결혼에 실패하고 우울증까지 겹쳐 힘겨운 나날을 보내고 있었다. 그러다가 프로이트의 논문을 읽고 크게 공감한 나머지 프로이트에게 편지를 띄워 배움을 요청했으며, 프로이트가 흔쾌히 그의 요청을 허락하자 곧바로 빈으로 달려가 정신분석 수련을 받기 시작한 것이다.

하지만 당시 정신분석학회에 가담한 루 살로메를 처음 본 순간부터 그녀에게 정신없이 빠져든 그는 홀로 짝사랑을 불태우고 있었는데, 그녀가 아무런 관심도 보이지 않자 절망감에 빠진 나머지 커튼 줄로 목을 맨 상태에서 총으로 머리를 쏘아 자살하고 말았다. 더욱이 당시 그는 임신한 상태의 약혼녀와 재혼을 앞두고 있던 상황이었으니 동료들의 실망이 이만저만 큰 게 아니었다. 프로이트 역시 자신이 키우던 제자가 그토록 심약하기 그지없는 인물이었다는 점에서 몹시 곤혹스러워했을 듯하다. 결국 그의 죽음은 정신분석의 역사에서 가장 수치스러운 오점을 남긴 사건이 되고 말았다.

베토벤이 죽은 집에서 자살한 철학자 오토 바이닝거

독일의 유대계 철학자 파울 레가 자살한 지 2년 후 그와 같은 유대계였던 오스트리아의 철학자 오토 바이닝거(Otto Weininger, 1880~1903) 역시 자살하고 말았는데, 그 동기는 정확히 알려지지 않았지만, 극심한 우울증의 결과로 보인다. 빈 대학교에서 철학과 심리학을 공부한 그는 불과 20대 초반의 나이로 논문 「에로스와 정신」을 써서 프로이트의 자문을 구하고자 했으나 프로이트는 그 내용에 선뜻 동의하지 않았다.

하지만 그 논문으로 박사학위를 받고 크게 고무된 그는 23세 때 자신의 야심적인 저서 『성과 성격』을 출간했으나 라이프치히 대학교의 뫼비우스 교수로부터 표절 의혹을 받으며 혹독한 공격을 받고 난 후 극도의 우울증에 빠지고 말았다. 울적한 마음을 달래기 위해 이탈리아 여행을 마치고 빈으로 돌아온 그는 베토벤이 숨을 거두었던 집의 방 하나를 빌려 머물다가 자신의 가족에게 보내는 편지를 남기고 총으로 자신의 심장을 쏴 자살해 버렸다. 당시 그의 나이 불과 23세였다.

그가 남긴 저서 『성과 성격』은 주로 여성 문제를 철학과 심리학적 관점에서 다룬 내용으로 대부분 매우 부정적인 시각에서 여성을 바라본 것인데, 여성의 본질을 성에 대한 집착으로 보는 등 여성혐오적인 태도뿐 아니라 종족 보존을 위한 성에 반대하는 성해방 논리로 동성애를 은근히 옹호하는가 하면, 여성적인 유대인은 남성적인 아리안인에 비해 유약하기 그지없는 존재로 묘사해 자신이 유대인이면서도 자기혐오적인 태도를 보이기도 했다. 어쨌든 그런 남성우월주의적이고도 반유대적 언급 때문에 그의 저서는 그 후 나치 선전에 악용되기도 했다.

자살한 물리학자 볼츠만과
노벨화학상 수상자 한스 피셔

세계적인 명성을 얻은 학자로 과학 분야에 큰 업적을 남긴 오스트리아의 물리학자 볼츠만(Ludwig Boltzmann, 1844~1906)과 독일의 의사이자 화학자로 1930년 노벨화학상을 받은 한스 피셔(Hans Fischer, 1881~1945)는 모두 자살로 생을 마감한 인물들이다. 볼츠만은 이탈리아 두이노에서 가족과 함께 여름휴가를 보내던 중 부인과 딸이 수영을 즐기고 있는 사이에 목을 매 자살했으며, 한스 피셔는 제2차 세계 대전 말 연합

군의 폭격으로 연구소가 파괴되면서 자신의 연구 업적이 모두 불타는
바람에 비관한 나머지 자살해 버렸다.

볼츠만은 오스트리아 빈에서 세무공무원인 아버지와 시계공인 어
머니 사이에서 태어났다. 빈 대학교에서 물리학을 공부하고 기체운동
에 관한 연구로 박사학위를 받은 그는 25세라는 약관의 나이로 그라츠
대학교의 이론물리학 교수가 되었으며, 43세에 그라츠 대학교 총장이
되었다. 그 후 뮌헨 대학교와 빈 대학교에 교수로 재직했으나 특히 빈
대학교에서의 동료들과 불편한 관계 때문에 라이프치히 대학교로 이
적했다가 다시 빈으로 돌아가 물리학뿐만 아니라 철학도 가르쳤다. 당
시 그의 자연철학 강의는 선풍적인 인기를 끌어서 강의실이 모자랄 정
도였는데, 그의 강의를 들은 학생 중에는 비트겐슈타인도 있었다.

볼츠만은 특히 통계열역학과 기체분자운동에 큰 업적을 남겼으나
그가 주장한 원자론은 19세기 말 당시만 해도 대부분의 학자가 받아들
이지 않았다. 따라서 그의 통계적 접근방법은 끈질긴 반대에 부딪쳐
그를 더욱 우울하게 만들었다. 결국 그는 철학을 통해 자신의 이론에
대한 반박을 극복해 보고자 하였으나 국제물리학학회에서조차 따돌
림을 당하면서 그의 우울증은 갈수록 심해져 갔고, 결국에는 자살로
생을 마감하고 말았다. 평소 볼츠만은 기분 변화가 심해서 우울 기간
이 지나면 다시 들뜬 기분에 사로잡히는 등 오늘날의 관점에서 볼 때
조울병 증세를 지녔던 것으로 추정된다.

반면에 노벨화학상 수상자인 한스 피셔는 평소 우울증을 앓은 것이
아니라 자신의 연구 업적이 폭격으로 한순간에 물거품이 되어 버리자
너무도 낙심한 나머지 자살한 것으로 보인다. 그는 로잔 대학교와 마

르부르크 대학교에서 화학과 의학을 공부했는데, 1908년에는 의사 자격까지 땄으며, 뮌헨의 병원에 근무하다 생리학 연구소 강사로 일한 후 인스브루크 대학교와 빈 대학교 교수를 거쳐 1921년부터 죽을 때까지 20년 이상 뮌헨 대학교 공과대학 화학교수로 재직했다. 그의 주된 업적은 혈색소와 담즙에 관한 연구로 빌리루빈과 헤민 합성에 기여한 공로를 인정받아 1930년에 노벨화학상을 수상했는데, 그는 노벨상 수상자로는 유일하게 자살한 인물이 되었다.

자살한 공산주의 아나키스트들

정치적 격동의 세월을 보낸 20세기 유럽에서는 마르크스주의를 신봉하는 수많은 급진적 아나키스트들이 활동했지만, 그중에서도 특히 유럽 사회에 가장 큰 파란을 일으킨 인물은 1898년 오스트리아 황후 엘리자베트를 살해하고 체포되어 재판을 받던 도중에 옥중에서 자살한 암살범 루이지 루케니(Luigi Lucheni, 1873~1910)라 할 수 있다.

태어나자마자 어머니에게 버림을 받고 고아원에서 자란 그는 떠돌이 생활을 보내다가 군대에 지원해 에티오피아 전쟁에 참전했으며, 그후 스위스로 이주해 아나키스트가 되었는데, 상류 지배층에 대한 반감에 사로잡혀 있던 그는 원래 프랑스의 필립 도를레앙 왕자를 암살하려다가 계획에 차질이 생기자 당시 스위스 제네바를 방문한 오스트리아 황후 엘리자베트의 경호가 허술한 틈을 타 선착장에서 배를 기다리고 있던 그녀에게 달려들어 쇠꼬챙이로 가슴을 찔러 살해했다. 법정에서 그는 사형을 원했으나 무기징역이 선고되자 오히려 크게 낙심했는데, 그것은 자신이 순교자가 될 기회를 잃었기 때문이다. 결국 그는 12년을 복역하던 중에 감옥에서 목을 맨 채 발견되었다.

루케니가 자살한 그 이듬해에는 칼 마르크스의 딸 로라(Laura Marx, 1845~1911)와 사위 라파르그(Paul Lafargue, 1842~1911)가 동반 자살하는 일이 벌어졌다. 이들 부부는 엥겔스의 경제적 지원에 힘입어 주로 프랑스와 스페인에서 공산주의 활동에 전념하다가 함께 자살했는데, 당시 그녀 나이 66세였고 라파르그는 69세였다. 그들의 장례식에 참석한 레닌은 그 후 6년 뒤에 볼셰비키 혁명을 성공시켜 인류 최초의 프롤레타리아 정부를 수립하고 1924년에 사망했는데, 그로부터 3년 후 스탈린이 트로츠키를 추방하자 이에 항의한 아돌프 요페(Adolph Joffe, 1883~1927)가 모스크바에서 자살하기도 했다.

한편 미국의 아나키스트 알렉산더 버크만(Alexander Berkman, 1870~1936)은 급진적 무정부주의자로 유명한 엠마 골드만의 연인이자 이념적 동지로, 악덕 기업가 헨리 프릭을 암살하려다 실패하고 14년간 감옥에서 지냈다. 출옥한 후 엠마 골드만이 운영하던 아나키스트 잡지 「마더 어스(Mother Earth)」의 편집장을 맡아 활동하였고, 제1차 세계 대전으로 징병제가 실시되자 반대운동을 펼치다 엠마 골드만과 함께 다시 감옥에 들어갔다.

2년 뒤에 출옥한 후 그는 골드만과 함께 러시아로 추방되었는데, 처음에는 10월 혁명을 지지했으나 독재로 치닫는 소련 체제에 반대해 『볼셰비키는 거짓이다』라는 저서를 출간하기도 했다. 그 후 프랑스로 활동무대를 옮겨 아나키스트 운동을 계속했으나 건강이 악화되면서 신체적 고통을 이기지 못한 나머지 니스에서 총기자살로 생을 마감했다. 그 소식을 듣고 곧바로 니스로 달려간 엠마 골드만은 그의 장례식을 치른 뒤 화장한 그의 유해를 미국으로 가져가 시카고의 공동묘지에 안장시켰다.

한편 1970년대에 이르러 숱한 테러와 암살을 자행한 혐의로 경찰에 체포된 독일 적군파 여성 울리케 마인호프(Ulrike Meinhof, 1934~1976)는 재판 결과를 기다리는 도중에 감옥에서 목을 매 자살했는데, 극렬한 도시 게릴라 활동 혐의로 함께 투옥된 적군파 갱 그룹의 안드레아스 바더(Andreas Baader, 1943~1977)와 그의 애인 구드룬 엔슬린(Gudrun Ensslin, 1940~1977) 역시 마인호프가 자살한 이듬해에 감옥에서 동반 자살하고 말았다. 하지만 이들 세 사람의 자살은 그 후에도 숱한 의혹을 남겨 독일 사회에서 큰 논란을 불러일으키기도 했다. 더욱이 바더는 감옥 안에서 총기로 자살했기 때문에 독일 정부로서도 매우 곤혹스러운 사건일 수밖에 없었다.

러시아 전선에서 자살한 천재 시인 게오르크 트라클

27년에 걸친 짧은 인생을 우울과 방황 속에 헤매다가 제1차 세계 대전 당시 러시아 전선에서 자살로 생을 마감한 게오르크 트라클(Georg Trakl, 1887~1914)은 오스트리아의 표현주의 시인으로 13세 때부터 시를 쓰기 시작한 천재였다. 하지만 15세에 이르러 술과 마약 등에 빠진 데다가 사창가를 드나들며 나이든 창녀를 상대로 두서없이 횡설수설하거나 혼잣말을 하는 모습을 보여 이미 그 시기에 정신분열병 증세를 보인 것으로 추정되기도 한다.

결국 그는 약물 중독 때문에 고등학교를 중퇴할 수밖에 없었는데, 그 후 약사가 되기로 결심하고 빈으로 가서 약학을 공부해 마침내 약사 자격을 땄다. 사회생활 적응에 자신이 없었던 그는 군대에 지원했다가 다시 집으로 돌아왔으나 역시 현실적응에 어려움을 겪은 나머지 다시 군대로 돌아가 인스브루크의 한 병원에서 약사로 근무했다. 그곳에서 알게 된 잡지사 편집인 루트비히 피커는 트라클의 재능을 알아보고 그의 시를 출판하는 일에 적극 나서는 등 그의 열렬한 후원자 노릇을 하는 동시에 당시 익명으로 많은 예술가를 은밀히 돕고 있던 비트겐슈타인에게 그의 존재를 알림으로써 재정적인 도움을 받도록 하는 가교 역할도 해 주었다.

하지만 제1차 세계 대전이 발발하자 트라클은 러시아 전선으로 전출되어 부상병들을 돌보게 되었는데, 병사들이 당한 끔찍스러운 참상을 목격하면서 극심한 우울증에 빠지고 말았다. 정신적 부담감을 이기지 못한 그는 마침내 총으로 자살을 기도했지만, 동료들이 말리는 바람에 미수에 그치고 말았다. 크라코우의 군병원에 입원한 그는 자살 충동 때문에 철저한 감시를 받았지만, 그의 우울증은 날이 갈수록 더욱 심해져 가기만 했다. 결국 그는 후원자인 피커에게 도움을 요청했으며, 연락을 받고 비트겐슈타인이 급히 병원으로 달려갔을 때 이미 트라클은 다량의 약물 복용으로 숨진 뒤였다.

모딜리아니의 뒤를 따라 투신자살한 잔 에뷔테른

세계적인 화가 모딜리아니의 아내였
던 잔 에뷔테른(Jeanne Hébuterne, 1898~
1920)은 뛰어난 미모를 지닌 프랑스의
화가로 보수적인 부모의 반대를 무릅
쓰고 모딜리아니(Amedeo Modigliani)와
동거해 딸까지 낳았으나 남편이 3년도
채 못 되어 세상을 떠나자 크게 낙심한
나머지 이튿날 임신 8개월의 몸으로 아

〈잔 에뷔테른의 초상〉

파트 베란다에서 뛰어내려 남편의 뒤를 따랐는데, 당시 그녀 나이 불
과 22세였다. 모딜리아니는 생전에 그녀를 모델로 많은 인물화를 남기
기도 했다.

로마가톨릭 신자였던 그녀의 가족은 모딜리아니가 유대인이라는 이
유로 오랜 기간 부부 합장에 반대하다가 10년이 지나서야 겨우 허락해
그녀가 그토록 사랑했던 남편의 묘지 곁에 묻힐 수 있었다. 졸지에 고
아가 된 그녀의 딸 잔은 외가에서 자라다가 고모에게 입양되었으며, 성
인이 될 때까지 자신의 부모에 대해 전혀 알지 못했으나 그 후 40세가
되어 아버지에 대한 전기를 쓰고, 1984년에 65세 나이로 죽었다. 그런
데 모딜리아니가 잔 에뷔테른과 동거하기 전에 함께 살다 헤어진 영국
의 여류작가 베아트리스 헤이스팅스(Beatrice Hastings, 1879~1943) 역시
자살했다.

자살한 소련 시인 예세닌과 마야콥스키

러시아 혁명의 열기와 내전의 상처가 채 가시지 않은 20세기 초반 소련에서 활동한 시인 예세닌(Sergei Yesenin, 1895~1925)과 마야콥스키(Vladimir Mayakovsky, 1893~1930)는 모두 30대 젊은 나이로 자살하고 말았는데, 예세닌은 정신병원에서 퇴원한 직후 레닌그라드의 한 호텔에서 목을 매 자살했으며, 마야콥스키는 자신의 집에서 총기자살로 짧은 생을 마감했다.

러시아의 가난한 시골 마을에서 태어난 예세닌은 시인이 되기 위해 18세 때 모스크바로 떠나 그곳에서 상징주의 시인 알렉산드르 블로크의 지도를 받고 21세 때 첫 시집 『초혼제』를 출간해 명성을 얻었으며, 그 덕분에 황실에 초대되어 시를 낭송하기도 했다. 하지만 러시아 혁명을 통해 보다 나은 삶을 기대한 그는 처음에는 혁명을 열렬히 지지했으나 얼마 가지 않아 경직된 소련 사회에 혐오감을 느끼고 볼셰비키를 비판하기 시작해 당국의 주목 대상이 되었다.

두 번의 결혼에 실패한 그는 1921년 자신보다 18년이나 연상인 미국의 저명한 발레리나 이사도라 덩컨을 만나 결혼까지 하고 그녀와 함께 유럽과 미국 등 각지를 여행했으나 지독한 술주정뱅이였던 그는 수시로 폭력을 행사하며 난동을 부려 결국 1년 만에 헤어지고 모스크바로 돌아가 톨스토이의 손녀딸인 소피아와 네 번째 결혼을 하게 되었다. 하지만 고질적인 알코올 중독과 우울증에 시달린 그는 피해망상 증세까지 겹쳐 정신병원에 입원했고, 그곳에서 퇴원한 직후 자살하고 말았다.

예세닌이 소련에 환멸을 느낀 것과는 달리 마야콥스키는 소년시절부터 볼셰비키 혁명운동에 가담해 활동했는데, 러시아 당국의 눈을 피해 혁명을 선동하는 유인물을 배포하고 정치범들을 탈옥시키는 일에 가담하기도 했다. 그런 활동으로 수차례 당국에 체포된

예세닌과 이사도라 덩컨

그는 결국 11개월간 옥살이까지 해야 했다. 출옥한 후 미래파 시인 그룹에 가담한 그는 오로지 볼셰비키 혁명을 위해 자신의 모든 것을 바쳤으며, 실제로 10월 혁명이 성공하자 폭발적인 열정으로 혁명의 승리를 찬미하고 자본주의 사회를 비난하는 작품들을 쏟아내기 시작했다.

하지만 점차 자신의 시작 활동에 싫증을 느끼게 된 그는 설상가상으로 새로 개편되기 시작한 소련 문학계의 변화에 제대로 적응하지 못했으며, 더군다나 스탈린조차 자신이 이끄는 좌익예술전선(LEF) 모임이 아니라 프롤레타리아 작가동맹(RAPP) 모임에 참석하게 되자 그동안 자신이 조국을 위해 이룩했던 업적에 큰 회의를 느끼게 되었다. 결국 그런 좌절감을 이기지 못한 그는 자신의 집에서 끝내 권총으로 자살하고 말았다.

혁명 시인의 대표주자로 활동하다가 갑자기 자살한 그에 대해 정통 마르크스주의자들은 강한 비난을 퍼부었으나 스탈린은 여전히 그의 존재를 높이 평가했기 때문에 마야콥스키는 죽은 후에도 자신의 명성을 그대로 유지할 수 있었으며, 그의 장례식에는 15만 명의 군중이 모여들어 그의 죽음을 애도했다. 예세닌의 초라한 장례식에 비하면 마야

콥스키는 그래도 소련 사회에서 상당한 예우를 받은 셈이다.

바다에 뛰어들어 익사한 시인 하트 크레인

월트 휘트먼과 더불어 미국의 가장 뛰어난 시인 가운데 한 사람으로 꼽히는 하트 크레인(Hart Crane, 1899~1932)은 뉴욕의 브루클린 다리에서 영감을 받아 쓴 서사시 「다리(The Bridge)」를 통해 거대한 미국 문명의 이면을 매우 열정적이고도 긍정적인 언어로 표현함으로써 월트 휘트먼의 전통을 그대로 계승하고 있는데, T. S. 엘리엇의 「황무지」가 풍기는 분위기와 매우 흡사하지만, 그보다는 더욱 낙관적인 시각을 보인다.

하지만 소년시절부터 동성애적 성향을 보인 그는 덴마크 출신의 선원 에밀 오퍼와 사랑에 빠진 시기에 쓴 시 「항해」나 「멜빌의 무덤에서」에서 보듯이 바다에 대한 남다른 친화력을 보여 주고 있는데, 동료 시인 맬컴 코울리의 아내였던 페기 베어드와 동행했던 멕시코 여행에서 뉴욕으로 돌아오는 길에 타고 있던 배 위에서 바다로 뛰어내려 자살하고 말았다. 당시 그는 술에 취한 상태였으나 평소에도 우울한 기분과 들뜬 기분 사이를 오가는 매우 불안정한 심리상태였던 것으로 알려졌다.

그가 마지막으로 남긴 시 「무너진 탑」은 그의 유일한 이성애적 연인으로 알려진 페기와의 관계를 암시한다고 할 수 있으며, 해석에 따라서는 무너진 탑이 남근의 패배 또는 동성애적 사랑에 대한 부정을 상징하는 것으로 보기도 한다. 하지만 그는 폐기와 동승하고 있었음에도 불구하고 배 위에서 다른 남자 승무원에게 동성애적 접근을 시도했다가 오히려 개망신을 당한 직후 참담한 심정으로 바다에 뛰어들고 말았는데, 당연히 시신조차 찾을 수 없었다. 당시 그의 나이 불과 32세였다.

자살한 20세기 화가 도라 캐링턴과 키르히너

자살한 화가로 가장 유명한 인물은 1890년에 세상을 떠난 빈센트 반 고흐라 할 수 있지만, 20세기 들어 자살한 화가로는 영국의 여류화가 도라 캐링턴(Dora Carrington, 1893~1932)과 독일의 표현주의 화가 에른스트 키르히너(Ernst Ludwig Kirchner, 1880~1938)를 들 수 있다. 도라 캐링턴은 죽은 애인을 잊지 못해 비관한 나머지 자살했지만, 키르히너는 나치로부터 퇴폐적인 화가로 낙인찍히고 자신의 작품마저 모조리 파괴되자 극도로 절망한 나머지 자살하고 말았다.

도라 캐링턴은 생전에 화단의 주목을 끌지 못했는데, 당시 영국의 전통적인 화풍과는 거리가 먼 매우 진보적인 성향을 띠고 있어서 그녀의 작품은 예술로 취급되지도 않을 정도로 푸대접을 받았다. 더욱이 그녀는 보헤미안 기질이 있는데다가 인습에 얽매이지 않는 양성애자로 숱한 염문까지 뿌려 보수적인 영국 사회에서는 기피 대상이 될 수밖에 없었다. 심지어 버지니아 울프마저 자신의 일기에서 도라 캐링턴에 대해 좀처럼 이해하기 힘든 여성으로 묘사할 정도였다.

캐링턴과 스트레이치

그중에서도 특히 동성애자로 유명한 작가 리튼 스트레이치와 맺은 기묘한 관계는 두고두고 화제가 되었는데, 제1차 세계 대전이 한창일 무렵 처음 만난 이래 그가 위암으로 죽을 때까지 15년간 그의 집에서 함께 동거했을 뿐만 아니라 한때는 랠프 파트리지와 결혼해서 세 사람이 한 지붕 밑에서 살기도 했는데, 스트레이치는 이들의 결혼을 적극 부추겼을 뿐만 아니라 신혼여행까지 동행했으니 실로 기묘한 관계가 아닐 수 없다.

더욱이 스트레이치가 파트리지를 은근히 연모하고 그녀 역시 파트리지의 친구인 제럴드 브레난과 염문을 뿌리는 등 그 후에도 몹시 복잡한 관계가 이어졌으며, 결국 파트리지는 프랜시스 마셜과 결혼해 따로 떨어져 나갔다. 이들의 기이한 삼자 동거생활은 크리스토퍼 햄튼이 감독하고 엠마 톰슨이 주연한 1995년도 영국 영화 〈캐링턴〉에 잘 묘사되어 있는데, 스트레이치가 세상을 떠나자 그를 잊지 못한 캐링턴은 친구에게서 빌린 총으로 두 달 후에 자살하고 말았다.

한편 독일의 현대화가 키르히너는 20세기 표현주의 미술의 선구자로 대학에서 처음에는 건축학을 공부했으나 미술로 전향해 1905년 다리파를 창립함으로써 현대미술에 새로운 바람을 불러일으킨 장본인이다. 다리파라는 명칭은 과거와 현재 사이를 이어 주는 가교 역할을 한다는 의미에서 붙인 것이었다. 하지만 1913년 그는 『다리파 연감』이라는 책자를 통해 마치 자신이 표현주의 미술의 대표자인 것처럼 기술

하고 야수파의 영향을 받은 것이 아니라는 점을 강조하기 위해 자신의 작품 제작 날짜를 조작함으로써 회원들의 반발을 사게 되자 다리파를 탈퇴했으며, 그 후 다리파는 해체의 길을 걷고 말았다.

제1차 세계 대전의 발발로 군대에 자원했으나 얼마 가지 않아 극도의 신경쇠약에 빠진 그는 제대 후 두 차례나 정신요양원에 입원해 치료를 받았다. 결국에는 전쟁을 피해 1917년 스위스 다보스 근처 프라우엔키르흐로 이사해서 헌신적인 배우자 에르나 쉴링의 도움으로 그나마 재정적인 어려움을 극복해 나갔다. 하지만 우울증뿐만 아니라 사지 마비와 통증에 시달린 그는 당시 저명한 정신과의사 빈스방거가 운영하던 요양원에 들어가 치료를 받으면서도 병실에서 창작활동은 계속하였다.

건강이 회복되면서 의욕을 되찾은 그는 1920년대 독일과 스위스에서 점차 명성을 얻기 시작했으나 1930년대에 접어들면서 에르나가 수술을 받는 등 건강에 적신호가 켜진데다가 설상가상으로 나치가 정권을 차지하면서 그를 퇴폐 화가로 규정하고 그의 작품 전시는 물론 거래까지 금지시켰으며, 그의 많은 작품을 파괴함으로써 키르히너는 극도의 절망감에 빠지고 말았다. 우울증이 갈수록 심해진 그는 독일이 오스트리아를 합병하자 결국에는 스위스마저 침공할 것이라는 두려움과 피해망상에 사로잡힌 나머지 1938년 자신의 집에서 총기자살하고 말았다. 그의 아내 에르나는 1945년 세상을 뜰 때까지 그 집에서 살았다.

동료 환자의 도움으로 안락사한
우루과이 작가 키로가

　우리에게는 다소 생소하지만 남미 문학에서 독특한 위치를 차지하고 있는 우루과이의 소설가 호라시오 키로가(Horacio Quiroga, 1878~1937)는 생의 대부분을 무더운 밀림지대에 살면서 극한상황이나 비정상적인 환경에 놓여 살아가는 인간의 모습에 강한 관심을 쏟았는데, 거대한 자연의 힘과 겨루다 점차 패배해 가는 인간과 동물들의 모습을 주로 다룬 작품들로 인해 매우 독자적인 환상문학을 낳아 마르케스, 코르타사르 등 중남미 작가들에게 많은 영향을 끼쳤다.

　그런 특성은 그의 대표작인 『사랑과 광기와 죽음의 단편집』 『야성의 남자』 『추방된 사람들』 등을 통해 엿볼 수 있는데, 환각증세 등 이상심리 묘사에 뛰어난 솜씨를 보여 남미 특유의 환상문학 전통의 선구자로 꼽히기도 한다. 말년에 이르러 전립선암에 걸려 수술까지 받았으나 이미 손을 댈 수 없는 상태였던 그는 극심한 통증에 시달린 나머지 동료 환자의 도움을 받아 입원하고 있던 병실에서 음독자살하고 말았다. 당시 그의 안락사를 도운 환자 바티스테사는 영국의 유명한 기형아 엘리펀트 맨으로 알려진 조셉 메릭과 비슷한 인물로 지하실에 격리되어 있던 그를 키로가가 특별히 요청해 자신의 병실에서 함께 친하게 지낸 사이였다.

자살한 기업가 조지 이스트만과 필 그레이엄

미국의 기업가로 자살한 경우는 극히 찾아
보기 힘든 일이긴 하나 세계적인 대기업 코닥
사를 설립한 조지 이스트만(George Eastman,
1854~1932)의 자살은 미국 사회에 큰 충격을
안겨준 사건이었다. 더욱이 그는 수많은 자
선사업으로 여러 대학에 거액의 기부금을
희사하는 한편, 특히 터스키기 대학교 및 햄

조지 이스트만

프턴 대학교 등 흑인들을 위한 대학교에도 지원을 아끼지 않았으며,
유럽 각국의 도시 빈민을 위한 의료지원에도 적극적이어서 미국인의
존경을 한몸에 받은 인물이었기에 그 충격은 더욱 컸다.

하지만 말년에 이르러 척추장애로 극심한 통증에 시달린 그는 점차
우울증이 깊어진 나머지 자신의 자택에서 "내가 할 일은 끝났다. 뭘 기
다리겠나?"라는 내용의 유서를 남기고 총으로 자신의 심장을 쏴 자살
하고 말았는데, 당시 그의 나이 77세였다. 일생 동안 결혼도 하지 않고
독신으로 지낸 그는 특히 어머니에 대해 헌신적이었는데, 1907년 어머
니가 세상을 떠나자 하루 종일 방 안에 틀어박혀 울 정도로 어머니를
지극히 사랑했던 인물이다. 그런데 어머니 역시 말년에 이르러 척추장
애로 통증에 시달리며 휠체어 신세를 지고 살았으니 참으로 우연치고
는 기묘한 우연이 아닐 수 없다. 어머니를 잃고 난 후 그는 동업자 조지
디크만의 아내인 조세핀과 오랜 기간 플라토닉한 관계를 맺기도 했으

나 죽을 때까지 독신을 고수했다.

그런데 조지 이스트만의 자살뿐 아니라 워싱턴 포스트 사장 필 그레이엄(Phil Graham, 1915~1963)의 자살 또한 세상을 놀라게 하기에 충분했다. 20년 가까이 워싱턴 포스트 사장을 지내며 저명한 언론 사업가로 활동한 그는 케네디 형제를 정치적으로 지원하기도 했으며, 워싱턴 포스트 신문의 소유주였던 유진 마이어의 딸 캐서린과 결혼해 출세 가도를 달렸다.

하지만 조울병을 앓았던 그는 주기적으로 반복되는 조증과 우울증에 시달렸으며, 불행히도 당시에는 적절한 치료약이 없던 시절이라 전혀 손을 쓰지 못했다. 마침내 그는 호주 출신의 기자 로빈 웹과 눈이 맞아 그녀와 함께 애리조나로 날아간 후 그곳에서 개최된 출판인 대회장에 나타나 술에 취한 상태에서 마이크를 붙잡고 황설수설하기 시작했는데, 케네디 대통령의 스캔들을 폭로하는 등 매우 도발적인 행동을 보였다.

결국 그의 주치의가 그곳까지 전용기를 타고 날아가 그를 진정시킨 후 강제로 포박한 채 워싱턴으로 후송했으며, 곧바로 정신병원에 입원시켰는데, 가까스로 안정을 되찾고 며칠 만에 퇴원한 그는 얼마 가지 않아 극심한 우울증에 빠지고 말았다. 어쩔 수 없이 정신병원에 다시 입원한 그는 그곳에서 조울병 진단을 받고 정신치료까지 받았는데, 사실 조울병에는 정신치료가 아무런 효과도 발휘하지 못한다고 할 수 있다.

하지만 입원 중에 그는 자신의 상태가 많이 좋아졌다며 주치의를 졸라 외박을 나간 상태에서 권총으로 자살하고 말았으며, 그가 남긴 유서의 법적 효력 때문에 한때 치열한 공방전이 벌어지기도 했다. 그런 비극적 사건에도 불구하고 그의 뒤를 이어 사장을 맡은 아내 캐서린은 그 후 닉슨 대통령의 워터게이트 사건을 폭로해 유명해졌으며, 1998년에는 자신의 회상록으로 퓰리처상까지 수상하는 등 승승장구하다가 2001년 84세로 생을 마감했다.

발명가 캐러더스와 암스트롱의 자살

비록 토머스 에디슨에 견줄 수는 없지만 나일론을 발명한 미국의 화학자 월리스 캐러더스(Wallace Carothers, 1896~1937)와 FM 라디오를 발명한 에드윈 암스트롱(Edwin Howard Armstrong, 1890~1954)은 나름대로 인류 문화행태에 큰 변화를 일으킨 발명가들이다. 가볍고 통풍이 잘 되는 나일론의 발명은 여성들의 의생활에 혁신을 가져왔으며, FM 라디오의 발명은 방송 수신의 질을 높여 보다 나은 문화생활에 크게 기여했다.

미국 아이오와 주 벌링턴에서 태어난 캐러더스는 타리코 대학교에서 화학을 전공하고 일리노이 대학교에서 박사학위를 받은 후 하버드 대학교에서 화학을 가르치다가 듀폰 사에 입사해 화학실험실에서 일하기 시작했다. 1935년 그가 발명한 나일론은 섬유계에 돌풍을 일으켰으며, 그 후 나일론은 스타킹에 이용되어 전 세계로 보급되기에 이르렀다.

하지만 나일론의 성공에도 불구하고 캐러더스는 젊어서부터 앓아

온 주기적인 우울증에 시달렸으며, 1936년 헬렌 스위트만과 결혼도 했지만, 자신이 이룬 게 아무것도 없다며 한탄하고 연구 의욕마저 잃게 되자 결국 정신병원에 입원해 치료를 받았다. 그러나 1937년 자신의 누이 이소벨이 폐렴으로 죽자 부부가 함께 장례식에 다녀온 지 3개월 후 캐러더스는 한 호텔에 투숙해 독약을 마시고 자살해 버렸는데, 유서조차 남기지 않았다. 그리고 7개월이 지나 그의 딸 제인이 태어났다.

한편 FM 라디오를 발명한 에드윈 암스트롱은 뉴욕 태생으로 컬럼비아 대학교를 졸업하고 모교에서 전자공학 교수로 재직하면서 전자통신 분야에서 수많은 발명 특허를 냈는데, 특히 1933년에 특허를 받은 FM 라디오 등으로 라디오 역사에서 가장 영향력 있는 발명가로 손꼽힌다. 그 후 RCA 사장 데이비드 사노프의 요청으로 FM 기술 보급에 힘썼으나 RCA가 텔레비전 방송에 관심을 돌리면서 그의 특허권을 사들이지 않고 오히려 기존의 AM 방송을 보호하기 위해 그가 발명한 FM 방송 보급에 제동을 거는 로비를 미국 연방통신위원회를 상대로 벌이는 바람에 그는 막대한 재정적 손실을 입게 되었다.

결국 그는 RCA 방송사를 상대로 오랜 법정 투쟁에 들어갔지만 별다른 소득이 없었으며, 설상가상으로 아내 마리온을 폭행하여 그녀가 집을 나가 버리자 더욱 정신적으로 황폐해지는 모습을 보였다. 마침내 그는 자신의 13층 아파트에서 뛰어내려 자살하고 말았는데, 아내에게 남긴 유서를 통해 자신의 과오를 후회하며 그녀에 대한 변함없는 애정을 표시하기도 했다. 한편 데이비드 사노프는 그의 자살 소식을 듣고 그의 죽음에 자신은 잘못이 없다고 말해 사업가로서의 비정함을 보이기도 했다.

피레네 산중에서 자살한 발터 벤야민

당대의 탁월한 마르크스주의 철학자이자
문학평론가로 명성을 날렸던 발터 벤야민
(Walter Benjamin, 1892~1940)은 베를린에서
유대인 골동품상의 아들로 태어났다. 학생
시절부터 좌익운동에 가담한 그는 시오니즘
운동에도 관계했으며, 한때는 교수가 될 뜻
도 있었으나 대학 당국에 의해 거부되자 교

발터 벤야민

수의 꿈을 포기하고 문필생활로 접어들었다.

30대 초반부터 마르크스주의 연구에 몰두하면서 많은 저서를 남긴
그는 특히 문예비평에 많은 공헌을 남겼으며, 그의 마지막 저서 『역사
철학의 테제』는 유대인다운 그의 종말론적 역사관을 보여 주는 명저
라 하겠다. 하지만 유대인이었던 그는 나치에 쫓겨 1933년 파리로 망
명까지 했으나 독일군이 1940년에 파리를 점령하자 다시 쫓기는 신세
가 되고 말았다.

결국 미국행을 결심하고 원고뭉치로 가득 찬 트렁크 하나만을 달랑
든 채 피레네 산맥을 넘어 스페인으로 들어가려던 그는 프랑코 정부의
입국 불허 지시로 스페인 경찰이 그에게 프랑스로 강제송환을 통보하
자 절망감에 사로잡힌 끝에 국경마을의 한 호텔에서 음독자살로 일찍
생을 마감하고 말았다.

비록 그는 독일어권에서 20세기를 대표하는 최고의 비평가로 손꼽

히는 인물이었지만, 유대인이라는 신분상의 불이익 때문에 어디에도 일정한 소속 없이 끝없는 방황만을 거듭한 채 영원한 아웃사이더요, 추방자 신세로 전락한 끝에 결국에는 낯선 이국땅의 국경선 마을에서 비극적인 최후를 맞이하고 말았다.

우즈 강물에 걸어 들어간 버지니아 울프

나이 60세에 자살한 버지니아 울프(Virginia Woolf, 1882~1941)는 20세기 영국 문단에서 가장 독보적인 위치를 차지했던 여성작가 중의 한 사람이다. 여성들의 정신적 · 경제적 독립을 강력히 주장했던 그녀는 뛰어난 문학적 재능을 통해 의식의 흐름 기법을 이용한 문제작을 계속 발표하여 세계적인 명

버지니아 울프

성을 얻었으며 평론에도 일가견이 있었다. 하지만 불행히도 그녀는 고질적인 조울병을 극복하지 못하고 수시로 망상과 환청에 시달렸으며, 여러 차례 자살을 시도하기도 했다. 다행히도 헌신적인 남편 레너드의 지극한 정성과 보살핌 덕분으로 그나마 그녀의 창작 의욕은 계속 유지될 수 있었다.

버지니아 울프는 제2차 세계 대전이 한창이던 1941년 3월 28일 이른 아침, 영국 남부 서식스 지방 로드멜 마을에 있는 그녀의 집 몽크하우스를 떠나 산책을 나갔다가 두 번 다시 돌아오지 않았다. 그녀는 60세

의 나이에 자신이 그토록 사랑하던 우즈 강에 투신자살함으로써 고통
스러운 생을 마감했던 것이다. 그녀는 강둑에 지팡이를 놓아둔 채 자
신의 호주머니를 돌덩어리로 가득 채우고 강물로 들어갔는데, 그녀가
강둑에 마지막으로 남긴 편지는 사실상의 유서나 다름없었다.

그녀가 자살하기 직전의 정신상태는 우울과 피해망상, 그리고 환
청으로 혼란이 극에 달한 시기로 그녀는 자신의 광기를 스스로 잘 알
고 있었으며, 끝이 보이지 않는 증세의 악화에 대해 극도의 공포심을
지니고 있었다. 결국 그녀는 자신의 남편에게 더 이상의 짐이 될 수
없어 그런 부담을 덜어 주기로 작정한 것이다. 더욱이 그녀는 자신을
위해 곁에서 변함없는 애정으로 희생적인 봉사를 다해 온 남편 레너
드의 존재에 고마움을 느끼고 있었으며, 동시에 정신병적 증세의 악
화 및 히틀러의 침공으로 벌어질지도 모르는 재앙에 대한 두려움에
전율했다. 남편 레너드는 유대인이었기 때문에 특히 그런 두려움이
더했다.

물론 그녀는 결혼하기 이전에도 수시로 정신병적 발작을 일으켰으
며, 그럴 때마다 주체할 수 없는 자살충동에 시달리기도 했다. 그런 경
향은 아버지 레슬리 스티븐도 마찬가지였는데, 이미 명망 있는 전기
작가로 알려진 그녀의 아버지 역시 심각한 우울증과 자살충동에 시달
렸던 사실을 감안한다면, 스티븐 일가에 전해지는 유전적 가족력이 있
었던 것으로 보인다.

버지니아 울프의 자살로 인한 파장과 충격은 지금까지도 이어질 만
큼 그녀에 대한 대중의 사랑은 각별하다. 그러나 일부 비판이 없는 것
도 아니었다. 특히 당시에는 전시 중이었기 때문에 오로지 자신만을

생각하고 스스로 목숨을 끊는다는 것은 조국과 가족을 위해 전쟁터에 나가 기꺼이 목숨을 바친 수많은 사람을 욕되게 한다는 비판적 여론도 없지 않았다.

물론 그런 오해는 그녀가 남긴 유서의 한 구절을 잘못 인용했던 사람들 책임도 부분적으로는 있을 것이다. 그녀는 비록 전쟁에 찬성하지는 않았지만, 그렇다고 해서 전쟁의 불가피성을 이해하지 못할 정도로 어리석은 여성은 아니었다. 그녀는 전쟁에 반대하고 절망해서 자살한 게 아니라, 자신의 광기를 극복할 수 없다는 두려움과 절망감으로 스스로 목숨을 끊은 것뿐이다.

더욱이 그녀가 자살할 당시의 상황은 시기적으로도 매우 좋지 않았다. 블룸스베리에 있던 그녀의 옛집은 독일 공군의 폭격으로 이미 잿더미가 되었으며, 더군다나 나치 독일의 영국 침공 소문은 유대인이었던 남편 레너드의 입지마저 몹시 불안정하게 만드는 요인이었다. 울프 부부는 히틀러의 군대가 영국 본토에 상륙하게 되는 최악의 상황에서 함께 동반 자살하기로 이미 약속한 터이기도 했다. 극도로 신경이 과민해진 버지니아 울프는 마침내 피해망상과 더불어 환청 증세까지 나타날 정도로 악화되고 말았다. 그녀에게는 달리 선택의 여지가 없었을 것이다.

뇌파 연구의 선구자 한스 베르거의 자살

독일의 정신과의사 한스 베르거(Hans Berger, 1873~1941)는 뇌파 연구의 세계적인 권위자로 1924년 뇌파기를 발명해 뇌 생리 연구 분야에 새로운 이정표를 세운 장본인이다. 그는 세계 최초로 알파 리듬을 발견했을 뿐만 아니라 그의 업적에 힘입어 그 후 간질병 진단은 물론 다양한 뇌 질환을 연구하는 데 획기적인 변화를 이루게 되었다. 하지만 오늘날에 와서는 CT 및 MRI 등 보다 정밀한 형태의 진단도구가 개발되어 뇌파에 대한 관심은 현저히 줄어들게 되었다.

그런데 베르거가 뇌파 연구에 몰두하게 된 것은 군복무 중에 있었던 사건이 결정적인 계기가 되었다. 기병대에 입대한 그는 기마훈련 도중에 타고 있던 말이 갑자기 날뛰는 바람에 땅바닥에 나가떨어지면서 그 순간 자신이 죽을지도 모른다는 공포에 휩싸인 적이 있었는데, 공교롭게도 당시 멀리 떨어져 살던 누이가 그가 위험에 처했다는 느낌을 받고 아버지로 하여금 급히 전보를 쳐 무슨 일이 없는지 알아보도록 한 것이다.

그런 체험은 베르거에게 깊은 영감을 주었으며, 군복무를 마친 후 예나 대학교에서 의학을 공부할 때도 어떻게 자신의 생각이 텔레파시를 통해 누이에게 전달될 수 있었는지에 대해 지대한 관심을 갖게 되었다. 따라서 그는 정신에너지의 생리학적 기반에 주목하고 인간의 주관적 정신현상과 뇌 활동 사이에 벌어지는 상호작용의 비밀을 밝히겠다는 다짐을 하기에 이른 것이다.

1897년 의사 자격을 딴 후 당시 저명한 정신과의사였던 빈스방거의 후임으로 예나 병원의 과장이 된 그는 뇌기능 연구에 몰두하다가 제1차 세계 대전 때에는 서부전선에서 정신과 군의관으로 복무했다. 그 후 1924년 처음으로 뇌파기를 고안하고 인간의 뇌에 흐르는 전기파를 기록하는 데 성공하였다. 그는 만전을 기하기 위해 5년간에 걸쳐 실험을 반복했으며, 그 연구 결과를 1929년에 발표했다. 하지만 당시 독일 의학계는 그의 발견에 대해 믿을 수 없다는 반응을 보였을 뿐만 아니라 심지어 조롱하는 사람도 있었다.

이처럼 베르거의 업적은 독일에서 제대로 인정받지 못했으나 1930년대에 들어 오히려 영국의 전기생리학자들에 의해 그 중요성이 거듭 확인되었으며, 1938년에는 미국과 영국, 프랑스 등지에서 그의 뇌파기가 중요한 진단도구로 널리 임상에 활용되기에 이르렀다. 하지만 당시 나치와 사이가 좋지 못했던 베르거는 당국에 의해 은퇴를 강요당했으며, 뇌파에 대한 더 이상의 연구도 완전히 금지된 상태였다. 어쨌든 베르거는 그런 배경과는 무관하게 이미 오랜 기간 우울증을 앓았으며, 제2차 세계 대전이 한창인 1941년 스스로 목을 매 자살했다.

남경학살의 증인 미니 보트린의 자살

미국의 선교사 미니 보트린(Minnie Vautrin, 1886~1941)은 중·일전쟁 당시 일본군에 의해 자행된 만행으로 30만 명의 중국인들이 희생된 남경대학살 현장에서 만여 명의 중국 난민을 보호하며 보살핀 여성으로, 그 후 미국으로 돌아갔으나 더 많은 중국인을 구하지 못했다는 죄책감 때문에 인디애나폴리스에 있는 자신의 아파트에서 스토브 가스로 자살했다.

미국으로 이주한 프랑스계 이민자의 딸로 태어난 그녀는 일리노이

주립대학교를 수석으로 졸업한 후 해외 선교활동에 가담해 1912년 중국으로 파견되었다. 6년간 봉사활동을 마친 후 컬럼비아 대학교에서 교육학 석사학위를 딴 그녀는 곧바로 남경에 위치한 금릉 여자대학교 학장에 임명되어 결혼도 미룬 채 중국인 학생들을 위해 헌신했다. 1927년 장개석의 국민당 군대가 남경을 점령하고 약탈과 살인을 저지르자 그녀는 다른 동료들과 함께 한동안 대학 다락방에 숨어 지내야 했다.

하지만 그 후 그녀는 국민당보다 더욱 지독한 일본군의 만행에 직면해야 했는데, 1937년 일본군의 첫 폭격이 있은 후 모든 미국인의 철수 명령이 떨어졌으나 그녀는 어린 학생들을 두고 떠날 수가 없다고 판단해 남경에 그대로 남아 있었다. 당시 독일 사업가 욘 라베와 함께 중국인 난민을 보호하기 위한 임무에 뛰어든 그녀는 금릉 대학교에 1만 명의 여성을 수용했는데, 당시 그녀가 기록한 일기는 남경학살 현장의 끔찍스러운 상황을 생생한 모습으로 전하고 있다. 하지만 28년간의 선교활동을 마치고 미국으로 귀국한 후 그녀는 과거에 보였던 용기와 희망을 잃고 극심한 우울증에 빠졌으며, 결국 자신의 집에서 자살하고 말았다.

소련의 여류시인 마리나 츠베타에바의 자살

러시아 혁명과 내전을 통해 비극적인 삶을 보내야 했던 소련의 여류시인 마리나 츠베타에바(Marina Tsvetayeva, 1892~1941)는 20세기 러시

아 문학에서 가장 뛰어난 시인으로 평가되
는 여성이다. "묘지는 안식처가 아니며/살
아 있는 것보다/내가 더욱 사랑하는 것은/
아무것도 없습니다."라는 가슴 뭉클한 시구
로 유명한 그녀의 작품 「헌시」의 내용처럼
그녀는 격동의 세기를 헤쳐 나가는 가운데
살아남기 위해 몸부림쳤으나 잔인한 세월은

츠베타에바

그녀를 온전한 몸과 마음으로 살아가도록 내버려 두지 않았다.

　모스크바 대학교 미술학 교수인 아버지와 피아니스트인 어머니 사
이에서 태어난 그녀는 소녀시절부터 스위스와 프랑스 등지에서 교육
을 받아 일찌감치 서구사회의 교양을 몸에 익히는 등 전형적인 부르주
아 가정에서 성장했다. 시인 에프론과 사랑에 빠져 결혼한 그녀는 알
랴와 이리나 두 딸을 낳았는데, 1917년 볼셰비키 혁명이 일어나자 남
편 에프론이 백군에 가담해 적군을 상대로 전투를 벌이고 있는 동안에
자신의 아이들과 함께 5년간 모스크바에 발이 묶여 극심한 가난과 굶
주림에 시달려야 했다.

　그녀는 그런 고통 속에서도 계속해서 시를 썼는데, 러시아 내전을
다룬 「백조의 진영」이라는 시에서 백조는 적군에 대항해 싸운 백군 병
사들을 상징한 것으로 백군을 찬양하고 미화시킨 내용이다. 극심한 기
근에 빠진 모스크바에 고립된 상태에서 그녀는 아이들이라도 살릴 목
적으로 어린 두 딸을 고아원에 맡겼으나 작은딸 이리나는 얼마 가지
않아 굶어 죽고 말았다. 딸의 죽음에 크게 상심한 그녀는 백군의 패배
로 내전이 종식되자 살아남은 큰딸 알랴를 데리고 베를린으로 탈출해

그동안 죽은 줄 알았던 남편과 극적으로 재회했다.

그 후 프라하로 이주한 그녀는 몹시 궁핍한 생활 속에서도 대학에 다니는 남편을 뒷바라지하는 한편 다섯 권의 시집을 발표하는 등 왕성한 창작의욕을 보였다. 그곳에서 전직 장교 출신 로드제비치와 사랑에 빠진 그녀는 비록 1년 만에 결별하고 말았지만, 그들의 관계는 그녀의 대표작 「종말의 시」에 큰 영감을 불어넣는 계기가 되기도 했다. 당시 그녀는 시인 릴케, 소설가 파스테르나크 등과 서신을 나누며 우정을 쌓았는데, 그때 낳은 아들에게 파스테르나크의 이름을 좇아 보리스로 하려 했으나 남편의 고집에 꺾여 그레고리로 정하고 말았다.

어쨌든 1925년 프라하를 떠나 파리로 이주한 그녀의 가족은 그 후 14년을 그곳에서 살았는데, 당시 그녀는 결핵에 걸려 몸도 성치 않은 상태였다. 게다가 그녀의 남편 에프론은 지독한 향수병에 젖은 나머지 점차 소련 사회에 동조하는 모습을 보이다가 결국에는 소련 정보기관을 위해 활동하기 시작했으며, 딸 알랴 역시 그런 아버지 편을 들며 어머니에게 반항하게 되었다. 마침내 1937년 알랴가 먼저 소련으로 돌아가고 그 이듬해 에프론도 소련으로 몰래 도주해 버렸다.

그런데 에프론이 황급히 소련으로 도주한 이유는 당시 그가 프랑스 경찰로부터 한 소련 망명객의 암살사건에 연루된 것으로 의심받고 있었기 때문이다. 남편이 소련으로 달아난 후에 츠베타에바는 경찰의 심문을 받으면서 몹시 곤혹스러울 수밖에 없었다. 왜냐하면 그녀는 자신의 남편이 그동안 소련 스파이 노릇을 했다는 사실을 전혀 모르고 있었기 때문이다. 더욱이 에프론은 1936년 트로츠키의 아들 암살사건에도 관여한 적이 있었던 것으로 알려져 그녀의 입장은 더욱 난처해지고 말았다. 결국 그녀는 아무런 잘못도 없이 억울하게 프랑스에서 추방되고 말았다.

1939년 어쩔 수 없이 아들을 데리고 소련으로 귀국했으나 러시아 혁명에 반대해 해외로 망명했던 그녀를 반기는 사람은 아무도 없었다. 먹고 살 길이 막연해진 그녀는 번역일이라도 해서 생계를 유지하고자 했으나 소련 작가들은 한결같이 그녀를 돕는 일에 등을 돌려 버렸다. 그 후 아들과 함께 엘라부가로 추방된 그녀는 유대계 시인 발렌틴 파르나흐와 함께 직업을 갖게 해달라고 당국에 애원했으나 파르나흐에게 도어맨 자리가 제공되었을 뿐 그녀에게는 아무런 응답조차 없었다. 생계가 막연해진 그녀는 결국 아들에게 유서 한 장을 남기고 스스로 목을 매 자살해 버렸다.

당시 이중첩자 혐의로 소련당국에 끌려간 남편 에프론은 아내가 자살한 지 2개월 뒤에 총살당했으며, 딸 알랴는 수용소 감옥에서 16년을 보낸 후 1955년에 겨우 풀려났다. 한편 아들 그레고리는 어머니가 죽은 후 소련군에 자원입대해 동부전선에서 싸우다 1944년에 전사했다. 이처럼 츠베타에바의 가족은 시대의 희생양이 되어 완전히 해체되고 말았지만, 그녀의 서정적인 시들은 계속 살아남아 많은 독자의 사랑을 받고 있다.

부인과 함께 자살한 천재 수학자 하우스도르프

독일의 수학자이자 철학자인 하우스도르프(Felix Hausdorff, 1868~

1942)는 특히 집합론과 위상공간론에 탁월한 업적을 남긴 유대계 학자로, 라이프치히 대학교를 거쳐 오랜 기간 본 대학교 교수로 지내며 세트 이론을 확립하는 등 수많은 연구논문을 발표해 세계적인 명성을 쌓았다.

그러나 나치의 등장으로 대학에서도 반유대주의가 기승을 부리기 시작해 나치 당원 학생들이 그의 강의를 노골적으로 방해하게 되면서 결국 그는 명예교수직에 만족한 채 강의를 중단해야 했다. 40년에 걸친 뛰어난 학문적 업적에도 불구하고 단 한마디 감사의 표시조차 듣지도 못한 채 대학 강단을 떠난 그는 특히 1938년 악명 높은 반유대주의 테러가 자행된 '수정의 밤'을 겪은 이후 미국 이주도 고려했으나 성사되지 못했다.

1941년 본에 거주하는 유대인들이 수용소로 강제 후송되기 시작하자 이미 모든 게 끝났다고 생각한 그는 자신의 아내와 처제에게 약을 먹이고 자신도 함께 자살했다. 그는 자살하기 직전 자신의 동료였던 유대인 변호사 볼슈타인에게 먼저 가는 자신을 용서하기 바라며 부디 잘 지내라는 내용이 담긴 마지막 작별의 서한을 보냈지만, 그의 소원은 불행히도 이루어지지 못했다. 볼슈타인 역시 아우슈비츠에서 죽었기 때문이다.

『빨강머리 앤』의 작가 루시 몽고메리

캐나다의 소설가 루시 모드 몽고메리(Lucy Maud Montgomery, 1874~

1942)는 청춘소설 『빨강머리 앤』으로 너무
도 잘 알려진 여류작가로, 캐나다 북동부 세
인트로렌스 만(灣)에 위치한 프린스에드워
드 섬의 클리프턴에서 외동딸로 태어나 두
살 때 어머니를 여의었으며, 그 후 아버지가
재혼하는 바람에 캐번디시에서 우체국을 경
영하며 살던 외조부모 밑에서 외롭게 자랐

루시 몽고메리

다. 대학을 졸업한 후 교사생활을 하다가 24세 때 외조부가 세상을 뜨
자 캐번디시로 돌아가 우체국 일을 도왔다.

당시 그녀는 맥도널드 목사와 약혼까지 했으나 우체국 일 때문에 결
혼도 미룬 상태였는데, 34세 때 발표한 첫 소설 『빨강머리 앤』을 통해
본격적인 작가생활로 접어들었다. 37세 때 외조모마저 세상을 뜨게 되
자 비로소 우체국 일을 접고 맥도널드 목사와 결혼했다. 그녀는 두 아
들을 낳아 키우면서 앤을 주인공으로 한 9편의 앤 시리즈뿐만 아니라
에밀리 3부작 등 20편의 장편소설을 썼고, 그 외에도 530편의 단편소
설과 500편의 시를 썼다. 그중에서도 농촌 마을을 무대로 때 묻지 않고
순수한 소녀 앤이 꿋꿋하게 성장해 가는 모습을 그린 『빨강머리 앤』
시리즈는 지금까지도 많은 독자의 사랑을 받고 있는 작품이다.

말년에 이르러 대영제국 훈장까지 받은 그녀는 비록 작가로서의 명
성을 얻기는 했으나 개인적으로는 매우 고달픈 나날을 보내야 했는데,
특히 출판사를 상대로 벌인 오랜 법정소송과 우울증에 시달린 남편
시중을 드느라 그녀 자신도 우울증에 빠지고 말았다. 결국 그녀는 더
이상 감당하기 힘든 현실이 두려워 생을 마감하는 자신을 용서하기 바

란다는 내용의 노트를 남기고 스스로 목숨을 끊고 말았다. 향년 67세였다.

유대인 작가 슈테판 츠바이크와 아서 쾨슬러의 자살

오스트리아의 작가 슈테판 츠바이크(Stefan Zweig, 1881~1942)와 헝가리태생의 작가 아서 쾨슬러(Artur Koestler, 1905~1983)는 모두 유대인으로 나치 독일의 박해를 피해 자신들의 고향을 떠나 해외를 전전하다 결국에는 자살로 생을 마감했는데, 츠바이크는 망명지

슈테판 츠바이크 부부

인 브라질에서 부인과 함께 동반 자살했으며, 쾨슬러는 영국 런던에서 신병을 비관하고 부인과 함께 자살했다.

빈 태생의 츠바이크는 부유한 유대인 사업가의 아들로 태어나 빈 대학교에서 철학을 공부한 후 평생을 반파시즘 작가로 활동했는데, 일찍이 평화주의 신봉자로서 유럽의 통합을 외쳤던 그는 프랑스의 소설가 로맹 롤랑과 함께 반전운동에 앞장섰으나 이들은 결국 독일과 프랑스에서 제각기 모두 매국노라는 비난을 들어야 했다. 츠바이크와 로맹 롤랑은 토마스 만과 함께 프로이트를 끝까지 흠모한 몇 안 되는 작가들에 속한다.

비록 그는 나치에 쫓겨 극심한 절망감과 우울증에 빠져 이역만리 브

라질에서 비극적인 자살로 최후를 마쳤지만, 그가 보여 준 유럽문화 전반에 걸친 해박한 식견은 당대의 그 어떤 작가에 비해서도 결코 손색이 없을 정도로 뛰어난 것이었다. 그가 추구했던 인도주의와 평화주의, 그리고 사해동포주의 역시 그 어떤 정치적 이념도 떠난 것으로, 그는 단지 인간이 인간답게 살아갈 수 있는 최소한의 공간을 갈망했을 뿐이다.

그가 나름대로 신변의 안전이 보장된 영국이나 미국을 마다하고 왜 그토록 머나먼 남미의 땅 브라질로 갔는지에 대해서는 지금도 풀리지 않는 수수께끼에 속하지만, 문명의 냄새가 나지 않는 미지의 원시림을 찾아 나선 것일지도 모른다. 하지만 쫓기는 신세의 영원한 유대인 망명자가 안주할 땅은 이 세상 어디에도 없다는 사실을 뼈저리게 느꼈기 때문일까. 결국 그는 부인과 함께 나란히 동반 자살로 생을 마치고 말았다.

고귀한 이상을 추구하다 떠돌이 신세로 전락한 사실에 절망한 츠바이크와는 달리 아서 쾨슬러는 대학 시절부터 공산주의와 시오니즘 운동에 몰두한 매우 다혈질적인 인물이다. 그 후 신문사 외신특파원으로 스페인 내전에 뛰어들어 취재활동을 벌이던 중에 스파이 혐의로 체포되어 사형언도까지 받았으나 영국 정부의 개입으로 간신히 풀려났으며, 이때의 경험을 『죽음과의 대화』에 자세히 묘사했다.

그는 일찌감치 독일공산당에 가입해 활동했으나 결국에는 스탈린의 독재에 반대해

아서 쾨슬러

공산당을 탈당한 후 우익으로 전향했으며, 제2차 세계 대전 기간에는 영국정부를 위해 일하다가 1948년 영국으로 귀화한 후 영국정보부, BBC 방송 등에서 활동했다. 그가 1940년에 출간한 소설 『한낮의 어둠』은 히틀러와 스탈린 사이에 맺어진 상호 불가침조약으로 인해 심한 배신감을 느낀 서구사회의 좌파 지식인들의 좌절의식을 반영하는 작품이기도 한데, 조지 오웰의 소설 『동물농장』, 솔제니친의 『수용소 군도』와 더불어 소비에트 체제에 대해 가장 혹독한 비판을 가한 소설이라 할 수 있다.

매우 날카롭고 급진적인 성향을 지녔던 지식인으로 그야말로 박학다식했던 그는 소설과 인문과학뿐 아니라 자연과학, 종교, 동양사상 등에도 조예가 깊었지만, 어느 한 가지 분야에 집중하지 못하고 좌충우돌하는 모습을 보여 일관성이 없다는 약점도 지니고 있었다. 또한 그는 정서적으로 매우 불안정한 모습을 보여 다양한 여성편력과 스캔들을 일으키기도 했으며, 수수께끼 같은 언행으로 화제를 모으며 다소 괴팍한 인물로 알려지기도 했는데, 말년에 이르러서는 파킨슨병 및 백혈병으로 고생하다가 결국 세 번째 부인 신시아와 함께 자살로 생을 마감하고 말았다.

게슈타포의 고문 중에 투신자살한 브로솔레트

프랑스의 저널리스트이며 온건 좌파 정치가였던 브로솔레트(Pierre Brossolette, 1903~1944)는 파리의 교육자 집안에서 태어나 파리고등사범학교에서 공부했는데, 사르트르나 레몽 아롱에 결코 뒤지지 않은 수재로 정평이 나 있었지만, 그들과는 달리 학문의 길을 걷지 않고 일찌감치 언론계와 정계에 뛰어들어 좌파 논객으로 활동했다. 비록 그는 좌파에 속했지만, 평화주의자로 파시즘과 공산주의 모두에 반대하는 입장을 보였다.

제2차 세계 대전이 발발하면서 중위로 참전한 그는 파리가 함락되고 비시 정부가 들어서자 모든 공적인 활동이 금지된 상태에서 부인과 함께 서점을 운영했는데, 그곳은 곧 파리 레지스탕스 운동의 정보센터가 되어 런던에 망명 중인 드골의 자유 프랑스군과도 긴밀한 접촉을 계속 유지했다. 하지만 전쟁 발발 이전부터 라디오 방송을 통해 나치를 성토했던 그는 이미 게슈타포의 블랙리스트에 오른 상태였기 때문에 항상 나치 정보국의 추적을 받았다.

당시 서로 난립하고 있던 파리 레지스탕스의 조직 개편이라는 중요한 임무를 맡고 활동한 그는 수시로 게슈타포의 추적을 피해 다녀야 했는데, 1944년 초에는 보트를 타고 영불해협을 건너가려다가 배가 심한 풍랑으로 좌초하는 바람에 독일군에 붙들리고 말았다. 그가 체포되었다는 소식을 듣고 동료들은 곧바로 그를 탈출시킬 계획에 착수했지만, 실행에 옮기기도 전에 그는 게슈타포 본부로 끌려가 모진 고문을 당해야 했다.

게슈타포는 심한 구타와 물고문을 통해 레지스탕스 조직망에 대한 정보를 알아내려 했으나 끝까지 입을 굳게 다물고 버티던 그가 정신을 잃고 쓰러지자 그를 홀로 독방에 남겨 두고 자리를 비웠는데, 잠시 후에 의식이 돌아온 그는 취조실 창문을 통해 6층 건물 아래로 몸을 내던져 스스로 목숨을 끊고 말았다. 혹독한 고문을 이기지 못하고 동료들의 신상을 발설하게 될까 봐 스스로 죽음을 택한 것이다.

독일의 전설적인 명장 롬멜 원수와 발터 모델 장군

제2차 세계 대전에서 신출귀몰한 작전으로 연합군을 괴롭힌 독일의 명장 롬멜(Erwin Rommel, 1891~1944)은 특히 북아프리카 전투에서 명성을 날려 '사막의 여우'라는 별명까지 얻었으나 노르망디 상륙작전을 막지 못한데다가 히틀러 암살 모의에 가담한 혐의를 받고 음독자살했다. 반면에 동부전선

롬멜

뿐 아니라 서부전선에서도 맹활약을 보여 방어전의 귀재로 불리기도 했던 발터 모델(Walter Model, 1891~1945) 장군은 히틀러의 두터운 신임을 얻으며 승승장구했지만, 발지 전투의 패배로 신임을 잃었을 뿐만 아니라 독일의 패망이 확실해지자 포로가 되는 치욕을 피해 자신의 머리에 총을 쏴 자살해 버렸다.

영국의 처칠 수상은 북아프리카 전선에서 매번 영국군을 골탕 먹이며 눈부신 활약을 보인 롬멜에 대해 비록 적장이긴 하지만 위대한 군인이라는 찬사를 아끼지 않았는데, 당시 그는 교묘한 위장전술로 절대적인 열세에 놓인 전력에도 불구하고 수백 대의 영국군 전차를 대파시킴으로써 대승을 이루었으며, 사막전의 전문가를 자처한 영국군 지휘

관 오코너 장군을 포로로 잡는 등 영국군을 초토화시키며 토브룩 요새를 점령하고 이집트 국경지대까지 영국군을 몰아붙였다.

하지만 몽고메리 장군이 새로 부임하면서 전열을 재정비한 영국군은 압도적인 전력으로 다시 총공세를 가하기 시작해 마침내 전세를 역전시켰으며, 더 이상 병사들의 무모한 희생을 방치할 수 없다고 판단한 롬멜은 무조건 결사항전하라는 히틀러의 지시를 무시하고 튀니지 전선까지 퇴각하기에 이르렀다. 궁지에 몰린 롬멜은 본국으로 소환되어 곧바로 해임되었으며, 이때부터 히틀러에 대한 불신이 더욱 커지게 되었다.

그 후 히틀러는 롬멜을 다시 복직시키고 북이탈리아 전선과 영불해협 방어 임무를 부여했는데, 공교롭게도 그는 연합군의 노르망디 상륙작전이 개시되기 전날 아내의 생일파티에 참석하느라 베를린에 있었으며, 소식을 듣고 서둘러 전선에 복귀했으나 이미 해안방어선은 무너진 뒤였다. 당시 그는 영국군 전투기의 공격을 받아 타고 가던 전용차가 전복하는 바람에 머리에 중상을 입고 병원으로 후송되었는데, 불과 3일 뒤에 히틀러 암살미수 사건이 터진 것이다.

병원에서 치료를 마치고 자신의 집에서 요양하던 그는 게슈타포 대원들을 이끌고 나타난 두 명의 장군으로부터 히틀러의 지시를 전달받았다. 암살 음모에 연루된 의혹을 국민에게 밝히지 않고 조용히 독약을 마시고 죽는 대신 가족의 안전을 보장하고 국민적 영웅의 예를 갖추어 국장까지 치러 준다는 조건이었다. 결국 롬멜은 그들과 함께 동승한 차량 안에서 청산가리 캡슐을 삼키고 숨을 거두었는데, 나치의 공식 발표는 그가 적군의 기총소사로 인한 부상으로 사망했다는 것이었다. 또한 그의 국장도 베를린이 아니라 그의 자택이 있던 울름에서 치러졌으며, 히틀러를 비롯한 나치의 핵심들은 장례식에 참석조차 하지 않았다.

국민적 영웅으로 떠오른 그가 자신에게 반기를 들었다는 소문이 확산될 것을 두려워한 히틀러는 서둘러 롬멜을 제거한 셈인데, 그렇지 않아도 불리하게 돌아가는 전황 속에서 독일군의 사기저하를 염려한 나머지 롬멜의 공개적인 처형을 원하지 않고 스스로 자살하는 선에서 문제가 조용히 해결되기를 바란 것이다. 하지만 히틀러 자신도 불과 6개월 후 베를린의 지하벙커 안에서 스스로 목숨을 끊어야 했다.

롬멜 원수가 그렇게 스스로 목숨을 끊은 뒤 연합군의 총공세로 수세에 몰리기 시작한 독일군에는 그래도 방어전에 탁월한 능력을 발휘한 야전군 사령관 발터 모델 장군이 버티고 있었다. 그는 원래 제1차 세계 대전 당시 방어전의 달인으로 명성을 크게 얻은 로스베르크 장군의 참모로 일하면서 전술적인 방면에 대가가 되었는데, 그 이후로 '마법사의 제자' 또는 '동부전선의 소방수'라는 별명으로 통했으며, 특히 독소전 당시 바르바로사 작전이 개시되면서 기갑사단을 이끌고 최선봉에 서서 파죽지세로 돌격작전을 감행, 히틀러를 잔뜩 고무시켰다.

그 후 모스크바 전투와 스탈린그라드 전투에서도 그는 치고 빠지는 수법으로 수적인 열세를 극복하고 소련군을 궤멸시켜 방어전의 귀재로 불리기 시작했다. 더욱이 쿠르스크-오렐 전투에서는 두 배가 넘는 병력의 소련군에 막대한 손실을 입히면서 독일군의 퇴각을 엄호하는 작전을 성공시켜 전술적 우위를 보이기도 했는데, 1943년 당시 여름에 벌어진 대규모 전투에서 소련군은 전사자 40만 명과 전차 2,500대를 잃는 엄청난 피해를 입었다. 반면에 독일군은 6만 명이 전사하고 250대의 전차를 잃었을 뿐이었다.

독소전 말기 독일군이 점차 밀리기 시작하면서 후퇴를 주장하는 장성들을 대거 해임시킨 히틀러는 발터 모델로 하여금 단독으로 동부전선을 방어하도록 지시했는데, 당시 노르망디 상륙작전으로 공군 지원이 거의 없는 엄청난 전력의 열세에도 불구하고 소련군의 진격을 필사적으로 저지해 동부전선의 수호자로 불리기까지 했다. 그 후 롬멜 원수가 부상을 당해 서부전선 지휘체계에 공백이 생기게 되자 서부전선으로 급파된 그는 최전선에 나서서 장병들을 진두지휘하며 사기를 고조시키는 한편 지휘체제를 개편해 전투력을 강화시켰다.

따라서 패주하기에 급급하던 독일군은 발터 모델의 노력으로 전력을 재정비하고, 특히 아른헴을 방어하는 데 성공하고 더 나아가 아르덴 대공세를 펼쳐 독일군의 사기를 드높였다. 하지만 제공권을 완전히 장악한 연합군 측이 대대적인 반격을 가함으로써 모델의 독일군은 고립되고 말았으며, 히틀러의 후퇴 불가 방침으로 퇴각조차 할 수 없게 되었다.

결국 더 이상의 항전이 무의미함을 인정한 모델은 미군의 항복 권유를 전해 받은 직후 어린 소년병과 노년병들에게 제대증을 발급해 귀가 조치를 내리고 나머지 장병들에게는 항복해도 좋다는 지시를 내렸다. 그리고 자신이 그동안 범죄적 정권을 위해 일해 온 점을 인정하고 스스로 목숨을 끊었다. 동부전선에서 전투 중에 아버지의 소식을 듣게 된 아들 한스게오르크 모델은 그 후 서독 정부에서 장군이 되었는데, 나

치 독일 원수의 자제로 전후 장성의 위치에까지 오른 유일한 인물로
기록된다.

자살한 나치 지도자 히틀러와 괴벨스, 히믈러

20세기 인류에게 엄청난 재앙을 가져온 나
치 독일의 지도자 히틀러(Adolf Hitler, 1889~
1945)와 선전상 괴벨스(Joseph Goebbels,
1897~1945), 그리고 유대인 학살을 진두지휘
한 친위대장 히믈러(Heinrich Himmler, 1900~
1945)는 독일이 패망하자 모두 자살로 생을
마감했다. 히틀러는 소련군이 코앞으로 바

히틀러

짝 진격해 오자 베를린 지하벙커에서 애인 에바 브라운과 비밀결혼식
을 치른 후 함께 독극물 캡슐을 삼키고 권총으로 자살했으며, 괴벨스
는 부인을 포함한 6남매 자녀들과 함께 일가족이 모두 음독자살했다.
히믈러는 도주하다 영국군에 체포되어 조사를 받던 도중에 역시 독극
물이 든 캡슐을 삼키고 자살했다.

편집증적 광기로 가득 찬 히틀러는 여러 말이 필요 없는 나치 독재
자다. 그는 제2차 세계 대전을 일으켜 7,000만 명에 이르는 인명의 손
실을 가져왔으며, 600만에 달하는 유대인을 잔혹하게 학살함으로써
인류 역사상 그 유례가 없는 가장 참혹한 만행을 저지른 장본인이었
다. 채식주의를 고집하고 바그너를 숭배했으며, 노벨평화상 후보에까

지 올랐던 그가 그토록 참혹한 전쟁과 야만적인 대학살을 일으킬 줄은 그 누구도 예상하지 못했던 일이었다.

어쨌든 편집증적 의심으로 치자면 히틀러에 결코 뒤지지 않는 스탈린이 히틀러의 사망 소식을 보고받고도 계속해서 히틀러의 행방을 추적하도록 지시한 사실을 두고 사람들은 히틀러가 그 후에도 생존했을 가능성을 제기하기도 했는데, 그동안 소련이 히틀러의 것이라고 주장하며 보관해 왔던 두개골이 사실은 여성의 것으로 판명되면서 그런 의혹이 더욱 불거졌다. 그러나 사망 직후 히틀러의 시신은 곧바로 불에 태워졌기 때문에 그에 관한 생존설은 신빙성이 매우 떨어지는 주장이라 할 수 있으며, 그만큼 히틀러에 대한 두려움이 컸다는 사실을 반증하는 것이다.

한편 나치의 두뇌 역할을 담당했던 선전상 괴벨스는 히틀러를 능가하는 연설 솜씨와 선동적인 몸짓으로 독일 국민을 현혹하고 세뇌시켰으며, 나치를 미화시키는 작업을 통해 나치 독일의 우수성을 세계만방에 과시하기도 했다. 그는 히틀러가 사망한 후 잠시 나치 독일을 이끌며 결사항전을 독려했으나 결국에는 모든 것을 체념하고 부인 마그다와 6명의 자녀들에게 독약을 먹이고 일가족 모두가 동반 자살해 버렸다.

히틀러의 오른팔이 되어 친위대와 게슈타포를 지휘했던 히믈러는 유대인 대학살을 주도한 인물로 대규모 강제수용소를 건설하고 '특별대우'라고 지칭한 가스실 학살을 고안해 소위 최종해결책이라고 부른 유대인의 멸종을 추구했던 장본인으로 1933년에 이미 다하우 수용소를 세워 대량학살의 불을 지피기 시작했다. 유대인뿐 아니라 공산주의를 증오했던 그는 소련 침공을 십자군전쟁에 비유하며 유럽 전국에서 지원병을 모집하는가 하면, 자신의 심복이었던 라인하르트 하이드리히가 체코 프라하에서 암살당하자 그 보복으로 마을 하나를 지도상에서 아예 없애 버리기도 했다.

독일의 패망이 눈앞에 다가오자 그는 연합군 측과 모종의 거래를 하고자 시도했으나 아이젠하워 장군은 그의 요청을 일언지하에 묵살하였다. 결국 자신의 신분을 위장한 채 피난민 대열에 섞여 도주하던 그는 영국군의 검문에 걸려 체포되었으며, 신분조회를 하는 사이에 군의관이 입 안을 조사하기 위해 입을 열라고 요구하자 물고 있던 청산가리 캡슐을 깨물어 현장에서 즉사했다. 그의 딸 구드룬은 지금도 생존해 있지만, 열렬한 나치 지지자로 네오나치 운동에 깊이 관여한 반면에, 히믈러의 남동생 에른스트의 증손녀 카타린 히믈러는 홀로코스트 생존자인 유대인의 아들과 결혼해 작가로 활동하고 있으니 같은 후손임에도 불구하고 제각기 다른 길을 걷고 있는 현실이 참으로 기묘하게 느껴진다.

히틀러의 측근으로 자살한 인물을 한 사람 더 들자면 지정학의 권위자로 꼽히는 카를 하우스호퍼(Karl Ernst Haushofer, 1869~1946)를 거론하지 않을 수 없다. 물론 그는 정치에 직접 관여하진 않았으나 그가 주장한 군사적 팽창주의는 히틀러의 정책에 그대로 반영되어 제2차 세계 대전의 불씨가 되기도 했으며, 나치의 외교, 군사 분야의 주된 참모 역할을 맡아 일본과 정치적 동맹을 맺도록 하는 데 일익을 담당하기도 했다.

하지만 소련과의 우호관계 강화를 주장한 그의 견해를 무시하고 히틀러가 소련을 침공하자 두 사람 관계는 점차 멀어지게 되었으며, 설상가상으로 그의 아들 알브레히트가 히틀러 암살 계획에 가담한 사실이 발각되어 본회퍼 목사의 형인 클라우스 본회퍼와 함께 처형되자 그렇지 않아도 자신의 아내가 유대인의 혈통을 이어받은 사실 때문에 그동안 나치의 반유대주의 정책에 반대해 온 그는 더욱 곤혹스런 입장에 빠지고 말았다. 나치가 패망한 후 그는 부인과 함께 잠적해 은닉생활을 계속하다가 자신이 전범재판에 회부될지도 모른다는 사실을 전해 듣게 되자 음독자살했으며, 부인은 목을 매 자살하고 말았다.

감옥에서 자살한 나치 전범들

나치 전범으로 체포되어 뉘른베르크 법정에 서게 된 괴링(Hermann Göring, 1893~1946)은 사실상의 나치 2인자로 게슈타포와 나치 공군을 창설했으며, 히틀러의 가장 충직한 부하로서 한때 그의 후계자로 지목되기도 했다. 하지만 독일이

뉘른베르크 법정의 괴링

패망한 후 일급 전범으로 체포된 그는 나치가 저지른 만행이 자신과 무관하며 자신은 반유대주의자도 아니라고 주장했다. 그럼에도 불구하고 자신에게 교수형이 선고되자 군인으로서 치욕스러운 일이라 여겨 총살형으로 바꿔 줄 것을 요청했으나 그대로 형 집행명령이 내려지

자 그 전날 밤에 자신의 감방에서 독약을 삼키고 자살하였다.

나치당의 창설 멤버 가운데 한 사람이었던 괴링은 한때 나치돌격대를 이끈 지도자였으며, 평소 모르핀 중독으로 감정기복이 심한데다가 허영심과 자기과시욕에 사로잡혀 으리으리한 대저택에 살면서 화려한 군복차림을 즐겼다. 욕심도 많아서 고가의 미술품 수집에 남다른 집착을 보였는데 대부분 유대인에게서 약탈한 것이었다. 이처럼 사치와 향락에 젖은 괴링을 히틀러는 별로 탐탁지 않게 여겼으나 자신에게 절대적인 충성을 바치는 그를 소홀히 대할 수도 없었다. 히틀러가 죽은 후 괴링은 권력을 계승하려다가 실패하고 결국에는 미군에 투항하고 말았다.

나치 독일에서 부총통까지 지낸 루돌프 헤스(Rudolf Hess, 1894~1987)는 1923년 나치당원들이 일으킨 뮌헨 폭동에 가담해 히틀러와 함께 투옥생활을 했는데, 당시 히틀러가 구술한 내용을 받아 적어 책으로 출간한 것이 바로 『나의 투쟁』이었다. 이처럼 처음부터 히틀러의 최측근으로 활동한 헤스는 제2차 세계 대전이 한창이던 1941년 느닷없이 연합군과 화평을 시도한다는 이유로 자신이 손수 비행기를 몰고 북해를 건너 영국으로 향했다가 결국에는 스코틀랜드에 불시착한 후 영국군에 체포되어 졸지에 전쟁포로 신세가 되고 말았는데, 이런 그의 이해할 수 없는 행적은 나치 당국을 몹시 곤혹스럽게 만들었으며, 정신이상자라는 취급까지 받았다.

어쨌든 종전이 이루어지기까지 전쟁포로 신분으로 억류당한 헤스는 그 후 뉘른베르크 전범 재판에 회부되어 종신형을 선고받고 슈판다우 감옥 독방에서 철저한 감시 속에 40년간 복역했는데, 고령에 접어들어 건강이 악화되자 서독 정부가 감형을 요청했지만, 연합국 측의 거부로 무산되었으며, 결국 1987년 93세 나이로 감옥에서 목을 매 자살하고 말았다. 그 후 그의 묘지는 네오나치 당원들의 성지가 되어 매년 그의 기일 때마다 정치적 집회가 열리면서 충돌이 잦아지게 되자 마침내는 그의 시신을 화장함으로써 묘지 자체도 사라지게 되었다.

전범 감옥에서 자살한 인물은 괴링과 헤스 말고도 또 있다. '부헨발트의 마녀'로 불리던 일제 코흐(Ilse Koch, 1906~1967)와 아우슈비츠의 나치 군의관 에두아르트 비르트스(Eduard Wirths, 1909~1945)가 바로 그 주인공이다. 일제 코흐는 부헨발트 수용소장 카를 오토 코흐의 아내로 수감자들에 대해 매우 가학적이고도 엽기적인 만행을 저지른 것으로 악명이 자자했던 여성이다. 성적으로도 몹시 난잡했던 그녀는 다른 친위대 장교들과 잠자리를 함께 하는가 하면 심지어는 수감자들을 불러 성행위를 강요했으며, 증거 인멸 차원에서 살인을 일삼기도 했다. 그녀는 연합군에 체포되었을 당시에 임신 중이었는데, 아이의 아버지가 누군지조차 모를 정도였다.

하지만 무엇보다 끔찍스러운 사실은 그녀가 죽은 유대인의 가죽을 벗겨 만든 전등갓을 수집했다는 소문이었는데, 그것은 나중에 염소 가죽으로 밝혀졌다. 또한 그녀는 수감자의 피부에 새겨진 문신을 따로 수집하는 취미를 지닌 것으로 소문이 나기도 했지만, 이 역시 증거 불충분으로 혐의를 벗었다. 그럼에도 불구하고 그녀는 종전 이후 서독 법정에서 종신형을 선고받고 아이하흐 형무소에 수감되었는데, 자신의 무죄를 계속 호소하다 결국에는 감옥에서 스스로 목숨을 끊고 말았다. 그녀의 아들 역시 자신의 부모가 저지른 악행으로 수치심을 견디지 못하고 자살해 버렸다.

일제 코흐가 '부헨발트의 마녀'였다면, 아우슈비츠의 나치 군의관 에두아르트 비르트스는 당시 '죽음의 천사'로 불린 요제프 멩겔레와는 달리 유대인 수용자들을 보호하고 인정을 베풀어 그들의 처우개선에 힘쓰기도 해 유대인들에게는 생명의 은인으로 불린 인물이다. 비록 그는 수용소에서 이루어진 의학적 실험에 참여하긴 했으나 주로 여성 불임과 전염병에 관련된 실험에 종사했으며, 그것도 본인이 직접 실험에 가담한 것은 아니었다. 그럼에도 불구하고 그는 연합군에 체포되어 구금된 상태에서 자신에게 실형이 선고될 기미가 보이자 감옥에서 목을 매 자살했다.

토마스 만의 아들 클라우스 만

아버지의 그늘에 가려 빛을 보지 못한 클라우스 만(Klaus Mann, 1906~1949)은 독일 뮌헨 태생으로 노벨문학상 수상작가 토마스 만의 아들이다. 비록 아버지 토마스 만은 순수 독일인이었지만 그의 어머니 카티아는 정통 유대인이었다. 그는 일찍부터 동성애적 성향을 보였기 때문에 아버지와의 관계가 매우 불편했으며, 종교계의 비난도 감수해야 했다.

젊은 시절 그는 누이 에리카와 함께 여러 곳을 여행하면서 견문을 넓혔으며, 그 후 『안야와 에스터』『비창교향곡』 등의 소설을 발표했으나 항상 대문호인 아버지의 그늘에 가려 빛을 보지 못했다. 나치가 집권하자 그는 한때 체코 시민이 되었다가 미국으로 도피했으며, 그 당시 그의 대표작 『메피스토』를 썼다. 이 소설은 자신의 매형 구스타프 그륀트겐스가 변절해서 괴링의 비호 아래 나치 독일에서 출세가도를 달리게 되자 그 충격의 여파로 쓰게 된 것이라고 한다. 이 작품은 1981년 헝가리의 유대계 감독 이스트만 자보(Istvan Szabo)에 의해 영화로 만들어져 더욱 유명해졌다.

그 외에도 『화산』『전환점』 등의 작품을 남겼으나 작가로서의 명성은 결코 아버지를 능가할 수 없어 늘 열등감에 시달려야 했다. 제2차 세계 대전 당시 그는 미 육군상사로 이탈리아에서 복무했으며, 전후에는 성조지 특파원으로 독일에 체류하기도 했으나 정서적인 불안정을 이겨내지 못하다가 프랑스 칸에서 약물과용으로 숨졌는데, 자살로 추정된다.

아버지 토마스 만은 1955년에 그리고 어머니 카티아는 1980년에 각각 스위스에서 세상을 떠났다. 그의 누이 에리카 만과 누이동생 모니카 만, 남동생 골로 만 역시 작가로 활동했다. 그리고 누이 에리카의 전 남편이었던 그륀트겐스는 종전 후에도 계속해서 예술극장의 총감독직에 있다가 1963년 필리핀 마닐라에서 수면제 과용으로 숨졌는데, 그는 에리카와 마찬가지로 양성애자로 알려졌다. 그의 백부 하인리히 만도 저명한 소설가로, 조셉 폰 스턴버그의 명화 〈푸른 천사〉의 원작자이기도 하다.

자살한 현직 대통령 바르가스와 페르난데스

1930년에서 1945년까지 그리고 1951년에서 1954년까지 두 차례나 대통령을 역임하면서 20년 가까이 장기집권에 성공한 브라질의 독재자 바르가스(Getúlio Dornelles Vargas, 1882~1954)는 비록 과감한 개혁정책으로 브라질의 근대화에 크게 기여한 공로를 남기기도 했으나 경제정책의 실패로 국민들의 원성이 잦아지자 군부의 사퇴 압력을 받고 자살하고 말았다.

부유한 지주의 아들로 태어난 그는 법대를 졸업하고 변호사로 활동하다가 정계에 입문했는데, 하원의원과 재무장관, 주지사 등의 요직을 거친 후 1930년 대선에 출마했으나 낙선하고 말았다. 하지만 쿠데타를 일으킨 군부의 추대를 받아 대통령에 취임한 그는 커피 가격을 안정시켜 브라질의 경제를 회복시킴으로써 국민의 지지를 받았으나 1937년 대선에서 정국불안이 가중되자 친위 쿠데타를 일으켜 독재 권력을 계속 유지했다.

더욱이 제2차 세계 대전의 발발로 그의 독재 체제는 나름대로 그 정당성을 인정받게 되었으며, 그동안에 교육개혁과 공업진흥책, 최저임금제, 여성참정권 인정 등을 통해 폭넓은 지지기반을 얻게 되었다. 그러나 제2차 세계 대전이 끝난 직후 군부 쿠데타로 대통령직에서 물러나야 했으며, 그 후 상원의원으로 활동하다 1950년 대선에 나서 노동자와 농민층의 지지에 힘입어 17대 대통령에 취임했는데, 이번에는 군부의 지원에 의한 것이 아니라 민주적 절차에 따른 선거를 통해 얻은 결과였다.

　하지만 과거와 같은 절대 권력을 행사할 수 없게 된 그는 자신을 지지한 노동계층의 요구를 들어주기 어렵게 되었을 뿐만 아니라 그가 내세운 브라질 민족주의도 별다른 효과를 보지 못하고 말았다. 설상가상으로 경제정책의 실패로 국민의 생활마저 어렵게 되면서 자신의 지지기반을 잃게 되었으며, 이번에도 역시 군부가 들고 일어나 대통령직에서 사임할 것을 강요하기에 이르렀다. 더 이상 선택의 여지가 없게 된 그는 결국 자살로 생을 마감하고 말았다.

　그런데 현직 대통령으로 자살한 인물은 또 있다. 도미니카 대통령을 지낸 안토니오 구즈만 페르난데스(Antonio Guzmán Fernández, 1911~1982)가 바로 그 주인공이다. 도미니카 공화국 46대 대통령이었던 그는 대선 당시 군부의 압력에도 불구하고 도미니카 최초로 평화적인 정권교체를 이루고 과감한 군부개혁을 단행해 불안한 정국을 안정시키는 데 성공하는 듯했으나 전반적인 사회개혁 및 경제정책에는 별다른 진전을 보지 못한 나머지 정적들로부터 공격의 대상이 되었으며, 설상가상으로 허리케인이 도미니카를 강타해 자신의 정책 추진에 한계를 느끼게 되자 대통령 집무실에서 자살해 버렸다. 마지막 남긴 40여 일의 임기 기간은 부통령이 대행했다.

동성애 혐의로 기소된 컴퓨터 공학자 앨런 튜링

　영국의 수학자 앨런 튜링(Alan Turing, 1912~1954)은 암호학과 수리

논리학의 권위자다. 1945년 그가 고안해 낸 튜링 머신은 복잡한 계산과 논리를 처리할 수 있는 가장 초보적 형태의 컴퓨터로 이론 컴퓨터 과학과 인공지능 분야에 지대한 공헌을 함으로써 '컴퓨터 공학의 아버지'로 불리고 있다. 현재 국제컴퓨터기계학회가 매년 수여하는 튜링상은 컴퓨터 분야의 노

앨런 튜링

벨상으로 불리기도 하는데, 앨런 튜링의 이름을 따서 제정한 것이다.

어려서부터 천재성을 발휘한 그는 뛰어난 산술능력을 보였으며, 케임브리지 대학교에서 수학을 배우고 미국 프린스턴 대학교에서 박사학위를 받았다. 제2차 세계 대전이 발발한 후에는 독일군의 암호를 해독하는 임무를 맡아 책임자로 일하는 가운데 보다 개선된 암호 해독기를 개발해 연합군의 작전을 도왔으며, 특히 독일 해군끼리 주고받는 암호를 해독함으로써 수많은 인명을 구하는 등 세상에 알려지지 않은 공을 세우기도 했다. 심지어는 튜링이 아니었으면 영국이 전쟁에서 패했을지도 모른다는 말까지 나왔다.

당시 그가 고안한 계산이론은 그 후 영국에서 개발된 전자 컴퓨터 콜로서스의 기술적 토대를 마련하게 되었는데, 전쟁이 끝난 후 국립 물리학연구소와 맨체스터 대학교에서 전자계산기 제작 등 컴퓨터에 대한 연구를 계속한 그는 그동안 조국을 위해 헌신했음에도 불구하고 1952년 동성애 혐의로 경찰에 체포되어 유죄판결을 받기에 이르렀다. 당시만 해도 영국에서는 동성애가 범죄행위로 간주되었기 때문이다.

징역형과 화학적 거세 가운데 선택을 강요받은 그는 자신의 연구를 계속하기 위해서라도 화학적 거세를 택할 수밖에 없었으며, 그 후 여성호르몬 에스트로겐 주사를 맞아야 했는데, 결국에는 자신의 처지를 비관한 나머지 청산가리가 섞인 사과를 먹고 자살해 버렸다. 그런 이유 때문에 애플 컴퓨터의 로고로 사용되는 한 입 베어 먹은 사과의 모습에서 튜링의 죽음을 떠올리기 쉽지만, 그것은 튜링의 사과가 아니라 뉴턴의 사과를 모델로 한 것으로 알려졌다. 어쨌든 그가 죽은 지 50년이 지난 2009년 영국 총리 고든 브라운은 튜링에 대한 과거 정부의 조치를 사과했으며, 그 후 2013년 엘리자베스 여왕이 내린 사면조치로 겨우 복권될 수 있었지만, 그가 좀 더 오래 살았더라면 컴퓨터 개발을 더욱 앞당길 수 있지 않았을까 하는 아쉬움이 남는다.

자살한 영화감독 제임스 웨일과 토니 스콧

세계적인 명성을 지닌 영화감독 가운데 가장 최초로 자살한 인물은 공포영화의 선구자로 알려진 영국의 제임스 웨일 감독(James Whale, 1889~1957)이라 할 수 있다. 그는 1930년대 초에 이미 공포괴기영화 〈프랑켄슈타인〉과 〈투명인간〉으로 국제적인 명성을 얻었는데, 그 후 뮤지컬, 반전영화 등 다른 장르의 영화에도 손을 댔으나 흥행에 참패를 겪으면서 점차 몰락의 길로 접어들고 말았다.

더욱이 일생을 독신으로 지낸 그는 일찌감치 자신이 동성애자임을 공개하고 자신의 오랜 파트너였던 데이비드 루이스가 구입해 준 할리

우드의 집에 풀장을 만들고 그곳에서 수시
로 남성들만의 수영파티를 열어 물놀이하는
젊은 청년들의 모습을 지켜보는 재미로 살
았는데, 한때 파리의 게이 바에서 만난 젊은
바텐더 피에르 포겔에 깊이 빠져든 나머지
그를 미국으로 데려가 함께 지내기도 했다.

토니 스콧

　하지만 이미 노년에 접어든 웨일 감독은
뇌졸중 증세에 우울증까지 겹쳐 병원에 입원해 치료를 받아야 했으며,
퇴원한 후에는 남자 간호사를 고용해 자신을 돌보도록 했는데, 이를
시기한 포겔이 남자 간호사를 해고하고 여자 간호사를 고용함으로써
그의 상태를 더욱 악화시키고 말았다. 결국 한때 '할리우드의 여왕'으
로 불리기까지 했던 웨일 감독은 유서를 남기고 자신의 풀장에 뛰어들
어 익사하고 말았는데, 당시 그의 나이 67세였다.

　20세기 초에 활동한 제임스 웨일 감독은 우리에게 다소 생소한 존
재라 할 수 있지만, 영국 출신의 토니 스콧 감독(Tony Scott, 1944~2012)
은 그래도 매우 낯익은 인물이라 할 수 있다. 세계적인 명성을 지닌
리들리 스콧 감독의 동생인 그는 특히 액션스릴러 영화에 일가견이 있
었는데, 〈탑 건〉 〈라스트 보이스카웃〉 〈크림슨 타이드〉 〈에너미 오브
스테이트〉 등의 영화로 잘 알려져 있다.

　형 리들리와 함께 런던 왕립예술대학교를 졸업한 그는 한동안 화
가로 활동하다 영화계에 발을 들여놓았으며, 형의 뒤를 따라 할리우
드로 건너가 많은 흥행작을 내놓았으나 2012년 여름 로스앤젤레스의
빈센트 토마스 다리에서 뛰어내려 투신자살하고 말았는데, 당시 그의

나이 68세였다. 그는 다리 위에 세워둔 차 안에 유서를 남겼으나 그 내용은 공개되지 않았다. 다만 나중에 리들리 스콧 감독도 인정했듯이 그는 오랜 기간 암과 투병한 사실을 숨기고 지내 왔으며, 신병을 비관하고 자살한 것으로 추정될 뿐이다. 사망 당시 그의 몸에서는 항우울제 미르타자핀이 검출되기도 했다.

이들 외에도 프랑스의 영화감독 장 외스타슈(Jean Eustache, 1938~1981) 역시 자살했는데, 1973년 영화 〈엄마와 창녀〉로 칸 영화제에서 심사위원 특별상까지 받으며 가장 주목받는 신예감독으로 떠오른 그는 1981년 교통사고를 당해 거동이 불편해지면서 자신의 신세를 비관한 나머지 자신의 43번째 생일을 눈앞에 두고 권총으로 자살해 버렸다.

한편 베를린 국제영화제에서 3회나 감독상을 받고 베니스 영화제 황금사자상의 영예를 안았던 이탈리아의 명감독 마리오 모니첼리(Mario Monicelli, 1915~2010)는 95세라는 고령에 자신이 입원하고 있던 로마의 한 병원 창문에서 투신해 자살했는데, 그 역시 토니 스콧과 마찬가지로 암과 투병 중이었다. 그는 91세에도 마지막 유작이 된 영화 〈사막의 장미〉를 감독할 정도로 의욕적인 활동을 보이기도 했으나 건강이 악화되자 더 이상 버틸 힘을 잃은 것으로 보인다.

아버지처럼 엽총으로 자살한 헤밍웨이

미국 문단에서 소위 '잃어버린 세대'를 대표하는 작가로, 1954년 노벨문학상을 받은 헤밍웨이(Ernest Hemingway, 1899~1961)는 시카고 근교 오크파크에서 의사의 아들로 태어나 일
찍이 아버지로부터 사냥과 낚시 등을 통해
남성다움의 기백을, 그리고 음악가였던 어
머니에게서는 풍부한 예술적 감수성을 물려
받았는데, 고등학교 시절부터 이미 시와 단
편소설 등을 쓰기 시작하면서 작가의 꿈을
키웠다.

헤밍웨이

『해는 다시 떠오른다』『무기여 잘 있거라』『킬리만자로의 눈』『누
구를 위하여 종은 울리나』『노인과 바다』 등 그의 대표적인 걸작들 대
부분이 미국이 아닌 유럽이나 아프리카, 중남미를 무대로 하고 있듯이
일찍부터 미국 문화에 환멸을 느낀 그는 유럽과 쿠바, 아프리카 등지
를 전전하며 사냥과 투우 등에 몰두했으며, 결혼도 다섯 차례나 하는
등 정신적으로 방황하는 모습을 보이기도 했다.

특히 그는 사냥을 즐기던 아버지가 엽총으로 자살한 후 공교롭게도
소설 『무기여 잘 있거라』를 썼는데, 자신의 이탈리아 참전 체험을 토
대로 한 이 작품의 제목은 그래서 더욱 의미심장하다고 할 수 있다. 왜
냐하면 소설 제목 자체가 마치 총으로 자살한 사람이 마지막으로 무기
와 작별을 고하면서 남긴 유언처럼 들리기 때문이다. 하지만 그 역시
자신의 아버지와 똑같은 방법으로 엽총자살하고 말았는데, 정신병원
에서 우울증을 치료받고 퇴원한 직후 자살한 것이어서 세상에 더욱 큰
충격을 안겨 주었다.

1952년 『노인과 바다』를 발표한 직후 아프리카로 사파리 여행을 떠
난 헤밍웨이는 불의의 비행기 사고를 당해 머리에 치명적인 부상을 입

었으나 기적적으로 살아남았는데, 그 후부터 오랜 침체기에 접어들기 시작해 노벨문학상 수상식에도 참석하지 못할 정도로 기력이 떨어지고 말았다. 더군다나 그의 몸은 이미 오래전부터 입은 부상의 흔적으로 온몸이 흉터투성이였다.

평소에 스스로 완벽한 남자임을 자부하며 남성다움의 화신으로 여기고 있던 그는 흉물스럽게 변한 자신의 육체에도 엄청난 환멸감을 느꼈으며, 갈수록 우울증이 깊어지면서 FBI가 자신의 행적에 대한 조사를 계속하고 있다는 피해망상까지 보였다. 결국 정신병원에 입원한 그는 15회에 걸친 전기충격요법까지 받았지만 퇴원하고 수개월 후 엽총을 만지작거리는 모습에 놀란 아내가 다시 의사를 불러 진정시킨 후 곧바로 재입원시켰으며, 추가적으로 전기치료를 받은 후 다소 가라앉는 모습을 보여 퇴원했으나 불과 이틀 만에 그 엽총으로 자살하고 말았다.

분명 그의 가계에는 유달리 자살로 생을 마친 인물들이 많은 게 사실인데, 그의 아버지를 포함해 누이동생 어슐라와 남동생 레스터 역시 자살로 생을 마감했으며, 전처와의 사이에서 낳은 두 아들 패트릭과 그레고리 역시 정신병원에 입원해 전기충격요법을 받은 것으로 알려졌다. 또한 손녀딸인 여배우 마고 헤밍웨이(Margaux Hemingway, 1954~1996)마저 조울병으로 자살했으니 이처럼 4대에 걸쳐 자살이 계속 이어진 헤밍웨이 일가에는 분명 유전적 소인을 가진 조울병의 전통이 있었던 것으로 보이기도 한다.

섹스 심벌 마릴린 먼로의 자살

세기적인 섹스 심벌로 만인의 사랑을 받
은 마릴린 먼로(Marilyn Monroe, 1926~1962)
는 36세라는 아까운 나이에 비극적인 자살
로 생을 마감하고 말았지만, 〈나이아가라〉
〈신사는 금발을 좋아한다〉〈돌아오지 않는
강〉〈7년 만의 외출〉〈뜨거운 것이 좋아〉〈버
스 정류장〉 등의 작품을 통해 할리우드 영화

마릴린 먼로

사에 길이 남을 추억의 명배우로 기억되는 여성이기도 하다.

하지만 개인적으로는 몹시 불행한 아동기를 겪었으며, 성인이 되어
서도 세 번이나 결혼하는 등 우여곡절을 겪었는데, 첫 번째 남편 제임
스 도허티는 경찰이었고, 두 번째 남편 조 디마지오는 야구선수, 세 번
째 남편은 극작가 아서 밀러로 제각기 다양한 직업을 가진 남자들이
었다. 더구나 문란한 사생활로 항상 입방아에 오르내리던 그녀는 유
대교로 개종하는가 하면 미국 공산당원들과 교류함으로써 FBI의 감
시를 받기도 하는 등 많은 문제를 일으켰으며, 더 나아가 케네디 형제
와도 복잡한 관계를 맺음으로써 스스로 자기 무덤을 파는 결과를 초
래하고 말았다.

항상 정서적으로 불안정한 상태에 있던 그녀는 수시로 수면제를 과
용했으며, 오랜 기간 정신분석을 받기도 했지만, 결국에는 약물과용으
로 숨진 채 발견되고 말았다. 물론 그녀의 불안정한 심리의 근원은 어

린 시절 겪었던 마음의 상처에서 비롯된 것으로 볼 수 있는데, 그녀의 아버지는 일찌감치 처자식을 버리고 종적을 감춰 버렸으며, 어머니마저 정신병원에 들어가는 바람에 그녀는 고아원을 전전하며 지내야 했다. 게다가 양부에게는 성추행까지 당하는 수모를 겪어야 했으니 그녀가 받은 상처는 이루 말할 수 없었을 것이다.

어쨌든 그녀의 죽음은 그 후에도 계속해서 자살이냐 타살이냐 하는 문제로 숱한 의혹을 제기했는데, 특히 케네디 대통령과의 열애설, CIA 또는 마피아의 연루설 등으로 세상을 시끄럽게 만들었다. 그런데 실제로 그녀는 존 케네디 대통령과 결혼하기를 열망한 것으로 알려져 있으며, 일이 뜻대로 돌아가지 않게 되자 그의 동생인 로버트 케네디에게 접근했는데, 그녀가 죽은 후 케네디 형제 모두가 암살당하는 일이 벌어지는 바람에 의혹은 걷잡을 수 없이 커지고 말았다. 하지만 그것은 여전히 풀리지 않는 수수께끼로 남아 있다.

가스 오븐으로 자살한 실비아 플라스와 애시어 웨빌

미국 출신의 여류시인으로 31세라는 꽃다운 나이에 비극적인 자살로 생을 마감한 실비아 플라스(Sylvia Plath, 1932~1963)는 그녀 자신의 모순되고 혼란스런 삶에서 비롯된 매우 도발적인 시뿐만 아니라 그녀가 선택한 끔찍스러운 자살 방법을 통해 세상에 큰 충격을 안기면서 오늘날에 와서는 수많은 페미니스트들의 우상으로 떠오르기도 했다. 그런데 한때 그녀의 연적이기도 했던 애시어 웨빌(Assia Wevill,

1927~1969)마저 그녀와 똑같은 방법으로 자살함으로써 더욱 세상을 놀라게 했다.

미국 보스턴 근교에서 보스턴 대학교 생물학 교수의 딸로 태어난 실비아 플라스는 어려서 갑자기 아버지를 잃고 난 후 큰 충격을 받고 이미 그때부터 자살을 시도하기 시작했는데, 그 후 대학에 가서도 우울증이 재발해 두 번째 자살을 시도했으며, 정신병원에서 전기충격요법을 받은 후 다행히 호전되어 우수한 성적으로 학업을 마칠 수 있었다.

장학금으로 영국 유학을 떠난 그녀는 그곳에서 시인 테드 휴스를 만나 서로 첫눈에 반하게 되어 1956년에 결혼식을 치르고 딸까지 낳았으며, 그동안에 그녀의 첫 시집 『거상』도 출간했다. 그러나 행복도 잠시, 1962년 아들을 낳은 후부터 남편이 애시어 웨빌과 불륜관계에 있다는 사실을 알게 되자 심한 언쟁 끝에 별거를 선언하고 자녀들과 함께 런던에 거주하며 계속해서 시를 썼다.

하지만 극도의 우울증에 빠진 실비아는 정신적 고통을 이기지 못하고 결국에는 어린 남매가 자고 있는 사이에 가스 오븐에 머리를 처박고 자살해 버렸으며, 그녀의 끔찍스러운 죽음으로 남편 테드 휴스는 죽을 때까지 사람들의 따가운 눈총을 받으며 지내야 했다. 그 후 테드 휴스는 애시어 웨빌과 살면서 딸까지 낳았지만, 다시 외도를 시작하는 바람에 그녀 역시 실비아와 똑같은 방법으로 가스 오븐에 머리를 처박고 어린 딸과 함께 동반 자살하고 말

실비아 플라스와 테드 휴스

왔다. 실비아가 죽은 지 6년 후의 일이었다.

테드 휴스는 자신에 대한 오명에도 불구하고 영국 시인으로서는 가장 큰 영예인 계관시인이 되어 죽을 때까지 그 신분을 유지했으며, 한동안 테드 휴스와 마찬가지로 비정하고 냉담한 인물의 전형으로 사람들로부터 백안시당했던 실비아의 어머니 오렐리아는 치매를 앓다가 1994년 87세를 일기로 세상을 떠났다. 실비아의 딸 프리다는 그 후 성장하여 시인이 되었고, 아들 니콜라스는 자신의 외조부처럼 생물학자가 되어 알래스카에서 어류 연구에 몰두하던 중 그 역시 우울증에 걸려 2009년 갑자기 47세 나이로 목을 매 자살하고 말았다.

자살한 현대 미국의 시인들

실비아 플라스의 충격적인 자살이 있은 후 연이어 미국 시인들의 자살이 뒤따랐는데, 1965년에는 랜들 자렐이, 1972년에는 퓰리처상을 받은 중견시인 존 베리만이, 그리고 불과 2년 뒤인 1974년에는 역시 퓰리처상 수상자인 여류시인 앤 섹스턴이 자살했다. 랜들 자렐과 존 베리만은 우울증에 시달렸으며, 앤 섹스턴은 고질적인 조울병을 앓다가 스스로 목숨을 끊은 것이다.

랜들 자렐(Randall Jarrell, 1914~1965)은 아동소설과 수필, 문학비평에도 남다른 재능을 발휘한 시인이었으나 50대에 접어들면서 나이가 들어가는 것에 대해 불안해하기 시작했으며, 그 무렵 케네디 대통령 암살사건이 있은 후로는 며칠간 TV 앞에서 울기만 했다. 결국 극심한 무기력증에 빠진 그는 정신과 의사를 찾아가 항우울제 처방을 받았는데, 1965년 갑자기 기분이 들뜨기 시작해 정신병원에 입원한 후 항우울제는 중단했으나 그 후 다시 우울증 상태로 돌아가고 말았다.

가까스로 안정을 되찾고 병원에서 퇴원한 그는 노스캐롤라이나 대학교에 복귀해 강의를 계속할 수 있었으나 얼마 가지 않아 혼자 고속도로를 걷다가 자동차에 치어 숨지고 말았다. 당시 경찰이나 의사들은 그의 죽음이 단순 교통사고에 의한 것으로 단정 지었으며, 그의 부인 역시 자살 의혹을 강하게 부인했다. 그럼에도 불구하고 그와 가까웠던 주변 인물들은 그가 자살한 것으로 믿고 있으며, 대부분의 사람도 그렇게 믿어 왔다.

한편 고백시로 유명한 중견시인 존 베리먼(John Berryman, 1914~1972)은 57세 나이로 미니애폴리스의 워싱턴 애비뉴 다리에서 꽁꽁 얼어붙은 미시시피 강 빙판 위에 몸을 던져 자살했는데, 어린 시절 겪었던 아버지의 충격적인 자살로 인해 성인이 된 이후에도 그런 고통스러운 기억에서 결코 자유롭지 못했던 그는 자신의 괴로운 심정을 처녀시집 「꿈의 노래 77곡」에서 노래하기도 했는데, 이 작품으로 1965년 퓰리처상을 받았다.

오클라호마에서 은행가인 아버지 존 스미스와 교사였던 어머니 사이에서 태어난 그는 어려서부터 부모의 극심한 불화로 인해 매우 불안정한 아동기를 보내야 했으며, 그런 불화 끝에 결국 아버지가 총으로 자살하고 그 후 어머니가 존 베리먼과 재혼하자 계부의 성을 따라 그 역시 존 베리먼이 되었다. 원래 그의 이름은 생부와 똑같이 존 스미스였다.

존 스미스에서 존 베리먼이 된 그는 일찌감치 기숙학교로 보내져 외롭고 불행한 성장기를 보내야 했는데, 결국 그런 배경 때문에 정서적으로 매우 불안정한 모습을 보인 그는 알코올 중독과 우울증에 빠져 결혼생활도 거듭 실패를 반복했으며, 정신과에 입원해 치료까지 받았으나 완전히 회복되지 못한 상태에서 결국에는 자신이 근무하던 미네소타 대학교 캠퍼스의 다리 위에서 뛰어내려 자살하고 말았다.

존 베리먼처럼 자신의 개인적인 고뇌와 갈등을 고백시 형태로 표현한 앤 섹스턴(Anne Sexton, 1928~1974)은 시집 『죽거나 아니면 살거나(Live or Die)』로 1967년 퓰리처상까지 받은 여류시인으로 자살한 실비아 플라스처럼 자신을 화형에 처해지는 마녀로 표현하기도 했는데, 당시 사회에서 금기시되었던 성과 자살, 광기, 마약중독 등을 주제로 한 시들을 집중적으로 다루었을 뿐만 아니라 페미니즘 시각에서 여성의 육체와 임신, 낙태, 결혼문제 등을 과감하게 다루어 많은 독자에게 충격을 안겨 주기도 했다.

원래 젊어서부터 조울병을 앓았던 그녀는 수시로 정신병원에 입원해 치료를 받았는데, 당시 주치의를 맡았던 정신과 의사의 권유로 더욱 본격적인 시 창작에 몰두하기 시작했으며, 그렇게 해서 그녀만의 독창적인 고백시가 나오게 되었지만, 결국에는 자신의 정신적 결함을 극복하지 못하고 스스로 목숨을 끊고 말았다. 어머니의 낡은 코트를 걸치고 차 안에 앉아 계속 시동을 건 상태에서 일산화탄소중독으로 숨을 거둔 그녀는 마지막 유작으로 「하느님을 향한 서툰 배젓기」를 남기고 죽었는데, 사후에 출간된 이 작품은 결국 그녀가 남긴 마지막 유언이 된 셈이다.

센 강에 몸을 던진 망명 시인 폴 셀랑

루마니아 태생의 유대계 시인 폴 셀랑(Paul Celan, 1920~1970)은 소년 시절에 시오니즘을 버리고 사회주의자가 되었으며, 처음에는 의학을 공부하고자 빈으로 유학을 떠나려고 했으나 당시 오스트리아가 독일에 합병되자 자신의 꿈을 포기하고 문학으로 진로를 바꾸었다. 하지만 그 후 소련군이 진주해 무자비한 탄압을 자행하자 그는 공산주의에 대한 배신감뿐 아니라 극도의 환멸을 느끼게 되었다. 당시 나치와 손을 잡은 루마니아 정부의 유대인 박해로 인해 게토에 갇혀 지낸 그의 가족은 설상가상으로 이번에는 독일군이 쳐들어오는 바람에 마침내 뿔뿔이 흩어지는 운명을 겪게 되었다.

결국 그의 아버지는 독일로 끌려갔으며, 어머니는 강제노역에 동원되어 탈진된 상태에서 총살당하고 말았다. 나중에 그의 부모가 죽었다는 소식을 전해 들은 그는 자신만이 살아남았다는 죄책감에 계속 시달려야만 했는데, 그럼에도 불구하고 강제노동 수용소에서 힘겨운 나날을 보내는 가운데 계속해서 시를 써 나갔다. 1944년 소련군이 진입함으로써 겨우 수용소에서 풀려난 그는 고향으로 다시 돌아갈 수 있었지만, 스탈린의 반유대 정책이 노골화되면서 신변에 위협을 느낀 나머지 팔레스타인으로 이주를 고려하다가 결국에는 동료들이 많은 파리에 정착하기로 결정하고 1948년 프랑스로 도피했다. 그러나 독일어로만 시를 써야 했던 그에게는 낯선 이국생활이 소외감만을 더욱 증폭시킬 뿐이었으며, 마침내 그는 외로움과 죄책감, 그리고 갈수록 심해지는 우울증과 피해의식에 사로잡혀 지내다가 1970년 센 강에 투신해 자살하고 말았다.

폴 셸랑은 진정으로 갈 곳 잃은 떠돌이 신세였다. 그가 몸담을 곳은 어디에도 존재하지 않았다. 그는 영원한 이방인이요 추방자였을 뿐이다. 그는 한때 그 어떤 종파나 이념에서도 자유로운 의사가 되고자 했지만 나치 독일의 등장으로 그 뜻을 이룰 수 없었다. 더욱이 만민 평등을 내세운 사회주의에 기울었던 그는 스탈린의 폭정으로 또다시 배신감을 겪어야 했다. 게다가 나치 독일에 의해 부모마저 참혹한 희생을 당하게 되자 그가 속할 땅은 어디에도 없었다. 더욱이 낯선 망명지에서 먹고살 재주라고는 시를 쓰는 일밖에 없던 그로서는 자신의 시를 읽어 줄 독자가 없는 이국땅은 그야말로 지옥이나 다름없었을 것이다.

물론 그가 팔레스타인에 정착했더라면 보다 안정적인 상태에서 자신의 정체성을 유지하며 시 창작에 몰두할 수 있었을지도 모르지만, 불행히도 그는 또 다른 낯선 땅을 선택함으로써 영원한 이방인 신세로 생을 마감해야만 했다.

아름다운 시를 쓰기에는 그에게 주어진 운명이 너무도 가혹하고 잔인했다고 볼 수 있다. 어쨌든 그가 마주친 정체성 혼란의 문제는 너무도 심각한 것이었다. 그가 태어난 조국 루마니아, 이념적 고향 소련, 그가 사용한 모국어의 본고장 독일, 그의 육체만을 받아 준 프랑스 등 모두가 그를 거부했다. 그의 민족적 뿌리인 유대 혈통 또한 그에게는 떨쳐버릴 수 없는 멍에였다. 그런 얄궂은 운명 앞에 나약하고 상처받기 쉬운 한 시인이 택할 길은 오직 죽음밖에 없었던 것이다.

치매에 걸려 자살한 배우 조지 샌더스

매력적인 음성의 영국 배우 조지 샌더스(George Sanders, 1906~1972)는 40년에 걸친 연기생활을 통해 〈레베카〉〈해외특파원〉〈달과 6펜스〉〈도리안 그레이의 초상〉〈나치 스파이의 고백〉〈삼손과 데릴라〉 등 많은 영화에 출연했으며, 〈이브의 모든 것〉에서 비정한 평론가 애디슨 드위트 역으로 아카데미 남우조연상을 수상하기도 했다.

제정 러시아의 수도 상트페테르부르크에서 영국인 부모에게 태어난 그는 러시아 혁명이 일어나자 가족과 함께 영국으로 돌아가 교육을 받았으며, 광고회사에 근무하던 중에 당시 동료였던 그리어 가슨의 권유로 연기자로 변신하게 되었다. 매우 아름다운 목소리를 지녔던 그는 주로 탐정이나 비열한 악당 역을 맡아 인기를 끌었으며, 비록 만년 조역에 머물렀지만 히치콕 등 수많은 감독들로부터 출연 제의를 받을 정도로 악역 연기에 능했다. 그의 형 톰 콘웨이도 배우로 활동했는데, 이들 형제는 〈악당의 죽음〉〈팰컨 형제〉에서 함께 공연하기도 했다.

모두 네 번의 결혼을 한 그는 첫 번째 부인과 헤어진 후 헝가리 태생의 여배우 자자 가보르와 재혼했으나 그녀와도 이혼하고 배우 로널드 콜맨의 미망인 베니타 흄과 재혼했는데, 1967년 한 해에 아내 베니타와 형 톰, 그리고 어머니를 모두 잃으면서 크게 상심하게 되었다. 그 후 1970년에 전처였던 가보르의 언니 마그다와 결혼했으나 불과 한 달 만에 헤어지고 말았는데, 원인은 그가 술독에 빠져 지냈기 때문이다.

그 후 건강이 더욱 악화된 그는 스페인 마요르카 섬에서 젊은 멕시코 여성과 동거했으나 치매에 뇌졸중까지 겹친 상태에서 극심한 우울증에 빠진 나머지 피아노조차 칠 수 없을 정도로 거동이 불편해지자 도끼로 피아노를 때려 부수는 행동까지 보였다. 결국 그는 아무것도 할 수 없는 자신의 처지를 비관하고 바르셀로나의 한 호텔에서 더 이상 지겨운 삶을 계속하기 싫다는 내용의 유서를 남기고 음독자살해 버렸다.

극작가 테네시 윌리엄스와 윌리엄 인지의 자살

현대 미국 남부 문학을 대표하는 극작가로는 유진 오닐과 테네시 윌리엄스, 윌리엄 인지 등이 손꼽히고 있지만, 그중에서도 테네시 윌리엄스(Tennessee Williams, 1911~1983)와 윌리엄 인지(William Inge, 1913~1973)는 일생을 독신으로 지낸 동성애자였으며, 그것도 자살로 생을 마감했다는 점에서 공통점을 가지고 있다. 하지만 테네시 윌리엄스가 공개적으로 자신이 동성애자임을 밝힌 데 반해 윌리엄 인지는 일생 동안 그런 사실을 숨긴 채 전전긍긍하며 지냈다는 점에서 다르다고 할 수 있다.

미국 남부 미시시피 주 출신인 테네시 윌리엄스는 아이오와 주립대학교에서 연극을 전공하고, 졸업 후에는 뉴올리언스에서 호텔보이, 잡부 등의 생활을 하면서 틈틈이 글을 썼다. 생계를 위해 할리우드로 진출한 그는 시나리오 작가로 활동하는 가운데 1944년에 발표한 『유리동물원』으로 일약 유명해졌다. 자전적 색채가 강한 이 작품을 통해 그는 한 일가의 몰락과정을 보여 줌으로써 심리극의 한 전형을 제시했

으며, 그 후 아서 밀러와 함께 전후 미
국을 대표하는 최고의 극작가 반열에
올랐다. 그 후 계속해서 『뜨거운 양철
지붕 위의 고양이』『욕망이라는 이름
의 전차』『장미의 문신』『지난 여름 갑
자기』 등의 대표작을 발표했는데, 그의
희곡은 거의 대부분 영화화되어 대중적
인 인기를 크게 얻었다.

테네시 윌리엄스와 메를로

하지만 매우 내성적인 성격을 지녔던 그는 고질적인 우울증과 약물
중독, 알코올 중독 등에 시달렸으며, 자신의 누이 로즈가 회복 불능의
정신분열병 상태로 생의 대부분을 정신병원에서 보낸 사실 때문에 항
상 죄의식을 느끼며 살았다. 설상가상으로 뉴올리언스 시절부터 14년
간이나 동성애적 연인관계를 유지했던 프랭크 메를로가 1963년 암으
로 사망하자 그로 인한 충격으로 극심한 우울증에 빠진 나머지 결국
1969년에는 정신병원에 입원까지 했다.

가까스로 우울증과 알코올 중독에서 벗어난 그는 1970년대부터 다
시 재기에 성공해 몇몇 작품들을 남기기도 했지만, 과거 전성기 때 모
습은 보여 주지 못했다. 더욱이 1980년 어머니가 세상을 떠난 후에도
정신적 방황을 거듭하던 그는 1983년 뉴욕의 한 호텔 방에서 의문의
변사체로 발견되는 비극적 최후를 맞이하고 말았다. 경찰 조사에 따르
면, 그는 약봉지를 뒤집어 쓴 채 질식사한 것으로 보이며 당시 심한 약
물 중독 상태에 빠져 있었다고 한다.

테네시 윌리엄스는 1975년에 나온 자신의 회상록에서 프랭크와의

관계를 공개적으로 고백함으로써 사회적으로 큰 파장을 일으키기도 했지만, 이처럼 자신의 동성애 사실을 대중 앞에 용기 있게 밝힌 테네시 윌리엄스와는 달리 그와 쌍벽을 이루는 남부 출신의 극작가 윌리엄 인지는 죽을 때까지 자신의 동성애적 성향을 숨겨야 했다. 더욱이 그는 학생들을 가르치는 교직에도 몸담았기 때문에 더욱 그럴 수밖에 없었을 것이다.

어쨌든 윌리엄 인지는 캔자스 대학교를 우수한 성적으로 졸업한 후 대학교에서 학생들을 가르치는 가운데 틈틈이 극작에 몰두하면서 한동안 테네시 윌리엄스와 친교를 나누기도 했는데, 윌리엄스의『유리 동물원』에 크게 자극을 받아 쓴『시바여 돌아오라』가 브로드웨이에서 크게 성공하면서 점차 명성을 얻기 시작했다. 당시 그는 심한 알코올 중독에 빠진 상태로 결국에는 금주동맹에 가입해 위기를 극복하기도 했는데, 그때의 경험을 토대로 첫 데뷔작인『시바여 돌아오라』를 쓴 것으로 보인다. 이 작품의 성공으로 심기일전한 그는 곧이어『피크닉』 『버스 정류장』『계단 위의 어둠』 등을 계속 발표했는데, 이들 작품은 모두 영화로 제작되어 큰 인기를 모았다. 특히 퓰리처상을 수상한『피크닉』은 여성심리에 대한 묘사가 단연 돋보이는 작품으로 미국 남부의 정취가 물씬 묻어나는 걸작이다.

극작가로 성공한 그는 할리우드에도 진출해 엘리아 카잔 감독의 영화 〈초원의 빛〉으로 아카데미상 각본상을 수상하기도 했지만, 자신이 유명인사가 될수록 그는 자신의 동성애적 성향이 세상에 알려질까 항상 노심초사할 수밖에 없었다. 말년에 이르러 누이 헬렌과 함께 로스앤젤레스에 거주하며 캘리포니아 대학교에서 희곡을 가르친 그는 점차 극심한 우울증에 빠져들어 거의 작품 활동에서 손을 뗀 상태였으며, 결국 외로움과 우울증을 견디지 못하고 가스에 질식된 상태로 자살하고 말았다.

자신이 태어난 고향 마을에 묻힌 그의 묘비에는 이름도 없이 단지 '극작가'라고만 표시되어 있을 뿐이다. 죽어서도 자신의 존재가 드러날 것을 염려했기 때문일까? 어쨌든 그는 작가로서의 명성에도 불구하고 일생을 고독하게 살다간 불행한 인물이었다.

생방송 중에 자살한 방송 리포터 크리스틴 추벅

여러분은 시드니 루멧 감독의 1976년도 영화 〈네트워크〉를 기억할 것이다. 피터 핀치가 연기한 주인공 하워드 빌은 TV 뉴스앵커로 생방송 중에 자신의 자살을 예고함으로써 폭발적인 시청률을 기록하는데, 방송계의 비리를 날카롭게 폭로한 이 영화는 아카데미 영화제에서 4개 부문을 수상한 문제작으로 각본상을 수상한 패디 차예프스키는 2년 전 TV 생방송 도중에 자살한 여성 리포터 크리스틴 추벅의 충격적인 사건에서 힌트를 얻어 쓴 것으로 알려졌다.

크리스틴 추벅(Christine Chubbuck, 1944~1974)은 플로리다 지방 방송국에 근무하던 리포터로 보스턴 대학교에서 방송학 학위를 딴 후 TV 방송에서 교통 담당 현장 리포터로 일하다가 그 후 지역사회 문제를 다루는 토크쇼 진행자로 임명되어 의욕적으로 일했다. 그러던 어느 날 그녀는 자신의 프로그램에 앵커로 출연해 수 분간 지역 소식을 전한 직후 갑자기 총을 꺼내 들어 자신의 머리에 방아쇠를 당김으로써 방송 현장을 아수라장으로 만들고 말았다. 그녀가 쓰러진 후 방송국은 즉시 프로그램을 중단하고 영화를 방영했으며, 황급히 병원으로 후송된 그녀는 곧바로 숨지고 말았다. 당시 카메라맨조차 그녀가 꺼내든 총을 실제로 쏠 줄은 전혀 짐작하지 못했다고 술회했다.

그런데 평소 내성적인 성격이었던 그녀는 동료들과 자연스럽게 어울리지 못했으며, 연애조차 제대로 해 본 적이 없던 여성이었다. 게다가 그녀는 같은 동료였던 남자 직원을 은근히 좋아했으나 그가 자신과 친하게 지내던 여 직원과 사귀게 되자 크게 낙담한 나머지 우울증이 더욱 깊어져만 갔다. 결국 그녀는 정신과 치료를 받으며 수차례 자살 충동을 가족에게 호소했지만 딸이 해고당할까 두려웠던 그녀의 어머니는 그런 사실을 방송국에 알리지 않았다고 한다.

설상가상으로 그녀는 자살하기 1년 전에 한쪽 난소를 제거하는 수술을 받았는데, 나이 30이 넘어 수년 안에 임신하지 않게 되면 영구적으로 아이를 가질 수 없게 될지도 모른다는 의사의 말에 더욱 불안해했다. 이래저래 그녀는 극도의 자기혐오감에 빠진 나머지 동료들과의 관계에서도 매우 회피적인 태도를 보였으며, 죽기 일주일 전에도 자신의 상사에게 방송 도중에 자신이 총으로 자살할지도 모른다는 농담을 던졌으나 그는 그녀의 말을 매우 어설픈 농담으로 지나쳐 버리고 화제를 다른 쪽으로 바꿨다고 한다. 어쨌든 그렇게 가슴 아픈 사연을 남기고 죽은 그녀의 유해는 멕시코만 앞바다에 뿌려졌는데, 당시 그녀의 나이 불과 29세였다.

그런데 권총으로 자살하는 장면이 TV 방송으로 보도된 예는 10여

년이 지난 1987년 1월 공식 기자회견장에서 자살한 미국의 정치가 로버트 버드 드와이어(Robert Budd Dwyer, 1939~1987)를 들 수 있다. 펜실베이니아 주 재무담당관이었던 그는 뇌물독직사건으로 자신에게 실형이 선고되기 직전 기자회견을 요청한 자리에서 자신의 억울함을 호소하는 원고를 읽던 도중에 갑자기 권총을 꺼내 들어 자신의 입에 물고 방아쇠를 당겼는데, 그 장면은 TV 카메라에 생생한 모습으로 담겨져 방송됨으로써 많은 시청자에게 큰 충격을 안겨 주었다. 당시 그는 55년간의 징역형을 선고받을 처지에 있었다.

빈손으로 생을 마감한 유전학자 조지 프라이스

미국의 유전학자 조지 프라이스(George Robert Price, 1922~1975)는 진화생물학에서 제기된 이기적 유전자 가설의 오류를 밝히고 이타적 유전자의 존재를 수학적 통계이론으로 입증하기 위해 애쓰다가 그 입증에 실패하자 크게 낙심한 나머지 무신론자에서 기독교로 개종한 뒤 자신의 모든 재산을 빈민들과 부랑자들에게 나누어 주고 정작 본인은 스스로 목숨을 끊고 말았다.

시카고 대학교에서 화학을 전공한 그는 박사학위를 딴 후 하버드 대학교에서 화학을 강의하다가 한때 미네소타 의과대학에서 연구원으로 근무했으며, 과학 저널리스트로 활동하는 가운데 초심리학의 허구성을 비판하는 논문을 발표하기도 했다. 하지만 1966년 갑상선암 진단으로 수술을 받으면서 상체에 부분적 마비가 오고 일생 동안 갑상선약을 복용해야 하는 시련이 닥치자 새로운 인생을 출발한다는 각오로 미국을 떠나 영국으로 건너갔다.

런던에서 이기적 유전자를 연구하던 진화생물학자 윌리엄 해밀턴을 만난 그는 갤턴 연구소에 근무하면서 자신이 고안한 공식을 이용해 해밀턴의 혈연선택이론을 부정하고 수리적 통계로 그 사실을 입증하기 위해 무진 애를 썼으나 통계수리학을 전공하지 않았던 그로서는 그야말로 난관에 봉착할 수밖에 없었다. 생존을 위해 이기적인 선택을 할 수밖에 없다는 진화생물학의 새로운 화두에 대항하기 위해 이타적 유전자 연구에 몰두한 그는 자신이 생각했던 대로 연구가 진척을 보이지 않게 되자 점차 우울해지기 시작했다.

그러던 중에 그는 일종의 종교 체험을 겪게 되면서 신약성서 연구에 몰두하게 되었으며, 원래 철저한 무신론자였던 그는 기독교에 입문해 이타주의를 실천하기 시작했는데, 그 후 성서 연구마저 중단한 채 런던 지역의 노숙자를 돕기 시작한 그는 자신의 집에까지 그들을 불러들여 살도록 하면서 자신은 갤턴 연구소에서 잠을 자기도 했다. 하지만 그가 돕던 노숙자 가운데 일부 알코올 중독자들은 오히려 그의 집에서 물건을 훔치고 달아나기까지 해 그에게 더 큰 상처를 안겨주었다.

이타주의에 대한 자신의 이론을 입증하지 못한 그는 날이 갈수록 우울해졌으며, 그것을 스스로에게 입증하기 위해 자신의 모든 것을 노숙자를 돕는 일에 바치기까지 했으나 그 일마저 여의치 않게 되자 결국 스스로 목숨을 끊고 말았다. 그의 시신을 처음 발견한 것은 바로 그가 반박하고자 노력했던 이기적 유전자 이론의 선구자 해밀턴이었다. 그의 초라한 장례식에는 단지 소수의 동료들만 참석했을 뿐이었으며, 공동묘지에 안치된 그의 무덤에는 아무런 표식조차 없었다.

자살한 대중가수

인기를 먹고사는 대중가수들은 비록 겉으로는 화려하고 사람들의 열광적인 박수갈채 속에 온갖 부러움의 대상이 되기도 하지만, 정작 그 본인들은 실로 엄청난 스트레스와 정신적 방황에 시달리며 살아가는 경우가 많다. 따라서 그들은 그런 스트레스에서 벗어나기 위해 가장 손쉽게 접근할 수 있는 약물과 알코올에 탐닉하기 쉬운데, 실제로 수많은 연예인이 약물과용으로 숨진 경우가 많았다. 하지만 그것만으로도 해결되지 못할 경우 극단적인 선택을 하기도 했는데, 불운의 가수 피터 햄과 톰 에반스의 자살이 그 대표적인 예라 할 수 있다.

영국의 4인조 록 밴드 '배드핑거'의 멤버였던 피터 햄(Pete Ham, 1947~1975)과 톰 에반스(Tom Evans, 1947~1983)는 모두 자살로 생을 마감했는데, 그들이 공동작업으로 만든 노래 'Without You'는 미국의 가수 해리 닐슨에 의해 더욱 유명해졌으며, 머라이어 캐리 등 수많은 가수의 애창곡이 되어 선풍적인 이기를 끌었으나 정작 두 사람은 아무런 혜택도 받지 못했다.

결국 그런 문제 때문에 배드핑거는 내분에 휘말렸으며, 이에 크게 낙심한 피터 햄은 매니저를 비난하는 유서를 남긴 채 27세라는 젊은 나이에 자신의 집 차고에서 목을 매 자살하고 말았다. 그 후 8년이 지

나 톰 에반스 역시 목을 매 자살했는데, 죽기 전날에도 동료인 조이 몰
란드와 'Without You'의 저작권 문제로 심한 언쟁을 벌였으며, 매니저
와도 극심한 불화상태에 있었던 것으로 보인다. 어쨌든 동료였던 피터
햄의 자살 이후 우울증에 시달린 그는 결국 처자식을 남겨둔 채 친구
의 곁으로 돌아가고 말았다. 노래 한 곡이 두 사람의 목숨을 앗아가 버
린 셈이다.

　미국의 저항가수 필 옥스(Phil Ochs, 1940~1976)는 월남전에 반대하
는 시위가 끊이지 않던 시절 반문화 운동의 기수로 혜성처럼 나타나
자신이 직접 만든 수백 곡의 노래로 수많은 팬을 열광시킨 장본인이
다. 스스로 좌파적 사회민주주의자임을 자처한 그는 노래하는 체 게바
라가 되고자 했으며, 칠레의 좌파 대통령 아옌데와 저항가수 빅토르
자라를 직접 만나기도 했다. 이처럼 반전과 인권보호를 외치며 기성문
화에 계속 도전장을 던진 그는 월남전이 끝나자 뉴욕 센트럴 파크에
모인 10만 명의 청중 앞에서 반전가수 존 바에즈와 함께 노래를 부르
며 전쟁이 끝났음을 선언하기도 했다.

　하지만 1970년대에 접어들면서 알코올 중독 및 조울병 증세로 인한
정신적 혼란상태에 빠진 나머지 점차 이상한 행동을 보이기 시작한 그
는 FBI와 CIA에 대해 횡설수설하는가 하면 존 버틀러 트레인이라는 인
물이 자신을 죽이고 자기를 대신해 필 옥스 행세를 한다고 주장하기
도 했다. 이처럼 기괴한 망상에 사로잡힌 그가 마침내 칼과 해머 등 무
기를 소지하고 다니는 행동을 보이며 걸핏하면 사람들과 시비를 벌이
는 일이 잦아지게 되자 그의 가족과 동료들이 그를 정신병원에 입원시
키려 했으나 그는 말을 듣지 않고 오히려 길에서 노숙하는 생활로 접어

들었다.

몇 달이 지나 트레인이 사라지고 자기 자신으로 돌아온 그는 이번에
는 자살하겠다는 말을 수시로 반복했는데, 가족과 동료들은 그런 발작
기간이 지나면 저절로 가라앉으려니 생각하고 그대로 내버려 두었다.
그 후 뉴욕에 사는 누이와 함께 지낸 그는 점차 무기력 상태에 빠져 아
무 일도 할 수 없게 되었으며, 결국 정신과 진찰을 받기에 이르렀는데,
조울병이라는 진단하에 약 처방까지 받았으나 얼마 가지 않아 스스로
목을 매 자살하고 말았다.

필 옥스가 조울병이었다면, 도니 해서웨이(Donny Hathaway, 1945~
1979)는 정신분열병을 앓다가 자살한 미국의 흑인 가수다. 처음에는
매우 재능 있는 재즈 가수로 로버타 플랙과 함께 듀엣으로 활동하며
그래미상을 수상하는 등 인기 정상을 달리기도 했다. 처음에는 우울증
으로 시작한 그의 상태가 점차 정신분열병으로 진행되면서 정기적으
로 약을 복용하는 가운데 음악 활동을 계속했으나 결국에는 로버타 플
랙과 두 번째 앨범을 작업하던 도중 뉴욕의 한 호텔 15층 발코니에서
뛰어내려 자살하고 말았다. 당시 그의 나이 불과 33세였다.

반면에 영국의 펑크 그룹 '조이 디비전'의 멤버로 활동한 아이언 커
티스(Ian Curtis, 1956~1980)는 간질병과 우울증에 시달리다 24세 나이
로 자살했다.

자신의 오두막에서 총기로 자살한 록 가수 커트 코베인(Kurt Cobain,
1967~1994)은 그룹 '니르바나'의 멤버로 헤로인에 중독된 상태에서 자
살했는데, 어릴 때 주의력 결핍장애를 앓았던 그는 13세 때부터 환각
제를 접하며 지냈을 뿐만 아니라 10대 후반부터 이미 헤로인에 중독된

상태였으며, 성인이 된 이후로는 조울병까지 걸려 정서적으로 매우 불안정한 상태였으나 적절한 치료를 받은 적은 없었다.

그는 코트니 러브와 결혼해 딸까지 낳았으나 그 후에도 좀처럼 약물 중독에서 헤어나오지 못한 이들 부부는 모두 마약 중독자라는 이유로 자녀 양육에 부적합하다는 당국의 판정을 받았다. 코트니는 헤로인을 중단했으나, 좀처럼 마약에서 헤어나지 못한 그는 결국 아내가 잠시 집을 비운 사이에 자살로 생을 마감하고 말았다. 하지만 그의 죽음은 그 후에도 자살이냐 타살이냐 하는 문제로 숱한 논쟁을 불러일으키기도 했다. 구스 반 산트 감독의 영화 〈라스트 데이즈〉는 바로 커트 코베인의 마지막 순간을 그린 작품이다.

가장 최근에는 미국의 록 가수 밥 웰치(Bob Welch, 1945~2012)가 66세 나이로 자살했는데, 록 밴드 '플리트우드 맥'의 멤버이기도 했던 그는 솔로로 전향한 후에도 '에보니 아이즈'라는 노래로 인기를 끌었다. 한동안 마약에 빠지기도 했으나 1985년 웬디 아미스테드와 결혼한 후에는 마약에서 손을 떼고 내슈빌에 거주하며 주로 음반제작에 몰두했던 그는 노년에 이르러 척추장애로 극심한 통증에 시달린 나머지 자신의 아내에게 부담을 주지 않기 위해 자신의 가슴에 총을 쏴 스스로 목숨을 끊고 말았다.

샤를 부아예의 순애보와 아내를 살해한 기그 영

프랑스의 명배우 샤를 부아예(Charles Boyer, 1899~1978)는 고전영화

〈알라의 정원〉〈역사는 밤에 이루어진다〉
〈정복자〉〈가스등〉〈개선문〉〈나나〉〈묵시
록의 4기사〉 등으로 우리에게 매우 친숙한
배우다. 그는 일찌감치 할리우드에 진출해
많은 걸작 영화에 출연하면서 아카데미 영화
제 남우주연상 후보에 4회 오르기도 했으나
수상에는 실패했다.

샤를 부아예

국제적인 명성에 걸맞게 5개 국어에 능통했던 그는 1942년 미국으
로 귀화했으며, 영국 출신의 여배우 팻 패터슨과 결혼해 아들 마이클
을 낳았는데, 그 아들은 1965년 여자친구와 헤어진 후 21세 나이로 자
살하고 말았다. 그런 아픔을 겪으며 이들 부부는 44년간 고락을 함께
했는데, 1978년 아내가 암으로 세상을 뜨게 되자 불과 이틀 뒤에 그는
음독자살함으로써 곧바로 아내의 뒤를 따랐으며, 그의 유해는 아내와
아들 묘지 곁에 나란히 안장되었다.

이처럼 아내에 대한 극진한 사랑으로 스스로 목숨까지 끊었던 샤를
부아예와 대조적으로 그가 세상을 등진 2개월 후에 배우 기그 영(Gig
Young, 1913~1978)이 자신의 아내를 살해하고 자살한 사건이 벌어졌
다. 1969년 시드니 폴락 감독의 영화 〈누가 말을 쏘았나〉에 출연해 뛰
어난 연기력을 인정받고 아카데미 영화제에서 남우조연상까지 받은
그였지만, 만년 조역에 머문 자신의 처지에 극심한 압박감을 느낀 나
머지 알코올 중독에 빠지고 말았으며, 5번이나 결혼하는 등 사생활 면
에서도 결코 순탄치 않은 삶을 보내야 했다.

결국 그는 1978년 자신의 다섯 번째 아내 킴 슈미트와 재혼한 지 불과 3주 만에 그녀를 총으로 살해한 뒤 자신도 자살해 버렸는데, 물론 정확한 살해 동기나 자살 동기가 밝혀지진 않았지만, 그의 마지막 출연작이 된 이소룡의 〈사망유희〉와 관련이 있을지도 모른다. 왜냐하면 그가 킴 슈미트를 처음 만난 것은 1972년 홍콩에서 〈사망유희〉를 찍을 때였으며, 당시 이소룡이 갑자기 사망하는 바람에 이 영화는 6년 뒤인 1978년에 가서야 겨우 개봉이 되었는데, 그가 아내를 살해하고 자살한 시점과도 일치하기 때문이다. 하지만 죽은 자는 말이 없으니 그 정확한 배경은 알 도리가 없다.

신도들과 함께 집단 자살한 짐 존스와 애플화이트

20세기 종교계에서 벌어진 가장 끔찍스러운 사건은 1978년 짐 존스 목사(Jim Jones, 1931~1978)가 이끌던 인민사원 신도 900여 명이 남미 가이아나의 존스타운에서 집단 자살한 일일 것이다. 그 후 20년 가까운 세월이 흐른 1997년에는 사이비 종교집단 '천국의 문' 교주 마셜 애플화이트(Marshall Applewhite, 1931~1997)가 신도들과 함께 집단 자살하는 사건이 또 벌어졌는데, 이는 미국 본토에서 일어난 가장 규모가 큰 집단자살 사건이었다.

짐 존스

인민사원의 지도자 짐 존스 목사는 강력한 카리스마를 발휘하며 사회주의 이념을 추구하는 기독교 신앙공동체 인민사원을 이

138

끈 종교지도자로 광적인 과대망상과 피해망상을 지닌 인물인 동시에 심각한 약물 중독 환자이기도 했다. 사회적 불평등과 인종 차별을 벗어나 영적 구원과 천년왕국을 건설한다는 원대한 목표를 내세우고 1977년 신도들과 함께 미국을 떠나 적도 부근의 남미 가이아나로 집단 이주한 그는 새로운 유토피아 마을의 이름을 존스타운이라 명명하고 신도들에게 하루 12시간 이상의 중노동을 시키며 지상낙원 건설에 박차를 가했는데, 짐 존스에 절대 복종한 신도들은 그를 아버지라 부르고, 예수가 부활한 것으로 굳게 믿었다.

하지만 얼마 가지 않아 신도들을 대상으로 아동 학대, 성적 착취, 신도 살해, 인권 유린, 노동 착취 등 불미스러운 소문이 무성하게 되자 급기야는 미 의회 조사단이 파견되기에 이르렀으며, 마침내 1978년 11월 미 상원의 라이언 의원 일행이 존스타운의 인권침해 여부를 조사하는 임무로 가이아나에 도착하면서부터 끔찍한 비극이 시작되었다. 조사단 일행은 존스타운에서 3일간을 신도들과 함께 지냈는데, 신도들은 춤과 노래로 밤을 지새우며 자신들의 안락하고 평화로운 삶을 과시했다.

그러나 신도 한 명이 느닷없이 칼을 들고 라이언 의원을 해치려 드는 불의의 사고가 생기면서 조사단은 서둘러 철수하기에 이르렀는데, 라이언 의원은 존스타운을 떠나기 원하는 신도들 15명을 함께 데리고 갈 것을 요청했으며 짐 존스도 굳이 말리지 않았다. 하지만 조사단 일행이 비행기에 탑승하려는 순간 트럭을 몰고 따라온 짐 존스의 무장 경호원들이 총기를 무차별 난사하며 라이언 의원과 다른 일행 5명을 무참하게 사살하고 말았다.

그리고 그날 저녁부터 존스타운에서는 집단자살이 행해지기 시작했다. 당시 900여 명의 신도들이 한꺼번에 죽음을 맞이했는데, 그중 3분의 1은 아이들로 준비된 독약을 아이들부터 먼저 줄을 세워 마시게 했다. 자살기도의 능력이 없는 아이들이라는 점에서 그것은 명백한 살인 행위였다. 결국 대부분의 신도가 독약을 마시고 숨을 거두었으며, 일부는 사살되었다. 하지만 신도들 가운데 167명은 죽음을 거부하고 그곳을 탈출했다. 짐 존스는 계속 확성기를 통해 죽음을 두려워 말라고 신도들을 독려하면서 그것을 혁명적 자살이라고 불렀다. 그리고 그 자신도 머리에 총을 쏴 숨졌다. 당시 그는 치사량에 가까운 페노바르비탈 혈중 농도를 유지하고 있었다. 스탠리 넬슨 감독의 2006년도 기록영화 〈존스타운: 인민사원의 삶과 죽음〉에서는 당시의 참혹한 현실을 생생하게 증언하고 있어 더욱 큰 충격을 준다.

한편 1997년 봄에 핼리혜성이 다가온다는 사실을 알고 미국 캘리포니아의 샌디에이고 근교에 위치한 산타페 목장에 집결한 컬트 종교집단 '천국의 문' 신도들은 교주인 애플화이트와 함께 자신들을 다른 별로 데리고 갈 것으로 믿는 외계인의 우주선을 기다리고 있었는데, 우주선에 오르기 위해서는 자살한 후 영혼의 형태로 승천해야 한다는 교주의 말에 따라 3일에 걸쳐 39명의 신도들이 약을 먹고 차례차례로 죽어갔으며, 애플화이트는 침대에 앉은 상태로 숨을 거두었다.

천국의 문 집단자살 사건은 미국 사회에 큰 충격을 안겨 주었는데, 자신들의 안방 한가운데서 벌어진 사건이었기 때문에 더욱 그랬다. 특히 교주 애플화이트는 대학에서 음악을 가르친 지식인이었으며, 그의 동료였던 보니 네틀스 역시 간호사 출신이었기에 그 충격은 더욱 컸다. 그들은 종말론적 예언에 집착하고 외계인의 존재를 믿었는데, 신도들에게 금욕적인 생활을 요구한 애플화이트는 몸소 거세수술을 받음으로써 솔선수범하는 모습을 보이기까지 했다. 왜냐하면 천국에서는 섹스가 필요 없으며, 따라서 생식기도 불필요한 존재로 보았기 때문이다.

어쨌든 이 사건은 1995년 일본의 아사하라 쇼코가 이끈 옴 진리교의 독가스 살포사건과 비교되며 사이비 종교에 대한 경각심을 크게 일깨워 주기도 했지만, 이미 우리나라에서는 1987년 32명의 신도가 집단 자살한 오대양교 사건 이후에도 우후죽순처럼 사이비 종교가 생겨나 그 위세가 꺾일 기색을 보이지 않고 있으니 참으로 걱정스러운 일이 아닐 수 없다. 더욱이 천국의 문 사건이 있은 지 불과 4년 만에 뉴욕 한복판에서 무슬림 광신도들에 의해 9·11 테러가 자행됨으로써 3,000명에 이르는 인명이 희생되었으니 어긋난 교리의 힘이 얼마나 큰 재앙을 불러일으키는지 실감할 수 있다.

병원에서 투신자살한 헝가리 축구선수
산도르 코치시

1954년 스위스 월드컵 축구에서 두 차례의 해트트릭을 포함해 총 11골을 득점함으로써 득점왕에 오른 헝가리의 축구선수 산도르 코치시(Sándor Kocsis, 1929~1979)는 예선경기에서 월드컵에 처음 출전한 한국 대표팀을 상대로 자신의 첫 해트트릭을 기록했는데, 당시 헝가리는 그의 활약에 힘입어 한국을 9:0으로 대승해 한국 팀에게는 씻을 수 없는 치욕을 안겨 준 장본인이었다. 한국은 그 후 터키에도 7:0으로 대패하고 완전히 예선에서 탈락하고 말았는데, 헝가리는 서독팀을 맞아 가공할 득점력을 보이며 8:3으로 대승했으며, 이 경기에서 코치시는 무려 4골이나 득점했다. 하지만 결승전에서 다시 격돌한 두 팀의 경기는 서독의 승리로 돌아갔으며, 코치시는 불행히도 득점하지 못했다.

이처럼 전설적인 기록을 남긴 코치시는 동료인 푸슈카시와 함께 당시 무적함대로 불렸던 헝가리 축구를 대표하는 골게터로 이름을 날리며 헝가리의 영웅이 되었으나 그 후 유럽 프로 무대에서 활약하던 두 선수는 1956년 헝가리 사태가 벌어지자 스페인에 그대로 눌러앉았다. 하지만 1966년 현역에서 은퇴한 코치시는 스페인 바르셀로나 팀 코치로 일하다가 백혈병과 위암 진단을 받고 치료를 받던 도중에 병원 건물에서 뛰어내려 자살하고 말았는데, 당시 그의 나이 49세였다.

한편 코치시와 같은 해 레알 마드리드 팀에서 은퇴한 푸슈카시는 공산정권이 무너진 후에야 비로소 헝가리에 복귀해 국가대표팀을 맡아 활동했으며, 말년에는 치매에 걸려 고생하다 79세로 세상을 떴다.

아내 진 세버그의 뒤를 이어 자살한 로맹 가리

소설 『하늘의 뿌리』와 『자기 앞의 생』으로 두 번이나 공쿠르상을 수상한 프랑스의 작가 로맹 가리(Romain Gary, 1914~1980)는 그의 삶 자체가 매우 극적이고도 소설 같은 생애를 살았다. 로만 카체프가 본명인 그는 제정 러시아의 말기 모스크바에서 아버지가 누군지도 정확히 모르는 사생아로 태어났다. 유대인이었던 어머니 니나는 제정 말기의 유대인 박해 및 볼셰비키 혁명으로 러시아 정국이 혼란에 빠지자 어린 아들을 데리고 리투아니아와 폴란드를 거쳐 프랑스로

로맹가리와 진 세버그

이주했는데, 그녀의 유일한 소망은 자신의 아들이 출세를 해서 신분상 승을 이루는 것뿐이었다. 하지만 그녀는 결국 아들의 성공을 보지도 못하고 전시 중인 1942년 암으로 세상을 떠나고 말았다.

제2차 세계 대전이 발발하고 독일군이 파리를 점령하자 영국으로 건너가 드골 장군의 휘하에서 자유프랑스군에 가담해 싸운 그는 종전이 되어 집으로 돌아왔으나 자신의 어머니가 이미 암으로 세상을 떠난 사실을 알고 크게 상심하며 죄책감에 빠지기도 했다. 1945년 야심작 『유럽의 교육』을 발표해 주목을 끈 그는 이어서 『하늘의 뿌리』로 1956년 프랑스 최고의 문학상인 공쿠르상을 수상해 일약 문단의 총아로 떠오르게 되었다.

프랑스 사회에서 저명인사가 된 그는 첫 번째 아내와 헤어지고 장뤼크 고다르의 영화 〈네 멋대로 해라〉에서 주연을 맡아 유명해진 미국 출신의 여배우 진 세버그(Jean Seberg, 1938~1979)와 재혼했지만, 인권운동에 깊이 관여했던 그녀는 미국의 흑인과격단체 '블랙 팬더'를 재정적으로 지원함으로써 줄곧 FBI의 감시를 받았으며, 그런 이유 때문에 로맹 가리와도 갈등을 빚어 결국 8년 만에 헤어지고 말았다. 그 후

필력의 한계를 느끼기 시작한 로맹 가리는 1975년 에밀 아자르라는 가명으로 『자기 앞의 생』을 발표해 생애 두 번째 공쿠르상을 수상했는데, 이는 사실 매우 기만적인 행위였다. 왜냐하면 공쿠르상 규정에는 한 작가에게 단 한 번만 시상하도록 되어 있기 때문이다.

어쨌든 그와 이혼한 후에도 계속 정서적 불안정에 시달린 진 세버그는 설상가상으로 당시 그녀가 임신한 딸의 생부가 블랙 팬더의 흑인 지도자라고 대서특필한 미국 언론에 의해 억울한 누명을 쓰고 더욱 큰 상처를 받은 나머지 극심한 우울 증세 및 알코올과 약물 중독에 빠졌으며, 여러 차례 자살을 시도하는 등, 오랜 기간 정신적 혼란에 빠져 고통받다가 1979년 갑자기 의문의 시체로 발견되고 말았는데, 비록 로맹 가리는 그 아기의 생부가 자신이며 그녀는 자살이 아니라 살해당한 것이라 주장했지만, 약물과용에 의한 자살로 추정된다. 결국 그렇게 그녀가 사망한 이듬해에 로맹 가리 자신도 총기자살로 생을 마감하고 말았다.

아파트에서 뛰어내린 아우슈비츠 생존자 프리모 레비

아우슈비츠 생존자로 그 생지옥의 현장을 고발한 저서 『이것이 인간인가』를 통해 많은 사람에게 충격을 안겨 준 프리모 레비(Primo Levi, 1919~1987)는 이탈리아의 유대계 화학자이자 작가다. 이탈리아 북부 토리노에서 유대인 사업가의 아들로 태어난 그는 무솔리니의 파시즘

치하에서 반유대주의 정책에 편승한 사회적
분위기로 어려서부터 친구들에게 괴롭힘을
당했으며, 대학 진학에도 어려움을 겪어야
했다.

프리모 레비

1941년 대학을 졸업한 그는 유대인이라
는 이유로 마땅한 일자리를 구하지 못하다
가 마침 변방에 위치한 광산에서 일하게 되
었다. 그 후 독일군이 북부 이탈리아를 점령하면서 이에 대한 저항운
동이 확대되자 레비는 동료들과 함께 레지스탕스 유격대에 합류해
싸웠으나 1943년 말 파시스트 민병대에 붙들려 포솔리 수용소로 이송
되었으며, 그 후 독일군에 의해 화물열차에 실려 아우슈비츠로 이송
되었다. 그는 소련군에 의해 해방될 때까지 목숨을 부지하기 위해 필
사적인 노력을 기울였는데, 때마침 성홍열에 걸리는 바람에 의무실에
입원해 있다가 운 좋게 해방을 맞았다. 그와 함께 이탈리아에서 아우
슈비츠로 끌려간 650명의 유대인 가운데 살아남은 자는 겨우 20명에
불과했으며, 당시 수감자의 평균 생존기간은 3개월이었으니 수용소의
현실이 얼마나 참혹했는지 짐작이 가고도 남는다.

천신만고 끝에 고향으로 돌아온 그는 극심한 영양실조로 팅팅 부어
오른 얼굴과 낡아 빠진 소련군 군복차림 때문에 처음에는 아무도 그
를 알아보지도 못할 정도였지만, 다른 무엇보다도 그동안에 겪었던
극도의 심리적 충격으로 상당 기간 아무 일도 할 수 없었다. 가까스로
원기를 회복한 그는 그때부터 자신이 겪은 경험을 토대로 시를 쓰기
시작했는데, 페인트 공장에서 일하는 가운데 자신의 기억을 되살려

『이것이 인간인가』를 집필해 발표함으로써 세상에 널리 알려지기 시작했다.

감정에 치우치지 않고 매우 냉정한 필체로 쓴 『이것이 인간인가』는 특히 홀로코스트를 부정하는 일부 주장에 크게 충격을 받아 쓴 것으로 보이는데, 비록 그는 독일인에 대해 노골적인 비난이나 증오심을 드러내 보이지는 않았지만, 그렇다고 해서 그들 모두를 용서한 것은 결코 아니었다. 수많은 학교를 돌며 자신이 겪은 죽음의 수용소 체험을 강연하던 그는 67세를 일기로 갑자기 자신의 집에서 자살로 생을 마감하고 말았는데, 오랜 기간 우울증에 시달리며 정신과 치료를 받기도 했지만, 아무래도 과거의 악몽에서 완전히 벗어나지는 못한 것으로 보인다.

100세 나이로 굶어 죽은 경제학자 스콧 니어링

스콧 니어링(Scott Nearing, 1883~1983)은 세계적인 명성을 날린 미국의 경제학자로 펜실베이니아 주 티오가의 유복한 사업가 집안에서 태어났으나 성인이 되어서는 자신의 모든 기득권을 포기하고 사회주의자로 변신해 반자본주의 및 반전주의 노선을 밟으며 방대한 저술활동을 벌였다. 하지만 그동안에 스파이 혐의로 법정에 서기도 했으며, 위험분자로 낙인찍힌 나머

스콧 니어링

지 교수직을 박탈당하고 강연도 취소되는 등 갖은 불이익을 감수해야만 했다.

마르크스와 톨스토이, 예수와 부처를 포함한 4대 성인, 위고와 로맹롤랑, 데이비드 소로와 월트 휘트먼 등 다양한 인물의 영향을 고루 받으며 일생 동안 매우 금욕적이고도 청빈한 삶을 유지했던 그는 100세 생일을 치른 후 숨을 거둘 때에도 그 어떤 흐트러짐도 없이 품위 있게 자신의 죽음을 맞이했는데, 신체적 고통을 줄이거나 생명을 연장하려는 모든 의학적 조치를 거부하고 물과 음식조차 끊은 상태에서 조용히 생을 마감했다. 그야말로 태어날 때처럼 오염되지 않고 순수한 몸과 마음 상태로 죽음을 맞이한 것이다.

세상의 모든 폭력과 살생에 반대하는 평화주의자로 일생 동안 채식을 고집하며 살았던 그는 불합리한 세상과의 타협을 거부하고 조용히 시골에 은거하며 오로지 자신의 도덕적 신념에 따라 마치 성자와도 같은 삶을 살았다. 그런 스콧 니어링에 대해 시인 앨런 긴즈버그(Allen Ginsberg)는 자신의 시 「아메리카」에서 그를 진정한 인간의 표본으로 묘사하기도 했다. 물론 스콧 니어링의 숭고한 죽음을 자살로 간주하기에는 무리가 있겠지만, 어쨌든 스스로 죽음을 앞당긴 것만큼은 사실임에 틀림없다.

노래하는 수녀 데케르와 샹송 가수 달리다의 최후

1960년대와 1970년대에 걸쳐 유럽 가요계에 돌풍을 일으키며 큰 인

달리다

기를 끌었던 벨기에 출신의 노래하는 수녀 잔 데케르(Jeanne Deckers, 1933~1985)와 프랑스의 상송 가수 달리다(Dalida, 1933~1987)는 엄청난 성공에도 불구하고 두 여성 모두 자살로 생을 마감해 수많은 팬을 안타깝게 만들었는데, 특히 수녀 출신의 잔 데케르는 동성애 파트너였던 아니 페셰르와 함께 동반자살해 가톨릭 사회에서 더욱 큰 논란을 불러일으키기도 했다.

잔 데케르는 벨기에의 도미니크 수도회 수녀로 1961년 그녀가 손수 기타를 치며 부른 노래 '도미니크'로 선풍적인 인기를 끌며 세계적인 톱 가수의 반열에 올랐다. 그 후 노래하는 수녀로 알려진 그녀는 눈코 뜰 새 없이 바쁜 연주 일정에 쫓기며 지냈지만, 국제적인 명성에도 불구하고 수입은 거의 없었다. 왜냐하면 대부분의 수입이 음반 제작사와 종교단체로 흘러들어갔기 때문이다.

결국 세속적 인기와 성직자 신분 사이에서 갈등을 겪게 된 그녀는 가톨릭교회와 마찰을 빚고 1966년 수녀원을 떠나 본격적인 가수활동에 들어갔으나 그 후 그녀가 피임약 사용을 옹호하는 노래를 발표함으로써 바티칸의 견제를 받으며 자신의 콘서트마저 취소되자 큰 좌절에 빠지기도 했다. 더욱이 그녀가 새롭게 내놓은 앨범도 예전과 달리 신통한 반응을 얻지 못하게 되면서 그녀는 날이 갈수록 신경쇠약에 빠져 결국에는 2년간 정신치료까지 받게 되었다.

마침내 그녀는 예전부터 가깝게 지내던 11년 연하의 젊은 여성 아니 페셰르와 함께 동거하기에 이르렀는데, 페셰르는 그녀가 수녀원에 있을 때부터 데케르가 자기 곁을 떠나지 않을까 노심초사하며 자살까지 시도할 정도로 강한 집착을 보인 여성이었다. 비록 처음에는 단순한 룸메이트로 시작해 성적인 관계를 허용하지 않았으나 점차 동성애적 관계에 빠져든 데케르는 설상가상으로 벨기에 정부가 그녀에게 엄청난 세금을 부과하게 되자 경제적으로 큰 곤경에 빠지고 말았다.

더욱이 과거에 그녀의 수입을 거두어 간 종교단체에서는 그녀의 세금을 납부할 책임이 없다고 주장함으로써 그녀는 그야말로 진퇴양난의 입장에 놓이고 만 것이다. 어쩔 수 없이 그녀는 예전의 히트곡 '도미니크'를 새롭게 개작해 발표함으로써 난관을 헤쳐 나가보려 했지만, 결과는 참담한 실패로 돌아가고 말았다. 결국 데케르와 페셰르는 해결책을 찾지 못한 나머지 함께 나란히 동반 자살하고 말았으며, 인근 공동묘지에 함께 안장되었다.

데케르와 동갑내기인 샹송 가수 달리다 역시 화려한 명성과는 달리 개인적으로는 매우 불운한 삶을 겪었다. 본명이 욜란다 크리스티나 질리오티인 그녀는 원래 이집트 카이로 태생으로, 이탈리아계 바이올린 연주자의 딸로 태어나 20세 때 뛰어난 미모로 미스 이집트에 선발되면서 영화계에도 진출해 영화 〈요셉과 그의 형제들〉에서 오마 샤리프와 연기하기도 했다. 당시 프랑스 감독 마르코 드 카스틴에 캐스팅되어 파리로 진출한 그녀는 배우로도 활동했지만, 라디오 방송 제작자 뤼시엥 모리스와 음반제작자 에디 바클레이의 후원에 힘입어 가수로도 데뷔해 큰 성공을 거두었으며, 1961년 뤼시엥 모리스와 결혼하면서 자동적으로 프랑스 시민이 되었다.

특히 그녀의 데뷔곡 '밤비노'는 공전의 대히트를 치며 한순간에 그녀를 세계적인 톱가수의 반열에 오르게 했는데, 그 후에도 '곤돌리에' '코메 프리마' '차오 차오 밤비나' 등의 히트곡을 남겼다. 하지만 1967년 당시 연인관계였던 루이지 텐코와 함께 이탈리아 산레모 가요제에 참가해 그가 작곡한 노래를 함께 불렀으나 그 곡이 최종 결선에서 탈락하자 이를 비관한 텐코는 심사위원을 원망하는 유서를 남기고 호텔에서 총기자살하고 말았는데, 이들이 결혼할 의사를 밝힌 직후에 벌어진 일이었다. 그 충격으로 달리다 역시 음독자살을 기도했으나 미수에 그치고 5일간 의식불명 상태에 빠졌다가 수개월 만에 간신히 원기를 회복했다.

그 후 재기에 성공한 그녀는 인기스타 알랭 들롱과 함께 부른 '파롤 파롤'을 크게 히트시켰으며, 클로드 를루슈의 영화 〈하얀 연인들〉에도 출연하는 등 모처럼 활기찬 모습을 보였으나 1970년 전 남편이자 매니저였던 뤼시엥 모리스가 총기자살한 데 이어 1975년에는 그동안 그녀가 적극 지원하며 친하게 지내던 이스라엘 출신의 가수 마이크 브란트가 아파트에서 뛰어내려 자살하는 등 가까운 지인들의 비극이 계속되자 점차 우울증에 시달리기 시작했다. 1983년에는 한때 연인이었던 리샤르 샹프레마저 자살해 버리자 그녀의 상태는 더욱 돌이킬 수 없는 상황으로 치달아 마침내는 자신의 삶을 너무도 견디기 힘들다는 내용의 유서를 남기고 음독자살하고 말았다. 프랑스 최고의 디바였던 달리다는 그렇게 생을 마감한 것이다.

자살한 심리학자 콜버그와 베텔하임

저명한 심리학자로 자살한 인물을 꼽자
면 미국의 발달심리학자 콜버그(Lawrence
Kohlberg, 1927~1987)와 아동심리학자 베텔
하임(Bruno Bettelheim, 1903~1990)을 들 수
있다. 인간의 욕구를 5단계로 설명한 에이브
러햄 매슬로(Abraham Harold Maslow)에 반
해서 인간의 도덕성 발달을 6단계로 정립한

콜버그

콜버그는 시카고 대학교를 졸업하고 예일 대학교를 거쳐 시카고 대학
교, 하버드 대학교 교수로 활동하면서 도덕성 발달이론 연구에 큰 업
적을 남겼다. 하지만 1971년 해외에서 기생충에 감염되어 극심한 복통
을 일으킨 후부터 건강이 더욱 악화되면서 우울증까지 앓게 되었으며,
결국에는 추운 한겨울에 보스턴 앞바다에 걸어 들어가 자살하고 말았
다. 향년 59세였다. 공교롭게도 매슬로와 콜버그 모두 유대인 출신 심
리학자였다.

한편 오스트리아 출신의 아동심리학자 베텔하임은 동화 분석에 일
가견을 지녔던 인물로, 유대인이었던 그는 오스트리아가 나치 독일에
합병되자 곧바로 강제수용소로 끌려갔다가 기적적으로 풀려난 후 미
국으로 망명해 시카고에 정착했으나 그곳에서 자폐아들을 치료하던
도중에 아동 학대 등 불미스러운 의혹을 낳기도 했다. 말년에 홀아비
신세가 되어 심한 우울증을 앓았던 베텔하임은 87세 나이로 자살했는

데, 뇌졸중으로 수족을 제대로 쓰지 못하는 상태에 놓이게 되자 이를
비관한 나머지 비닐봉지를 뒤집어쓰고 스스로 질식사한 것이다.

베텔하임은 강제수용소에 있을 때 그곳에서 정신분석가 페데른의
아들 에른스트를 만나 친해졌는데, 프로이트의 직계 제자였던 페데른
(Paul Federn, 1871~1950) 역시 유대인으로 나치의 위협을 피해 미국으
로 망명해 교육분석가로 활동하며 후진 양성에 힘썼으나 말년에 이
르러 불치의 암에 걸린 사실을 비관하고 80을 바라보는 나이에 뉴욕
에서 자살했다. 다행히 그의 아들 에른스트는 끝까지 살아남아 연합
군에 의해 해방을 맞이할 수 있었다. 어쨌든 인간심리 연구에 정통했
던 매슬로, 콜버그, 베텔하임, 페데른 등이 모두 유대인이라는 점과 이
들 가운데 세 사람이 자살로 생을 마감한 사실은 참으로 아이러니가
아닐 수 없다.

자살한 현대 미국의 소설가들

미국의 현대 문학을 대표하는 작가로 손꼽히는 리처드 브라우티건
(Richard Brautigan, 1935~1984)은 대표작 『미국의 송어 낚시』로 유명한
소설가다. 청년시절 여러 권의 시집을 발표하며 1960년대 미국의 반문
화운동을 주도했던 그는 1967년 매우 특이한 형태의 소설 『미국의 송
어 낚시』를 발표해 전 세계 문단의 주목을 끌게 되었는데, 날카로운 풍
자와 블랙유머, 강렬한 반체제 정신과 예리한 문명비판으로 일약 젊은
이들의 우상으로 떠올랐다.

이어서 발표한 『워터멜론 슈가에서』는 동화적 은유와 시적 표현으로 전작에서 볼 수 없는 새로운 분위기를 보여 주기도 했으며, 그 후에도 1970년대에 들어 계속해서 『임신중절: 역사적 로맨스』『호킨스 괴물: 고딕 웨스턴』『바빌론 꿈꾸기』 등 매우 독자적인 작품을 썼는데, 1980년대에 들어서 『바람이 다 날려버린 건 아냐』를 발표한 후 홀로 지내던 자신의 집에서 권총으로 머리를 쏴 자살했다. 당시 그는 두 번째 아내인 일본 여성 요시무라 아키코와 이혼한 상태였으며, 평소 알코올 중독과 우울증으로 수차례 자살충동에 휘말리기도 했는데, 첫 번째 부인과 헤어진 것도 그런 불안정한 심리상태 때문이었다.

그 후 1991년에는 베스트셀러 소설 『페인트로 얼룩진 새』를 통해 세계적인 명성을 얻은 코진스키(Jerzy Kosiński, 1933~1991)가 신병을 비관한 나머지 57세 나이로 자살하고 말았다. 원래 폴란드 태생의 유대인이었던 그는 제2차 세계 대전이 발발하면서 독일군이 폴란드를 침공하자 가족과 함께 기독교인 행세를 하며 숨어 지냈는데, 당시 아버지는 어린 아들에게 누가 물어도 절대로 유대인임을 밝혀서는 안 된다고 못을 박았으며, 그런 지침은 일생 동안 코진스키의 삶을 지탱하는 좌우명으로 자리잡았다.

전쟁이 끝난 후 공산당 간부를 지낸 아버지 덕분에 재즈 음악과 사진 촬영을 즐기거나 소련으로 견학도 가는 등 일종의 특권을 누리며 지낸 그는 우치 대학교에도 진학해 역사학과 사회학을 공부했다. 하지만 결코 순응적이지 않았던 아들은 아버지와는 달리 공산주의에 혐오감을 갖게 되어 마침내 1957년 미국으로 이주했는데, 당시 그는 미국으로 가기 위해 유령 재단을 세워 이용하는 술수를 쓰기도 했다.

이처럼 능숙한 수완을 발휘해 뉴욕에 정착한 그는 트럭 운전 등 닥치는 대로 돈을 벌면서 컬럼비아 대학교를 졸업했으며, 구겐하임 재단 및 포드 재단으로부터 장학금 지원을 받아 내는 솜씨도 발휘했다. 더욱이 작가로도 데뷔해 조셉 노박이라는 가명으로 1960년 소설 『동지여, 미래는 우리의 것이다』를 비롯해 1962년 『세 번째 길은 없다』를 발표해 주목을 받은 그는 1965년 발표한 『페인트로 얼룩진 새』로 미국 문단에서 확고한 입지를 굳혔다.

그 후 1968년에는 소설 『계단』으로 전미 도서상을 받았으며, 그 외에도 『챈스 박사』, 『악마나무』 등을 발표해 필명을 날린 그는 프린스턴과 예일 등 여러 대학에서 문학을 가르쳤으며, 미국 펜클럽 회장도 두 차례나 역임하는 등 의욕적인 활동을 펼쳤다. 하지만 1991년 건강이 악화되면서 더이상 글을 쓸 수 없게 되자 이를 비관한 나머지 스스로 목숨을 끊고 말았다. 홀로코스트 생존자로 힘겹게 살아남은 후 자살한 작가로는 폴 셸랑, 프리모 레비 등이 있지만, 코진스키는 어쩌면 그런 드문 예 가운데 마지막을 장식한 작가가 아닌가 싶다.

코진스키의 뒤를 이어 자살한 현대 미국 작가로는 자신의 처녀작 『라스베이거스를 떠나며』를 발표하고 33세라는 젊은 나이로 자살한 존 오브라이언(John O'Brien, 1960~1994)을 들 수 있다. 고등학교를 졸업한 직후 19세 때 라이자 커크우드와 결혼한 그는 로스앤젤레스로 이주해 1990년 소설 『라스베이거스를 떠나며』를 썼다. 그 후 생계를 유지하기 위해 만화영화 대본을 쓰기도 했지만, 원래 작가를 지망했던 그는 자신이 맡은 일에 불만을 느끼고 몹시 우울해하다가 자신의 소설 『라스베이거스를 떠나며』가 영화로 제작된다는 소식을 전해 듣고 2주

뒤에 총으로 자살해 버렸다. 결국 그의 소설은 그가 남긴 마지막 자살 노트가 되고 말았지만, 자신의 성공을 눈앞에 두고 스스로 목숨을 끊은 이유에 대해서는 정확히 알려진 사실이 없다.

비록 유명작가는 아니지만 게이 문학의 기수로 컬트 사회에서 상당한 인기를 끌었던 제임스 로버트 베이커(James Robert Baker, 1946~1997) 역시 자살로 생을 마감했다. 캘리포니아 롱비치 태생인 그는 10대 소년시절부터 부모에게 반항해 게이 클럽에 드나들기 시작했는데, 아버지는 사설탐정까지 동원해 그의 뒤를 밟게 했다. 그는 이미 그때부터 마약과 알코올에 빠져들기 시작했으며, 스스로 커밍아웃을 한 후에는 UCLA 영화학교에 들어가 감독의 꿈을 키우기도 했다. 하지만 끝내 자신의 꿈을 이루지 못하고 영화 각본을 쓰게 된 그는 자신의 작품들이 제작자들에게 연거푸 거부당하게 되자 크게 좌절한 나머지 소설로 방향을 돌리게 되었다.

그의 처녀작 『아드레날린』은 두 명의 게이 연인들에 관한 내용으로 이미 그때부터 아나키즘과 편집증적인 분노에 가득 찬 게이들을 주인공으로 내세워 동성애를 억압하는 보수적 사회에 대한 강한 반발과 환멸감을 보이기 시작했으며, 그런 주제는 그 후에도 일관되게 계속되어 반사회적이고도 허무주의적인 주인공을 통해 사회적 금기를 깨는 모습들을 묘사했다. 이런 일탈된 모습들은 게이들을 포함한 일부 소외계층에서 큰 호응을 얻었지만, 일반 대중으로부터는 외면을 당했으며, 출판사들조차 그의 작품에 거부반응을 보여 자비 출판하는 경우도 있었다. 그런 현실에 크게 좌절한 그는 마침내 스스로 목숨을 끊고 말았지만, 그가 남긴 소설들은 그의 사후 더욱 유명해져 해외에까지 널리 알려지게 되었다.

2005년에 권총자살로 생을 마감한 헌터 톰슨(Hunter S. Thompson, 1937~2005)은 미국의 현대 작가 중에서도 가장 반항적이며 치열한 삶을 살았던 인물로 꼽힌다. 청년시절 프리랜서 기자로 활동하면서 비트문학과 히피문화에 심취한 그는 1967년 폭주족의 생태를 다룬 『지옥의 천사들』을 발표해 일약 베스트셀러 작가가 되었다. 이를 통해 그는 객관적인 보도 태도를 거부하고 취재 대상과 일체가 되어 매우 공격적인 게릴라 양식의 글쓰기 장르를 개척해 '곤조 저널리즘'이라는 신조어를 탄생시켰다.

'곤조'라는 단어는 근성(根性)을 의미하는 일본어와 발음이 같아 오해를 사기도 했지만, 사실은 미국 남부 뉴올리언스의 재즈계에서 사용되는 속어로 어수선하게 제멋대로 연주하는 것을 뜻한다. 어쨌든 반문화의 기치를 높이 든 톰슨은 히피문화의 꿈이 좌절되고 수많은 젊은이들이 보수주의로 다시 복귀하게 되자 그에 따른 환멸과 혐오를 『라스베이거스의 공포와 환멸』에서 묘사했다. 그 후 콜로라도 주의 농장에 은둔하며 오랜 침묵 끝에 소설 『럼 다이어리』를 발표했는데, 독주 럼에 빠져 지내는 주인공 폴 켐프 기자는 바로 톰슨 자신의 분신이기도 하다.

그의 대표작 『라스베이거스의 공포와 환멸』과 『럼 다이어리』는 모두 영화로 제작되었는데, 두 작품에서 주연을 맡은 배우 조니 뎁은 생전에 톰슨과 매우 절친한 사이였다. 하지만 말년에 이르러 거동이 불편해지면서 우울증에 시달리기 시작한 그는 출타 중인 아내와 전화 통화를 하는 도중에 권총 방아쇠를 당겨 자살하고 말았다. 화장한 그의 유골은 대포에 실려 하늘로 발사되어 화제가 되기도 했는데, 그것은 평소 그가 아내에게 자신의 마지막 꿈은 지구를 벗어나 다른 별에 가는 것이라고 했기 때문이다. 지구에 대한 환멸이 얼마나 끔찍했으면 그런 부탁을 했을까 싶기도 하다.

가장 최근에 자살한 미국의 현대 작가로는 베스트셀러 소설 『인피니트 제스트』의 작가 데이비드 포스터 월리스(David Foster Wallace, 1962~2008)를 들 수 있다. 대학교수의 아들로 태어난 그는 애머스트 대학교에서 영문학과 철학을 공부했으며, 특히 비트겐슈타인의 분석철학에 심취한 나머지 이를 토대로 소설을 쓰기 시작했다. 대학에서 창조적 글쓰기에 대한 강의를 했던 그는 미국 사회의 이면을 광범위하게 다룬 대표작 『인피니트 제스트』에서 "좋은 소설의 임무는 마음이 불편한 자에게 위안을 주고, 편안한 자에게는 불편감을 안겨 주는 것이다."라고 했는데, 실제로 그의 소설은 방대한 분량의 백과사전식 나열을 통해 미국 사회의 병폐를 독자들에게 직면시킨다.

하지만 그 자신 역시 그런 병폐의 일부가 되어 마약과 섹스, 알코올 중독에 시달렸으며, 강박적인 스토킹은 물론 제자들과 불륜관계를 맺기도 했다. 특히 20년 이상 우울증에 시달린 그는 오랜 기간 항우울제를 복용했으며, 심지어는 정신병원에 입원해 전기치료까지 받았다. 그러나 약물 부작용 때문에 항우울제 복용을 중단한 지 얼마 되지 않아 그는 자신의 집 차고에서 유서를 남긴 채 목을 매 자살하고 말았다.

에이즈에 걸려 안락사한 배우 브래드 데이비스

앨런 파커 감독의 1978년도 영화 〈미드나이트 익스프레스〉에서 주연을 맡아 골든글로브상 신인남우상을 받아 스타덤에 오른 미국 배우 브래드 데이비스(Brad Davis, 1949~1991)는 미국 플로리다 주에서 치과의사의 아들로 태어났다. 하지만 어려서부터 부모로부터 온갖 신체적 학대와 성적 추행에 시달리는 등 고통스런 아동기를 보내야 했던 그는 성인이 되어 한동안 알코올과 약물 중독에 빠지기도 했지만, 일찌감치 뉴욕에 진출해 연극을 공부한 후 TV 미니시리즈 〈뿌리〉와 〈시빌〉 등에 단역으로 출연했으며, 영국 영화 〈불의 전차〉에서는 미국 육상선수 역을 맡기도 했다.

하지만 그가 처음으로 세상의 주목을 끌게 된 것은 〈미드나이트 익스프레스〉에 주인공 빌리 헤이즈 역을 맡으면서부터였다. 마약 소지 혐의로 터키 당국에 체포되어 지옥 같은 감옥생활을 견디다 탈출에 성공하는 미국 청년의 기구한 운명을 다룬 이 영화에서 매우 인상적인 연기를 펼친 그는 일약 세계적인 스타로 발돋움하게 되었다. 하지만 양성애자였던 그는 복잡한 사생활로 인해 그 후로는 별다른 두각을 나타내지 못하고 주로 TV 영화에 출연하다가 1985년 에이즈에 걸린 사실을 알게 되었는데, 죽기 직전까지 그런 사실을 감추고 지내 그 후에도 많은 윤리적 논란에 휘말려야 했다. 어쨌든 그는 입원한 상태에서 41세 나이로 생을 마감했는데, 극심한 고통에 시달린 나머지 스스로 안락사를 원해 가족의 도움으로 다량의 약물을 복용하고 숨을 거두었다.

니체의 생일에 맞춰 자살한 철학자 사라 코프만

　프랑스의 유대계 여성 철학자 사라 코프만(Sarah Kofman, 1934~1994)
은 자살로 생을 마감할 때까지 오랜 기간 소르본 대학교 철학교수를
지낸 탁월한 철학자다. 특히 니체 철학과 프로이트의 정신분석에 일가
견을 지닌 인물로『여성의 수수께끼』등 수많은 저술활동으로도 명성
이 자자했던 여성이다. 하지만 그녀는 어릴 때 아버지를 잃은 기억 때
문에 평생을 두고 홀로코스트의 비극에서 자유롭지 못했다.

　그녀의 아버지 베렉 코프만(Bereck Kofman, 1900~1943)은 정통 유대
교 랍비로 1929년 폴란드에서 프랑스로 이주한 후 6남매를 두었는데,
프랑스가 독일에 항복한 후 1942년 경찰에 끌려가 드랑시 수용소를
거쳐 아우슈비츠로 이송되었으며, 그곳에서 무참히 살해당하고 말았
다. 당시 그는 안식일을 지키느라 노동을 거부하고 기도만 하는 바람
에 백정 출신의 무자비한 카포에게 곡괭이 자루로 얻어맞고 그것도 산
채로 매장당하는 참극을 겪었는데, 그녀는 아버지가 남겨 준 만년필로
일생 동안 집필 활동을 계속하며 아버지가 당한 비극을 결코 잊지 않
았다.

　그녀의 삶을 지배한 세 가지 화두는 홀로코스트와 철학, 정신분석으
로 요약할 수 있는데, 특히 니체 철학과 프로이트의 정신분석은 그녀
의 페미니즘 철학에 결정적인 영향을 끼친 것으로 평가된다. 비록 그
녀 자신은 스스로를 페미니스트로 여기지 않았지만, 그녀가 남긴 저서
『여성의 수수께끼』는 시몬 드 보부아르의『제2의 성』과 함께 가장 탁

월한 페미니즘 철학서로 간주된다.

그녀는 1994년 자신의 어린 시절을 회고하는 자서전『오르드네 가, 라바 가』를 출간했는데, 그 책에서 그녀는 자신이 8세 때 아버지가 갑자기 사라진 후 어머니와 다른 형제들과 함께 라바 거리에 있는 한 기독교인 여성의 아파트에서 전쟁이 끝날 때까지 숨어 지냈으며, 자신들을 구해 준 그 부인을 따르게 되면서 그들 모녀 사이에 메울 수 없는 간격이 벌어지게 된 과정을 상세히 언급하기도 했다. 어쨌든 그녀는 자신의 고통스러운 기억이 담긴 자서전을 출간한 후 니체 탄생 150주년을 기념하는 날에 맞춰 자살하고 말았는데, 당시 그녀의 나이 만 60세였다.

자살한 프랑스 철학자 질 들뢰즈와 앙드레 고르

프랑스의 저명한 마르크스주의 철학자 루이 알튀세르(Louis Althusser)는 고질적인 조울병 증세에 시달리던 중 1980년 나이 62세 때 자신의 아파트에서 아내 엘렌을 목 졸라 살해하고 정신병원에 입원함으로써 세상에 큰 충격을 안겨 주었다. 그 후 세상의 이목을 피해 은둔생활로 일관하던 그는 1990년에 죽었지만, 그가 죽은 지 4년 뒤에 출간된 그의 충격적인 자서전『미래는 오래 지속된다』는 치열한 자기 분석으로 인해 서구 지식인 사회

질 들뢰즈

에서 큰 화젯거리가 되기도 했다.

그런데 알튀세르의 자서전이 출간된 그 이듬해에 프랑스를 대표하는 저명한 철학자 질 들뢰즈(Gilles Deleuze, 1925~1995)가 나이 70세에 자신의 아파트에서 뛰어내려 자살하는 일이 벌어져 파리 지성인들을 아연실색하게 만들었다. 물론 그는 젊은 시절부터 호흡기 질환을 앓아 건강이 좋지 않은 상태였고, 40대에 이르러 결핵이 겹치면서 한쪽 폐를 제거하는 수술까지 받았으며, 말년에 이르러서는 더욱 심한 호흡기 증상에 시달려야 했다. 동시대의 철학적 동료 사르트르나 미셸 푸코처럼 철저한 무신론자이기도 했던 그는 결국 그런 고통을 견디지 못하고 스스로 목숨을 끊고 만 것이다.

파리의 중산층 가정에서 태어난 질 들뢰즈는 독일군 점령하의 파리에서 고등학교에 다니고 있었는데, 당시 그의 형은 레지스탕스 활동을 벌이다가 체포되어 강제수용소로 후송되는 도중에 죽고 말았다. 그 후 소르본 대학교에서 철학을 공부한 그는 리옹 대학교를 거쳐 파리 8대학교 교수로 임명되어 철학을 가르쳤으며, 그동안에 『차이와 반복』 『의미의 논리』 등 많은 철학적 역저를 발표했다. 특히 동료인 펠릭스 가타리와 함께 쓴 『자본주의와 정신분열증: 안티-오이디푸스』는 가장 큰 반향을 일으킨 저서가 되었다.

비록 자살로 생을 마감하긴 했지만, 질 들뢰즈는 수많은 저술 활동을 통해 철학뿐 아니라 문학과 영화 등 예술 전반에 걸쳐 가장 큰 영향력을 행사한 작가로 명성을 날렸다. 특히 그가 취한 해석적 태도는 마치 프로이트의 정신분석적 해석과 유사한 입장을 보였는데, 역대 철학자들과 예술가들에 대한 그의 연구는 매우 이단적인 것으로 취급되기도 했다. 단적인 예로 그는 자신의 철학적 해석 방법을 일종의 '항문 성교'라 부르기도 했는데, 그것은 다른 작가들의 뒤를 파고들어가 자신과 비슷할 뿐 아니라 전혀 색다른 모습의 새끼를 낳기 때문이라는 의미에서 한 말이기도 했다.

그런데 질 들뢰즈가 자살한 후 12년이 지나 또 다른 철학자 앙드레 고르(André Gorz, 1923~2007) 역시 자살로 생을 마감했는데, 당시 84세 였던 그는 불치병으로 죽음을 앞둔 아내 도린과 함께 독극물 주사로 동반 자살한 것이다. 그가 죽기 전 해에 발표한 저서 『D에게 보낸 편지』는 바로 아내인 도린에게 바친 마지막 애정의 표시이기도 했다.

원래 오스트리아 빈에서 유대인 목재상의 아들로 태어난 그는 본명이 게르하르트 히르쉬로 제2차 세계 대전이 발발하자 그의 어머니가 군대 징집을 피해 아들을 스위스로 피신시켰으며, 그 후 프랑스로 귀화할 때까지 무국적자 신세로 지내야 했다. 종전 이후 사르트르와 절친해진 그는 마르크스주의에 입각한 실존주의에 공감하게 되면서 노동환경 개선에 관심을 기울이고 단순한 환경주의 이론에 맞서 근원적인 문제해결에 역점을 두는 생태주의 이론 확립에 전념했는데, 전후 프랑스 사회를 주도한 신좌파 운동을 대표하는 이론가로 큰 명성을 얻게 되었다.

정신병원에서 뛰어내려 자살한 여배우
크리스틴 파스칼

프랑스의 매력적인 여배우 크리스틴 파스칼(Christine Pascal, 1953~

162

1996)은 1974년 미셸 미트라니 감독의 영화 〈검은 목요일〉에 처음 데
뷔한 이래 타베르니에 감독의 〈생폴가의 시계공〉 〈축제는 시작된다〉
〈판사와 암살범〉 등에 출연했으며, 세자르상 여우조연상 후보에 오르
기도 했다. 그 후 〈가장 잘 걷는 법〉 〈버릇없는 아이들〉 등에서 주연을
맡은 그녀는 각본을 쓰기도 했으며, 감독으로도 데뷔해 〈펠리시테〉
〈미녀의 덫〉 〈잔지바르〉 〈위험한 외도〉 등을 감독해 다재다능함을
과시하기도 했다.

하지만 그녀는 고질적인 우울증에 걸려 수차례 자살충동에 빠지기
도 했으며, 그녀의 감독 데뷔작 〈펠리시테〉도 자살하는 장면으로 시
작될 정도로 자살에 강한 집착을 보였는데, 결국 〈그들이 어떻게 추락
하는지 보라〉를 마지막 출연작으로, 그리고 〈위험한 외도〉를 마지막
감독 연출작으로 남기고 자신이 입원하고 있던 정신병원 창문에서 뛰
어내려 자살하고 말았다. 그 후 그녀의 치료를 담당했던 정신과 의사는
자살방지에 소홀했다는 혐의로 징역형을 선고받고 1년간 투옥생활을
해야 했다.

안락사 논쟁을 일으킨 라몬 삼페드로의 자살

스페인의 평범한 어부였던 라몬 삼페드로(Ramón Sampedro, 1943~
1998)는 25세 때 바다에서 입은 사고로 30년 가까운 세월 동안 전신마
비 상태로 오로지 침대 위에 누워 꼼짝도 못하는 신세로 지내다가 결
국 55세 나이로 안락사한 인물이다. 그는 죽을 때까지 안락사를 옹호

하는 투쟁을 벌여 유명해졌으며, 그의 최후를 다룬 2004년도 스페인 영화 〈씨 인사이드〉는 아카데미 영화제에서 최우수 외국영화상을 수상해 그의 존재를 더욱 유명하게 만들기도 했다.

젊은 시절 스페인 북부 어촌에 살고 있던 그는 어느 날 바다에 다이빙했다가 실수로 머리와 척추에 부상을 입고 사지마비 상태에 빠지게 되었는데, 수십 년에 걸친 고통스런 세월을 견디다 못해 스스로 자살하기를 바랐지만, 전혀 거동할 수 없는 몸으로 자살도 불가능해지자 계속해서 스페인 법원에 합법적으로 안락사할 수 있는 기회를 달라고 탄원했으나 그의 요구는 받아들여지지 않았다.

결국 그는 가까운 여자 친구 라모나의 도움으로 청산가리를 먹고 자살했는데, 수일 후 그녀는 그의 자살을 도운 혐의로 경찰에 체포되어 조사를 받다가 증거 불충분으로 풀려났다. 하지만 그녀는 법적 유효기간이 지난 7년 뒤에 한 토크쇼에 나와 자신이 삼페드로에게 직접 청산가리 음료를 마시게 도왔음을 인정했으며, 그를 사랑했기 때문에 그런 행동을 했다고 주장했다. 삼페드로는 죽기 전에 『지옥에서 온 편지』라는 제목의 저서를 써서 남겼는데, 그의 죽음은 스페인 사회에 격렬한 안락사 논쟁을 불러일으켰으며, 그 결과로 의회 내에도 안락사 위원회가 발족되기에 이르렀다.

노년에 자살한 조역배우 판즈워스와 브라이언 키스

60년에 걸친 배우 활동의 대부분을 스턴트맨으로 시작해 만년 조역으로 마친 비운의 할리우드 스타 리처드 판즈워스(Richard Farnsworth, 1922~2000)는 80을 바라보는 나이에 이르러 비로소 처음으로 할리우드 영화에 주역을 맡아 아카데미 최우수 남우주연상 후보에 오르고 뉴욕비평가협회 남우주연상을 수상하는 영예를 만끽했는데, 데이비드 린치 감독의 1999년도 영화 〈스트레이트 스토리〉가 바로 그 작품이다. 하지만 그는 생애 최초로 누려 본 영예에도 불구하고 이듬해 신병을 비관하고 자살함으로써 많은 사람을 안타깝게 만들었다.

16세 때 말을 타는 스턴트맨으로 할리우드 영화 〈마르코폴로의 모험〉에 처음 데뷔한 그는 그 후에도 〈바람과 함께 사라지다〉 〈붉은 강〉 〈십계〉 〈스파르타쿠스〉 등에 출연하기도 했으나 자막에 이름이 오르지도 않는 단역에 불과했다. 비록 그는 1978년 알란 퍼쿨라 감독의 영화 〈기수가 온다〉로 아카데미 남우조연상 후보에 오르기도 했으나 〈디어 헌터〉의 크리스토퍼 워컨에게 수상의 영예를 빼앗기고 말았다. 그 후 〈내추럴〉에서 야구 코치로, 〈미저리〉에서 보안관 역으로 나오기도 했지만, 그에게 주연의 기회는 좀처럼 오지 않았다.

그러던 중 70대 말에 이른 시기에 데이비드 린치 감독으로부터 영화 〈스트레이트 스토리〉 출연을 제의받았는데, 당시 그는 이미 전립선암에 걸려 투병 중이었다. 80을 바라보는 나이에 그것도 주연을 맡은 일은 매우 드문 경우로 투병 중임에도 불구하고 그는 생애 처음이자 마지막 주연이 될지도 모르는 그 영화에 출연해 혼신의 힘을 다해 연기를 펼쳤다.

죽기 전에 그동안 연락이 두절된 동생 라일을 만나 보기 위해 잔디 깎기 트랙터에 몸을 싣고 머나먼 길을 떠나는 앨빈 영감의 역할을 홀룡히 소화해 낸 그는 아카데미 남우주연상 후보에도 올랐으나 〈아메리칸 뷰티〉의 케빈 스테이시에게 수상의 영예를 넘겨야 했다. 당시 그는 38년간 고락을 함께 했던 부인을 잃고 10여 년간 홀로 지내다가 35년 연하의 스튜어디스 출신의 여성과 약혼한 상태였으나 암이 뼈로 전이되어 보행조차 어렵게 되자 이를 비관하고 자신의 목장에서 총기 자살하고 말았다.

비록 만년 조역배우로 활동했지만, 그래도 리처드 판즈워스보다는 많은 팬을 보유했던 매력적인 호남 배우 브라이언 키스(Brian Keith, 1921~1997)는 영화 〈헤어졌을 때와 만났을 때〉〈러시아인들이 오고 있다〉〈네바다 스미스〉〈바람과 라이온〉 등을 통해 우리에게 비교적 잘 알려진 배우로 중후한 연기력의 소유자였다. 그는 세 번 결혼해 남매를 얻었는데, 딸 데이지는 배우가 되어 아버지와 함께 공연하기도 했다. 하지만 말년에 이르러 폐암에 걸린 그는 우울한 나날을 보내다가 자신의 딸 데이지가 자살하자 불과 2개월 뒤에 총으로 자살했는데, 판즈워스가 죽기 3년 전의 일로 당시 그는 75세였다.

옥중에서 자살한 연쇄살인범 해럴드 시프먼

'죽음의 천사'라는 별명으로 불리기도 했던 영국의 의사 해럴드 시프먼(Harold Shipman, 1946~2004)은 200명 이상의 환자들을 죽게 만든 장본인으로 1999년 그동안의 범죄행각이 발각되어 법정에 서게 되었는데, 끝까지 자신의 무죄를 주장하며 오로지 환자들의 고통을 줄여 주기 위한 행위였다고 강변했다. 하지만 영국 법정은 안락사를 인정하지 않고 그에게 15명의 여성들에 대한 살인죄를 인정해 유죄선고를 내리고 종신형에 처했다. 하지만 그는 복역 4년 만에 웨이크필드의 감옥에서 자신의 58회 생일을 맞이하기 하루 전날 스스로 목을 매 자살해 버렸다.

영국 노팅엄에서 트럭 운전사의 아들로 태어나 의사가 된 시프먼은 독실한 감리교 신자인 어머니와 매우 밀착된 관계를 유지한 것으로 알려졌으나 어머니가 암으로 사망할 때 아직 어린 나이였던 그는 임종 직전까지 모르핀 주사를 맞으며 고통스러워하던 어머니의 모습에서 큰 상처를 받은 것으로 보이는데, 이런 기억은 그 후 그가 저지른 행위와 결코 무관하지 않아 보인다. 시프먼은 자신의 여성 환자들에게 모르핀 과다 투여로 사망에 이르게 했으며, 대부분이 나이가 든 여성들이었기 때문이다. 어쨌든 시프먼 사건은 1957년 160명의 환자를 안락사 시킨 혐의로 기소되었다가 무죄 판결을 받고 풀려난 존 보드킨 애덤스와 비교되면서 더욱 큰 논쟁을 낳기도 했다.

아내와 조카를 살해하고 자살한 찰리 브란트

미국의 연쇄살인범 찰리 브란트(Charlie Brandt, 1957~2004)는 자신의 아내 테리를 수차례 칼로 찔러 살해하고 조카 미셸의 목을 잘라 죽게 만든 끔찍스러운 살인마로 그는 두 여성을 살해한 후 스스로 목을 매 자살했다. 당시 그는 허리케인을 피해 아내와 함께 조카인 미셸의 집에 임시로 머물고 있었는데, 뚜렷한 이유 없이 두 여성을 살해한 것이다.

사건 현장에서 발견된 조카의 시신은 목이 잘린 상태로 몸통 곁에 나란히 놓여 있었으며, 그녀의 심장과 여러 장기들 또한 제거된 상태였으며, 범행에 사용한 무기는 주방에서 사용하는 식칼이었다. 비록 정확한 살인 동기는 알 수 없지만, 그가 인체 해부 구조에 강한 집착을 지니고 있었던 것만큼은 분명한 사실로 보인다.

그런데 그는 이미 소년시절에 친족 살인 전력을 지닌 인물이었다. 13세 무렵에 그는 자신의 부모에게 총을 쏴 임신 중이던 어머니를 죽게 했는데, 그 일로 1년간 정신병원에 입원해 정신감정을 받았으나 뚜렷한 정신이상 증세를 보이지도 않았으며, 정확한 살인 동기 역시 드러나지 않은 상태였다. 당시 그는 미성년자였기에 법적 처벌도 받지 않았다. 그런 인물이 버젓이 결혼도 하고 거리를 활보하고 다녔으니 생각만 해도 오싹해진다.

브란트가 자살한 후 플로리다 경찰은 그동안 미제 살인사건들의 주범으로 그를 지목했는데, 살인 수법이 너무도 닮았기 때문이다. 희생자들 모두가 미셸처럼 목이 잘리고 심장을 도려낸 상태였으니 그럴 만도 했다. 플로리다에서는 1973년 이래 총 26건의 미해결 살인사건이 있었는데, 브란트가 플로리다로 이주한 해가 1973년이었다는 점에서 더욱 그런 의혹이 들게 된 것이다.

그중에서도 특히 1989년에 시체로 발견된 셰리 페리쇼의 경우 목과 사지가 잘리고 심장 또한 도려내진 상태였는데, 그녀의 시신이 발견된 장소는 브란트가 살고 있던 집에서 불과 300m도 안 되는 매우 가까운 곳이었으며, 목격자가 진술한 범인의 인상착의 또한 브란트와 거의 일치한다는 점에서 결국 경찰은 사건이 벌어진 후 17년 만에 브란트의 범행으로 단정 짓고 사건을 종결하게 되었다.

성 정체성 혼란으로 자살한 데이비드 라이머

38세 나이로 총기자살한 데이비드 라이머(David Reimer, 1965~2004)는 캐나다의 위니펙에서 일란성 쌍생아로 태어났는데, 출생 직후부터 배뇨에 어려움이 생겨 다른 형제 브라이언과 함께 생후 7개월 만에 포경수술을 받았으나 의사의 실수로 그의 성기가 심한 화상을 입고 망가지게 되었다. 아들의 장래를 걱정한 부모는 미국의 존스 홉킨스 대학교 병원에 근무하는 심리학자 존 머니에게 그를 데려가 상담했는데, 당시 존 머니는 성 정체성 연구의 권위자로 성 전환을 통해 얼마든지 행복한 삶을 누릴 수 있다고 부모를 설득해 마침내 생후 22개월 때 그는 고환 제거 수술을 받기에 이르렀다.

그 후 그는 브렌다라는 이름을 지닌 여아로 키워졌으며, 존 머니는 자신의 이론을 입증하는 성공 사례로 제각기 남녀로 갈라져 성장한 라이머 형제의 경우를 널리 선전했다. 하지만 그는 존 머니의 사회적 학습치료에 더욱 큰 상처를 받았으며, 사춘기에 이르기까지 배에 뚫은 구멍을 통해 소변을 봐야 하는 고역은 물론 젖가슴을 발달시키기 위해 여성 호르몬까지 복용하는 번거로움을 겪어야 했다.

더욱이 학교 친구들로부터도 따돌림을 당하고 놀림을 받아 치마를 입지 못했으며, 호르몬 치료에도 불구하고 여성다움을 전혀 느끼지 못한 그는 결국 여아로 살아가는 데 적응하지 못하고 14세 때 다시 남자로 살아가기로 결심했으며, 자신의 이름을 데이비드로 고친 후 마침내 1987년 22세가 되었을 때 남성 호르몬 치료와 유방 제거 수술을 포함한 성 전환 수술을 받고 다시 남자로 돌아갔다.

그 후 1990년 제인 폰테인과 결혼까지 하고 살았으나 그동안 남아로 키워진 쌍둥이 형제 브라이언이 정신분열병에 걸려 고생하다가 2002년 음독자살하자 몹시 우울해지기 시작한 그는 설상가상으로 2004년 아내가 별거를 요구한 직후 편의점 주차장에 차를 세운 상태에서 산탄총으로 자신의 머리를 쏴 자살하고 말았다. 오랜 세월 자신의 신세를 한탄하며 부모를 원망했던 그는 결국 이것도 저것도 아닌 상태에서 정신적 혼란만 거듭하다 짧은 생을 마감하고 말았는데, 그런 비극의 배경에는 의사의 실수뿐 아니라 무책임한 학자의 지적 허영심도 크게 작용한 것으로 보인다.

프로레슬러들의 자살

오늘날에 와서 프로스포츠 중 야구나 축구, 복싱, 테니스 등이 폭발적인 인기를 끌고 있지만, 그런 프로 선수들 가운데 유독 레슬링 선수들의 자살이 많은 이유는 정확히 알려져 있지 않지만, 어쨌든 그중에서도 가장 충격적인 자살은 캐나다 퀘벡 출신의 프로레슬러 크리스 브누아(Chris Benoit, 1967~2007)의 경우라 할 수 있다. 그는 20년 이상 프로레슬링 선수로 활약하며 두 번이나 세계헤비급 챔피언 벨트를 차지한 베테랑이었지만, 생애 세 번째 세계헤비급 타이틀전에 도전하기 직전 자신의 두 번째 아내와 어린 아들을 살해하고 본인도 자살함으로써 전 세계 프로레슬링 팬들에게 큰 충격을 안겨 준 장본인이었다.

사후 부검에서 그의 아내와 아들의 몸에서는 항우울제 자낙스가 검출되었으며, 브누아는 고농도의 스테로이드 호르몬이 검출되었는데, 조사 결과 그는 평소에도 세계레슬링협회가 금지하고 있던 스테로이드를 상습적으로 복용하고 있었음이 밝혀졌다. 하지만 그런 충격적인 사고의 직접적인 원인은 오랜 선수 생활로 인해 입은 뇌 손상의 결과로 밝혀졌는데, 당시 40세였던 그의 뇌는 85세 노인의 치매 환자와 거의 비슷할 정도로 심각하게 손상된 상태였다고 한다.

어쨌든 매우 비정상적인 뇌기능 상태에서 상습적으로 스테로이드를 복용하고 있던 그는 평소에도 매우 폭력적이어서 수시로 집 안의 가구를 때려 부수는 행동을 보였기 때문에 그의 아내 낸시 역시 한때 이혼할 생각까지 하다가 결국에는 그런 참변을 당하고 만 것이다. 한편 프로레슬링계에서는 브누아의 죽음에 대해 계속해서 침묵을 유지했는데, 그 사건을 통해 선수들의 약물복용 문제가 부각됨으로써 흥행에 엄청난 타격을 입을까 염려했기 때문이다. 하여튼 떳떳지 못한 죽음으로 인해 브누아의 유골은 사람들의 시선을 피해 은밀히 처리되었다.

그런데 프로레슬러의 자살은 브누아뿐이 아니었다. 그의 참혹한 죽음이 있기 불과 4개월 전에 미국의 프로레슬러 마이크 오섬(Mike Awesome, 1965~2007) 역시 자신의 집에서 목을 매 자살했는데, 정확한 자살 동기는 밝혀지지 않았다. 부인과 두 아이를 둔 그는 프로레슬링 무대에서 은퇴한 후 부동산업에 종사했는데, 평소에 낚시와 산악자전거 운동을 즐기는 등 별다른 이상 징후를 보이지 않았기 때문에 그의 자살은 여전히 수수께끼로 남아 있다.

마이크 오섬이 자살한 후 2개월 뒤에는 미국의 프로레슬러 래리 스위니(Larry Sweeney, 1981~2007)가 자신의 레슬링 도장에서 목을 매 자살했는데, 당시 30세였던 그는 조울병을 앓았던 것으로 알려졌다. 그런데 2007년 이들 3명의 프로레슬러가 연이어 자살한 이후에도 2014년에는 미국의 프로레슬러 션 오헤어(Sean O'Haire, 1971~2014)가 또 목을 매 자살함으로써 다시 한 번 스포츠계를 놀라게 했다. 그는 우울증과 알코올 중독에 시달렸으며, 여러 차례 폭행혐의로 경찰에 체포되는 등 매우 불안정한 심리상태를 보인 인물이었다.

하지만 이들 외에도 프로레슬러들의 자살은 과거에도 있었는데, 그중에서 가장 유명한 사건은 폰 에리히 패밀리로 알려진 미국의 프로레슬러 3형제 케리(Kerry Von Erich, 1960~1993)와 마이크(Mike Von Erich, 1964~1987), 크리스(Chris Von Erich, 1969~1991) 등이 젊은 나이로 연이어 자살한 것이다. 이들 형제의 자살로 미국 스포츠계는 큰 충격에 빠졌으며, 그들의 아버지 프리츠 역시 프로레슬링 선수 출신으로 그의 아들 5형제가 모두 프로레슬러로 활약하다 그중에서 세 아들이 자살했으니 그 충격은 더욱 컸을 것이다.

가장 먼저 자살한 5남 마이크는 평소 우울증에 시달렸는데, 1987년 음주운전으로 경찰에 체포되었다가 풀려난 직후 다량의 수면제를 먹고 23세 나이로 자살했으며, 막내 크리스 역시 형의 죽음 이후 우울증에 빠져 지내다가 1991년에 총기자살하고 말았다. 그리고 다섯 차례나 세계챔피언을 차지했던 4남 케리는 오토바이 사고로 한쪽 발을 절단하는 수술을 받은 후 약물 중독에 빠졌으며, 그 때문에 두 번이나 경찰에 체포되었는데, 그 후 1993년 아버지의 목장에서 총으로 자살해 버렸다. 3남 데이비드를 비롯해 졸지에 아들 넷을 잃은 아버지 프리츠는 1997년 암으로 세상을 떠났다.

알렉산더 매퀸을 발굴한
패션계의 대모 이자벨라 블로

한때 영국 패션계를 주름잡은 이자벨라 블로(Isabella Blow, 1958~2007)는 세계적인 패션 스타일리스트로 그녀가 발굴해 낸 패션의 천재 알렉산더 매퀸(Alexander McQueen, 1969~2010)은 그 후 세계적인 패션 디자이너로 성공했으며, 두 사람 모두 세계 패션계의 아이돌로 자리 잡으며 승승장구했으나 2007년 블로에 이어 3년 후에는 매퀸마저 자살로 생을 마감함으로써 세상에 더욱 큰 충격을 안겨 주었다.

세계적인 권위를 지닌 패션 평론가로 명성을 날린 블로는 특히 카니발 룩과 매우 기괴한 형태의 모자 패션 차림으로 유명했는데, 그녀가 굳이 그런 불편한 차림으로 활동한 것은 사람들이 자신에게 접근해 키스하

이자벨라 블로

173

는 행위를 막기 위해 그랬던 것으로 알려졌다. 그녀는 알렉산더 매퀸 뿐 아니라 모자 디자이너 필립 트레이시와 소피 달, 스텔라 테넌트 등의 모델을 발굴한 것으로도 유명하다.

하지만 화려한 명성과는 달리 아기를 낳을 수 없었던 그녀는 불행한 결혼생활로 인해 개인적으로는 몹시 불안정한 사생활을 보내야 했다. 설상가상으로 조울병에 시달리며 전기치료까지 받은 그녀는 그 후 난소암 진단까지 받아 더욱 절망 상태에 빠지고 말았으며, 여러 차례 자살을 시도하다 실패한 끝에 결국에는 자신의 욕조에서 제초제를 마시고 자살해 버렸다.

그런데 그 후 3년이 지나 그녀가 키웠던 천재적 패션디자이너 알렉산더 매퀸이 자신의 집에서 목을 매 자살해 다시 한 번 세상을 놀라게 했다. 세간에서는 블로의 죽음과 관련이 있는 것처럼 알려지기도 했으나 평소에 앓던 우울증과 9일 전에 세상을 떠난 어머니의 죽음이 더욱 크게 작용한 것으로 보인다.

어린 시절부터 동성애적 감정에 일찍 눈뜬 그는 이미 커밍아웃을 통해 세상에 자신이 동성애자임을 공개한 상태였는데, 30대에 접어들어 영화감독 조지 포사이스와 비공식적으로 결혼식까지 올렸으나 1년 만에 헤어지고 말았다. 그런 가운데 이자벨라 블로와 사업상의 문제로 갈등을 빚어 한동안 사이가 벌어지기도 했지만, 그녀의 죽음에는 직접적인 관련이 없어 보인다. 어쨌든 파격적인 범스터 바지와 전위적인 의상 디자인으로 패션계에 돌풍을 일으키기도 했던 매퀸은 40세라는 아까운 나이로 세상을 하직하고 말았다.

목을 매 자살한 희극배우 로빈 윌리엄스

코믹한 연기로 유명한 배우 로빈 윌리엄
스(Robin Williams, 1951~2014)는 〈굿모닝 베
트남〉〈죽은 시인의 사회〉〈피셔 킹〉 등의
작품으로 세 번이나 아카데미 남우주연상
후보에 올랐으며, 〈굿 윌 헌팅〉으로 남우조
연상을 탄 할리우드를 대표하는 인기스타였
다. 그 외에도 그는 〈제이콥의 거짓말〉〈스토

로빈 윌리엄스

커〉〈어웨이크닝〉〈인썸니아〉 등에 출연했으며, 특히 〈뽀빠이〉〈미
세스 다웃파이어〉〈쥬만지〉〈박물관이 살아 있다〉〈후크〉〈토이즈〉
〈바이센테니얼 맨〉 등의 작품으로 어린이들에게 매우 친숙한 이미지
로 인기를 끌었는데, 항상 낙천적이고도 우스꽝스러운 모습으로 관객
들에게 웃음과 위로를 선사하던 그가 63세 나이로 갑자기 자신의 집
에서 목을 매 자살했다는 소식은 많은 팬에게 큰 충격을 안겨 주기에
충분했다.

비록 그는 세 번이나 결혼하는 등 개인적으로는 결코 순탄치 않은
삶을 살아 왔으나 공적으로는 자선사업에도 전념해 노숙자들을 위한
기부금은 물론 전쟁 미망인들을 위한 지원사업에도 열심이었다. 한때
코카인에 중독되기도 했던 그는 절친했던 동료 존 벨루시가 마약과용
으로 숨지자 사이클 운동에 몰두해 극복했으며, 그 후 다시 알코올 중
독에 빠지면서 재활센터에 들어가 치료를 받기도 했다. 하지만 심장병

치료를 받던 도중에 파킨슨병 초기라는 진단을 받은 후부터 우울증에 빠지기 시작한 그는 점차 편집증적 의심을 보이기도 했는데, 결국에는 아내가 잠든 사이 목을 매 자살하고 말았다. 사후 부검에서 그는 치매 상태에 있던 것으로 판명되었다.

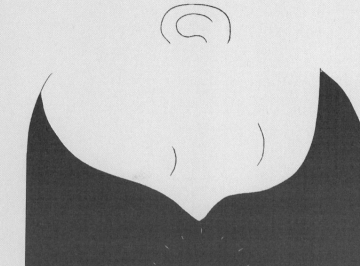

제 **2** 부

동양의 수치심 문화와 자살

은나라 마지막 군주 주왕

기원전 11세기경 은나라의 제31대 왕이며 마지막 군주였던 주왕(紂王, ?~BC 1046)은 중국 역사상 가장 포악한 군주 가운데 한 사람으로 꼽히는 인물이다. 그는 절세미녀 달기(妲己)에 빠져 극도의 사치와 방탕으로 정사를 제대로 돌보지 않았으며, 성격 또한 매우 난폭해서 자신의 말을 따르지 않는 신하들은 숯불에 태워 죽이는 등 잔악한 행동도 서슴지 않았다. 한때 충신 비간(比干)이 주왕에게 바른 말을 고하자, 달기는 충신의 심장에는 일곱 개의 구멍이 있다는 말을 들었다며 왕을 부추겨 비간의 심장을 도려내도록 해서 그 모습을 보며 즐기기까지 했으니 백성들의 원성이 자자할 수밖에 없었다.

이처럼 사치와 타락이 극에 달했던 은나라는 결국 주(周)나라를 세운 무왕(武王)에 의해 망하고 말았는데, 무왕은 주왕이 죽인 서백후 희창의 아들로 아버지의 복수를 위해 반란을 일으킨 것이다. 결국 주왕은 누대에 올라가 자살하고 말았으며, 달기는 참수되어 그 목이 저잣거리에 높이 매달리는 참혹한 최후를 맞이해야만 했다. 그 후로 달기는 나라를 망치는 악녀의 대명사가 되고 말았지만, 한편으로는 남자를 홀려 미치게 만드는 요녀의 상징으로 불리기도 했는데, 그래서 꼬리가 아홉 개 달린 구미호가 변신해 달기가 되었다는 전설까지 생겨났다.

돌덩이를 안고 강물로 뛰어든 시인 굴원

굴원(屈原, BC 343~BC 278)은 중국 전국시
대 초나라 왕족 출신의 시인이며 높은 학식
과 탁월한 정치적 식견으로 초나라 회왕을
보좌하며 국사를 도왔다. 외교에도 매우 능
했으나 그의 반대를 무릅쓰고 회왕이 진나
라를 방문했다가 그곳에 억류되어 병사하
자 자신의 뜻대로 돌아가지 않는 현실에 크

굴원

게 낙담하게 되었는데, 회왕의 뒤를 이어 왕위에 오른 양왕이 중신들
의 모함을 받은 굴원을 강남으로 추방했으며, 그 후 자신의 울분을 시
로 달래며 지내던 굴원은 날이 갈수록 나라가 더욱 어지러워지자 돌
덩이를 품에 안고 강물에 뛰어들어 자살하고 말았다.

그가 회왕을 그리워하며 쓴 시 「이소(離騷)」는 서정성이 매우 뛰어
난 작품으로 알려져 있는데, 그가 죽은 지 수십 년의 세월이 지나 초나
라는 결국 진나라에 망하고 말았다. 그의 죽음을 기리기 위해 만들어
진 음식 쫑즈(粽子)는 연잎에 싼 찹쌀을 삶아 만든 떡으로 굴원이 멱라
강에 몸을 던져 죽자 백성들이 강물에 이 떡을 던져 그의 넋을 위로했
다고 전해진다. 중국의 단오절에 쫑즈를 먹는 풍습도 그렇게 해서 생
겼다고 한다.

억울한 모함을 받고 자살한 한비

『한비자』의 저자로 알려진 한비(韓非, BC
280~BC 230)는 중국 전국시대에 활동한 사
상가이며 정치철학자로 법가사상을 집대성
한 학자다. 어려서부터 공자를 사숙한 그는
성악설을 주장한 순자의 제자가 되었으며,
스승의 사상을 이어받아 인간의 본성은 사
악하기 때문에 강력한 법과 질서를 통해 형

한비

벌로 다스려야 한다고 주장했는데, 엄정한 법치주의와 실용주의를 내
세운 그의 정치철학은 당시 열국의 제왕들에게서 외면을 당하고 말았
다. 더욱이 그는 스승이었던 순자의 영향을 받아 노비제도의 폐지를
주장함으로써 하늘의 질서를 어지럽히는 궤변론자로 몰려 곤욕을 치
르기도 했다.

자신의 뜻이 세상에서 받아들여지지 않자 일찌감치 산으로 들어가
제자들을 가르치는 일에 몰두한 그는 절친한 동료였던 이사를 통해 진
나라 왕에게 소개되었다. 나중에 강력한 중앙집권제를 수립한 진시황
제는 한비의 사상에 매료되어 그를 탐내게 되었으며, 때마침 한비가
몸담고 있던 한나라(韓)가 진시황제의 침략을 받게 되자 한비는 전쟁
을 막기 위한 사신으로 진나라에 파견되어 진시황제의 마음을 사로잡
기도 했다. 하지만 이를 시기한 이사의 모함으로 오히려 투옥까지 당
한 한비는 결국 감옥 안에서 음독자살로 스스로 생을 마감하고 말았는

데, 당시 그의 나이 49세였다. 그가 이룩한 법가사상은 그 후 송대에 이르러 성리학자들로부터 강한 비판을 받고 점차 몰락의 길을 걷게 되었다.

유방의 군대와 싸우다 자결한 항우와 장수들

진시황제가 죽은 후 각지에서 반란이 일며 천하가 혼란에 빠졌을 무렵, 초나라의 귀족 출신 항우(項羽, BC 232~BC 202)와 가난한 농민 출신 유방도 제각기 반란을 일으켰다. 항우는 자신보다 한발 앞서 먼저 진나라 수도 함양에 입성한 유방을 연회에 불러 암살하려다 실패한 후 스스로 서초의 패왕이라

항우

일컬으며 섭정을 하는 가운데 유방을 서쪽 지방 오지로 내쫓고 한왕(漢王)에 봉했다. 이에 불만을 품은 유방은 곧 군사를 일으켜 항우와 대결을 벌였는데, 5년에 걸친 초한상쟁을 통해 결국 유방이 승리하고 한나라를 세워 한고조가 되었으며, 전투에서 패한 항우는 스스로 목숨을 끊음으로써 초나라는 멸망하고 말았다.

사면초가(四面楚歌)라는 말은 항우와 유방이 천하를 두고 서로 다툴 때, 초나라 군대를 포위한 한나라 군대 진영에서 초나라의 구슬픈 노래가 들려오자 그리운 고향 생각으로 마음이 흔들린 초나라 군사들이 전의를 잃고 탈주병이 속출하는 바람에 결국 천하장사로 이름을 떨친 항우도 무릎을 꿇고 만 사실에서 나온 고사성어(故事成語)다. 당시 사방에서 들려오는 고향 노래를 듣고 최후의 순간이 다가왔음을 감지한 항우는 마지막 연회를 열고 애첩 우희(虞姬)가 따르는 술잔을 받아 마시며 비통한 시를 지어 노래한 후 최후의 결전에 나섰으나 이미 승산 없는 싸움에서 패한 그는 스스로 목을 찔러 자결하고 말았다.

중국의 경극 〈패왕별희〉는 그런 항우와 우희의 비극적인 사랑을 다룬 내용으로 중국에서 대중적인 인기를 독차지해 왔는데, 역사소설 『초한지』 역시 유방과 항우의 대결을 다룬 내용이다. 그런데 항우 밑에서 유방의 군대를 맞아 함께 싸우던 3명의 장수 동예(董翳, ?~BC 203)와 사마흔(司馬欣, ?~BC 204), 장한(章邯, ?~BC 204)도 역시 유방에 패한 직후 자결하고 말았다.

유방이 세운 한나라는 그 후 400년을 지속하며 중국 역사상 가장 강대한 제국을 이루다가 마침내 위(魏), 촉(蜀), 오(吳)로 분열되어 삼국시대를 맞게 되었다.

오초칠국의 난으로 자결한 인물들

오초칠국(吳楚七國)의 난은 전한시대 제후국의 하나인 오나라 왕 유비(劉濞)가 주동해 일으킨 반란으로 전한 황제 경제가 조조(鼂錯)의 무리한 정책에 따라 자신의 봉토를 빼앗으려 들자 조(趙), 교서(膠西), 초(楚), 교동(膠東), 치천(菑川), 제남(濟南) 여섯 나라와 함께 연합해 군사를 일으킨 것이다. 오초칠국의 난은 비록 3개월 만에 진압되고 말았지

만, 그 과정에서 초왕 유무, 교서왕 유앙, 치천왕 유현, 조왕 유수, 제효
왕 유장려 등이 모두 자결했는데, 이처럼 여러 왕이 한꺼번에 자결한
경우는 중국 역사에서도 전무후무한 일이었다.

그런데 우리가 삼국지를 통해 익히 알고 있는 유비(劉備)와 조조(曹
操)는 오초칠국의 난이 벌어진 시기보다 380년 후인 후한 말에 활동한
인물들로 유비(劉備)는 오초칠국의 난을 진압한 경제의 먼 후손이다.
오초칠국의 난을 주동한 유비(劉濞)는 관군에 대패하고 동월로 달아났
다가 그곳에서 죽임을 당했으며, 조조(鼂錯)는 반란군을 달래기 위한
무마책으로 경제에 의해 참수형에 처해졌다.

오왕 유비와 함께 반란을 주도한 초왕 유무(楚王 劉戊, ?~BC 154)는
오나라 군사와 힘을 합해 양나라를 공격했으나 주아부가 이끄는 관군
에 대패한 직후 자결했으며, 교서왕 유앙(膠西王 劉印, ?~BC 154)은 교
동왕, 치천왕과 함께 제나라를 쳤다가 오왕과 초왕이 패한 사실을 알
게 되자 한나라 조정에 사죄하려 했으나 받아들여지지 않자 자결해 버
렸다. 이때 유앙과 함께했던 치천왕 유현(菑川王 劉賢, ?~BC 154)도 역
시 자결했다. 한편 조왕 유수(趙王 劉遂, ?~BC 154)는 흉노족과 힘을 합
쳐 한나라 수도 장안으로 진격할 계획이었는데, 오왕과 초왕이 패했다
는 소식을 들은 흉노가 등을 돌리는 바람에 뜻을 이루지 못하고 결국
한나라 군사에 의해 성이 함락되자 자결해 버렸다.

반면에 제효왕 유장려(齊孝王 劉將閭, ?~BC 154)는 몹시 소심하고 우
유부단한 성격으로 반란에 가담하자는 제의를 거부했다가 오히려 반
란군의 공격을 받고 포위를 당하자 한나라 조정에 구원을 요청했는데,
상황이 위급해지자 반란군에 가담할 뜻까지 품었으나 신하들의 반대

로 아무런 결정도 못하고 우물쭈물하는 사이에 구원군이 도착해 반란 군을 물리치게 되었으며, 결국 제효왕은 처벌이 두려워 지레 겁을 먹고 음독자살했다. 그런데 오초칠국의 난이 있기 20년 전에 이미 제나라는 제북왕 유흥거(濟北王 劉興居, ?~BC 177)의 반란으로 한때 한나라에 의해 해체되었다가 다시 복원된 적이 있어서 조정의 눈치를 볼 수밖에 없었다. 유흥거 역시 한나라 군사에 패한 후 자결했다.

『회남자』를 편찬한 회남왕 유안

중국 전한시대의 황족으로 여러 제후국 가운데 회남국의 왕에 봉해졌던 유안(劉安, BC 179~BC 122)은 한나라에 반발한 오초칠국의 난에 가담하지 않은 덕에 다행히 무사할 수 있었으나 한 무제가 즉위하면서 반역을 꾀한다는 혐의를 받게 되자 스스로 목숨을 끊고 말았는데, 당시 그의 궁궐에는 한나라 조정에 반감을 지닌 학자들이 많이 기거하고 있었기 때문에 더욱 그런 의심을 받은 것으로 보인다.

하지만 평소 문예를 즐기고 사랑했던 유안은 그런 학자들을 중심으로 방대한 규모의 『회남자(淮南子)』를 편찬하기도 했는데, 일종의 백과사전이라 할 수 있는 『회남자』는 도가와 법가, 유가 등의 철학뿐 아니라 천문, 지리를 포함해 병법과 처세훈에 이르기까지 실로 방대한 내용을 일목요연하게 집대성한 책으로 현재까지 21권이 전해지고 있다.

그러나 당시 강력한 중앙집권제를 추진하면서 제후국의 권력을 약화시키는 데 주력하던 한 무제의 눈에는 노자의 도가사상에 심취한 유안의 행적이 자신의 정책에 반하는 것으로 보였을 수 있으며, 게다가 무제의 외숙인 전분이 유사시에는 유안이 황위에 오를 수도 있다는 귀띔을 했던 적도 있어 더욱 의심을 사게 된 것으로 보인다. 어쨌든 문민정책을 추구했던 유안은 그렇게 반역혐의를 받고 자살했으며, 그가 다스리던 회남국은 그 후 한나라에 강제 흡수되고 말았다.

누이와 간통한 죄로 음독자살한 제여왕 유차창

중국 전한시대 황족으로 제나라 왕을 지낸 유차창(劉次昌, ?~BC 127)은 부왕인 유수의 뒤를 이어 제후국 왕위에 올랐으나 어머니 기태후가 정해 준 기 씨 집안 출신의 왕후에게 정을 느끼지 못하고 오히려 누나인 기옹주와 정을 통하는 패륜을 저질렀는데, 원래 기옹주는 왕후 이외에 다른 후궁들이 제여왕의 곁에 가까이 접근하지 못하게 하라는 기태후의 지시를 받고 궁에 들어갔다가 도리어 제여왕 유차창과 간통을 저지르고 만 것이다.

때마침 한 무제의 어머니 황태후 왕 씨가 자신의 손녀딸을 제나라에 시집을 보내려고 환관 서갑을 제나라로 보냈는데, 당시 한 무제를 섬기던 재상 주보언 역시 자신의 딸을 제여왕의 후궁으로 삼을 작정으로 서갑을 통해 청탁했으나 기태후가 일언지하에 그 모든 청탁을 거절하자 이에 원한을 품은 주보언은 제여왕의 간통 사실을 한 무제에게 고해 바치고 말았다. 결국 제나라의 기강을 바로잡으라는 무제의 명을 받고 제나라에 파견된 주보언이 제여왕과 기옹주의 간통을 주선한 환관들을 모조리 처형하자 자신도 처벌될 것을 두려워한 유차창은 스스로 약을 먹고 자살해 버렸다. 재위 5년 만에 제여왕이 그렇게 생을 마감한 후 제나라는 해체되어 한나라에 편입되고 말았다.

온갖 패악을 저지르고 자살한 유건과 유거

폭군으로 치면 하나라의 마지막 군주 걸왕과 은나라 마지막 군주 주왕이 유명하지만, 전한시대 제후왕이었던 강도왕 유건(江都王 劉建, ?~BC 121)과 광천왕 유거(廣川王 劉去, ?~BC 70) 또한 걸왕과 주왕에 결코 뒤지지 않는 지독한 폭군들이었다. 하지만 유건과 유거 두 사람 모두 제후왕 자리에서 쫓겨난 후 자결했다.

유건은 부왕이 죽고 장례가 채 끝나지 않았음에도 불구하고 생전에 부왕이 총애하던 요희 등을 포함해 10여 명의 미녀들을 겁탈했으며, 부왕의 장례식에 참석하러 온 누이동생 유징신마저 건드리는 패륜을 저질렀다. 그 사실을 알고 크게 놀란 할머니 노공황태후가 과거에 근친상간 문제로 멸망한 제나라와 연나라의 예를 들어 유건을 경계하고 두 번 다시 그와 상종하지 않도록 유징신에게 엄명을 내렸으나 유건은 계속해서 누이동생을 귀찮게 했다.

그뿐만이 아니었다. 유건은 그 후에도 온갖 포악한 짓을 마다하지 않았는데, 궁녀들과 함께 뱃놀이를 하던 도중에 배를 뒤집어 궁녀들이 물에 빠져 죽는 모습을 보며 즐기는가 하면, 잘못을 저지른 궁녀가 있으면 벌거벗은 상태로 북을 치게 하거나 나무 위에서 지내게 했다가 한 달이 지나서야 옷을 입게 하는 등 온갖 횡포를 일삼았다. 궁녀에게 매질을 가하고 굶겨 죽게 하는 것은 기본이고, 심지어는 늑대에게 물려 죽게 하면서 그 모습을 보고 즐겼으며, 더 나아가 궁녀의 몸을 벌거 벗기고 짐승과 교접시키는 행위까지 강요하는 등 실로 상상하기 어려운 온갖 악행을 저질렀다.

이처럼 포악하고 음란한 왕에 대한 소문이 온 나라에 퍼지게 되자 후환을 두려워한 유건은 은밀히 군사력을 키워 만약의 사태에 대비하기도 했으나 결국에는 이웃한 회남왕의 모반사건에 연루되어 한나라 조정에 의해 문책을 받게 되었으며, 처형이 불가피함을 알게 되면서 스스로 목숨을 끊고 말았는데, 왕후는 참수되어 저잣거리에 내버려졌다. 그렇게 재위 6년 만에 유건이 자살한 후 그가 다스리던 강도는 한 나라에 편입되어 일개 군으로 전락하고 말았다.

유건이 죽고 30년이 지나 광천왕에 봉해진 유거는 비록 학문에 정통하고 가무음곡과 연극을 즐기는 인물이었으나 왕후가 된 애첩 양성소신(陽成昭信)과 함께 온갖 악행을 저질러 백성들의 원성이 자자했다. 그는 몸에 칼을 지니고 있던 애첩 왕지여를 매질로 문초하는 과정에서 그녀가 다른 첩 왕소평과 함께 공모해 양성소신을 죽이려 했다는 사실을 자백하자 자신은 왕지여를 찔러 죽이고 양성소신에게는 왕소평을 직접 찔러 죽이게 했으며, 그런 사실이 누설되지 않도록 자신의 종들을 목 졸라 살해했다. 그 후 양성소신의 꿈에 죽은 두 여성이 나타났다는 말을 듣고 왕지여와 왕소평의 시체를 다시 꺼내 불태워 버리기도 했다.

이 후 왕후가 된 양성소신은 유거가 총애하던 첩 도망경이 간통했다는 고자질로 왕의 심기를 더욱 어지럽혔는데, 이에 분격한 유거는 다른 첩들로 하여금 불에 달군 쇠로 도망경의 몸을 지지게 했으며, 그녀가 달아나 우물로 뛰어들자 그 시체를 꺼내 코와 혀를 칼로 자르고 생식기에 말뚝을 박았으며, 남은 몸뚱이는 큰 가마솥에 넣어 삶게 하는 등 잔혹한 행동도 마다하지 않았다. 그리고 도망경의 동생 도도 역시 죽여 없앤 후 남매가 간통을 저지르고 자살한 것처럼 사실을 은폐했다.

질투가 심한 양성소신은 그 후에도 유거의 애첩 영애가 사통한다고 일러바쳤는데, 두려움에 빠진 영애가 우물에 몸을 던졌으나 죽지 않자 그녀를 끌어올려 나무 기둥에 묶은 뒤 불에 달군 칼로 두 눈을 멀게 했으며, 납을 녹여 그녀의 입에 부어 넣었다. 양성소신의 모함을 받고 그렇게 죽은 첩들이 무려 14명이나 되었다고 한다. 이처럼 극악무도한 악행이 한나라 조정에 알려지게 되면서 많은 대신이 참수형을 주장했으나 선제는 일국의 왕을 그런 형벌로 다스릴 수는 없다고 하면서 유거를 왕위에서 내쫓고 외진 벽지로 보내게 했다. 하지만 그곳으로 가는 도중에 유거는 자살해 버렸으며, 양성소신은 참수되어 거리에 내버려졌다.

평생을 바쳐 전장에서 싸우다 자결한 장수 이광

중국 전한시대에 활약한 장수 이광(李廣, ?~BC 119)은 한나라 문제에서 무제에 이르기까지 삼대에 걸쳐 3명의 왕을 섬기는 가운데 평생

동안 변방에서 흉노족을 상대로 전투를 벌여 무공을 세웠으나 단 한 번도 자신의 전공이 조정에서 인정을 받지 못한데다가 마지막 전투에서는 나이가 들었다는 이유로 후방에 배치되고 더 나아가 군령을 어겼다는 이유로 오히려 심한 문책까지 받게 되자 분을 참지 못하고 스스로 목을 베어 자결한 비운의 장수였다.

이광은 진나라의 명장 이신의 후손으로 전한시대 장군이었던 증조부 이중상은 소창전투에서 전사한 인물이었다. 이처럼 무신의 집안에서 태어난 그는 기원전 166년 한나라 문제를 보좌하며 흉노족의 침략을 물리치는 데 큰 공을 세워 문제로부터 칭찬을 받았으며, 경제가 황위에 올랐을 때에는 오초칠국의 난을 진압하는 공적을 세우기도 했다. 하지만 그는 경제의 동생으로 제후국의 왕을 지낸 양효왕의 장수였으며, 게다가 경제와 양효왕 사이가 그리 좋지 못했기 때문에 한나라 조정에서는 그 존재를 제대로 인정받기 어려운 처지에 있었다.

어쨌든 그는 흉노족과 인접한 변방의 태수로 일하면서 70여 차례나 전투를 치렀는데, 한때는 10배가 넘는 병력의 흉노족에 포위된 상태에서도 복병이 있는 것처럼 기만전술을 써서 그들의 추격을 따돌리고 겁을 집어먹은 흉노족이 스스로 물러나게 하는 지략을 펼치기도 했다. 당시 이광의 존재는 흉노족에게 두려움의 대상이기도 했지만, 항상 승리만 한 것은 결코 아니었다. 특히 기원전 129년 흉노와의 전투에서는 싸움에서 패하고 포로로 잡히기까지 했는데, 천신만고 끝에 탈출해 장안으로 돌아왔으나 패전의 책임을 물어 평민으로 강등당하는 수모를 겪기도 했다. 그 후 북방의 태수로 복귀해 크고 작은 전투를 많이 벌였지만, 그다지 좋은 전과를 올리지는 못했다.

한 무제에 이르러 흉노의 대대적인 침공이 있었지만, 그가 고령이라는 이유로 처음부터 참전 장수 명단에서 빠지게 되었는데, 그런 부당한 처사에 이광이 격렬히 항의하자 무제는 마지못해 출전을 허락했으나 대장군 위청에게 은밀히 지시해 이광을 후방에 배치하도록 조치했다. 하지만 그런 조치에 불복한 이광은 자신의 군대를 이끌고 독자적으로 진군에 나섰지만, 초행길에 길을 잃고 헤매다 적시에 전장에 당도하지 못하는 실수를 저질렀으며, 그런 이유 때문에 위청으로부터 심한 문책을 받게 되었다.

결국 울분을 이기지 못한 그는 자신의 처지를 한탄하며 스스로 목숨을 끊고 말았는데, 평소 청렴결백하고 부하들이 먼저 먹고 마시기 전에는 음식에 손도 대지 않을 정도로 부하들과 백성들로부터 크게 신망을 얻고 있던 그가 죽었다는 소식이 전해지자 수많은 병사와 백성이 소리 없이 울었다고 한다. 그 후 이광의 아들 이감이 주연이 베풀어진 자리에 참석한 대장군 위청에게 대들어 구타하는 사건이 벌어졌는데, 비록 위청은 그 사실을 크게 문제 삼지 않았으나 그의 조카 곽거병이 그런 폭행에 대한 복수로 이감을 살해하는 일이 벌어지기도 했다.

왕자를 출산한 후 한무제의 지시로 자결한 효소태후

한나라 무제의 후궁으로 소제의 생모이기도 했던 효소태후 조씨 (孝昭太后 趙氏, ?~BC 87)는 왕자 불릉을 출산한 후 무제의 총애를 독차지했으나 그녀가 낳은 아들이 태자로 내정되면서 역모를 꾀했다는 억울한 누명을 쓰고 무제의 명에 따라 스스로 자결하고 말았다. 원래 무제는 이미 여태자를 후계자로 둔 상태였으나 황태자였던 여태자가 반역을 꾀하다가 부인과 함께 자결한 후 여태자의 이복동생 창읍애왕마저 병으로 일찍 죽게 되자 효소태후가 낳은 아들 불릉을 태자로 내정한 것인데, 나중에 무제의 뒤를 이어 황위에 오른 소제가 바로 불릉이다.

하지만 무제는 여태자의 생모인 여태후 일족이 그동안 온갖 세도를 누리며 끼친 폐단을 너무도 잘 알고 있었기 때문에 자신이 죽고 어린 아들 소제가 황위에 오른 뒤 젊은 생모가 일으킬 외척의 권세와 폐단을 염려한 나머지 태자의 생모인 효소태후에게 역모혐의를 뒤집어씌우고 자결하도록 강요한 것이다. 비록 그녀는 억울한 누명을 쓰고 자결했지만, 아들의 황위를 위해 순순히 황제의 명에 따랐으며, 무제 역시 그녀가 죽은 뒤에 곧바로 복권시켜 주었다. 그녀가 낳은 아들 소제는 황위에 오른 뒤 자신에게 불만을 품고 두 차례나 반역을 꾀한 이복형 유단(劉旦, ?~BC 80)을 문책했는데, 이에 불안해진 연날왕 유단은 목을 매 자결했으며, 왕후와 애첩들 20여 명도 그를 따라 자살했다.

베트남의 여걸 쯩 자매와 바 찌에우의 자살

고조선을 멸망시킨 고대 중국 한나라는 그 후에도 고구려와 숱한 전쟁을 치렀지만, 한나라의 뒤를 이은 후한은 아시아의 변방 동남아에도 손을 뻗쳐 한동안 베트남을 지배하기도 했는데, 지금으로부터 2,000년 전 한나라에 항거한 베트남의 애국자 가운데에는 놀랍게도 두 명의 여성 쯩 자매가 있었다. 쯩 자매는 쯩
짝(徵側, 12~43)과 쯩니(徵貳, 12~43)
쌍둥이 자매를 일컫는 것으로 1세
기 무렵 후한의 지배를 받던 베트남
의 독립을 위해 대대적인 반란을 일
으켜 '베트남의 잔 다르크'로 불린
여성들이다.

쯩 자매

쯩 자매는 북 베트남 지방 호족 출신으로 일찍부터 무예를 배워 익
힌 맹렬여성들이다. 언니 쯩짝은 19세 때 인접 지역 유지의 아들 티사
익과 혼인했으나 한나라의 동화정책에 저항하던 남편이 후한의 태수
쑤딩에 의해 처형당하자 쯩짝은 동생 쯩니와 함께 힘을 합쳐 주로 여
성들로 이루어진 군사를 동원해 반란을 일으키고 관청을 습격해 한나
라 태수를 쫓아냈다.

쯩 자매의 봉기 소식이 알려지자 사방에서 지원군이 모여들었으며,
이들 자매의 군대는 파죽지세로 65개의 한나라 성채를 점령하고 베트
남인들을 해방시켰다. 쯩 자매는 스스로 여왕을 자처하며 3년간이나
한나라 군사를 상대로 맞서 싸웠는데, 이 소식을 듣고 후한의 광무제
는 다른 주변국들에게 본보기를 보여 주기 위해 마원 장군에게 1만의
군사를 주어 베트남을 정벌하라고 지시했다.

쯩 자매는 직접 코끼리를 타고 진두지휘하며 한나라 대군을 맞아 전
투를 벌였으나 겁을 집어먹은 베트남 병사들이 사기를 잃고 뿔뿔이 흩
어지는 바람에 반란군은 대패하고 도주하던 쯩 자매는 강물에 뛰어들
어 자살하고 말았다. 그러나 중국 측의 기록인 후한서에는 자매가 마

원에게 붙들려 참수된 것으로 적고 있다. 어쨌든 쯩 자매는 그 후 오랜 세월 동안 베트남의 민족 영웅으로 추앙받으며 그 어떤 외세에도 굴복할 줄 모르는 강인한 민족정신의 상징이 되어 왔다.

쯩 자매의 봉기가 실패로 돌아간 후 200여 년이 지난 3세기 무렵 한나라의 뒤를 이어 동오의 지배를 받던 베트남에서는 신출귀몰한 유격전을 벌이며 중국의 군사들을 벌벌 떨게 만든 여장부가 나타났으니 사람들은 그녀를 바 찌에우(趙嫗, 225~248)라고 불렀다. 그녀는 항상 전투에 임할 때마다 노란 튜닉을 걸치고 코끼리 목에 올라탄 채 부릅뜬 눈으로 고함을 질렀는데, 그녀를 따르는 병사들은 수천에 달했다.

그녀는 어릴 때 부모를 일찍 여의고 오빠와 함께 고아로 자랐는데, 20세가 되자 자신을 구박하던 올케를 죽이고 산으로 들어갔다. 원래 용맹스러웠던 그녀는 산에서 1,000명의 부하를 거느린 두목이 되었는데, 그녀의 하산을 설득하던 오빠 역시 오나라의 폭정이 심해지자 반란군의 수장이 되었다가 누이동생의 군대와 합류하게 되었다. 그러나 전투가 장기화되면서 결국 오나라 군대에 대패하게 되자 그녀는 스스로 목숨을 끊고 말았다.

십상시의 난을 일으키고 투신자살한 환관 장양

중국 후한 말 환관이었던 장양(張讓, ?~189)이 일으킨 십상시의 난은 한동안 한나라 정국을 큰 혼란에 빠트린 사건으로 동탁은 이 사건을 빌미로 권력을 독차지했으나 얼마 가지 않아 여포에게 죽임을 당하고

말았다. 당시 한나라는 십상시(十常侍)로 불
리던 10명의 환관들이 국정을 좌지우지하며
황제인 영제를 마음대로 농락하고 있었는
데, 무능하고 병약했던 영제가 아버지라 부
르며 따랐던 환관 장양은 십상시의 우두머
리로 영제를 앞세워 수많은 충신을 죽인 간
신배였다.

장양

하지만 영제의 병세가 깊어지면서 후계자 문제가 거론되기 시작하
자 십상시는 영제의 황후였던 하황후의 오빠로 대장군인 하진을 살해
할 음모를 꾸미다가 사전에 발각되어 실패로 돌아가고 말았으며, 영제
가 숨을 거두자 하진은 자신의 조카인 유변을 황제로 만들기 위해 원
소와 조조 등을 내세워 궁궐로 쳐들어가게 했다. 결국 유변을 황제 소
제로 즉위시키는 데 성공한 하진과 하황후는 영제의 어머니 동태후를
독살하는 등 만행을 저질렀으며, 원소 또한 십상시를 제거할 움직임을
보이자 장양은 하진을 죽일 계획을 세우고 마침내 하태후의 명령을 위
조해 궁으로 유인해 불러들인 다음 살해해 버렸다.

하진이 죽자 원소, 원술, 조조 등이 군사를 이끌고 궁궐에 난입해 환
관 및 십상시의 가족을 모두 죽였는데, 당시 무려 2,000명에 달하는 사
람들이 궁에서 죽임을 당했으며, 수염이 없어서 환관으로 오해받고 억
울하게 죽은 사람들도 많았다. 그런 혼란 중에서도 기적적으로 살아남
은 장양은 황제 소제를 데리고 황급히 낙양 북망산으로 피신했는데,
뒤쫓아 온 민공의 습격을 받고 더 이상 숨을 곳이 없게 되자 물속에 뛰
어들어 자살하고 말았다.

그 후 소제는 원소, 조조 등의 신하들에게 구출되어 낙양으로 향했
으나 대군을 이끌고 나타난 동탁에게 볼모로 잡히는 신세가 되었으며,
동탁은 하진의 어머니를 비롯해 하 씨 일족을 모조리 멸족시켰을 뿐만
아니라 소제와 하태후마저 폐위시키고 살해해 버렸다. 결국 진류왕 유
협을 황제 헌제로 즉위시킨 동탁은 허수아비 황제 위에 군림하며 온갖
포악한 짓을 저지르다 오히려 자신의 심복이었던 여포에게 죽임을 당
하고 말았다. 하지만 그 후 여포는 대장군 조조에게 붙들려 처형당함
으로써 천하의 권력은 조조에게 넘어가게 되었다.

원소에 패하고 가족과 함께 자살한 공손찬

후한 말의 군벌 공손찬(公孫瓚, ?~199)은 우람한 체격에 호방한 성격
을 지닌 인물로 한때 유비가 그에게 몸을 의탁하며 친형제처럼 지낸
적도 있었다. 북방의 변경지대에서 백마를 타고 수많은 전공을 세워
백마장군으로 불리기도 했던 공손찬은 무예와 병법에 뛰어나 변방의
이민족에게는 공포의 대상이 되었다. 하지만 북방 이민족의 침입을 물
리치는 데 많은 공을 쌓았던 공손찬은 오히려 내부적으로는 강력한 무
인정치를 펼쳐 민심을 잃기도 했는데, 장거와 장순이 일으킨 반란을
토벌하는 과정에서 유화책으로 민심을 얻고 반란을 진압하는 데 성공
한 유우와 대립한 것이 그의 가장 큰 실수였다.

당시 조정에서는 공손찬이 반란 진압에 실패하고 사태를 더욱 악화
시키자 황족 출신의 유우를 유주로 보내 반란을 진압하게 했는데, 너

그럽고 덕이 많은 유우는 무력일변도의 공손찬과는 달리 회유책을 써서 많은 병사와 귀순해 왔으며, 결국 반란군은 스스로 자멸하고 말았다. 평소 매우 검소하고 겸손하기까지 했던 유우의 덕치로 인해 많은 이주민이 그 밑으로 모여들었는데, 특히 황건적의 난을 피해 모여든 난민들까지 생업에 종사할 수 있게 도와줌으로써 유우의 명성은 중국 전국에 널리 퍼지게 되었다.

토벌과정에서 백성들을 상대로 숱한 노략질을 벌여 유우로부터 강한 제지를 받은 공손찬은 그 후로 유우에게 더욱 큰 앙심을 품게 되었는데, 때마침 유우를 황제로 즉위시키려던 원소와도 대립해 스스로 자멸의 길로 접어들고 말았다. 당시 원소는 동탁의 허수아비 황제로 전락한 헌제를 내쫓고 차라리 인망이 높은 유우를 황제로 앉힐 계획이었지만, 유우는 그런 원소의 제안을 일언지하에 거절한 상태였다. 그럼에도 불구하고 공손찬이 원소를 계속 공격하자 유우는 전쟁을 일삼는 공손찬을 매우 위험시하고 싸움을 말렸으나 그는 말을 듣지 않고 백성들에 대한 노략질과 살인을 멈추지 않았다.

결국 유우는 모든 대화를 거부하고 제멋대로 행동하는 공손찬을 선제공격하기에 이르렀으나 오히려 공손찬에게 역습을 당해 가족과 함께 붙들린 신세가 되고 말았으며, 원소와 결탁해 반역을 꾀했다는 혐의로 처형당하고 말았다. 공손찬은 참수된 유우의 머리를 장안으로 보냈는데, 그를 따르던 모든 백성이 유우의 죽음을 몹시 슬퍼하며 공손찬의 처사를 원망했다고 한다. 그 후 공손찬은 무력으로 유주를 탈취해 다스렸으나 이미 민심을 잃은 그는 세력이 크게 약화되었으며, 곧이어 대군을 이끌고 쳐들어 온 원소에 대항해 끝까지 버티다가 결국에는 성이 함락되자 처자식과 함께 자결하고 말았다.

마지막 황제들의 자살

중국의 역대 황제들 가운데 망국과 더불어 자살한 인물들을 꼽자면 성한(成漢)의 황제 이기와 연나라의 황제 사조의, 후당의 황제 이종가, 남송의 황제 소제, 명나라 황제 숭정제 등을 들 수 있다. 이들 중 후당의 마지막 황제 이종가는 분신자살했으며, 남송의 마지막 황제 소제는 다른 신하들과 함께 물에 뛰어들어 자살했는데, 당시 그의 나이 불과 7세였다. 명나라의 마지막 황제 숭정제는 목을 매 자결했다.

오호십육국 시대 성한(成漢)의 3대 황제였던 이기(李期, 312~338)는 형과 함께 반정을 일으키고 자신이 황제의 자리에 올랐는데, 처음부터 폭정을 일삼아 나라의 기강을 어지럽힘으로써 결국 즉위 4년 만에 망국을 자초하고 말았다. 그는 즉위하자마자 당시 명망이 높았던 대장군 이수를 변방지대로 내쫓고 그 일파를 처형시켰다. 이에 불만을 품은 숙부 이수가 군사를 일으켜 성도를 함락시키고 이기를 폐위시켰는데, 그 후 이기는 목을 매 자살해 버렸다. 이기의 뒤를 이어 황제가 된 이수는 국호를 성(成)에서 한(漢)으로 고쳤으나 그 역시 폭정을 일삼아 국력이 쇠퇴해졌으며, 얼마 가지 않아 동진에게 멸망당했다.

당나라 시대에 일어난 안녹산의 난은 8년에 걸친 대규모 전란으로 인해 숱한 백성의 인명이 희생되었는데, 그 과정에서 안녹산이 연나라를 세워 스스로 황제라 칭했으나 그는 얼마 가지 않아 자신의 아들 안경서에게 죽임을 당했으며, 안경서는 다시 안녹산의 부하였던 사사명에게 죽임을 당하고 황제의 자리를 빼앗기고 말았다. 하지만 사사명역시 자신의 아들 사조의(史朝義, ?~763)에게 죽임을 당해야 했다. 이처럼 부자지간에 피를 부르는 극심한 권력투쟁을 통해 황제에 오른 사조의는 당연히 부하들로부터 충성을 얻지 못했으며, 결국 당나라와 위구르 연합군과의 전투에서 대패한 후 스스로 목숨을 끊고 말았다.

후당의 마지막 황제 이종가(李從珂, 885~937)는 명종 이사원의 양자로 명종이 죽고 그의 친아들 민제 이종후가 즉위하자 반란을 일으켜민제를 살해하고 스스로 황제가 되었다. 그 후 의부였던 명종의 사위석경당을 경계한 나머지 변방으로 좌천시켜 버리자 이에 불만을 품은석경당이 요나라와 손잡고 반란을 일으켰으며, 결국 석경당의 군대가낙양을 포위하자 이종가와 그의 가족은 마지막까지 충성을 바친 근위병들을 이끌고 누각에 올라가 분신자살하고 말았다. 당시 이종가의 매제였던 유연호(劉延皓, ?~937)는 성안에 숨어 있다가 처벌이 두려워 목을 매 자살했다. 그렇게 해서 후당은 멸망하고 석경당이 세운 후진이들어서게 되었다.

남송의 마지막 황제 소제(南宋 少帝, 1272~1279)는 도종의 막내아들로 남송을 침략한 쿠빌라이의 몽고군이 수도인 임안을 함락시키고 형공제가 항복하자 이복형 단종과 함께 절강성으로 피신했으나 단종마저 어린 나이로 일찍 병사하자 중국 최남단 광주까지 내려가 그곳에서황제로 즉위했는데, 당시 그의 나이 불과 6세였다. 몽고군에 끝까지 저항하던 남송군은 광주의 애산에서 최후의 결전을 벌였으나 결국 대패하고 이에 절망한 많은 신하가 물에 뛰어들어 자살했으며, 소제 역시 충신 육수부와 함께 투신자살하고 말았다. 한편 몽고군에 투항한 형 공제는 그 후 승려가 되어 52세까지 살다 죽었다.

명나라 최후의 황제 숭정제(崇禎帝, 1611~1644)는 형 천계제가 후사를 두지 못한 채 죽자 그 뒤를 이어 17세 나이로 황제에 올랐는데, 비록 국정에 열심히 임했지만 의심이 많아 명장 원숭환을 비롯해 많은 신하들을 죽임으로써 고립을 자초하기도 했다. 더군다나 천재지변으로 흉년이 계속되자 민심마저 흉흉해지고 설상가상으로 이자성이 반란까지 일으켜 나라가 더욱 어지러워졌다. 토벌군의 사기가 땅에 떨어지고 허기진 백성들마저 반란군에 가담하게 되면서 상황은 더욱 걷잡을 수 없게 돌아갔으며, 마침내 이자성의 반란군이 북경을 함락하자 모든 신하가 도주해 버리고 환관 한 사람만 홀로 남아 황제를 지켰다. 결국 숭정제는 황후와 딸들을 차례로 살해한 후 스스로 목을 매 자살하고 말았다.

숱한 음행을 저지르고 자결한 산음공주 유초옥

중국 남북조 시대 유유가 강남지방에 세운 유송(劉宋)은 한때 광대한 영토를 지녔던 중국 최대의 제국이었으나 타락한 왕실 내부의 혼란으로 인해 150년 만에 멸망하고 말았는데, 폭군으로 악명이 자자했던 전폐제 유자업과 그의 누이 유초옥이 유송의 멸망에 결정적인 역할을 한 것으로 알려졌다. 제5대 황제인 효무제의 딸 유초옥(劉楚玉, 446~465)은 부왕에 의해 산음공주(山陰公主)로 봉해진 후 하집과 혼인해 아들까지 낳았으나 부왕이 죽고 남동생인 유자업이 황제로 즉위하자 동생에게 달려가 자신에게도 남첩을 거느릴 수 있게 해달라고 요구했는데, 수많은 후궁을 거느린 황제에 비해 자신은 하나뿐인 남편밖에 없으니 너무도 불공평하다는 게 그녀의 주장이었다.

유초옥

이처럼 매우 음란했던 그녀는 마침내 황제의 명으로 30명에 이르는 남자 첩을 거느리게 되었지만, 이에도 만족하지 못한 그녀는 자신의 고모부까지 달라고 요구했다가 거절당하기도 했는데, 집안의 내력인지 그녀의 또 다른 동생 유자상 역시 음란하기로 악명이 자자했다. 결국 포악하고 음란하기 그지없던 황제가 재위 1년 만에 숙부인 유욱에게 암살당하고 그 뒤를 이어 유욱이 명제로 즉위하면서 유초옥과 유자상 남매의 음란한 행위를 단죄하고 자결을 명했는데, 당시 그녀의 나이 불과 19세였다. 명제가 죽은 뒤 7년 만에 유송은 소도성에 의해 멸망하고 제나라가 들어섰는데, 유초옥의 딸 하정영은 제나라의 3대 황제 소소업의 황후가 되었지만, 그녀 역시 어머니에 못지않은 음행으로 악명이 자자했다.

억울한 모함으로 자결한 나가야 왕

고대 일본 나라시대에 국정을 운영했던 나가야 왕(長屋王, 684~729)

은 덴무 천황(天武天皇)의 손자로 장인 후지와라노 후히토가 죽은 이듬해에 좌대신에 올라 황족을 대표하는 인물로 일본의 정계를 이끄는 최고 실력자가 되었으나, 쇼무 천황(聖武天皇)이 즉위하면서 점차 서로 뜻이 맞지 않아 알력을 빚기 시작했다.

그러던 중 일부 신하들이 나가야 왕을 음해하고 그가 사도(私道)를 배워 나라를 망치게 한다며 천황에게 고해 바쳤는데, 쇼무 천황의 숙부인 도네리 친왕의 심문을 받은 직후 나가야 왕은 자결했으며, 같은 날 왕비와 네 명의 왕자 모두 목을 매 자살해 버렸다. 나가야 왕의 정변으로 불리는 이 사건은 전형적인 정치적 모략에 의한 결과로 천황의 후계자 문제에 연루되어 희생당한 것으로 보인다.

어쨌든 나가야 왕의 일족이 제거된 후 후히토의 다른 딸 고묘시가 쇼무 천황의 황후가 되었으며, 후히토의 아들 4형제가 모두 요직을 차지하게 되었지만, 고묘시가 낳은 어린 황태자 모토 왕은 태어난 지 1년도 채 못 되어 죽었으며, 후히토의 아들 4형제 역시 모두 천연두로 사망해 이들에 의해 주도되던 후지와라 정권은 그 기반이 흔들리게 되었을 뿐만 아니라 나가야 왕 일가를 죽음으로 몰고 간 것에 대한 저주라는 소문이 나돌기까지 했다. 게다가 나가야 왕을 반역죄로 밀고한 아즈마히토가 살해당하는 사건까지 벌어지면서 나가야 왕을 동정하는 쪽으로 민심이 흐르게 되었는데, 생전에 불교를 몹시 숭상해서 불법을 통해 역대 천황들을 위해 발원하기까지 했던 나가야 왕이었기에 더욱 그랬다.

안녹산의 난으로 자살한 양귀비

당나라 현종의 후궁이었던 양귀비(楊貴
妃, 719~756)는 당대의 절세미인으로 양옥
환(楊玉環)이 본명이다. 그녀는 비록 현종
의 총애를 받았으나 절도사 안사의 난을
일으킨 원인이 되어 당나라의 국운이 쇠퇴
하는 계기를 만든 장본인이기도 했다. 촉
주(蜀州)에서 호구조사를 하는 하급관리의
딸로 태어난 그녀는 아버지를 일찍 여의고

양귀비 상

숙부 밑에서 자랐는데, 현종의 총애를 받던 후궁 무혜비의 아들 이모
(李瑁)의 눈에 들어 불과 16세의 나이에 그와 혼인했다.

그런데 무혜비가 죽자 실의에 빠진 현종을 위로하기 위해 당시 환관
이었던 고력사가 술책을 부려 무혜비를 쏙 빼닮은 양옥환을 현종의 눈
에 띄도록 자리를 마련했다. 비록 며느리이긴 했으나 그녀의 미모에
정신을 빼앗긴 현종은 고력사와 모의해 그녀를 도교사원의 여관(女冠)
으로 만들어 남편에게서 떼어 놓은 후 마침내 그녀를 귀비로 봉하게
되었다. 27세 때 현종의 귀비가 되면서 양귀비 일가는 요직을 모두 차
지하게 되었는데, 특히 사촌 오빠인 양국충은 승상의 자리에까지 올라
환관 고력사와 함께 손을 잡고 전횡을 일삼게 됨으로써 당나라의 국력
은 급격히 떨어지기 시작했다.

양국충과 고력사는 현종의 관심을 정치에서 멀어지도록 사력을 다

했는데, 마침 현종이 양귀비의 셋째 언니 양옥쟁의 미모에 반한 나머지 그녀의 입궁을 명하자 이를 질투한 양귀비가 반대하는 바람에 현종의 미움을 사고 퇴궁까지 당하고 말았는데, 양국충과 고력사가 나서서 두 사람 사이를 다시 화해시켰다고 한다. 그런 우여곡절 끝에 다시 환궁한 양귀비는 절도사 안녹산과 친해졌으며, 그의 등장에 위기감을 느낀 양국충은 안녹산을 제거하려 들었는데, 이에 반발한 안녹산이 나라를 도탄에 빠트린 주범 양국충과 환관들을 토벌한다는 명분으로 난을 일으켜 당나라는 8년 동안 숱한 인명 손실과 국정의 마비로 서서히 멸망의 길로 접어들고 말았다.

안녹산의 군대가 장안을 점령하자 현종과 양귀비는 촉주로 도주했는데, 그 와중에 양국충은 전란의 책임을 지고 부하들에게 살해당했으며, 현종에게도 양귀비를 죽여야 한다는 압력이 가해졌지만, 그는 한사코 그녀에겐 책임이 없다며 감싸고돌았다. 결국 고력사가 나서서 양귀비로 하여금 목 매달아 죽도록 했다. 장안을 점령한 안녹산은 양귀비가 자살한 이듬해 자신의 아들 안경서의 손에 죽었지만, 안사의 난이 완전히 평정되기까지는 그 후 6년의 세월이 더 걸렸으니 그동안 가장 큰 피해를 입은 주인공들은 바로 힘없는 백성이었다.

안토쿠 천황과 미나모토노 요시쓰네의 비극적인 최후

안토쿠 천황(安德天皇, 1178~1185)은 일본의 81대 천황으로 태어난 직후 태자가 되었으며, 불과 3세 때 천황에 즉위했기 때문에 외조부인 다이라노 기요모리가 대신 국정을 도맡았다. 하지만 천황의 외척인 다이라 씨 일족에 대해 반기를 든 미나모토노 요시나카의 군대가 교토로 진격해 오자 다이라 씨 일족은 안토쿠 천황을 모시

안토쿠 천황

고 야시마로 피신했는데, 미나모토노 요리토모가 보낸 요시쓰네의 군대가 야시마 전투에서 다이라 씨 군대를 격파하자 이번에는 배를 타고 바다로 피신했다.

결국 더 이상 피할 곳이 없게 된 안토쿠 천황은 외조모인 다이라노 도키코의 품에 안겨 바다로 뛰어들었는데, 당시 7세에 불과했던 천황은 영문도 모르고 외조모가 시키는 대로 동쪽을 향해 하직인사를 올리고 서방불국토를 향해 염불을 외운 뒤 외조모와 함께 바닷물에 뛰어든 것이다. 그 후 안토쿠 천황의 시신은 바닷가 주민의 그물에 걸려 발견되었으나 그가 차고 있던 보검은 끝내 찾을 수 없었다.

안토쿠 천황과 다이라 씨족을 멸한 미나모토노 요리토모의 이복동생 미나모토노 요시쓰네(源義経, 1159~1189)는 형의 거병을 도와 큰 공을 세웠으나 점차 세력이 커지면서 제멋대로 행동하게 되자 요리토모의 견제를 받기 시작했으며, 결국에는 형제간에 알력을 일으키고 쫓겨나 도망을 다니다가 더이상 달아날 곳이 없게 되어 자신의 아내와 딸을 죽이고 스스로 자결한 무장으로 일본인들에게는 비극적인 영웅의 이미지로 큰 인기를 끌어 온 인물이기도 하다.

요시쓰네가 요리토모의 미움을 사게 된 것은 형의 허락도 없이 마음 대로 관직을 받은 사실에도 그 원인이 있지만, 다른 무엇보다 가마쿠라 막부의 초대 쇼군으로서 자신의 권력 계승에 정통성을 부여할 안토쿠 천황의 존재와 보검을 확보하는 일이 중요했는데, 요시쓰네의 무리한 압박으로 안토쿠 천황을 자살로 몰고 갔을 뿐만 아니라 보검마저 잃어버렸기 때문이었다. 자신의 계획에 차질을 빚게 된 요리토모는 사로잡은 포로들을 데리고 교토를 떠나 가마쿠라에 개선하려던 요시쓰네를 들어오지도 못하게 가로막는 굴욕을 안겨 주었는데, 더욱이 요시쓰네가 포로로 잡힌 다이라노 씨족의 딸을 아내로 맞이하는 등 독단적인 행동을 한 것도 미움을 사게 된 원인 중의 하나였다.

이에 강한 불만을 갖게 된 요시쓰네는 요리토모를 모욕하는 말을 남기고 교토로 돌아가 버렸는데, 이 말을 전해 들은 요리토모는 요시쓰네의 영지를 몰수하고 그가 데리고 온 포로마저 참수시켜 버린 후 자신이 직접 토벌군을 이끌고 요시쓰네를 공격했다. 궁지에 빠진 요시쓰네는 규슈로 도주하려다 실패한 후 여기저기를 숨어 다녔으며, 결국에는 자신을 따르던 부하들마저 모두 죽임을 당한 상태에서 더이상 포위망을 빠져나갈 수 없게 되자 마지막으로 머물고 있던 운제사(雲際寺)에서 자신의 부인과 어린 딸을 죽인 뒤 스스로 목숨을 끊고 말았다. 그 후 요시쓰네의 잘린 목은 술에 담겨져 가마쿠라로 보냈다고한다.

형 오고타이를 위해 대신 죽은 툴루이 칸

몽골제국의 툴루이 칸(Tolui Khan, 1192~ 1232)은 칭기즈 칸과 보르테이 사이에서 낳은 아들로 오고타이의 동생이다. 매우 용맹스러운 장수였던 그는 정복전쟁에 나설 때마다 아버지 칭기즈 칸과 늘 함께했으며, 아버지의 뒤를 이을 가장 강력한 후계자였으나 정치적인 능력이 부족한데다 지나친 술

툴루이 칸

꾼이었기 때문에 건강도 좋지 않아 형 오고타이에게 후계자의 자리를 넘겨 주고 말았는데, 칭기즈 칸이 죽은 후 몽골의 족장들은 전통적인 관습에 따라 막내아들 툴루이가 아버지의 뒤를 잇도록 했으나 그는 단지 임시직으로 제국을 관리하다가 아버지의 뜻에 따라 형 오고타이에게 권력을 넘겨 준 것이다.

하지만 중국 원정에서 오고타이가 심한 병에 걸려 드러눕게 되자 그를 살리기 위해서는 가족 중의 한 사람을 희생 제물로 바쳐야 병이 나을 수 있다는 무당의 말을 듣고 툴루이는 자신이 스스로 제물이 될 것을 자청해 독배를 마시고 죽은 것으로 알려졌다. 무당의 말에 의하면 몽골군이 금나라를 정벌할 때 무참히 학살한 중국인 혼령들의 원한 때문에 오고타이가 병을 얻었다는 것이었다.

어쨌든 툴루이는 그렇게 어처구니없게 죽었지만, 황후 소르칵타니가 낳은 그의 아들들은 모두 몽골 제국의 역사에서 매우 중요한 역할

을 했던 인물로 장남 뭉케는 4대 몽골 황제가 되었고, 송나라를 정복한 4남 쿠빌라이는 중국 대륙에 원나라를 세웠으며, 6남 홀라구는 바그다드와 다마스쿠스를 정복하고 일 한국을 세웠으니 툴루이의 아들들에 의해 비로소 몽골 제국은 지상에서 가장 거대한 영토를 지배한 대제국이 된 것이다.

오다 노부나가와 아들 노부타다의 최후

도요토미 히데요시, 도쿠가와 이에야스와 더불어 중세 일본을 주름잡은 세 영걸의 한 사람으로 꼽히는 오다 노부나가(織田信長, 1534~1582)는 하극상으로 몸살을 앓던 일본 전국시대의 혼란을 평정하고 오다 정권을 세워 천하를 호령했으며, 과감히 서양 문물을 받아들여 천주교 포교를 허용하고 조총

오다 노부나가

을 실용화하는 한편, 자유무역과 도량형 통일 등 혁신적인 상업 진흥 정책을 펼침으로써 일본 산업화의 기초를 닦은 인물로도 알려졌다.

비록 그는 무로마치 막부를 멸망시키고 천하통일을 목전에 둔 상태에서 중신 아케치 미쓰히데의 모반에 휘말려 혼노지(本能寺)에서 자결해 버렸으며, 그를 구하려던 장남 오다 노부타다(織田信忠, 1557~1582)마저 아버지 구조에 실패한 후 자살하고 말았지만, 노부나가가 이룩한 통치 기반은 그 후 도요토미 히데요시를 거쳐 도쿠가와 이에야스에게

넘어가면서 일본 통일의 밑거름이 되었다.

어려서부터 매우 거칠고 반항적이었던 노부나가는 아버지 장례식에도 뒤늦게 나타나 고인의 영정 앞에서 무례하고도 불손한 행동을 보여 문중의 반감을 사기도 했는데, 그런 성정 때문에 더욱 많은 적을 낳기도 했다. 오다 가문의 내분을 해결하고 권력을 장악한 노부나가는 인접한 오미국의 아자이 나가마사와 정략결혼을 통해 동맹을 맺고 차츰 세력을 확장해 나갔으며, 마침내 군사를 일으켜 아시카가 요시아키를 새로운 쇼군으로 옹립하고 강력한 오다 정권을 세우기에 이르렀다.

하지만 요시아키가 노부나가를 견제하기 시작하자 그는 어린 시절부터 알고 지낸 도쿠가와 이에야스와 힘을 합쳐 쇼군과 손을 잡은 다케다 가문을 공격했는데, 당시 동맹관계에 있던 아자이 나가마사마저 그를 배신하는 바람에 쇼군과 노부나가의 대립은 더욱 격화되었다. 어쨌든 악전고투 끝에 쇼군을 내쫓고 무로마치 막부시대의 종말을 가져온 노부나가는 아자이 가문의 본거지를 함락시키고 전투를 마무리했는데, 당시 나가마사 부자가 함께 자결함으로써 아자이 가문은 완전히 멸망하고 말았다.

그 후 장남 노부타다에게 오다 가문의 지배권을 넘겨 준 노부나가는 호화롭기 그지없는 아즈치 성에 살면서 천하통일의 거점으로 삼았는데, 그 후에도 저항세력의 반발이 이어지자 노부타다로 하여금 토벌하도록 했다. 하지만 당시 변방에서 전투 중에 있던 도요토미 히데요시가 지원군을 요청하자 노부나가는 부하장수인 아케치 미쓰히데에게 출정하도록 지시하고 자신은 혼노지에 머물렀는데, 출정을 떠난 미쓰

히데가 돌연 방향을 바꿔 혼노지를 습격했으며, 별다른 호위병을 두지 않았던 노부나가는 부하의 모반에 절망한 나머지 모든 것을 포기하고 타오르는 불길 속에서 스스로 자결하고 말았다. 당시 그의 나이 48세였다.

그가 남긴 시 「울지 않으면 죽여 버리겠다. 두견새야」에서 보듯이 매우 거칠고 조급한 성격을 지녔던 노부나가는 깡마른 체격에 앙칼진 목소리의 소유자로 전형적인 일본 무사의 특성을 지닌 인물이었는데, 대화할 때도 빙빙 돌려 말하는 것을 제일 싫어했다고 한다. 따라서 숱한 전투를 통해서도 한 치의 동정심이나 관용도 보이지 않았으며, 몹시 잔혹한 만행도 서슴지 않았는데, 엔랴쿠지에서는 남녀노소를 가리지 않고 승려 및 주민 수백 명을 학살했으며, 항복한 적장들을 거꾸로 매달아 찔러 죽이거나 아마가사키 부근에서는 부녀자 수백 명을 십자가에 매달아 찔러 죽이고 나머지는 가옥에 가둔 뒤 불태워 죽이기도 했다.

그런 아버지를 구출하려다 실패하고 자결한 장남 오다 노부타다는 다케다 정벌에 큰 공을 세우고 노부나가의 후계자가 되었는데, 도요토미 히데요시의 원군에 가담하기 위해 교토 근처 묘카쿠사에 머물고 있다가 혼노지에서 아버지가 미쓰히데의 습격을 받았다는 소식을 듣고 황급히 그곳으로 향했으나 아버지를 구하러 가는 도중에 이미 노부나가가 자결했다는 말을 듣고 미쓰히네와 맞서 싸우기 위해 이동했으나 중과부적으로 오래 버티지 못하고 그 역시 스스로 목숨을 끊고 말았다. 당시 그의 나이 25세였다.

아버지와 함께 자결한 아자이 나가마사

혼노지의 변으로 오다 노부나가와 그 아들 노부타다가 비극적인 최후를 맞이하기 9년 전에 오미 지방을 지배했던 아자이 가문의 당주 나가마사(淺井長政, 1545~1573)와 그의 아버지 아자이 히사마사(淺井久政) 역시 자살로 생을 마감했는데, 나가마사의 부인은 오다 노부나가의 여동생 오이치(お市)로 당대 최고의 미녀로 알려진 그녀는 아자이 부자가 함께 자살하기 직전 노부나가에게 먼저 안전하게 인도되었다.

불과 15세에 오다 가문의 당주가 된 나가마사는 오다 노부나가의 누이동생과 정략혼인을 하고, 오다 가문과 동맹까지 맺었으나 노부나가가 약속을 깨고 도쿠가와 이에야스와 함께 아사쿠라 가문을 일제히 공격하자 아사쿠라 가문과의 의리를 중시한 나가마사는 노부나가의 군대에 맞서 싸웠으며, 그 와중에 아자이 가문에 협력하던 엔랴쿠지의 승려들이 대거 몰살당하는 일이 벌어지기도 했다.

그 후 노부나가의 대군이 오미를 공격해 항복을 요구했으나 나가마사는 항복을 거부하고 아내 오이치를 노부나가 진영으로 안전하게 돌려보낸 뒤 아버지와 함께 자결했는데, 성이 함락되면서 아들 만보쿠마루(萬福丸)는 도요토미 히데요시에 의해 살해당했으며, 나가마사의 어머니는 오다 군에 사로잡혀 하루에 한 개씩 열 손가락이 잘리는 끔찍스러운 형벌을 받은 후에 죽임을 당했다.

하지만 살아남은 장녀 요도 도노는 나중에 커서 도요토미 히데요시의 첩으로 들어간 후 아들 도요토미 히데요리를 낳았는데, 나중에 도쿠가와 이에야스의 공격으로 오사카 성이 함락되었을 때 이들 모자는 함께 자살하고 말았다. 한편 3녀 스겐인은 도요토미 히데요시의 조카 히데카쓰와 혼인했다가 그가 임진왜란에 참전해서 병사하자 다시 도쿠가와 이에야스의 아들 히데타다와 재혼했다. 그녀가 낳은 아들 이에미쓰는 에도 막부시대 3대 쇼군을 지냈으며, 딸 마사코는 고미즈노오 천황의 황후가 되었다.

부하들의 생명을 구하기 위해 할복한
시미즈 무네하루

일본 센고쿠 시대에 활약한 무장으로 다카마스 성 성주였던 시미즈 무네하루(淸水宗治, 1537~1582)는 모리 가문의 가신이 되어 주고쿠 지방을 평정하는 데 큰 공을 세웠으며, 충성심이 매우 깊어 모리 가문을 받쳐 주는 가장 든든한 버팀목이 되어 주었다. 하지만 천하통일의 야심을 품은 오다 노부나가의 지시로 도요토미 히데요시가 다카마스 성을 공격하자 성 안에서 농성하면서 끝까지 버티던 무네하루는 히데요시의 파격적인 항복 조건도 마다하고 항전을 계속해 히데요시를 초조하게 만들었다.

전투가 한창일 때 혼노지의 변으로 오다 노부나가가 죽었다는 소식을 접하고 노부나가의 복수를 위해 한시바삐 교토로 돌아가야 했던 히데요시는 더욱 초조해진 나머지 무네하루의 할복을 조건으로 그의 병사들과 주민들의 생명을 보장하겠다는 제안을 하기에 이르렀는데, 그

때까지 노부나가의 죽음을 모르는 상태였던 무네하루는 그 제안을 받아들이고 성문을 나와 배 위에서 할복자살했다. 만약 무네하루가 노부나가의 사망 소식을 알고 좀 더 버텼다면 히데요시는 어쩔 수 없이 교토로 회군하고 말았을 것이다. 어쨌든 무네하루의 최후를 목격한 히데요시는 그를 진정한 무사의 표본으로 보고 감탄을 금치 않았다고 한다.

일본 다도의 창시자 센노 리큐

중세 일본의 승려 센노 리큐(千利休, 1522~1591)는 일본 특유의 다도 전통을 정립한 인물로 단순히 차를 마시고 즐기는 행위에서 벗어나 미를 추구하고 정신을 가다듬는 문화적 전통의식으로 자리 잡게 하는 데 선구적 역할을 한 사람이다. 그는 다도를 통해 화경청적(和敬淸寂)의 정신을 강조했는데, 차를 마시는 가운데 조화와 존경심, 맑음과 부동심의 경지에 도달하는 것을 다도의 이상으로 삼았다.

당대의 세도가 오다 노부나가의 다도 스승이기도 했던 그는 노부나가의 뒤를 이은 도요토미 히데요시의 스승이 되어 각별한 총애를 받았으며, 천황을 위해 황궁에서 다도회를 열기도 했다. 하지만 그는 자신이 수립한 화경청적의 다도 정신에 위배된다는 이유로 도요토미 히데요시의 임진왜란 출병에 반대해 미움을 샀으며, 그런 이유로 스스로 자결할 것을 명 받고 69세 나이로 할복자살했다. 하지만 그가 남긴 다도 문화의 전통은 그 후에도 계속 이어져 귀족층은 물론 중산계급에도 널리 보급되어 오늘에 이르고 있다.

특히 임진왜란을 통해 일본으로 끌려간 수많은 조선 도공들에 의해 발전된 도자기의 보급으로 인해 일본 다도는 최고의 전성기를 맞이하게 되었는데, 지금까지도 이어지고 있는 14대 심수관의 요는 조선 도공의 맥을 이어가고 있는 대표적인 사례에 속한다고 볼 수 있다. 더욱이 중세 일본에서는 센노 리큐의 노력에 힘입어 다도가 크게 유행했지만, 다도를 수행할 만한 질 좋은 도자기를 생산하지 못했기 때문에 일본 다도 정신에 적합한 담백하고도 예술성이 함께 조화를 이룬 조선 도자기가 크게 각광을 받았다. 그런 이유 때문에 특히 임진왜란 당시 수많은 조선 도공을 일본으로 모조리 끌고 간 것이다.

옥중에서 자살한 유학자 이지

중국 명나라 시대에 활동한 유학자 이지 (李贄, 1527~1602)는 당시로서는 매우 특이하게도 이슬람교를 믿은 사상가로 학문적으로는 양명학파에 속하는 인물이다. 한때 관직에 몸담기도 했으나 별다른 출세를 하지 못하고 스스로 그만두었으며, 그 후로는 홀로 은거하면서 저술 활동에만 전념했다. 하

이지

지만 반인습적 기행과 반유교적인 언행으로 인해 성리학자들의 비난을 샀으며, 결국에는 관아에 체포되어 감옥에서 스스로 목숨을 끊고

말았다.

왕양명을 숭배한 그는 매우 도발적인 태도로 많은 시비를 불러일으
켰는데, 오히려 그런 태도가 부패에 물든 명대 사회에서 큰 인기를 얻
기도 했다. 그러나 『논어』와 『맹자』를 포함한 사서오경조차 도학자들
의 위선이 낳은 산물로 간주하고 선악의 문제도 모두 상대적인 것이
며, 무위(無爲), 무사(無私) 역시 허구적인 말장난에 그치는 것으로 보
는 등, 전통적인 가치관과 규범에 대해 강한 반발을 보임으로써 당대
의 유학자들로부터 거센 비난을 들어야 했다.

특히 동심설(童心說)을 통해 사람들이 순수한 동심을 잃는 것은 쓸
데없는 견문과 도리를 공부해 사람의 마음을 차지해 버리기 때문이라
고 주장해 유학에서 가르치는 도리에 대해 매우 부정적인 평가를 내리
면서 그저 옷 잘 입고 잘 먹는 것이 인간사의 근본 이치라고 주장했다.
따라서 오랜 경전보다 차라리 『수호전』과 같은 속된 문학에서 얻을 게
더 많다고 주장함으로써 오히려 일반 백성들로부터 많은 공감을 얻기
도 했다. 이처럼 매우 도발적이고도 자유분방한 견해를 보인 그는 결
국 시대정신에 역행하는 언사로 인해 스스로 화를 부른 나머지 감옥에
서 생을 마감하고 말았다.

어머니와 함께 자결한 도요토미 히데요리

오다 노부나가의 천하통일 야욕에 저항했다가 아버지와 함께 자결
한 아자이 나마가사의 장녀 요도 도노(淀殿, 1569~1615)는 극적으로 살

아남아 아버지의 원수인 도요토미 히데요시의 첩으로 들어간 기구한 운명의 여인이었다. 아자이 가문이 외삼촌인 노부나가에 의해 멸문당한 후 어머니 오이치는 오다 가문의 시바타 가쓰이에와 재혼했으나 남편이 히데요시와 벌인 전투에서 패하고 자결하자 그의 뒤를 따라 스스로 목숨을 끊고 말았는데, 오이치의 세 딸은 그 후 히데요시의 보호를 받고 자랐으며, 그중에서 장녀 요도 도노는 나중에 히데요시의 첩이 되어 아들 히데요리를 낳았다.

도요토미 히데요시가 굳이 요도 도노를 선택한 것은 평소 은밀히 오이치를 사모하고 있던 그가 당대 최고의 미녀로 알려진 오이치의 외모를 요도 도노가 그대로 빼닮았기 때문이었다는 설도 있다. 어쨌든 첫아기를 잃은 후 낳은 차남 히데요리가 히데요시의 후계자로 정해졌으나 점차 노골적인 야심을 보이기 시작한 도쿠가와 이에야스와 벌인 오사카 전투에서 대패하면서 그녀는 아들 히데요리와 함께 스스로 목숨을 끊고 말았다. 당시 그녀는 성이 함락되기 직전까지 성루에 나타나 병사들의 사기를 북돋을 정도로 매우 당찬 여성이었던 것으로 알려졌다.

도요토미 히데요시의 외아들 도요토미 히데요리(豊臣秀賴, 1593~1615)는 히데요시가 57세 무렵에 뒤늦게 요도 도노가 낳은 아들로 아버지가 사망한 후 5세라는 어린 나이로 아버지의 권력을 이어받았으나 이미 그때부터 정국의 주도권은 도쿠가와 이에야스가 쥐고 있었다. 더욱이 그는 이에야스의

도요토미 히데요리

손녀이자 요도 도노의 조카이기도 했던 센히메와 정략 결혼한 상태였기 때문에 이에야스의 독주를 막을 처지가 되지 못했다. 그 후 세키가하라 전투에서 승리한 이에야스가 제멋대로 영지를 분배함으로써 히데요리의 입지는 더욱 초라해졌으며, 마침내 오사카 전투를 통해 도요토미 가문과 도쿠가와 가문은 완전히 적대적인 관계로 돌아서게 되었다.

당시 도요토미 군대를 이끌던 장수 사나다 노부시게는 히데요리가 직접 전선에 나와 군사들의 사기를 올려 줄 것을 요청했으나 요도 도노가 반대해 실현되지 않았으며, 아들을 대신해 그녀가 전선에 나서 군사들을 독려할 정도로 히데요리는 나이도 어리고 심약했던 것으로 보인다. 결국 용맹하기로 소문난 노부시게도 전사하고 전의를 상실한 도요토미 군대는 얼마 가지 않아 스스로 무너지고 말았다. 도쿠가와 군대가 성에 입성하자 요도 도노와 히데요리는 야마자토마루로 피신했으나 그곳마저 포위되자 모자가 함께 자결하고 말았다. 당시 히데요리의 나이 22세였다. 하지만 두 가문의 권력 다툼 사이에서 희생양이 되었던 센히메는 온전히 살아남아 재혼까지 하고 70세까지 살다가 죽었다.

십자가를 내세워 난을 일으킨 아마쿠사 시로

일본 에도 시대의 가톨릭 신자로 프란체스코라는 세례명을 지녔던 아마쿠사 시로(天草四郎, 1621~1638)는 기독교인을 이끌고 시마바라의 난을 일으킨 주모자로 하라 성에서 막부의 토벌군에 대패한 후 자살로 생을 마감한 인물이다. 마스다 가문에서 태어난 그의 아버지는 임진왜란에 참전했던 왜장 고니시 유키나가의 부하였는데, 그의 가족 모두가 고니시 유키나가처럼 독실한 가톨릭 신자였다. 도요토미 히데요시의 총애를 받았던 고니시 유키나가는 도쿠가와 이에야스에 저항했다가 패한 후 할복을 명 받았으나 기독교 교리에 위배된다는 이유로 거부하여 참수되고 말았지만, 그 후 시마바라의 난을 일으킨 아마쿠사 시로는 신자임에도 불구하고 자결을 감행한 것이다.

총명한데다 뛰어난 외모를 지닌 미소년으로 당시 17세였던 아마쿠사 시로는 어린 나이에도 불구하고 에도 막부의 기독교 탄압에 저항해 4만 명의 가톨릭 신도들을 이끌고 일본 최남단 시마바라에서 난을 일으켰는데, 당시 가톨릭을 믿는 크리스천을 일본에서 기리시탄으로 불렀기 때문에 기리시탄의 난이라고도 한다. 십자가가 그려진 깃발을 내세우고 반란군을 지휘한 아마쿠사 시로는 신이 자신들을 보호할 것이라며 독려했으나 기독교도의 대대적인 반란을 진압하기 위해 동원된 12만 명의 막부 군대는 무자비하게 반란군 전원을 학살했으며, 최후까지 항전하던 아마쿠사 시로는 전장에서 스스로 목숨을 끊고 말았다.

태평천국의 난을 일으킨 홍수전

중국 청나라 말기 홍수전(洪秀全, 1814~1864)이 일으킨 태평천국의 난은 그렇지 않아도 아편전쟁의 후유증으로 몸살을 앓고 있던 청조를 더욱 큰 곤경에 빠트린 대사건으로 사실상 청조의 멸망을 앞당긴 기폭제로 작용한 셈이 되었다. 광동 지방의 가난한 농가 출신의 홍수전은 여러 번 과거에 응시했다 실패한 후 병석에 누웠을 때 꾼 꿈에서 기독교적인 계시를 받고 자신을 예수의 동생이라고 믿게 되었는데, 그런 믿음을 바탕으로 배상제회(拜上帝會)를 조직해 본격적인 포교활동에 들어갔다.

홍수전 석상.

당시 연이은 전쟁과 과도한 세금에 시달리던 농민들은 만민평등사상과 균등한 토지분배를 내세운 홍수전의 선교활동에 적극적인 지지를 보냈다. 이렇게 그렇게 수많은 추종자를 거느리게 된 홍수전은 마침내 1851년 중국 남부를 거점으로 태평천국을 세우고 스스로 천왕이라 칭했다. 그가 세운 태평천국은 기독교 이념에 따른 일종의 신정(神政) 국가였다. 하지만 당시 청조는 국력이 약해진 상태로 홍수전의 군대를 적절히 진압하지 못했으며, 매번 패퇴를 거듭하기만 했다. 더욱이 폭정에 시달리던 농민들과 여기저기를 떠돌던 비적들마저 홍수전의 휘하로 몰려들게 되면서 태평천국의 위세는 날이 갈수록 커지기만 했다.

처음에 서구 열강 세력들은 중국에 새로운 기독교 국가가 세워졌다는 소식을 접하고 크게 고무되기도 했으나 홍수전이 반외세를 외치고 게다가 자신이 하느님의 둘째 아들이며, 예수의 동생이라는 매우 이단적이고도 황당무계한 주장을 펼친다는 사실을 알게 되면서 청나라 정부군을 편들고 태평천국 진압에 앞장서게 되었다. 더욱이 내부에도 분열이 일어나 자중지란 상태에 빠진 태평천국은 결국 청조와 서구 열강의 협공작전에 견디지 못하고 완전히 몰락하고 말았으며, 홍수전도 자신의 본거지인 남경이 함락되자 더이상 희망이 없음을 알고 스스로 목숨을 끊고 말았다.

베트남의 유학자 판타인잔

판타인잔

베트남의 응우옌 왕조 말기에 활동한 판타인잔(潘清簡, 1796~1867)은 중국에서 망명한 이주민의 자손으로 과거에 급제한 이후 출세가도를 달려 나중에는 베트남 황제의 자문관이 되어 중요한 정책 결정에 지대한 영향을 끼쳤다. 한때 성리학을 내세워 올바른 간언을 올림으로써 황제의 미움을 산 그는 관직에서 쫓겨나 일개 병사로 종군하기도 했으나 최전선 선봉에 서서 전투에 임하는 자세를 보여 많은 동료로부터 존경을 받았다.

그 후 다시 황제의 부름을 받고 복직한 그는 1860년 프랑스가 천주교 선교사 박해를 구실삼아 베트남을 침공해 사이공을 점령하자 황제의 지시에 따라 1862년 협상단의 일원으로 참여해 사이공 조약을 체결하고 남베트남 일부 곡창지대를 프랑스에 넘겨 주고 말았다. 이는 베트남 역사상 처음 있는 굴욕적인 조약으로 이 때문에 판타이잔은 민족을 배신한 매국노로 인식되기도 했다.

하지만 불평등 조약 내용에 불만을 품은 베트남 황제는 판타인잔을 프랑스로 보내 영토 반환을 요구하도록 했으나 당시 나폴레옹 3세는 그런 제안을 일언지하에 거부해 버렸다. 한편 동행한 사신단과 함께 프랑스 전국을 시찰한 그는 서양의 신문물을 접하고 큰 충격을 받았으며, 귀국 후 황제에게 그런 사실을 보고했으나 오히려 황제로부터 핀잔만 듣고 말았다.

결국 그는 동부 3개 성을 반환하는 대신 남부 베트남을 프랑스 보호령으로 하자는 제안을 함으로써 1864년 제2차 사이공 조약을 체결하게 되었으나 그 후 프랑스는 일방적으로 약속을 깨고 판타인잔이 태수로 있던 서부 지역 3성(省)을 공격하기에 이르렀는데, 처음에는 결사항전을 외치던 그도 우수한 신식무기를 지닌 프랑스군을 당해 낼 수 없음을 알고 자신의 책임을 통감한 나머지 71세 나이로 음독자살하고 말았다.

당시 그는 서양식 병기의 위력을 감당하기 어려우니 참혹한 학살을 피하기 위해서라도 저항하지 말 것을 유언으로 남겼으나 그의 두 아들은 그 후에도 계속해서 민족해방운동에 가담해 싸웠다. 그런 판타인잔에 대한 평가는 서로 엇갈리고 있는데, 죽음으로써 애국심을 보인 영웅이라는 주장이 있는 반면에, 유교적 가치관에 집착한 나머지 폐쇄적인 쇄국정책으로 일관함으로써 프랑스의 베트남 침공을 초래했으며, 더욱이 끝까지 저항하지 않고 너무 손쉽게 굴복했다는 비판도 있다. 게다가 그는 사이공 조약 체결 성사에 대한 공로로 프랑스 황제 나폴레옹 3세로부터 레종 도뇌르 훈장까지 수여받음으로써 베트남인들 사이에서 나라를 팔아먹은 민족 배신자로 불리기도 했다.

판타인잔이 죽은 후 베트남은 완전히 프랑스의 식민지로 전락하고 말았는데, 제2차 세계 대전이 끝난 후 1946년에 임시정부 코친차이나 공화국이 수립되면서 초대 임시 대통령을 맡았던 응우옌반틴(阮文廳, 1888~1946)은 사실상 프랑스가 지배하는 허수아비 정부에서 단지 꼭두각시 노릇밖에 할 수 없는 자신의 처지를 비관한 나머지 자신의 집무실에서 자살해 버렸다. 당시 프랑스의 괴뢰로 전락한 응우옌 왕조를 없애고 독립을 선언한 호지명은 코친차이나 정부 수립에 반대하고 프랑스를 상대로 전쟁에 돌입했으며, 마침내 1954년 디엔비엔푸 전투에서 승리해 베트남에서 프랑스군을 완전히 몰아내는 데 성공했다.

청국 황제 동치제의 뒤를 따라 죽은 효철의황후

청조 말 동치제의 황후였던 효철의황후(孝哲毅皇后, 1854~1875)는 황후가 된 지 불과 4년 만에 21세라는 젊은 나이로 자살하고 말았다. 남편인 동치제(同治帝, 1856~1875)가 19세로 사망한 지 2개월 후에 그의 뒤를 따라 스스로 목숨을 끊은 것이다. 비록 두 내외는 사이가 좋았으나 황제의 생모 서태후가 며느리를 몹시 싫어해 합방을 금했으며, 외로움을 견디다 못한 동치제가 환관의 권유로 은밀히 사창가를 드나들다가 매독에 걸리고 말았는데, 서태후는 그런 사실을 알고도 그대로 묵인했다고 한다.

당시 황실에서는 동치제가 매독에 걸린 사실을 비밀에 부쳤으며, 황실 어의들도 황제가 천연두에 걸린 것으로 황후에게 거짓 보고를 올려 그 사실을 은폐했다. 동치제는 얼굴을 포함한 전신 피부에 붉은 반점이 생겼으며, 악취를 풍기는 종기로 고통에 시달리다 죽었는데, 그를 치료했던 어의는 황제가 이미 성병에 걸린 사실을 알고도 황실의 체통과 명예를 생각해 그런 사실을 함부로 발설할 수 없었다고 증언하기도 했다. 동치제가 죽자 서태후는 아들의 죽음이 황후의 잘못 때문이라며 뒤집어씌우고 음식마저 금지시켜 버렸는데, 이를 비관하고 황후는 얼마 가지 않아 스스로 목숨을 끊고 말았다.

그런데 사실 따지고 보면, 황후의 죽음은 서태후와 동태후의 알력 때문에 빚어진 비극이었다고 볼 수도 있다. 5세 나이로 황제에 오른 동치제를 대신해 섭정을 맡은 동태후(東太后, 1837~1881)와 서태후(西太后, 1935~1908)는 계속 사이가 좋지 않았으며, 게다가 동치제는 어려서부터 차갑고 무섭게 굴기만 하는 생모 서태후보다 인정이 많은 동태후를 더 따르며 친아들처럼 굴었는데, 설상가상으로 신붓감을 고를 때 동치제는 생모가 추천한 여자를 마다하고 동태후가 고른 효철의황후를 아내로 맞아들였으니 서태후가 그런 며느리를 고운 시선으로 볼 리가 없었다. 어쨌든 서태후는 아들과 며느리를 모두 잃고 그 후 동태후마저 40대 나이로 갑자기 죽자 마음대로 권력을 휘둘렀으며, 조카인 광서제가 죽은 다음날 서둘러 마지막 황제 부의를 황위에 올리고 그녀도 숨을 거두었다. 그리고 3년 뒤에 청조는 신해혁명으로 인해 완전히 종말을 고하고 말았다.

사무라이 대장 사이고 다카모리와
노기 마레스케 장군의 자살

메이지 천황을 보필했던 무사 중에 메이
지 유신을 주도했던 사이고 다카모리(西鄕隆
盛, 1828~1877)와 노일전쟁을 승리로 이끌었
던 노기 마레스케 장군(乃木希典, 1849~1912)
은 다 같은 충신이면서도 전혀 상반된 길을
걸었던 무장들로 두 사람 모두 자결했다. 어
린 메이지 천황을 모시고 쿠데타를 일으켜
쇼군 정부를 무너뜨림으로써 막부시대의 봉

노기 마레스케 장군

건제에 종말을 가져온 사이고 다카모리는 천황의 권력을 강화하는 데
결정적인 역할을 했으나 그 후 사무라이들이 일으킨 반란에 가담했다
가 정부군에 대패하자 자결했다. 반면에 죽을 때까지 천황에 충성을
바친 노기 마레스케는 메이지 천황이 죽자 장례식 날 부인과 함께 할
복자살했다.

일본인으로서는 매우 드물게도 183cm의 장신에 비대한 몸집을 지
녔던 사이고 다카모리는 사무라이의 아들로 태어나 교토에 주둔한 봉
건군 사령관으로 명성을 얻었는데, 1866년 거사를 일으켜 도쿠가와 쇼
군에 장악된 권력을 무너뜨리고 천황의 친정체제를 확립함으로써 새
로운 일본제국의 출범을 알리는 계기를 마련해 일약 국민적 영웅으로
떠올랐다. 이처럼 메이지 유신을 통해 일본 근대화의 길을 튼 그는 봉

건제도를 폐지하는 데 일등공신이 되었으나 서구식 징병제 도입과 사무라이 제도의 폐기를 주장하는 일부 각료들과의 의견 대립으로 인해 더욱 극단적인 조선 정벌까지 주장함으로써 정부 내에서도 고립을 자초하고 말았다.

사무라이 정신의 계승을 끝까지 고집한 그는 자신의 의견이 받아들여지지 않게 되자 정부군 사령관직을 사임하고 가고시마의 고향집으로 내려가 무사학교를 세우고 후진 양성에 전념했는데, 점차 소문이 알려지면서 전국에서 모여든 사무라이들의 수가 2만 명에 이를 정도였다. 하지만 도쿄의 중앙정부로서는 그런 움직임을 매우 위협적인 것으로 간주했으며, 지방행정의 마비로 이어질 것을 경계한 나머지 사무라이 계급을 억압하기 시작했다.

결국 이에 대한 반발로 일본 각지에서 사무라이들의 반란이 이어졌는데, 사이고의 일부 제자들이 가고시마의 군수공장과 해군기지를 공격함으로써 사쓰마의 반란이 본격적으로 시작되었으며, 반란의 지도자로 옹립된 사이고 다카모리는 마침내 사무라이들을 이끌고 정부군과 전면전을 벌이게 되었다. 당시 정부군 사령관은 사이고의 옛 동료였던 야마가타 아리토모로 사이고가 버티고 있던 가고시마를 근대식 무기로 총공격해 전통 무기로 무장한 사무라이 군대를 궤멸시켰다. 그 과정에서 치명적인 부상을 입은 사이고는 전장에서 자결했으며, 양측 모두에서 3만 명 이상의 사상자를 내고 말았다.

한편 해군의 도고 제독과 함께 당대 최고의 일본군 지도자로 꼽히는 노기 마레스케 장군 역시 무사 출신이다. 도쿄에서 사무라이의 장남으로 태어난 그는 비록 어린 시절 사고로 한쪽 눈을 실명했으나 천황의 친위대에 들어가 메이지 유신 때에는 천황 편에서 도쿠가와 막부 군대를 상대로 싸웠다. 그 후 사이고 다카모리가 일으킨 세이난 전쟁에서는 반란군에게 군기를 빼앗기는 수모를 당하기도 했으나 반란이 진압된 후 독일 유학을 마치고 귀국해 청일전쟁에 참전하고 한동안 타이완 총독을 맡기도 했다.

1904년 노일전쟁이 발발하자 대장으로 승진한 그는 13만 병력을 이끌고 여순 공략에 나섰으나 자신의 두 아들을 포함해 6만 명에 달하는 병사들이 희생되자 그 책임을 통감하고 할복자살을 시도하려 했는데, 메이지 천황의 만류로 그 뜻을 이루지 못했다. 하지만 당시 그는 러시아군 포로에 대한 관대한 처우로 일본제국의 대외적 이미지를 크게 신장시켰으며, 전쟁이 끝난 후에는 귀족들의 자제들이 다니는 학습원의 원장이 되어 쇼와 천황의 교육을 지도하기도 했다. 그러나 메이지 천황이 숨을 거두자 노기 마레스케는 자신의 아내와 함께 할복자살함으로써 천황에 대한 충성심을 죽음으로써 보여 주었다.

천황 암살을 기도하다 옥중에서 자살한 가네코 후미코

가네코 후미코(金子文子, 1903~1926)는 근대 일본에서 활동한 급진적 아나키스트로 요코하마 태생이다. 어려서부터 부모가 양육을 거부해 친척 집에 맡겨져 자랐는데, 당시 조선에 거주하던 고모 집에 얹혀 살다가 3·1운동을 목격한 후 조선인들의 처지에 동감하게 되었다. 그 후 일본으로 다시 돌아갔지만, 매우 불안정한 삶을 살고 있던 어머니는 모처럼 찾아온 자신의 딸을 오히려 술집에 팔아넘기려 했으며, 그런 어머니에게서 도망친 그녀는 도쿄로 상경해 신문배달과 식당 점원으로 일하는 가운데 사회주의자들과 교류하며 아나키스트가 되었다.

가네코 후미코

조선인 유학생 사회주의자들과 어울리게 된 그녀는 독립운동가인 박열(朴烈, 1902~1974)을 만나 동거하기 시작했으며, 1923년에는 박열과 함께 무정부주의 비밀결사단체 불령사(不逞社)를 조직해 활동하다가 관동대지진으로 정국이 어수선한 틈을 타 히로히토 왕세자의 혼례식 때 다이쇼 천황 및 왕세자 암살을 기도한 대역죄 명목으로 두 사람 모두 체포되어 사형선고를 받았다. 당시 두 남녀가 사이좋게 함께 있는 사진이 감옥 밖으로 유출되어 정치적 쟁점으로 등장하기도 했는데, 정우회 등 야당에서 대역죄인을 우대한다며 내각 총사퇴 운동을 벌여 결국 담당판사가 옷을 벗는 일까지 생겼다.

어쨌든 처형 후 자신의 시신을 거두어 줄 사람이 없었던 가네코 후미코는 박열과 서류상으로 옥중결혼을 치렀으며, 그 후 무기징역으로 감형되었지만, 당시 23세였던 그녀는 얼마 가지 않아 우쓰노미야 형무소에서 목을 매 자살하고 말았다. 그녀의 유골은 박열의 형이 인수해 고향인 경북 문경에 안장했는데, 그녀가 자살한 후 박열은 20년간 복역하다가 미군에 의해 해방되어 재일한인거류민단 초대 단장을 역임했으며, 정부 수립 후 이승만의 초청으로 귀국했다가 한국전쟁 당시 납북되어 북한에서 사망했다.

빚더미에 올라앉은 후 자살한 아쿠타가와 류노스케

소설 『라쇼몽(羅生門)』으로 유명한 아쿠
타가와 류노스케(芥川龍之介, 1892~1927)는
일본 근대소설을 대표하는 작가로 도쿄에서
우유 판매업자 니하라 도시조(新原敏三)의 아
들로 태어났다. 원래 그는 위로 누나가 둘 있
었는데, 큰누나가 어린 나이로 사망하자 이
에 큰 충격을 받은 어머니가 정신이상에 걸

아쿠타가와 류노스케

려 갓 태어난 아들을 키울 수 없는 상태에 빠지게 되자 당시 생후 7개
월 된 류노스케는 어쩔 수 없이 외갓집에 맡겨져 자라게 되었다. 하지
만 그가 10세가 되었을 때 결국 어머니는 세상을 뜨고 말았으며, 그 후
로는 외삼촌 아쿠타가와 미치아키(芥川道章)의 양자가 되어 아쿠타가
와 성을 쓰게 되었다. 그러나 사실상 그는 고아나 다름없는 존재였다.

동경제국대학교에서 영문학을 공부한 그는 대표작 『라쇼몽』을 발
표한 후 친구의 조카였던 쓰가모토 후미와 결혼해 4남매를 낳았는데,
1920년대 초 중국 방문을 다녀온 후로는 극심한 신경쇠약과 위장병 등
으로 기력을 잃기 시작해 창작활동이 눈에 띄게 줄었으며, 온천지대로
요양을 떠나기도 했다. 당시 관동대지진으로 일본 전국이 혼란에 빠졌
을 때 류노스케가 조선인 학살의 주동세력이었던 자경단의 일원으로

활약했다는 말도 있지만, 입증된 사실은 아니다.

그 후에도 류노스케는 신경쇠약과 불면증 등으로 건강이 악화되자 구게누마에서 가족과 함께 머물며 요양생활을 계속했는데, 현지 의사에게서 치료를 받기도 했다. 그러나 1927년 의형제 사이였던 니시카와가 방화 및 보험금 사기 혐의로 철도 자살을 하는 바람에 그가 남긴 빚과 가족부양까지 떠맡게 된 류노스케는 상당한 정신적 부담에 시달려야 했다.

결국 3개월 뒤 그는 자신의 비서였던 히라마쓰 마쓰코(平松麻素子)와 함께 제국호텔에서 동반 자살을 하기로 약속했으나 그녀가 변심하는 바람에 실패하고 말았다. 하지만 3개월 후 그는 다량의 수면제를 복용하고 마침내 숨을 거두었다. 그가 스스로 밝힌 자살 이유는 우울증이나 비관보다는 오히려 감당하기 어려운 불안 때문이라고 했다. 어쨌든 그의 이름을 딴 아쿠타가와 상은 오늘날 일본의 가장 권위 있는 문학상으로 자리 잡아 신인작가의 등용문이 되고 있다.

악성 루머에 시달리다 자살한 배우 완영옥

1930년대 중국 영화의 히로인으로 큰 인기를 끌며 '중국의 그레타 가르보'라는 별명까지 얻었던 완영옥(阮玲玉, 1910~1935)은 비록 25세라는 아까운 나이로 자살하고 말았지만, 중국 영화사에서 매우 중요한 위치를 차지한 선구적 여배우였다. 상해에서 최하층 노동자계급의 가정에서 태어난 그녀는 그리 뛰어난 미모는 아니었지만, 뛰어난 연

완영옥

기력에 힘입어 어린 나이에 영화계에 데뷔한 후 수많은 작품에 출연했는데, 그동안 경극배우들의 부자연스러운 연기에 익숙해 있던 관객들에게 그녀의 자연스럽고 천진스러운 모습의 연기는 신선한 충격을 안겨 주기에 충분했다.

그녀는 처음에 선량하고 순진한 여성의 이미지로 출발했으나 점차 봉건적 잔재에 도전하는 혁명적 이미지의 신여성 역할을 맡아 이미지 변신을 추구했는데, 물론 그것은 당시 중국 영화계에 두각을 나타내기 시작한 좌파 영화감독들의 영향 때문이었으며, 그녀가 출연한 영화 〈신여성〉을 감독한 채초생이 그 대표적인 경우라 할 수 있다. 그런데 영화의 주인공이 부조리한 세상에 저항하는 방식으로 자살을 선택한 것처럼 완영옥 자신도 극단적인 방식을 선택함으로써 당시 중국 사회에 큰 충격을 안겨 주고 말았다.

그녀가 활동할 당시 중국은 국민당과 공산당의 대립으로 큰 혼란에 빠져 있던 시기로 영화계 역시 서로 이념을 달리하는 파벌로 나뉘어 갈등이 심했지만, 정작 완영옥은 그런 정치적 이념 따위에는 별다른 관심을 기울이지 않았으며, 오히려 복잡한 사생활과 대중매체의 왜곡된 선정적 보도로 더욱 큰 상처를 받았다. 결국 연이은 법정 소송과 부정한 여인으로 낙인찍은 편파적 보도가 그녀를 죽음으로까지 몰아갔다고 볼 수 있다.

완영옥은 16세 때 영화계에 데뷔한 직후 어머니가 하녀로 일하고 있던 주인집 아들 장달민과 동거에 들어갔으나 도박에 빠진 장달민이 거액의 빚에 쫓기면서 두 사람 관계도 흔들리기 시작했다. 결국 그녀는 광동 출신의 유부남이자 부유한 상인인 당계산과 동거에 들어갔는데, 장달민이 그 사실을 문제 삼고 이의를 제기하게 되자 세 사람은 향후 2년간 완영옥이 장달민의 생활비를 지급함과 동시에 그런 사실을 비밀에 부친다는 조건으로 합의를 보기에 이르렀다.

하지만 계약기간이 끝나자 장달민은 계속 돈을 요구했으며, 자신의 요구가 받아들여지지 않자 합의사항을 깨고 완영옥과 당계산 두 사람을 문서 위조 및 간통죄 혐의로 법원에 고소하기에 이르렀다. 당시 장달민이 제기한 고소장 내용이 신문지상에 대대적으로 보도되면서 사태는 더욱 걷잡을 수 없이 커졌으며, 완영옥은 불륜을 저질렀을 뿐만 아니라 힘겨운 시절에 자신을 도와준 남편을 저버리고 모든 것을 돈으로 해결하려 했던 창부 같은 여성이라는 누명을 쓰고 만 것이다.

결국 그런 악성 루머를 견디지 못한 그녀는 '소문이 정말 무섭다'라는 유서를 남기고 스스로 목숨을 끊고 말았는데, 그녀의 장례식 행렬은 거의 5km에 이를 정도로 인산인해를 이루었으며, 그 와중에 세 여성이 자살하는 소동까지 벌어졌다. 당시 그녀의 죽음에 충격을 받은 중국의 대문호 노신은 그녀의 유서 내용과 똑같은 제목으로 에세이를 써서 언론의 무책임성을 강하게 성토하기도 했다.

하지만 최근에 와서 밝혀진 사실은 그런 루머뿐만 아니라 당계산과 심한 불화를 일으킨 점도 그녀의 죽음에 관계가 있다는 것으로 그녀가 자살한 당일에도 당계산이 그녀를 심하게 폭행했다는 주장이 제기되고 있으며, 심지어는 그녀가 남긴 유서도 당계산이 작성한 것이라는 의혹까지 제기되기도 했다. 어쨌든 1992년에 제작된 관금붕 감독의 홍콩 영화 〈완영옥〉은 그녀의 비극적인 삶을 다룬 내용으로 장만옥이 주연을 맡았다. 그런데 요즈음 악성 루머에 시달리다 자살하는 연예인들이 속출하고 있는 우리나라 현실에 비춰 볼 때 이미 80년 전에 중국에서 그런 선례가 있었다는 사실이 선뜻 믿어지지 않는다.

자신의 이웃 주민들을 살해하고 자살한 도이 무쓰오

도이 무쓰오

1938년 5월 일본 오카야마 현 쓰야마(津山)에서는 주민 30명이 집단으로 살해되는 희대의 살인사건이 벌어졌는데, 그런 전대미문의 살인을 저지른 범인은 21세 청년 도이 무쓰오(都井睦雄, 1917~1938)로 살인 현장에서 곧바로 자살했다. 당시 그는 자신이 살던 마을의 전기선을 잘라 마을 전체를 어둠에 빠트린 후 자고 있던 할머니의 목을 도끼로 자르고 이어서 이웃집을 찾아다니며 살인을 시작했는데, 그날 밤 1시간 반 동안 30명의 사람들을 일본도와 도끼로 무참하게 살해했다. 하룻밤 사이에 마을 주민의 절반 가까이가 희생당한 셈인데, 그는 살인을 저지른 후 그날 새벽에 총으로 자신의 심장을 쏘고 즉사했다.

원래 그는 유복한 가정에서 태어났으나 어릴 때 그의 부모가 폐결핵으로 모두 죽고 누나와 함께 할머니 손에 의해 성장했다. 그 후 누나마저 결혼해 집을 떠나가게 되자 완전히 은둔형 외톨이(히키코모리)가 되

고 말았는데, 자신의 부모처럼 폐결핵에 걸린 그는 더욱 사람들과의 접촉을 기피하며 지냈다. 홀로 고립된 그는 특히 1936년 오사카에서 벌어진 아베 사다(阿部定) 사건에 지대한 관심을 기울였는데, 창녀 아베 사다가 애인을 목 졸라 죽이고 그의 성기를 자른 범행으로 감옥에 간 그 사건은 일본 전국을 큰 충격에 빠트려 모르는 사람이 없을 정도로 유명해진 사건이었다. 그 후 자기만의 상상에 빠져 소설을 쓰기 시작한 그는 솟구치는 성욕을 주체할 수 없을 경우에는 요바이(夜這い)로 불리는 밤놀이에 가담해 성욕을 해소하기도 했는데, 밤놀이는 몰래 이웃집에 들어가 성관계를 하는 일본의 전통문화였다.

그가 죽은 후 발견된 자살 노트에는 자신의 범행 이유에 대해 장황한 설명이 기록되어 있었는데, 자신이 앓고 있는 폐결핵이 불치병이라는 사실에 대한 상심과 그런 사실을 알고 있던 이웃집 여성들이 병적으로 지나친 성욕을 보이는 자신에게 냉정하게 굴면서 성관계를 거절한 것에 대한 복수심 등이 적혀 있었다. 실제로 폐결핵 환자들은 지나친 성욕 과잉에 빠지기 쉬운 것이 사실이다. 결국 그는 복수심에 사로잡혀 자신을 무시하고 냉대한 마을 주민들을 모두 살해할 계획을 세운 것이며, 자신의 할머니까지 죽인 것은 그녀가 살인자의 할머니라는 오명을 쓰고 살아가게 놔둘 수 없었기 때문이라고 했다.

패전 후 할복한 일본제국 장군들

일본제국의 장군으로 일본이 패망한 후 자결한 인물들도 많지만,

그중에서 가장 대표적인 장군을 들자면, 관동군 사령관 혼조 시게루(本庄繁, 1876~1945)와 끝까지 본토 사수를 주장했던 육군대신 아나미 고레치카(阿南惟幾, 1887~1945), 가미가제 특공대로 수많은 젊은이를 사지로 몰아넣은 오니시 다키지로(大西瀧治郎, 1891~1945), 오키나와에서 항전을 계속하다 할복한 우시지마 미쓰루(牛島滿, 1887~1945)와 참모장 조 이사무(長勇, 1895~1945)를 꼽을 수 있다. 그리고 이오지마를 사수하다 전사한 구리바야시 다다미치(栗林忠道, 1891~1945) 중장도 일종의 자살로 볼 수 있다.

혼조 시게루는 관동군 사령관으로 중일전쟁 당시 육군 대장이었는데, 그가 관동군 사령관으로 있을 때 김구 선생이 세운 한인애국단의 유상근과 최홍식이 그를 암살하려다 미수에 그친 적도 있었다. 1931년 일본이 만주사변을 일으켰을 때 최선봉에 섰던 그는 1935년 퇴역하면서 노일전쟁과 만주사변에서 세운 공으로 남작 작위를 받았으며, 군에서 퇴역한 후에는 군사 보호원 총재로 일하다가 패망을 맞았다. 일본이 항복할 당시 그는 민간인 신분이었으나 연합군 사령부가 그에 대한 체포령을 내리자 일본 육군대학교 이사장실에서 할복자살했다.

한때 중일전쟁에 참전했던 아나미 고레치카는 1943년 대장으로 승진한 후에는 주로 행정에 관여했으며, 패전이 다가올 무렵 스즈키 간타로 내각에서 육군대신을 지내며 본토 사수를 주장했는데, 원폭 투하와 소련의 대일 선전포고에도 불구하고 끝까지 결사항전을 고집했으나 히로히토 천황이 무조건 항복을 받아들이고 항복 문서에 서명하자 다음 날 새벽에 천황께 사죄한다는 유서를 남기고 할복자살했다.

오니시 타키지로는 일본 해군 장성으로 영국과 프랑스에서 교육을 받고 귀국해 일본 해군 항공대를 이끌었다. 서양의 문물에 익숙했던 그는 국력의 차이를 일찌감치 깨닫고 처음부터 진주만 공격에 반대했으며, 태평양전쟁이 발발하자 필리핀에서 미군을 상대로 전투를 벌였으나 엄청난 전력 손실로 전황이 불리해지자 처음에는 자살공격에 반대했던 그도 어쩔 수 없이 생각을 바꾸어 자살공격을 명령하게 되었다. 필리핀이 미군에게 함락된 후 귀국한 그는 일본이 무조건 항복하자 자신이 내린 자살공격으로 전사한 군인들에게 사죄하는 유서를 남기고 할복자살했다.

오키나와 전투에서 수비대를 지휘한 우시지마 미쓰루 중장은 제1차 세계 대전 당시 시베리아 출병에 가담하고 중일전쟁 때 남경 작전에도 참가했으며, 중장으로 진급한 후에는 오키나와 방위를 담당하는 제32군 사령관에 부임해 미군 상륙부대에 맞서 싸웠으나 패배가 확실해지자 참모장 조 이사무와 함께 전통적인 사무라이 할복의식을 치르고 자살했다. 중국과 인도차이나, 필리핀 등지에서 무공을 세운 조 이사무는 후퇴를 모르는 돌격형으로 오키나와에서도 지구전에 반대하고 강력한 공세를 취했다가 오히려 미군의 반격으로 엄청난 희생만 낳고 말았다.

한편 이오지마 전투에서 끝까지 항전하다 전사한 구리바야시 중장은 육군대학교를 수석으로 졸업한 수재로 일찌감치 미국 주재 대사관에 파견되어 무관으로 근무하면서 하버드 대학교에서 학위까지 받았으며, 당시 체험을 토대로 미국과의 전쟁에 회의적인 태도를 보였다. 문학적 재능도 보여 몇 편의 소설을 쓰기도 했던 그는 태평양전쟁이 발발하자 싱가포르 작전에 참가해 승리한 후 중장으로 승진해 이오지마 수비대를 이끄는 사령관에 임명되었다. 1945년 2월 11만 명에 달하는 미군 병력이 이오지마 상륙작전을 개시했는데, 2만 병력으로 이에 맞선 구리바야시는 미군에게 막대한 피해를 입히며 버텼다. 당시 미군은 6,800명의 전사자와 2만 명 이상의 부상자를 낳은 악전고투 끝에 한 달 만에 간신히 섬을 함락시켰는데, 대부분이 전사하고 마지막 남은 300명의 병사를 이끌고 최후의 돌격을 감행한 구리바야시는 부하들과 함께 전사했다.

다섯 번이나 자살을 시도한 다자이 오사무

일본 데카당스 문학을 대표하는 작가로 소설 『인간 실격』을 쓴 다자이 오사무(太宰治, 1909~1948)는 생애 통산 다섯 번의 자살 시도 끝에 결국 39세라는 젊은 나이로 요절했다. 일본 북단에 위치한 아오모리 현 가네기 시에서 부유한 대지주의 아들로 태어나 남부러울 것 없는 환경에서 자랐으나 유달

다자이 오사무

리 감수성이 예민했던 그는 오히려 자신에게 주어진 그런 혜택에 대해 상당한 죄의식을 느끼며 살았다. 비록 그는 어려서부터 수재로 소문이 자자했지만, 고등학교 시절에 문학에 몰두하고 술과 여자에 탐닉하면서 학업을 게을리 했으며, 이 시기에 이미 사회주의사상에 입각한 작품을 쓰면서 자신의 가문을 지상에서 멸망해 사라져야 할 존

재로 규정하기까지 했다.

다자이는 무려 다섯 번에 걸쳐 자살을 시도할 만큼 죽음에 강한 집착을 보였는데, 삶의 실패자요, 무능력자임을 자처한 그에게는 어떻게 사느냐는 문제보다 어떻게 죽을 것이냐는 문제가 더욱 중요했던 것으로 보인다. 그의 첫 번째 자살 시도는 고등학교 재학 중일 때 자신의 우상이었던 작가 아쿠타가와 류노스케가 자살한 사실에 충격을 받고 저지른 일로 그 후 동경제국대학교에 다닐 때 두 번째 자살 시도가 이루어졌다. 당시 공산주의 이념운동에 몰두해 있던 그는 학업을 멋대로 중단하고 기녀 오야마 하쓰요와 함께 멀리 달아났는데, 그런 망나니 노릇 때문에 결국 집안에서도 쫓겨나고 말았으며, 가족으로부터 의절한다는 소식을 접한 직후 긴자의 카페 여급 다나베 시메코와 함께 가마쿠라 해변에서 투신자살을 기도한 것이다. 당시 애꿎은 시메코만 죽고 혼자 살아남은 다자이는 자살방조죄로 구류 처분되었으나 가족의 도움으로 기소 유예가 되고 말았다.

당시 정계에 입문한 큰형 분지는 자신의 정치적 생명에 금이 갈까 염려하여 하쓰요와의 결혼을 인정해 주고 생활비를 대주는 대신 불법적인 공산주의 운동과는 손을 끊을 것을 요구했다. 결국 형의 요구를 받아들인 그는 하쓰요와 결혼해 소설 창작에 몰두했으나 그 후 불법단체인 공산당과의 관련 혐의로 경찰에 다시 체포되었다가 이번에도 역시 형의 도움으로 풀려나게 되었다. 이처럼 숱하게 말썽을 피우던 그는 마침내 형과의 약속대로 모든 이념적 활동에서 손을 떼게 되었는데, 이런 여파로 인해 대학 졸업이 어려워지게 되자 더욱 막다른 골목에 처한 그는 산에서 목을 매 세 번째 자살을 시도하게 된다.

생활무능력자라는 자괴감과 함께 남보다 뛰어난 선택받은 자라는 자부심 사이를 오가며 갈팡질팡하고 있던 그는 1935년 맹장염 수술 합병증으로 생긴 복막염으로 중태에 빠졌는데, 회복기에 이르러 진통제에 중독되고 말았으며, 당시 이미 폐결핵에 걸린 상태였다. 이듬해 약물 중독 치료를 위해 정신병원에 수용된 그는 폐쇄병동 생활에서 더욱 큰 충격을 받고 엄청난 공포심에 사로잡혔는데, 설상가상으로 그가 입원해 있는 사이에 아내 하쓰요가 자신의 친구와 불륜을 저지르자 그는 그녀와 함께 동반 자살을 시도하지만 실패하고 결국 그녀와 이혼하고 말았다.

그 후 다자이는 교사 출신 이시하라 미치코와 결혼한 후 비로소 안정된 삶을 되찾고 잠시 행복한 시절을 보냈으며, 이 시기에 모처럼 진지한 자세로 창작활동에 몰두하게 되지만, 때마침 불어닥친 태평양전쟁의 열기로 그는 세상에서 더욱 고립되고 말았다. 더욱이 패전 후의 일본은 그에게 더욱 큰 환멸과 분노만을 안겨 주었을 뿐이다. 비록 그의 존재는 전후 일본 문학에서 인기작가로 부상했지만, 정작 다자이 자신의 분노와 좌절, 그리고 자포자기적인 성향은 날이 갈수록 깊어만 갔다. 이때 이미 알코올 중독에 빠진 그는 자신의 열렬한 팬인 오다 시즈코와 깊은 관계를 맺고 딸 하루코를 낳았다.

그 후 건강이 더욱 악화되자 그는 자신의 처자식도 내버리고 그 전에 이미 알고 지내던 전쟁미망인 야마자키 도미에와 함께 온천 휴양지 아타미로 가 그곳에서 소설 『인간 실격』을 썼다. 그러나 각혈증세가 심해지면서 그는 더이상 살 가망이 없음을 깨닫고 그의 곁을 지키던 야마자키 도미에와 함께 약을 먹고 다마가와 운하에 투신함으로써 자신의 삶에 종지부를 찍고 말았다. 다섯 번째 시도 끝에 결국 자살에 성공한 것이다.

야당 인사를 살해한 극우파 소년 야마구치 오토야

일본 우익을 대표하는 학생운동가이자 테러리스트 소년이었던 야마구치 오토야(山口二矢, 1943~1960)는 다마가와 학원 고등부를 졸업하고 일찌감치 우익정당에 가담해 애국적인 청년운동을 주도하고 있었다. 1960년 도쿄 히비야 공회당에서 개최된 공청회에 참가해 연설하던 일본사회당의 아사누마 이네지로 위원장을 칼로 찔러 살해하고 경찰에 체포되어 소년감호소에 복역 중에 자신에게 지급된 치약으로 벽에다 '천황폐하 만세! 칠생보국(七生報國)'이란 글귀를 남기고 자살했다. 그런데 칠생보국이라는 구호는 그로부터 10년 후 작가 미시마 유키오가 자위대 본부에서 천황제 복귀를 외치며 자살했을 때 이마에 두르고 있던 구호와도 똑같은 것으로 이들 두 사람은 그 후 일본 우익을 대표하는 아이콘으로 떠올라 우상시되기도 했다.

야마구치 오토야는 도쿄에서 육상자위대원의 아들로 태어났는데, 어머니는 저명한 소설가 무라카미 미로쿠의 딸이었다. 어려서부터 아버지의 엄격한 가르침에 따라 애국심을 불태운 그는 16세라는 어린 나이에도 불구하고 대표적인 우익정당 애국당에 가입해 소년 우익운동가로 활동했는데, 다마가와 학원을 졸업하고 다이토문화대학에 청강생으로 다니면서 좌파 집회 해산에 앞장서는 행동대원으로 활동해 여러 차례 경찰에 입건되기도 했다.

좌익 타도에 앞장 선 그는 1960년 6월 우익 청년들이 사회당 고문 카와카미 조타로를 습격해 칼로 찌른 사건에서 깊은 인상을 받고 4개월 후 마침내 NHK 방송사에서 유력 정당 대표자들의 공개 토론회가 방영된다는 사실을 알고 방청객으로 입장한 후 아사누마 이네지로가 연설할 때 단상에 뛰어올라 그를 칼로 세 번 찌르고 준비해 간 쪽지 내용을 발표했다. 곧바로 경찰에 체포된 그는 미성년자였기 때문에 소년 감호소에 수감되었는데, 한 달도 되지 않아 자신의 방에서 목을 매 자살했다. 당시 그의 나이 17세였다. 우연히 그의 암살 장면을 찍었던 마이니치 신문기자 나가오 야스시는 그 후 유명세를 타면서 퓰리처상까지 받게 되었다.

불교 탄압에 항의해 분신자살한 틱쾅둑 스님

베트남전쟁이 한창이던 응오딘지엠 정권 시절에 사이공 도심 한복판에서 벌어진 틱쾅둑(Thích Quang Dúc, 釋廣德, 1897~1963) 스님의 분신자살은 전 세계를 충격에 빠트린 일대 사건이었다. 당시 미국 대사관 앞에 가부좌를 튼 상태로 조용히 합장하고 앉아 타오르는 불길에도 전혀 미동조차 하지 않

틱쾅둑 스님

은 그의 모습은 그대로 전 세계 언론을 통해 생생히 알려졌는데, 더욱

이 그런 그를 구할 생각조차 하지 않고 불길에 휩싸인 스님 앞에서 엎드려 절을 하는 시민들의 모습 또한 큰 충격을 안겨 주기에 충분했다. 비록 그의 자발적인 죽음은 불교 용어로 소신공양이라 불리기도 하지만, 특히 그런 모습에 익숙하지 않은 서구인들에게는 매우 큰 충격이었을 것이다.

당시 응오딘지엠(Ngô Đình Diệm) 대통령의 동생 응오딘누(Ngô Đình Nhu)의 부인이자 가톨릭 신자였던 마담 누는 미국 언론과의 인터뷰에서 틱꽝둑 스님의 죽음에 대해 '한 승려의 바비큐 쇼'라고 비하하면서 "만약 다른 승려들이 또 분신을 한다면 내가 휘발유를 공급하겠다."는 독설을 퍼부음으로써 온 세상을 격분케 했는데, 그녀의 몰상식한 발언으로 인해 베트남 대중의 반정부 시위가 더욱 거세지고 결국 군부쿠데타가 일어나 응오딘 형제는 곧바로 그해에 처형되었으며, 마담 누는 해외로 망명해 2011년 로마에서 86세 나이로 죽었다.

틱꽝둑 스님이 66세라는 나이에도 불구하고 분신자살이라는 극단적 저항을 선택하게 된 배경은 당시 독재정치를 휘두르던 응오딘지엠 대통령이 반정부 시위에 나선 불교 승려들에 대한 탄압으로 절을 폐쇄하고 스님들을 강제 해산하는 강경책을 내세우게 되면서 나온 것으로 그의 죽음 이후 베트남 전역에서 다른 승려들의 분신자살이 계속 이어지고 학생과 시민들, 승려들의 대대적인 시위가 벌어졌으며, 심지어는 공무원들까지 시위에 가세하는 초유의 사태가 벌어지게 된 것이다. 하지만 응오딘지엠 정권은 대학을 폐교시키고 군경을 동원해 사찰까지 습격해 승려들을 학살하고 체포하는 등 강경일변도로 나감으로써 결국 자멸의 길로 나아가고 말았다.

당시 틱쾅둑 스님의 분신자살 현장을 사진에 담은 미국의 AP통신 기자 맬컴 브라운은 그 사진으로 퓰리처상까지 받기도 했지만, 새까맣게 타들어간 숯 덩어리가 되어 쓰러진 스님의 모습은 단순히 정치적 저항의 차원이 아니라 자신의 온몸을 내던져 삶과 죽음의 문제에 대한 종교철학적 화두를 어지럽기 그지없는 세상을 향해 마지막으로 던진 것이기도 했다.

스웨덴의 영화감독 잉마르 베리만의 1966년도 작품 『페르조나』에서 정신병 환자로 나온 배우 리브 울만이 병원 TV를 통해 바라보는 장면이 바로 틱쾅둑 스님의 분신자살 모습임을 보더라도 서구인들에게 던진 충격의 여파를 실감할 수 있다. 어쨌든 미국의 케네디 대통령도 말했듯이 한 스님의 분신자살 장면을 담은 뉴스 사진 한 장이 전 세계인들에게 그토록 엄청난 파장을 불러일으킨 예는 과거에도 그 유례가 없던 일로 그 후 폭압적인 사회에 대한 저항의 표시로 분신자살하는 경우가 우리나라에도 유입되어 1970년 전태일의 분신자살로 이어지기도 했다.

인도의 영화감독 구루 두트의 자살

'인도의 오손 웰즈'로 불리는 인도 영화감독 구루 두트(Guru Dutt, 1925~1964)는 39세라는 젊은 나이로 아깝게 요절했는데, 1950년대 인도 영화의 황금기를 선도했던 인물로 우리에게는 매우 생소한 인물이지만 유럽에서는 상당한 인기를 끌었던 감독이다. 1957년 감독과 주연을 동시에 맡은 그의 데뷔작 〈갈증〉은 미국 『타임』지에서 선정한 세계 100대 걸작 영화에 뽑힐 정도로 큰 화제를 불러 모은 작품인데, 그 후 그가 감독한 8편의 영화는 인도 영화의 수준을 세계적인 수준으로 끌어올리는 동시에 상업화에도 성공해 인도에서는 발리우드 영화의 성자로까지 불리고 있다.

구루 두트

하지만 그는 감독으로 최전성기를 구가하던 무렵에 갑자기 봄베이에 있는 자신의 아파트에서 자살하고 말았는데, 평소 아내와 사이가 좋지 못해 불면증에 시달린 그는 과도한 술, 담배에 빠져 지냈으며, 자살했을 당시 아내와 별거하며 혼자 지내고 있던 상태였다. 그의 죽음은 생애 세 번째 자살시도 끝에 성공한 것으로 평소에도 동료인 조감독 아브라르 알비(Abrar Alvi)와 함께 수시로 자살방법에 대해 대화를 나눴으며, 실제로 두 사람은 함께 동반 자살을 시도했다가 실패한 적도 있었다. 어쨌든 그의 아내 역시 알코올 과용으로 1972년 41세라는 젊은 나이에 삶을 마감하고 말았으나 그의 어머니는 1994년까지 생존해 아들보다 30년을 더 살다 죽었다.

그런데 구루 두트 감독이 자살한 지 50년이 지나 인도에 인접한 네팔의 영화감독 알로크 넴방(Alok Nembang, 1973~2014) 역시 자살로 생을 마감해 많은 팬을 놀라게 했다. 히말라야 산중에 위치한 네팔은 석가모니의 탄생지로 알려져 있지만, 국민의 대다수는 힌두교를 믿고 있다. 어쨌든 미국에서 영화 제작을 공부하고 귀국해 무려 500편 이상의 뮤직비디오를 감독한 알로크 넴방은 3편의 영화도 제작해 네팔에서 큰 인기를 끌었으나 나이 50세에 접어들자 카트만두에 있는 자신의 집에서 갑자기 자살하고 말았는데, 정확한 자살 동기는 밝혀지지 않았다.

사상 개조 후 자살한 만주국 육군소장 정주얼자부

만주국 육군소장을 지낸 정주얼자부(正珠爾扎布, 1906~1967)는 만주와 몽골의 독립운동을 일으킨 바보자부(巴布扎布)의 아들로 그의 아버지는 내몽골 출신의 마적으로 일본 스파이 카와시마 나니와의 도움을 받아 독립운동을 일으켰으나 중국 군벌정부에 패해 전사한 인물이다. 정주얼자부는 일찌감치 일본으로 보내져 그곳에서 교육을 받고 군인이 되었으며, 일본 명 다나카 타다시(田中正)로 창씨개명하기도 했다.

그는 1945년 8월 소련군이 대일 선전포고를 하고 참전하자 내몽골 하이라얼(海拉尔)에서 반란을 일으켜 일본군을 살해하고 소련군에 투항했는데, 그 후 하바롭스크(Khabarovsk) 수용소에 수감되었다가 1950년에 푸순(撫順) 전범관리소로 이감되었다. 10년에 걸친 오랜 사상 개조 끝에 1960년 특사로 풀려난 그는 국영 영림장의 노동자로 일했으나 1966년 문화대혁명이 시작되면서 사회로부터 다시 격리되었으며, 이듬해 인근 텃밭의 나무에 목을 매 자살했다.

그와 함께 하바롭스크에 수용되었다가 푸순 전범관리소로 이감되었던 마지막 황제 푸이(溥儀, 1906~1967) 역시 10년간 사상 개조를 받고 1959년에 풀려났는데, 그에게 동정적이었던 주은래의 배려로 베이

징 식물원의 정원사로 일하면서 한족 출신의 간호사 리수셴(李淑賢)과 재혼까지 했으며, 문화대혁명 시기에 암에 걸렸을 때도 홍위병의 비난을 두려워한 병원들이 그의 입원을 계속 거부하자 그때도 주은래의 특별 지시로 베이징의 병원에 입원해 치료를 받다가 숨을 거두었다. 그런데 푸이와 정주얼자부는 공교롭게도 같은 해에 태어나 같은 해에 생을 마감했으며, 두 사람 모두 같은 수용소에서 사상 개조를 받았으니 참으로 기묘한 인연이 아닐 수 없다.

천황제의 복귀를 외치며 할복한 미시마 유키오

대표작 『금각사』로 유명한 일본의 소설가 미시마 유키오(三島由紀夫, 1925~1970)는 노벨상 후보에도 여러 번 오른 세계적인 작가였다. 1970년 11월 25일, 그는 자신이 창설한 극우단체 추종자 4명을 이끌고 자위대 본부에 난입해 사령관을 인질로 잡고 자위대원들을 집합시키라고 요구한 후 건물 2층 발

미시마 유키오

코니에서 '七生報國'이라는 글자가 적힌 머리띠를 두르고 흰 장갑 낀 손을 휘두르며 사무라이 정신과 천황제 복귀를 외치는 일장 연설을 했다. 하지만 생중계되는 TV 앞에서 "다 함께 궐기하자"고 외친 그에게 운집한 자위대 1천여 명이 보낸 것은 차가운 조소뿐이었다. 자위대원들의 야유가 터지자 그는 "천황폐하 만세"를 외치고 사령관실로 들어가 할복자살했다.

미시마는 미리 준비한 일본도로 배를 가르고 창자를 꺼냈으나 죽지도 않고 극심한 고통으로 힘겨워하자 그 모습을 보다 못한 제자 모리타가 나서서 그의 목을 쳐 주었지만, 세 번이나 실패하자 대신 고가가 나서서 미시마의 목을 베어 주었다. 당시 25세였던 모리타 역시 약속한 대로 미시마를 따라서 할복을 시도했으나 제대로 수행하지 못하고 실패하자 이번에도 고가가 나서서 모리타의 목을 베어 주었다. 자위대 사령관실은 순식간에 피로 낭자한 살육의 현장으로 변해 버렸다. 그것은 자살과 타살이 기묘하게 조합을 이룬 충격적인 살육의 현장으로 단순히 죽음의 미학으로 미화시키기에는 너무도 끔찍한 모습이었다.

평소 극단적인 사설 우익군사단체를 창설해 자신이 직접 이끌었던 미시마는 시대착오적인 천황제의 복귀를 위해 한때는 친위 쿠데타를 기도할 정도로 매우 극우적인 인물로, 재능 있는 작가로서 명성을 얻은 데 그치지 않고 탤런트적인 자질도 발휘해 영화배우로도 활동했으며, 육체미에 몰두해 남성적 근육미를 자랑하는 등 심한 자기도취를 보였다. 그런 남성다움에 대한 지나친 집착과 찬미는 그의 나르시시즘 및 동성애적 경향과 무관치 않아 보인다. 그는 공공연한 동성애자로 그의 최후를 집행하려다 실패한 모리타는 그의 동성애 파트너로 결국 그 역시 다른 동료에 의해 죽음을 맞이하고 말았다.

미시마 유키오는 천황숭배자였던 농수산성 사무관의 장남으로 태어나 동경대학교 법학부를 졸업하고 곧바로 대장성에 들어간 엘리트였다. 그의 아버지는 전형적인 일본제국의 관료로 어릴 때부터 아들에게 천황숭배 및 남성다움에 대해 줄곧 강조했으며, 그런 아버지의 영향으로 그는 골수 우익 청년이 되어 천황제 복귀를 꿈꾸게 된 것이다. 귀족 자제들이 다니던 학습원 시절부터 소설을 쓰기 시작해 일찍부터 문학적 재능을 인정받았던 그는 대장성에 들어가 잠시 일하다 그만두고 창작활동에만 전념해『금각사』등 수작을 연이어 발표함으로써 일본적 미의식에 바탕을 둔 전후 최대의 작가라는 평을 듣기도 했다. 하지만 그의 문학적 스승으로 역시 일본적 미학을 추구하며 탐미주의 길을 걸었던 노벨상 수상작가 가와바타 야스나리와 줄곧 편지를 주고받았던 두 사람 모두 비슷한 시기에 자살로 생을 마감한 것은 단순한 우연치고는 너무도 기묘한 인연이 아닐 수 없다.

노추를 혐오해 자살한 가와바타 야스나리

대표작『설국』으로 알려진 일본의 가와바타 야스나리(川端康成, 1899~1972)는 일본 작가로서는 최초로 1968년 노벨문학상을 수상함으로써 일본인의 자긍심을 크게 고양시키기도 했지만, 73세에 이르러 갑자기 노추(老醜)를 비관해 자살함으로써 더욱 큰 충격을 안겨 주었다. 더욱이 그의 노벨상 수상 이유

가와바타 야스나리

가 일본적인 미를 작품화한 공로였다는 점에서 그의 죽음은 결국 미에 대한 집착이 낳은 결과로 볼 수도 있겠으나 설국으로 상징되는 가와바

타 자신의 강박적인 결벽증과 완전벽, 그리고 나르시시즘 또한 그의 자살 동기와 무관하지 않아 보인다.

설국은 눈이 많이 오는 곳을 가리킨다. 그러나 한편으로는 더럽고 불결한 오염에서 벗어난 곳이기도 하다. 그곳은 청결과 순수로 이루어진 순백의 세계요, 후덥지근한 음란과 타락에서 격리된 장소인 동시에, 그가 지향하는 이상적인 모습의 강박적인 세계를 상징하는 곳이기도 하다. 그가 노벨 문학상 수상식장에서 행한 연설의 제목도 "아름다운 일본의 나-그 序說"이었다. 그는 연설에서 일본인의 곱고 아름다운 심성과 섬세한 미적 감수성을 세계에 자랑하며 선전했다. 그런 점에서 소설『설국』의 주인공 시마무라는 결국 가와바타 자신의 분신이라고 할 수 있다.

어려서부터 연달아 이어진 부모의 죽음으로 졸지에 고아가 되어 외롭게 자랄 수밖에 없었던 가와바타는 일생 동안 순수에 대한 과도한 집착을 보여 주었는데, 그런 성향은 항상 어둡고 을씨년스러운 어린 시절의 불행했던 기억과 관련이 있으며, 그를 키워 준 병든 할아버지와 함께 살았던 기억도 무관하지 않을 것이다. 병마에 시달리는 늙고 추한 노인의 육체가 얼마나 불결한 존재인지에 대한 끔찍스러운 혐오감과 두려움은 가와바타의 실제 소년시절 일기였던『16세의 일기』에 적나라하게 표현되어 있기 때문이다.

말년의 그는 죽을 날을 코앞에 둔 나이에도 불구하고 늙고 추한 자신의 모습에 견딜 수 없는 혐오감을 느끼고 1972년 어느 날 갑자기 가스관을 입에 문 채 자살해 버렸는데, 불과 4년 전에 그는 노벨상 수상식장에서 백발을 휘날리며 일본의 미에 대하여 입에 침이 마르도록 찬미했던 인물이다. 그런 사람이 불과 수년 후에 그토록 아름다운 미의 나라를 마다하고 자살해 버렸으니 그의 노벨상 수상으로 인해 한껏 부풀었던 일본인의 자긍심에도 큰 상처를 남기고 떠난 셈이다.

일본의 아이돌 가수 유키코와 히데

전후 패전의 아픔을 딛고 경제 대국으로 부활한 일본은 연예 활동 분야에서도 역사상 유례없는 번영을 구가했는데, 전후 신세대를 대표하는 팝가수로 크게 각광을 받은 오카다 유키코(岡田有希子, 1967~1986)도 그런 일본 연예 황금기에 혜성처럼 나타난 아이돌 가수 중 한 사람이었다. 애칭 '유코'로

오카다 유키코

더 잘 알려진 그녀는 불과 15세 때 일본 TV 프로그램 〈스타탄생〉 결선 대회에 진출해 우승을 차지함으로써 본격적인 가수 활동에 접어들었으며, 이듬해 일본 레코드 대상에서 신인상까지 수상하는 등 어린 10대 가수 치고는 예기치 못한 성공을 거두며 연예계에 화려하게 데뷔했다.

'첫 데이트' 등 숱한 히트곡으로 순식간에 일본 가요계의 우상으로 떠오른 그녀는 TV 드라마에도 출연해 인기 정상을 달리고 있었는데, 어느 날 갑자기 자신의 아파트에 가스를 피우고 손목에 자해한 상태로 웅크린 채 울고 있는 모습이 발견되어 병원으로 급히 후송되었으나 곧바로 퇴원한 후 도쿄 신주쿠 부근에 있는 선뮤직 빌딩 7층에서 뛰어내

려 자살하고 말았다. 당시 그녀 나이 불과 18세였다. 그녀의 자살 동기는 정확히 밝혀지지 않았지만, 인기스타로서 감수할 수밖에 없는 과로와 스트레스 때문이 아니었을까 추정될 뿐이다. 어쨌든 18세 꽃다운 나이로 자살한 팝가수의 갑작스런 죽음은 수많은 팬에게 큰 충격을 안겨 주었으며, 그녀의 자살을 모방한 청소년들의 자살이 크게 늘어나 '유키코 신드롬'이라는 신조어까지 생겨날 정도였는데, 일종의 베르테르 효과에 의한 현상으로 보인다.

한편 예명 '히데'로 알려진 일본의 록 가수 마츠모토 히데타(松本秀人, 1964~1998)는 헤비메탈 록 밴드 '엑스 재팬'의 멤버로 시작해 '히데'라는 예명으로 솔로가수로도 활동해 큰 인기를 끌었는데, 한동안 반항적인 일본 청소년의 우상으로 군림하며 저항가수의 이미지를 굳히기도 했다. 어린 시절부터 비만으로 열등감에 시달린 그는 원래 조용하고 내성적인 성격이었으나 중학생 시절부터 거칠고 과격한 록 음악에 심취하게 되면서 록 가수를 꿈꿨으며, 그들이 즐겨 입는 슬림형 가죽바지를 입기 위해 체중감량에 필사적으로 도전한 결과 마침내 다이어트에 성공하고 뜻이 맞는 동료들과 함께 록 밴드를 결성해 본격적인 가수활동에 들어가게 되었다.

하지만 파격적인 무대의상과 음악으로 인기 정상을 달리던 그는 33세 무렵 갑자기 자신의 아파트에서 문고리에 걸어 놓은 타월에 목이 졸려 질식한 상태로 발견되었는데, 그를 발견한 동거녀가 급히 병원으로 옮겼으나 곧바로 숨지고 말았다. 당시 경찰은 여러 정황을 근거로 자살로 단정 지었으나 그의 동거녀와 지인들, 그리고 팬들은 자살이 아닌 사고사라고 계속 주장했다. 왜냐하면 유서가 없었으며, 평소에도 어깨가 결린다고 타월 마사지를 자주 했다는 점 등으로 미루어 보아 자살로 보기 어렵다는 것이다. 그러나 어쨌든 공식적인 사인은 자살로 판정되었으며, 그의 장례식에는 무려 5만 명의 팬들이 모여들어 그의 죽음을 애도했는데, 그들 가운데 수백 명이 쓰러져 응급치료를 받기도 했다. 더욱이 그가 죽은 후 일주일 사이에 3명의 10대 팬들이 자살해 유키코의 전철을 밟기까지 했다.

그런데 유키코와 히데뿐 아니라 최근에 와서도 젊은 연예인의 자살이 이어져 일본 팬들에게 충격을 안겨 주기도 했다. 인기 모델이자 배우로도 활동한 우에하라 미유(上原美優, 1987~2011)와 남자 배우 다나카 미노루(田中實, 1966~2011)가 대표적인 인물들이다. 우에하라 미유는 24세라는 젊은 나이로 자신의 집에서 목을 매 자살했는데, 매우 가난한 집안에서 10형제의 막내로 자란 그녀는 10대 소녀시절에 도쿄로 상경해 술집 호스티스로 일하다 모델로 데뷔했으며, 가난을 이기고 글래머 모델로 성공한 입지전적 인물로 유명해졌다. 『플레이보이』 잡지 표지에도 실린 그녀는 개인 화보뿐 아니라 수많은 TV 프로에도 출연해 인기 정상을 달렸으나 그녀가 무슨 이유로 갑자기 죽음을 선택했는지에 대해서는 알려진 사실이 없다.

그런 점에서는 그녀보다 보름 전에 자신의 집 창문 쇠창살에 머플러를 묶고 목을 매 자살한 중견배우 다나카 미노루 역시 정확한 자살 동기를 알 수가 없다. TV 드라마를 촬영하고 있던 그는 부인이 잠시 외출한 사이에 자살한 것인데, 평소 성실하고 서글서글한 성격에 부인과의 사이도 좋았으며, 고등학생 아들과 중학생 딸까지 둔 입장에서 갑자기 자살한 이유를 정확히 알 수는 없지만, 블로그에 남긴 마지막

글에서 자신의 우울한 기분을 드러내고 있어서 우울증에 의한 결과로 추정하기도 한다.

모택동의 부인 강청의 자살

모택동(毛澤東)의 네 번째 부인으로 중국 권력의 최고 심장부에 있었던 강청(江靑, 1914~1991)은 1960년대 문화대혁명 기간 중에 4인방의 우두머리로 홍위병을 이끌고 극좌 노선을 주도함으로써 당시에는 무산계급의 위대한 지도자로 칭송되었으나, 1976년 모택동이 사망한 후로는 정치적으로 몰락의 길을 걸어 화국봉(華國鋒)과 등

강청과 모택동

소평(鄧小平)에 의해 반혁명 집단의 주범으로 지목되어 내란죄 명목하에 사형선고까지 받았다. 그 후 2년 뒤에 종신형으로 감형되어 수감생활을 했으며, 1991년에 이르러 강택민(江澤民) 주석이 내린 특별조치로 석방되어 가택연금 상태에 처해졌는데, 그로부터 2개월 뒤에 77세 나이로 자살했다.

산둥성 주청에서 목수의 딸로 태어난 그녀는 일찌감치 연극을 공부해 한때는 상하이에서 영화배우로도 활동했다. 19세 나이로 중국공산당에 입당한 그녀는 두 번 이혼한 후 연안에서 모택동을 만나 1939년에 혼인했으며, 그 후 모택동이 사망할 때까지 40년 가까이 중국 권력

의 핵심이었다. 특히 1966년 문화대혁명을 이끌면서 정치 전면에 나서기 시작한 그녀는 장춘교(張春橋), 왕홍문(王洪文), 요문원(姚文元) 등과 함께 극좌 노선의 4인방을 이루며 핵심 권력을 차지하게 되었는데, 이미 기력이 쇠퇴한 모택동은 임표(林彪)를 자신의 후계자로 지명한 상태였다.

강청은 처음에는 임표와 협력관계에 있었으나 그가 1971년 모택동 암살과 쿠데타 시도에 실패하고 아들과 함께 비행기로 소련 망명을 시도하던 도중에 몽골 상공에서 추락해 사망하자 갑자기 태도를 바꿔 임표를 공개적으로 비난하기 시작했다. 또한 그녀는 홍위병(紅衛兵)을 선동해 유소기(劉少奇)와 등소평에 반대하는 캠페인을 벌이기도 했는데, 당시 중국 대중은 그런 강청에 불만을 품고 점차 그녀를 비난하기 시작했다. 특히 강청이 홍위병을 시켜 최대의 정적이었던 주은래(周恩來) 수상의 아들과 딸을 고문하고 살해했을 뿐만 아니라 주은래가 사망한 후 중국 인민들이 그를 애도하지 못하도록 방해공작까지 벌이는 바람에 여론은 더욱 악화되고 말았다.

이처럼 악독한 짓을 벌인 강청이었기에 모택동의 뒤를 이은 화국봉은 그녀를 포함한 4인방을 체포하고 반국가사범으로 법정에 세웠는데, 전국에 생중계된 4인방 재판에서 이들은 문화대혁명 기간 중에 72만 명을 박해하고 3만 명을 죽게 만든 장본인으로 비난받았으며, 내란음모를 꾀했다는 명목으로 성토당했다. 하지만 강청은 끝까지 자신의 유죄를 인정하지 않았으며, 국선 변호인도 거부한 채 앙칼진 태도로 법정과 맞서는 모습을 보여 세상의 빈축을 사기도 했다.

게다가 그녀는 모든 책임을 모택동에게 떠넘기는 태도를 보여 더욱 큰 조롱거리가 되었는데, 자신은 모택동의 개였으며, 그가 물라고 시킨 자들을 물었을 뿐이라고 궁색한 변명을 늘어놓았기 때문이다. 어쨌든 사형을 선고받고 감옥으로 돌아간 그녀는 비록 종신형으로 감형되긴 했으나 투옥생활 중에 인후암 진단을 받게 되자 1991년 석방되어 병원으로 후송되었다. 하지만 끝까지 수술을 거부한 그녀는 등소평을 비롯한 수정주의자들이 혁명을 도둑질했다고 비난하는 유서를 남긴 채 자신의 병실 욕조에서 목을 매 자살하고 말았다.

아내를 도끼로 살해하고 자살한 시인 구청

중국 북경 출신의 시인 구청(顧城, Gu Cheng, 1956~1993)은 중국 현대시를 대표하는 몽롱파 시인(朦朧詩人, The Misty Poets)으로 베이다오(北島), 두오두오(多多), 양리안(楊煉), 하진(哈金), 망극(芒克) 등과 함께 문화대혁명의 예술 탄압에 저항하는 시를 발표해 표현의 자유를 위한 투쟁에 힘썼으나 이들 대부분은 천안문 사태 이후 중국에서 축출되었다. 모택동이 요구하는 사회주의 리얼리즘을 거부하고 애매모호한 표현의 시를 써서 몽롱파로 불린 이들은 1978년 베이다오와 망극이 창간한 문예지 『오늘(今天)』을 통해 활동했으나 이 잡지는 1980년 당국에 의해 발간이 정지되고 말았다.

베이징에서 시인 구공의 아들로 태어난 구청은 소년시절에 문화대혁명이 시작되면서 가족과 함께 산동 지방 오지로 쫓겨났는데, 그것은 사상 개조를 위한 강제 이주였다. 그곳에서 돼지를 키우며 시를 배운

그는 그 후 몽롱파 시인들과 어울리며 현
대적인 시를 발표해 주목을 끌었으나 당
국의 탄압으로 활동에 제약을 받았다. 그
에게 시인이 제대로 시를 쓸 수 없다는 현
실은 큰 좌절을 낳았으며, 결국 1987년
아내와 함께 중국을 떠나 뉴질랜드에 정
착하고 오클랜드 대학교에서 중국어를
가르쳤다.

구청 부부

그곳에서 비록 자신이 원하던 자유로운 삶을 얻었으나 모국어로 쓴
자신의 시를 읽어 줄 독자들이 없는 이국땅에서 철저히 고립된 시인의
삶은 결코 행복할 수 없었다. 더욱이 자신의 아내가 글을 쓰기 시작하
자 영어가 서툴렀던 그는 극심한 질투심에 사로잡힌 나머지 마침내
자신의 아내를 도끼로 살해한 후 스스로 목을 매 자살하고 말았다. 그
의 충격적인 죽음은 서구 사회보다 오히려 중국에서 대서특필되어 널
리 알려졌는데, 물론 그것은 조국을 배신하고 서구 자본주의 사회로
도주한 퇴폐적인 한 작가의 비극적인 말로를 부각시키기 위한 의도에
서였다.

자살한 인도의 배우들

발리우드 영화로 유명한 인도는 할리우드를 능가하는 세계 최대의
규모를 자랑하는 영화 대국이다. 봄베이를 중심으로 제작되는 발리우

디비야 바르티

드 영화는 연간 1,600편에 달하며, 화려한 춤과 노래를 통해 고달픈 삶에 시달리는 수많은 인도 대중에게 가장 큰 위안거리가 되어 왔다. 따라서 인도에서 영화배우는 가장 선망의 대상이 되고 있는 직업으로 꼽히기도 하지만, 정작 그런 배우들 가운데에는 유달리 자살한 사람들이 많다는 점 또한 매우 특이한 현상이라 할 수 있다. 특히 1990년대 이후 배우들의 자살이 끊이지 않고 있는데, 디비야 바르티가 바로 그 첫 테이프를 끊은 장본인이다.

디비야 바르티(Divya Bharti, 1974~1993)는 인도의 인기 여배우이자 모델로 16세 때 처음 영화에 데뷔한 후 텔루구 영화사에 픽업되면서 흥행을 보장하는 발리우드 영화 최고의 인기스타로 성공했으며, 각 영화사마다 서로 앞다퉈 그녀를 캐스팅하려고 들 정도로 큰 인기를 끌었다. 큰 눈망울에 인형처럼 생긴 그녀는 2년에 걸친 지극히 짧은 활동 기간 중에 무려 14편의 영화에 출연했는데, 그 기록은 아직도 깨지지 않고 있다.

그녀는 1992년 배우 나디아드왈라와 결혼하면서 이슬람으로 개종했는데, 결혼한 지 불과 11개월 만에 갑자기 자신의 5층 아파트에서 뛰어내려 자살하는 바람에 숱한 억측이 쏟아지기도 했다. 당시 그녀의 나이는 불과 19세였다. 처음에 봄베이 경찰은 남편 나디아드왈라에게 살인혐의를 두고 조사했으나 충분한 증거가 나오지 않자 단순 사고사로 결론 내리고 사건 수사를 종결해 버렸는데, 그 후 나디아드왈라는

10년 이상 홀아비로 지내다가 2004년에 비로소 기자 출신의 여성과 재혼해 살고 있다.

실크 스미타(Silk Smitha, 1960~1996)는 인도의 여배우로 인도 남부의 가난한 집안에서 태어나 어린 나이에 부모의 강요로 마지못해 혼인했으나 얼마 가지 않아 남편의 학대에 못 이겨 마드라스의 친척 집으로 도망치고 말았다. 그 후 19세 때 처음 엑스트라 배우로 영화에 데뷔한 이래 17년 동안 무려 450편 이상의 영화에 출연한 그녀는 주로 인도 남부 지역에서 섹시한 몸매를 자랑하는 댄서나 요부 역할로 인기를 끌었으며, 그녀가 출연한 영화의 대부분은 거의 포르노 수준에 가까운 저급한 작품들이 주종을 이루었다.

하지만 상업적인 성공으로 부를 축적한 그녀는 사치스러운 생활과 무절제한 사생활, 알코올 중독 등에 빠져 지내면서 1990년대 중반부터는 점차 인기를 잃어가기 시작했다. 더욱이 그녀는 영화 제작에도 손을 댔으나 흥행에 참패함으로써 큰 빚을 지게 되었으며, 결국에는 자신의 아파트 침실 천장 선풍기에 목을 매 자살하고 말았다. 그녀가 남긴 유서에는 자신의 반복적인 삶의 실패에 좌절한 나머지 극단적인 선택을 하게 되었다는 내용이 적혀 있었는데, 당시 그녀의 나이는 36세였다.

나피사 조세프(Nafisa Joseph, 1978~2004)는 1997년 미스 인도로 뽑혔으며, 같은 해 미스 유니버스 대회 최종 결선까지 진출한 인도의 모델이자 비디오자키다. 그녀의 어머니는 시인 타고르의 후손이기도 하다. 12세 어린 나이에 이미 모델 활동을 시작한 그녀는 TV 활동을 통해 유명인사가 되었으며, 동물보호운동에도 전념했다. 2004년 그녀는 부유한 사업가와 결혼을 앞두고 갑자기 자신의 아파트에서 목을 매 자살했는데, 이혼한 것으로 알고 있던 결혼 상대가 그때까지 혼인 상태였다는 사실을 알고 비관한 나머지 자살한 것으로 보인다. 그녀의 부모는 즉각 상대방을 고소했으나 증거불충분으로 기소유예처분이 내려지고 말았다.

벵골 태생의 쿨제트 란드하와(Kuljeet Randhawa, 1976~2006)는 인도의 배우이자 모델로, 경찰의 딸로 태어나 델리 대학교에서 심리학을 공부했으며, 학생시절부터 여성잡지 모델로 활동했다. 시원스러운 외모로 TV 시리즈에 출연해 인기를 모은 그녀는 영화 촬영을 마친 후 갑자기 봄베이 교외에 위치한 자신의 아파트에서 목을 매 자살했는데, 삶의 중압감을 이기지 못해 죽는다는 유서를 남겼다.

비베카 바바지(Viveka Babajee, 197~2010)는 모리셔스 출신의 모델이자 여배우로 20세 때 미스 모리셔스에 뽑히기도 했다. 주로 인도에서 활동한 그녀는 1990년대 콘돔 광고로 인도 전국에 알려졌으며, 모델 활동과 TV 앵커, 영화 출연 등으로 유명인사가 되었으나 37세 때 실크 스미타와 똑같은 방법으로 봄베이에 있는 자신의 아파트 천장 선풍기에 목을 매 자살했다. 그녀는 유서에서 자신의 남자친구 때문에 죽는다고 말했는데, 애인과 헤어진 후 줄곧 우울증에 시달린 것으로 알려졌다.

지아 칸(Jiah Khan, 1988~2013)은 인도 발리우드 영화에서 활약한 여배우로 18세 때 처음으로 영화에 데뷔한 이래 현대적 감각의 발랄하고 독립적인 여성의 이미지로 인기를 끌었다. 원래 미국 뉴욕 무슬림 가정에서 태어나 주로 런던에서 자란 그녀는 성장한 후에는 배우로 성공할 뜻을 품고 인도 봄베이에 진출했으며, 발리우드 영화에 출연하기 위해 다양한 춤과 노래를 배웠다.

데뷔작 〈니샤비드〉를 통해 주목을 끈 그녀는 그 후 출연한 심리스릴러 영화 〈가니지〉가 흥행에 크게 성공하면서 톱스타의 자리에 올랐는데, 마지막 유작이 된 〈하우스풀〉 역시 흥행에 성공했다. 하지만 그녀는 한창 뜨고 있던 25세 무렵 어머니가 잠시 집을 비운 사이 봄베이의 아파트에서 천장 선풍기에 목을 매 자살해 버림으로써 팬들에게 큰 충격을 안겨 주고 말았다.

비록 그녀의 어머니는 딸이 자살할 이유가 없다면서 지아 칸의 애인 수라이 판촐리가 살해한 것이라고 주장했지만, 경찰에 끌려가 조사를 받은 그는 곧바로 풀려났으며, 그 후 최근에 있었던 유산 사실과 그로 인해 스스로 목숨을 끊을 계획임을 기록한 6쪽 분량의 자살 노트가 집에서 발견됨으로써 자살일 가능성이 매우 높다고 볼 수 있다.

우다이 키란(Uday Kiran, 1980~2014)은 인도 남부 출신의 인기배우로 대학 재학시절부터 모델로 활동하다 영화 〈치트람〉에 캐스팅되어 처음 배우로 데뷔한 후 연이어 출연한 2편의 영화가 대히트를 치면서 데뷔하자마자 해트트릭을 기록한 행운아가 되었다. 2003년 인기배우 치란제비의 딸과 약혼까지 했다가 파혼당한 후 오랜 기간 우울증에 시달린 그는 계속 홀로 지내다 2012년에 가서야 비로소 타밀족 출신의 여성과 결혼했는데, 불과 14개월 만에 자신의 집에서 목을 매 자살했다. 그의 장례식에는 흥분한 팬들이 모여들어 치란제비를 성토하는 구호를 외쳤으며, 한 젊은 팬은 자신도 덩달아 목을 매 자살하기도 했다.

재일동포 출신 중의원 아라이 쇼케이의 좌절과 최후

일본 대장성의 엘리트 관료 출신으로 1986년 자민당 소속 중의원에 진출한 아라이 쇼케이(新井將敬, 1948~1998)는 본명이 박경재(朴景在)인 재일교포 3세다. 한국계 일본인으로서는 가장 최초로 중의원에 당선된 그는 태평양전쟁 당시 외무대신을 지낸 도고 시게노리(東鄕茂德, 1882~1950) 이후

아라이 쇼케이

두 번째로 일본 정계의 요인으로 활동한 재일 한국인이다.

오사카 출신인 아라이 쇼케이는 원래 한국명을 사용했으나 일본 사회의 차별을 견디지 못한 가족이 1966년 일본에 귀화하면서 아라이 쇼케이로 개명했으며, 그 후 일본의 명문대학인 도쿄대학교 경제학부에 진학해 수석으로 졸업했다. 졸업과 동시에 신일본제철에 입사했으나 자신의 적성에 맞지 않자 관계 진출에 뜻을 둔 그는 행정고시에 합격해 일본의 엘리트들이 꿈꾸는 대장성에 들어가 관리가 되었다.

대장성 관리로 일하면서 탁월한 업무능력을 인정받은 그는 당시 대장성 대신이자 자민당 부총재였던 정계의 실력자 와타나베 미치오의 추천으로 자민당 공천을 받고 중의원에 처음 출마했으나 조선인에게 나라를 맡길 수 없다는 극우파 상대 후보 이시하라 신타로의 악의적인 비방으로 낙선하고 말았다. 당시 그는 극우파의 협박과 '조센진 스파이'라는 유언비어에 몹시 시달렸는데, 상대 후보 측에서는 유권자들에

게 그의 조선 국적을 증명하는 서류 복사본을 우송하는 등 온갖 방해 공작을 동원해 그의 낙선을 부추긴 것이다.

그럼에도 불구하고 와신상담 재기를 노린 그는 1986년 두 번째 도전에서 마침내 일본 중의원 선거에서 당선되어 재일동포 출신으로는 사상 처음 중의원에 진출한 의원이 되었으나 정치개혁에 앞장선 그는 시민들의 지지에도 불구하고 보수 원로의원들의 미움을 산 데다 이번에도 역시 극우파를 대표하는 이시하라 신타로의 민족차별적인 인신공격을 받기 시작했다. 이시하라 의원은 한일관계에 문제가 생겼을 때 아라이 쇼케이가 과연 어느 나라의 국익에 우선을 둘 것인지 의심이 든다고 하면서 남과 북이라는 두 개의 조국 사이에서 어느 쪽을 편들어야 할지 본인도 몹시 괴로울 것이라는 등의 발언으로 그의 심기를 건드렸다. 그런 판국에 1997년 일본 신문들이 아라이 의원의 정치자금 의혹을 대서특필하면서 그는 그야말로 사면초가 상태에 놓이게 되었는데, 그 의혹 내용은 한 증권사가 아라이 의원의 정치자금을 부당하게 부풀려 주었다는 것이었다. 의혹이 불거지자 야당은 즉각 검찰조사를 요구했으며, 자민당 내에서도 점차 그의 탈당을 요구하는 목소리가 커지게 되었다.

아라이 의원은 '오랜 정계의 관행에 따라 수많은 의원이 그런 주식 투자를 하고 있는데, 자신의 거래만 문제삼는 것은 민족차별이 아닌가'라고 항변했지만, 그의 항변에 귀를 기울이는 사람은 아무도 없었으며, 결국 중의원에서는 그에 대한 체포동의안을 의결하기로 결정해 버렸다. 고립무원의 상태에 빠진 그는 결국 아내가 잠시 외출한 사이 호텔방 욕실에서 스스로 목숨을 끊고 말았다. 일본 사회의 고질적인 차별의 장벽 앞에 청운의 뜻을 품은 재일 한국인의 꿈이 모두 수포로 돌아간 순간이었다. 당시 그의 나이 50세였다.

그런데 아라이 쇼케이가 자살한 후 9년이 지난 2007년 정계 고위직 인물의 자살이 다시 또 재연되어 일본 사회에 큰 충격을 던졌으니 아베 내각의 농림수산성 대신이었던 마쓰오카 도시카쓰(松岡利勝, 1945~ 2007)가 바로 그 주인공이었다. 1990년 중의원 선거에서 무소속 후보로 첫 당선된 이후 6선 의원이 된 그는 2006년 아베 내각에서 농림수산성 대신에 취임한 후 뇌물 수수 의혹에 휘말리기 시작했는데, 그 역시 그런 스트레스를 견디지 못하고 중의원 의원숙소에서 스스로 목숨을 끊고 말았다.

부모를 무참히 살해하고 자살한 네팔의 디펜드라 왕자

디펜드라

디펜드라(Dipendra Bir Bikram Shah Dev, 1971~2001)는 네팔의 10대 국왕 비렌드라 (Birendra)의 장남으로 왕세자 신분으로 있던 2001년 6월 부왕과 어머니인 아이슈와라 왕비를 비롯해 많은 왕족을 자동소총으로 살해한 직후 자살을 시도해 의식불명인 상태에서 11대 국왕에 즉위했으나 불과 3일 후에 사망하는 바람에 숙부인 갸넨드라(Gyanendra)가 새로운 국왕에 즉위하게 되었다.

하지만 갸넨드라는 왕실 학살사건의 배후조종 인물로 의심받게 되면서 국민들로부터 지탄의 대상이 되었으며, 게다가 우발적인 충동에 의한 오발사고였다고 조사결과를 발표하자 그에 대한 반대시위가 잇달았다. 결국 갸넨드라는 대국민 사과문을 발표해 가까스로 내전을 종식시켰으나 국민투표에 의해 왕정이 폐지되고 공화국이 수립되는 바람에 결국 그는 마지막 왕이 되고 말았다.

디펜드라 왕세자가 일으킨 네팔 궁중 학살사건은 왕궁에서 벌어진 초유의 참극으로 국왕과 왕비 외에 7명의 왕족들이 살해되었는데, 당시 왕궁에서 벌어진 만찬회장에 술에 취한 모습으로 나타난 그는 사람들 앞에서 무례한 행동을 보인 후 갑자기 자기 방으로 달려가 총을 집어 들고 돌아왔으며, 부왕과 고모, 삼촌 등을 차례로 쏘아 죽이고 이어서 자신의 어머니와 남동생, 그리고 여동생마저 살해했다. 그의 총기난사를 저지하려던 고모 쇼바 공주는 다행히 부상만 입고 살아남았다.

이처럼 네팔 왕실에 종말을 가져온 학살사건의 내막은 그 후 조사에 의해 부분적으로 알려지기도 했는데, 가장 직접적인 살해 동기는 왕세자의 결혼문제였던 것으로 밝혀졌다. 왕세자는 자신의 신붓감으로 네팔 국민당 당수의 딸인 데브야니 라나를 원했으나 어머니인 아이슈와라 왕비가 결혼을 반대하자 앙심을 품고 범행을 저지른 것이다. 그런데 사실 왕비 자신도 라나 일가 출신이었으니 왕비의 반대는 명분이 약할 수밖에 없었다. 결국 왕비의 반대만 없었더라도 그런 참혹한 비극은 일어나지 않았을 것이고, 왕정의 몰락까지 초래하는 사태는 없었을지도 모른다.

비록 네팔은 전통적인 힌두교 국가이긴 하나 원래 석가모니가 태어난 고향이기도 했다. 그런데 네팔 남부에 위치한 카필라 성주 정반왕의 아들로 태어난 석가모니는 일찍 출가해 깨달음을 얻었지만, 동시대에 인접한 왕사성의 아자타샤트루(Ajātaśatru) 왕자는 부왕을 살해해 왕위를 찬탈하고 어머니인 바이데히 부인마저 유폐시키는 패덕을 저질렀으니 그런 일이 벌어진 바로 그 땅에서 2,600여 년이 지나 비슷한 사건이 다시 벌어진 셈이다. 참으로 우연치고는 기막힌 우연이 아닐 수 없다.

호텔에서 투신자살한 배우 장국영

역대 홍콩 배우 중에서 가장 인기 있는 스타 중의 한 사람이었던 미남배우 장국영(張國榮, 1956~2003)은 처음에는 가수로 데뷔했으나 그 후 영화계에 진출해 1986년 오우삼(吳宇森) 감독의 〈영웅본색〉에서 주윤발(周潤發)과 연기해 인기스타가 되었으며, 그 후 〈천녀유혼〉〈아비정전〉〈종횡사해〉 등을

장국영

거쳐 1993년 〈패왕별희〉로 세계적인 배우가 되었다. 그 외에도 〈백발마녀전〉〈동사서독〉〈금지옥엽〉〈금옥만당〉〈가유희사〉〈해피 투게더〉〈색정남녀〉〈친니친니〉〈성월동화〉 등 많은 영화에 출연한 그는

영화뿐 아니라 가수로도 활동해 슈퍼스타가 되었다.

일찌감치 자신이 양성애자임을 밝힌 그는 한때 여배우들과 교제하기도 했지만, 1990년대에 접어들어 줄곧 자신의 동성애 파트너 당학덕(唐鶴德)과 함께 다녔으며, 두 사람의 관계는 그가 죽을 때까지 지속되었다. 그런 이유 때문에 2003년 4월 1일 장국영이 홍콩의 만다린 호텔 24층에서 뛰어내려 투신자살했을 때도 당학덕은 숱한 의혹의 대상이 되어야 했다. 왜냐하면 장국영이 죽을 때 자신의 전 재산을 당학덕에게 상속한다는 유서를 남겼기 때문이다.

더구나 장국영이 죽은 날은 공교롭게도 만우절이어서 많은 팬은 그의 사망소식을 곧이곧대로 믿지 않았으며, 그의 유서 내용도 조작된 것으로 믿었다. 그 후에도 사람들은 그의 죽음에 많은 의혹을 제기했는데, 특히 죽기 직전 당학덕과 심한 말다툼을 했다는 점, 그가 남긴 유서에서 유산 상속 내용이 적힌 부분을 경찰이 공개하지 않은 점 등을 들어 그의 재산 상속을 노리고 당학덕이 저지른 살인극일 가능성이 높은 것으로 보기도 했다.

하지만 그런 의혹들은 모두 그의 자살을 인정하고 싶지 않은 팬들의 안타까움을 반영하는 것일 뿐이며, 당학덕이 그 후 아무런 법적 제재도 받지 않은 사실로 보아 자살일 가능성이 더욱 높아 보인다. 더욱이 그는 유서에서 자신이 우울증을 앓고 있으며, 자신을 치료했던 정신과 의사에게 고맙다는 인사까지 하고 있어 우울증에 의한 자살임에 틀림없어 보인다. 그리고 그런 사실은 그의 누이 오필리아도 인정하고 있으며, 평소 그가 정신과 약을 복용한다는 사실에 상당한 거부감을 지니고 있던 것으로 증언하기도 했다. 어쨌든 많은 팬의 사랑을 받고 엄청난 부를 축적한 그가 역설적이게도 우울증을 앓고 죽었다는 사실은 진정한 삶의 행복이 무엇일까에 대한 의문을 다시금 생각해 보게 만든 다고 할 수 있다.

남경대학살의 참상을 고발하고 자살한 아이리스 장

중국계 미국인으로 남경대학살의 참상을 고발한 베스트셀러 『난징의 강간』의 저자 아이리스 장(Iris Chang, 1968~2004)은 타이완에서 미국으로 이주한 중국인 부모 밑에서 태어나 일리노이 대학교에서 신문방송학을 공부한 후 프리랜서 작가로 활동했으며, 중일전쟁 당시 남경대학살을 피해 타이

아이리스 장

완으로 이주한 조부모의 이야기에서 영감을 얻어 쓴 『난징의 강간』으로 세계적인 주목을 끌었다.

그녀는 1995년 중국 우주개발의 아버지로 불리는 첸쉐썬(錢學森) 박사의 일대기를 다룬 『누에의 실』을 발표한 후 끔찍한 남경대학살의 실상을 폭로한 『난징의 강간』을 쓰기 시작했다. 하지만 1997년 그 책이 출간된 이후에도 남경대학살의 존재 자체를 계속 부인하는 일본 정부를 상대로 전쟁범죄 행위에 대한 사과와 학살 희생자들에 대한 보상을 요구하는 캠페인을 벌여 일본 극우세력들로부터 수차례 협박을 받으면서 극심한 신경쇠약에 시달리기도 했다.

그동안 대학 시절에 만난 미국인 브레튼 더글러스와 결혼해 아들까지 낳은 그녀는 2003년 중국계 미국인의 역사를 다룬 『미국의 중국인』을 출간한 데 이어 태평양전쟁 당시 필리핀 바탄(Bataan)에서 벌어진 죽음의 행진에 관한 저서를 쓰기 위해 자료 수집을 하러 다니던 중에 더욱 극심한 탈진상태에 빠졌으며, 그의 작업을 돕던 한 퇴역군인에 의해 켄터키 주의 루이빌(Louisville)에 있는 정신병원에 잠시 입원하게 되었다. 그곳에서 정신병 진단을 받은 그녀는 며칠 만에 퇴원해 부모에게 인계되었으나 우울증은 더욱 심해졌으며, 과도한 약물처방의 부작용으로 힘겨워했다.

당시 그녀는 자신이 취재하고 있던 일본군의 만행에 대한 주제에 압도되어 몹시 혼란스러운 상태에 빠졌으며, 결국 얼마 가지 않아 캘리포니아의 국도에 세워 둔 차 안에서 권총을 입에 물고 자살한 모습으로 발견되었다. 부검 결과 그녀의 몸에서는 기분조절제인 데파코트와 항정신병약물인 리스페리돈이 검출되었는데, 물론 그것은 정신과 의사가 처방한 약이었다. 자살 현장에서 발견된 자살 노트에는 의사의 지시에 따라 약을 잘 먹겠으며 결코 자살하지 않겠다는 다짐뿐 아니라 자신이 미행과 감시를 당하고 있으며, 자신의 우편함에 협박편지가 도착하고 그녀가 정신병원에 입원한 것도 자신을 해치려는 정부의 개입 때문이라는 매우 피해망상적인 내용이 적혀 있었다. 결국 그녀는 극도의 편집증적 불안상태를 견디지 못하고 죽음을 선택한 것이다.

9·11 테러를 일으킨 조종사 알세히와 아타

2001년 가을 전 세계를 경악케 만든 9·11 테러는 알카에다 지도자 오사마 빈 라덴(Osama Bin Laden)의 지시에 따라 행동대원 10명이 납치한 2대의 여객기가 뉴욕의 110층 세계무역센터 쌍둥이 빌딩에 각각 충돌해 벌어진 참사로 아메리칸 항공 11편은 행동대장 모하메드 아타(Mohamed Atta, 1968~2001)가, 그리고 유나이티드 항공 175편은 마르완 알세히(Marwan Al-Shehhi, 1978~2001)가 각각 조종했다.

당시 아메리칸 항공에는 76명의 승객과 11명의 승무원 그리고 5명의 납치범이 타고 있었으며, 유나이티드 항공에는 51명의 승객과 9명의 승무원 그리고 5명의 납치범이 타고 있었다. 2대의 여객기 충돌로 위용을 자랑하던 쌍둥이 빌딩은 한순간에 무너져 내렸으며, 3,000명이 목숨을 잃고 6,000명 이상이 부상을 입는 사상 초유의 대참사가 벌어졌다. 납치범 10명을 포함해 승객과 승무원 등 147명 전원이 사망한 것은 두말할 것도 없다.

이처럼 끔찍스러운 만행을 저지른 모하메드 아타는 이집트 출신의 테러리스트로 카이로 대학교에서 농학을 공부하고 독일 유학까지 다녀온 지식인이지만, 알카에다에 심취한 나머지 아프가니스탄에서 오사마 빈 라덴을 직접 만나 그의 지시를 받은 후 2000년 아랍 에미리트 출신의 마르완 알세히와 함께 미국 플로리다로 가서 비행 조종술까지 훈련받았다. 이들을 포함한 19명의 알카에다 행동대원은 2001년 9월 11일 보스턴의 로건 국제공항에서 두 팀으로 나뉘어 각각 아메리칸 항공과 유나이티드 항공 소속 여객기에 탑승한 후 항공기가 이륙하자마자 조종석을 탈취하고 뉴욕으로 항로를 바꿨다.

모하메드 아타가 조종하는 아메리칸 항공 11편이 세계무역센터 북쪽 타워에 충돌한 후 정확히 17분 후에 마르완 알셰히가 조종하는 유나이티드 항공 175편이 남쪽 타워에 충돌했다. 처음에 충돌한 아메리칸 항공 11편은 사람들이 전혀 예기치 못한 사태라 TV로 방영될 수 없었지만, 그 뒤에 나타난 유나이티드 항공 175편의 충돌 장면은 전 세계로 생중계되어 더욱 큰 충격을 안겨 주었다. 당시 모하메드 아타는 33세였고, 마르완 알셰히는 23세에 불과했다. 그처럼 참혹한 사태를 일으키고 죽은 테러범들이 알카에다의 선전처럼 알라신의 축복을 받고 천국에서 보상을 받는다면 그런 신은 마땅히 저주받고도 남을 신이 될 것이다.

모든 것을 잃고 자살한 프로야구 선수
이라부 히데키

일본의 프로야구 선수 이라부 히데키(伊良部秀輝, 1969~2011)는 동양인 최초로 미국 메이저리그의 뉴욕 양키스에 입단한 선수로 최고 시속 158km의 강속구를 자랑하는 투수였다. 오키나와 출신인 그는 오키나와에 주둔한 미군과 일본인 여성 사이에 태어난 혼혈 사생아로 생부가 누군지도 모르고 살았으며, 어머니가 식당을 경영하는 이라부 이치로와 결혼하자 계부의 성을 따르고 효고 현 아마가사키에서 어린 시절

이라부 히데키

을 보냈다.

고등학교를 졸업한 후 곧바로 롯데 오리온스에 입단한 그는 일본 최고의 강속구 투수로 이름을 날렸는데, 1994년 시즌에서는 239개의 탈삼진을 기록하면서 다승왕과 최다 탈삼진 타이틀을 차지했으며, 2년 연속 최다 탈삼진 기록을 남겼다. 하지만 불같은 성격의 소유자였던 그는 경기 도중에 강판시킨 감독에 항의하는 표시로 덕아웃에서 글러브와 모자를 내팽개치는 행동을 보여 빈축을 사기도 했다.

결국 그는 미국 메이저 리그에 진출할 뜻을 품고 1997년 뉴욕 양키스에 입단했으며, 처음에는 기대 이상의 활약을 보이며 선전했으나 팔꿈치 부상을 입은 후로는 부진을 면치 못하면서 구원투수에 머무르고 말았다. 그 후 몬트리올 엑스포스로 이적한 그는 컨디션이 좋지 않은데다 무릎 부상까지 겹쳐 수술을 받는 바람에 제대로 등판할 기회조차 얻지 못하고 말았다. 이듬해에는 팔꿈치 인대 파열로 수술 권유까지 받았으나 수술을 거부하고 재활치료만 받던 도중에 지나친 과음으로 정신을 잃어 병원에 입원하는 사태가 벌어지자 구단 측으로부터 징계를 받고 곧바로 방출되었다. 그 후 텍사스 레인저스로 이적했으나 건강이 여의치 못했던 그는 저조한 성적으로 시즌을 마치고 말았다.

메이저 리그 활동에서 별다른 두각을 보이지 못한 그는 마침내 2002년 다시 일본으로 돌아가 한신 타이거즈에 입단했으며, 이듬해 시즌 13승을 기록하면서 한신 타이거즈가 18년 만에 우승을 차지하는 데 크게 기여하기도 했다. 하지만 그 후로는 현저하게 구위가 떨어지면서 패전투수로 전락했으며, 결국 팀에서 방출 통보를 받고 말았다. 2005년 현역에서 은퇴한 그는 다시 미국으로 건너가 영주권을 얻고 로스앤젤레스에서 우동 전문점을 개업해 새로운 인생을 살고자 했으나 그마저 경영난으로 2008년에 폐업하고 말았다.

모든 일이 뜻대로 되지 않자 나이 40에 다시 현역으로 복귀하기로 결심한 그는 형편없는 보수로 미국의 무명 팀인 롱비치 아마다에 입단했으나 얼마 견디지 못하고 수개월 후 다시 일본으로 돌아가 일본 남부 시코쿠 섬의 고치 파이팅 독스에 잠시 몸담았다가 손목 부상으로 팀을 떠나고 말았다. 결국 이듬해인 2010년 초 현역에서 완전히 물러난 그는 다시 미국 로스앤젤레스로 돌아갔으나 음주운전으로 경찰에 적발되기도 하는 등 자포자기 상태로 지내기 시작했다. 그는 몬트리올 엑스포스 시절에도 음주운전 때문에 중징계를 받은 적이 있었으며, 일본 오사카에서는 만취한 상태에서 술집 바텐더에게 욕설을 퍼부으며 폭력을 휘둘러 경찰에 체포되기도 했다.

이처럼 극심한 정서적 불안정에 시달린 그는 결국 부인마저 자신의 곁을 떠나 버리자 그로부터 한 달 뒤 로스앤젤레스 근교의 자택에서 스스로 목숨을 끊고 말았는데, 실패한 야구 인생과 부인과의 결별로 인한 우울증이 주된 자살 원인으로 보인다. 원래 그는 현역에서 은퇴한 후 새로운 사업으로 제2의 인생을 걸고자 했으나 그 사업마저 실패했으며, 그 후 일본에서 야구 지도자의 길을 걷고 싶었지만, 일본 야구계에서 받아 주지 않게 되자 더욱 큰 좌절에 빠진 것으로 보인다. 어쨌든 일본과 미국을 오가며 정신적 방황을 거듭한 그는 아무것도 이루지 못한 채 42세라는 한창 나이에 자신의 생을 마감하고 말았다.

그런데 이라부 히데키의 비극적인 최후를 얘기하면서 가장 먼저 떠오르는 인물은 영화 〈슈퍼스타 감사용〉의 주인공 감사용인 것은 왜일까. 우리나라 프로야구 원년 삼미 슈퍼스타즈 창단 멤버로 입단해 투수로 뛰었으나 은퇴할 때까지 단 1승밖에 건지지 못해 패전 처리 전문 투수라는 오명을 뒤집어쓴 감사용(甘四用, 1957~)이지만, 그래도 그는 끝까지 최선을 다해 자신에게 주어진 임무를 완수하고자 혼신의 힘을 기울인 위대한 도전자의 이미지로 계속 남아 있기 때문이다. 그런 점에서 메이저리그까지 진출했던 이라부 히데키는 감사용에 비해 훨씬 더 나은 조건에 있었다고 볼 수 있으며, 진작 감사용의 투혼을 배웠다면 그렇게 허무하게 죽지는 않았을지도 모른다.

줄기세포 연구의 권위자 사사이 요시키

사사이 요시키

줄기세포 연구로 세계적인 명성을 얻은 일본 이화학연구소의 의학자 사사이 요시키(笹井芳樹, 1962~2014) 박사는 수제자인 오보카타 하루코(小保方晴子)가 발표한 줄기세포 연구논문 조작사건에 연루되어 자신의 연구센터 건물에서 목을 매 자살하고 말았다. 일본판 황우석 사건이라 할 수 있는 이 사건의 주인공 오보카타 하루코는 사사이 요시키의 지도를 받아 공동저자 명의로 제3의 만능세포 존재를 권위 있는 『네이처』 지에 발표해 세계 과학계의 주목을 끌었으나 결국 조작된 논문으로 판명되면서 국제적인 망신을 당하고 말았다. 하지만 우리나라와 다른 점이 있다면 일본의 사사이 요시키는 과학자의 도덕적 책임감을 통감하고 죽음으로 사죄했다는 점에서 그나마 과학적 양심을 지켰다고 볼 수 있다.

교토대학교 의과대학을 졸업하고 의학박사 학위를 받은 뒤 미국으로 건너가 UCLA 의학 실험실에서 연구조교로 일했으며, 그 후 귀국해서 교토대학교 교수로 근무했던 사사이 요시키는 2003년 일본 최대의 연구기관인 이화학연구소로 이적한 후 줄기세포 연구에 박차를 가해 배아줄기세포를 뇌와 안구 등의 장기에 심는 방법을 개발해 유명해졌다. 당시 줄기세포 연구는 한국의 황우석 박사가 주도했지만, 2005년 논문조작 사건으로 도중하차하게 되자 그 뒤를 이은 사사이 박사가 줄기세포 연구의 권위자로 급부상한 것이다.

하지만 정작 줄기세포 연구로 노벨의학상을 탄 인물은 미국의 올리버 스미시스(Oliver Smithies)와 마리오 카페키(Mario Renato Capecchi), 영국의 마틴 에번스(Martin John Evans) 등으로 이들은 배아줄기세포 연구로 2007년에 노벨상을 수상했으며, 2012년에는 일본의 의학자로 교토대학교 교수인 야마나카 신야(山中伸弥)가 줄기세포 연구로 노벨의학상을 수상했으니 동갑내기 동료의 수상 소식에 사사이 박사의 마음도 조급해질 수밖에 없었을 것이다. 더욱이 2013년에는 미국 오리건 대학교의 미탈리포프(Shoukrat Mitalipov) 박사팀이 세계 최초로 인간 배아줄기세포 복제에 성공했는데, 그것은 황우석 박사가 9년 전에 발표했다가 거짓으로 드러난 논문 내용과 거의 비슷한 인간 난자를

273

이용한 실험이었다.

이처럼 치열한 경쟁 속에 사사이 요시키의 지도를 받은 연구주임 오보카타 하루코는 2014년 평범한 세포도 얼마든지 다른 세포로 변하게 할 수 있는 만능세포의 개발에 성공했다는 사실을 세상에 알렸으며, 그 자리에는 사사이 박사도 함께 했다. 그 발표로 오보타카는 일약 미녀 과학자로 스타가 되면서 매스컴의 집중조명을 받게 되었으며, 그녀를 지도한 사사이 역시 유명인사로 떠올랐다. 하지만 얼마 가지 않아 조작된 논문임이 들통나게 되자 연구센터 부소장이었던 사사이 요시키는 자신이 근무하던 고베 시 연구동 계단 난간에 목을 맨 채 스스로 목숨을 끊고 말았다.

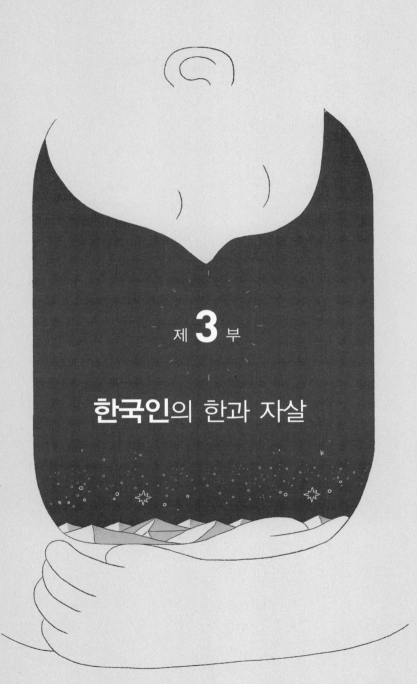

제 **3** 부

한국인의 한과 자살

억울한 모함으로 자결한 호동왕자

비련의 주인공 낙랑공주와 자명고에 얽힌 이야기로 유명한 호동왕자(好童, ?~32)는 고구려 제3대 국왕 대무신왕의 아들이다. 대무신왕은 유리왕의 셋째 아들로 자살한 형 해명을 대신해 왕위에 올랐는데, 힘이 장사였던 해명(解明, BC 12~AD 9)은 황룡국 왕이 보낸 활을 부러뜨리는 무례한 짓을 저지르는 바람에 격노한 부왕의 지시에 따라 자살했으며, 창을 거꾸로 꽂아 놓고 그 위로 말을 달려 죽었다고 전해진다. 그런 점에서 해명의 자살은 우리나라 역사에 기록된 가장 최초의 자살 사건이라 할 수 있다. 어쨌든 대무신왕은 부여 왕 대소를 공격해 죽임으로써 할아버지 주몽의 원수를 갚았으며, 낙랑까지 정벌해 고구려에 병합시키는 업적을 낳은 인물이다.

그런데 대무신왕이 낙랑을 손쉽게 정복할 수 있었던 것은 이미 호동왕자와 혼인관계를 맺은 낙랑공주의 내부 협조가 있었기 때문이었다. 물론 적이 침입했을 때 스스로 울린다는 자명고는 후대에 지어낸 이야기일 뿐이다. 사랑 때문에 자신의 나라와 아버지를 배신한 낙랑공주는 결국 부왕인 최리에 의해 죽임을 당했으며, 호동은 낙랑정벌에 큰 공을 세우고도 사랑하는 아내를 잃어야 하는 아픔을 겪었다. 일설에 의하면 대무신왕이 낙랑을 정벌하기 위해 의도적으로 정략결혼을 시켰다는 말도 있다.

호동이 낙랑정벌에 큰 공을 세우자 그가 태자로 임명될 것을 우려한 원비(元妃)는 자신의 소생인 아들 해우를 왕에 앉히기 위해 호동을 음해하는 거짓을 왕에게 고해바쳤는데, 호동이 자신에게 아들로서 예를 갖추지 않고 오히려 음란한 마음을 품고 대한다는 것이었다. 원래 호동의 생모는 갈사왕의 손녀로 대무신왕의 차비(次妃)였으며, 원비 소생인 해우는 호동의 이복동생이 되는 셈이었다.

처음에는 원비의 말을 믿지 않았던 대무신왕도 왕비가 울면서 그녀의 목숨을 내걸면서까지 자신의 말을 믿어 달라고 호소하자 결국에는 마음이 흔들려 호동에게 벌을 내리려 했는데, 호동은 끝까지 자신의 결백을 변명하지 않고 스스로 칼에 엎드려 자결해 버렸다. 그가 스스로 변명을 늘어놓지 않은 것은 자신의 결백이 밝혀지고 왕비의 사악함이 드러나게 될 경우 부왕에게 큰 근심을 끼치게 되는 것으로 그런 불효를 할 수 없다는 것이 그 이유였다. 결국 호동은 그렇게 죽고 해우가 태자가 되었는데, 나중에 왕위에 오른 모본왕이 바로 해우다. 하지만 모본왕은 포악한 성격으로 백성들의 원성을 산 끝에 자신의 측근에 의해 살해되고 말았다.

두 아들과 함께 목을 매 자결한 봉상왕

고구려의 제14대 국왕 봉상왕(烽上王, ?~300)은 서천왕의 아들로 어

려서부터 몹시 교만하고 시기심이 많았으
며, 평소에도 의심이 많은데다 방탕하기까
지 했다. 292년 부왕이 서거하자 왕위에 오
른 그는 자신의 왕권을 강화하기 위해 숙부
인 달가(達賈)를 음해하여 죽이고, 친동생인
돌고(咄固)마저 역모죄로 몰아 스스로 자살
하게 만들었으며, 돌고의 아들 을불(乙弗)이

봉상왕

달아나자 군사를 풀어 뒤쫓게 했으나 놓치고 말았다. 을불은 자신의
신분을 숨기고 소금장수를 하며 숨어 지내다 나중에 왕위에 올라 미천
왕이 되었다.

무능하기 그지없던 봉상왕은 수차례에 걸친 선비족의 침입에도 속
수무책으로 도망 다니기 바빴으며, 계속 흉년이 들어 백성들이 굶주림
에 시달리는데도 불구하고 궁궐을 증축하는 일에 더 신경을 써 백성들
의 원성이 잦았는데, 신하들의 간언을 무시한 채 공사를 강행했다. 이
에 참다못한 국상 창조리(倉租利)가 여러 신하와 모의해 봉상왕을 별실
에 가두고 그동안 숨어 지내던 을불을 찾아내 새로운 왕으로 모시게
되었다. 강제로 폐위된 봉상왕은 결국 자신에게 화가 미칠 것을 알고
두 아들과 함께 목을 매 자살하고 말았다.

이성계의 회군을 반대하고 자결한 이복형 이원계

최영 장군과 더불어 고려 말의 충신으로 꼽히는 이원계(李元桂, 1330~

1388)는 이복동생 이성계의 위화도 회군에 반대해 자결한 인물로 이자춘의 아들이다. 일찍이 무과와 문과에 모두 급제한 그는 두 차례의 홍건적 침략을 물리쳐 나라를 위기에서 구했으며, 동생인 이성계와 함께 수차례 왜구를 격퇴해 공을 세웠다. 목화를 몰래 들여온 문익점은 바로 그의 장인이며, 문익점 역시 이성계의 역성혁명에 반대하고 여생을 초야에 묻혀 지냈다.

이원계는 이자춘과 노비 출신 한산 이씨 사이에서 태어난 서자로, 5년 뒤에 태어난 이성계는 정실부인 소생이었다. 비록 서자 신분이었으나 그런 이원계를 이성계는 형으로 깍듯이 모시고 대접했다고 한다. 요동정벌에 나섰을 때 이원계는 동생인 이성계의 지휘를 받고 있었는데, 이성계가 위화도회군을 단행하자 동생의 반역적인 처사에 반대한 그는 자신의 네 아들에게 "너희는 나와 입장이 다르니 숙부인 이성계를 도와 충효를 다하라."는 내용의 유언을 남기고 자신은 음독자살했다. 그가 죽은 후 아들 이양우와 이천우는 아버지의 유지를 받들어 조선의 개국공신이 되었는데, 특히 이천우는 그 후 이방원의 편에 가담해 태종 즉위에 큰 공을 세우기도 했다.

울화병으로 유배지에서 자결한 서산군 이혜

양녕대군의 아들인 서산군 이혜(李譓, ?~1451)는 세종대왕의 조카로 평소 술과 여자에 탐닉하고 걸핏하면 사람을 폭행하고 죽이기도 하는 등 숱한 말썽을 피워 조정에 애를 먹였으며, 결국에는 파직되어 유배생활을 하던 도중에 울분을 이기지 못하고 자결을 시도했다가 그 후유증으로 죽고 말았다.

특히 그는 아버지 양녕대군에게 자신의 애첩을 빼앗긴 후에 더욱 심한 행패를 부리기 시작했는데, 울화병도 그래서 생긴 것으로 보인다. 물론 아버지인 양녕대군 역시 자신의 아들 못지않게 무절제한 사생활과 온갖 비행으로 왕세자 직에서 쫓겨난 인물이었기 때문에, 그를 대신해서 아우인 세종대왕이 왕위에 오른 것이다.

어쨌든 양녕대군과 이혜 부자는 세종대왕에게 가장 큰 골칫거리였는데, 특히 조카인 이혜는 수시로 거리에서 패싸움을 벌이며 다니고 남의 첩을 함부로 빼앗는가 하면 놀이판을 벌이다가 폭행을 하는 등 그 행패가 실로 극심했다. 심지어는 사람을 시켜 살인을 저지르거나 자신이 직접 사람을 죽이기까지 해 여러 차례 파직과 복직을 반복했다.

1447년 세종은 이혜가 술주정을 벌이다가 다시 또 사람을 죽이는 일이 벌어지자 그를 유배시켜 여자는 물론 모든 사람과의 접촉을 금하는 동시에 사냥도 하지 못하도록 지시를 내렸는데, 그 후 세종이 세상을 떠나자 이혜는 유배지를 몰래 도망쳐 금강산에 오랫동안 숨어 지내다가 다시 돌아오기도 했다. 어쨌든 이혜는 아버지 양녕대군과 더불어 온갖 물의를 일으키며 왕실 체면에 먹칠을 한 왕족으로 악명이 자자했는데, 수많은 첩을 거느리며 총 27명의 자녀를 낳았던 양녕대군은 자신의 아들보다 10년 이상을 더 살다 세상을 떠났다.

사당에서 자결한 후 거열형을 당한 사육신 유성원

사육신의 한 사람인 유성원(柳誠源, ?~1456)은 집현전 학사를 지낸 문신으로 세종의 총애를 받은 인물이었는데, 세종의 뒤를 이은 문종이 재위 2년 만에 일찍 죽고 단종이 어린 나이로 즉위하자 숙부인 수양대군이 계유정난을 일으켜 김종서 등 원로대신들을 죽이고 왕권을 찬탈하는 일이 벌어졌을 때 모든 집현전 학사들이 도망친 후에도 혼자 남아 있다가 붙들린 신세가 되고 말았다.

홀로 붙들린 유성원은 온갖 협박과 강요 끝에 수양대군의 거사를 미화하고 정당화하는 기록을 쓰고 귀가한 후 대성통곡을 터뜨렸으며, 그후 성삼문, 박팽년 등과 함께 단종 복위를 꾀하는 일을 도모하다 김질의 밀고로 발각되자 부인과 이별의 마지막 술잔을 나눈 뒤 조상을 모시는 사당에 들어가 칼로 자결했다. 하지만 그의 시신은 곧바로 끌려가 수레에 묶인 후 온몸을 찢어 죽이는 거열형(車裂刑)에 처해지고 말았으며, 그의 부인과 딸은 수양대군의 가신 한명회의 노비가 되는 수모를 당해야 했다. 당시 성삼문, 박팽년, 유응부, 하위지 등도 모두 거열형을 당하고 죽었다.

연산군에게 겁탈당하고 자결한 승평부부인

조선시대 왕족인 승평부대부인 박씨(昇平府大夫人 朴氏, 1455~1506)

는 세조의 손자 월산대군의 부인으로 성종의 형수이며, 연산군에게는 백모이기도 했다. 박씨는 뛰어난 미모의 소유자였으나 후손을 두지 못했으며, 남편인 월산대군마저 30대의 나이로 일찍 죽는 바람에 청상과부로 지냈는데, 그런 이유 때문에 어릴 때부터 잔병치례가 많았던 시조카 연산군을 아들처럼 아끼며 정성스레 돌봐 주었다. 따라서 생모인 폐비 윤씨의 억울한 죽음으로 어머니의 정을 모르고 자란 연산군은 대신 백모인 박씨를 어머니처럼 따르게 된 것이다.

그 후 왕위에 오른 연산군은 아예 노골적으로 박씨의 처소를 찾아 강제로 몸을 범했는데, 밤에 자다가 꿈에 월산대군이 나타나자 기겁을 하고 놀란 연산군은 월산대군의 묘에 창을 꽂게 하는 행동을 보이기도 했다. 하지만 박씨가 시조카인 연산군에게 강제로 겁탈당하고 아이까지 가졌다는 소문이 시중에 널리 퍼지게 되자 박씨는 스스로 목숨을 끊고 말았다. 박씨가 그렇게 자살한 후 그녀의 남동생 박원종은 마침내 2개월 뒤에 중종반정을 일으켜 연산군을 폐위시키고 새로운 왕으로 중종을 옹립하게 되었다.

윤원형의 본부인을 독살한 혐의로 자살한 정난정

조선 중기의 악녀로 알려진 정난정(鄭蘭貞, ?~1565)은 첩의 딸로 태어나 기생이 되었다가 명종의 외숙이자 문정왕후의 동생인 윤원형(尹元衡, 1507~1565)의 애첩이 되었다. 그녀는 시누이가 되는 문정왕후의 두터운 신임을 받고 마음대로 궁궐을 드나들며 권세를 부렸는데, 이재에도 밝아 상권까지 장악함으로써 엄청난 부를 축적했으며, 수많은 피를 흘린 을사사화에서 가장 결정적인 역할을 행사했던 여인이다.

인종이 죽고 명종이 즉위하면서 벌어진 을사사화는 결국 같은 파평 윤씨끼리 왕위 계승문제를 둘러싸고 벌인 당쟁에서 비롯된 것인데, 당시 칼자루를 쥔 윤원형은 정난정을 시켜 명종과 문정왕후를 선동하도록 부추겼으며, 마침내 윤임을 비롯해 많은 사림파가 죽임을 당해야 했다. 원래 중종은 장경왕후가 젊은 나이로 일찍 죽자 문정왕후를 왕비로 맞아들인 것인데, 두 여성 모두 파평 윤 씨로 특히 장경왕후의 동생 윤임과 문정왕후의 동생 윤원형 간에 세력다툼이 극에 달했다.

비록 그녀는 윤원형의 본부인을 독살했다는 혐의를 받아 악녀의 대명사로 불리기도 했지만, 봉은사의 승려 보우를 문정왕후에게 소개시켜 불교를 중흥시키고, 윤원형으로 하여금 상소를 올리도록 해서 적자와 서자의 신분차별을 폐지하는 데 가장 중요한 역할을 하기도 했다. 하지만 승려에게 지나치게 높은 관직을 주어 사대부의 반대가 극심했다.

정난정은 문정왕후와 남편 윤원형의 권세만 믿고 너무 설쳐 대는 바람에 많은 사대부의 미움을 샀으며, 결국 문정왕후가 죽기만을 기다리고 있던 반대파들은 왕후가 죽자 마침내 복수의 칼을 빼 들고 반격에 나서서 승려 보우를 귀양 보내고 정난정은 천민으로 강등시킨 후 윤원형과 함께 멀리 유배를 보냈다. 더욱이 윤원형의 본부인 김씨 집안에서 정난정을 독살혐의로 의금부에 고발하고 그 문제로 사대부가 다시 들고 일어서자 그녀는 스스로 목숨을 끊었으며, 윤원형도 그녀의 뒤를 이어 자결했다.

반역죄 혐의를 받고 자살한 정여립

임진왜란이 벌어지기 직전 온 조정을 피로 물들인 기축옥사의 주인
공 정여립(鄭汝立, 1546~1589)은 대동계를 조직해 세력 확장을 꾀하고
더 나아가 병권을 장악한 후 반역을 시도하려 했다는 혐의를 받아 관
군에 쫓긴 나머지 죽도에서 자결한 것으로 알려진 조선 중기의 문신이
요 정치개혁가다. 비록 일부에서는 기축옥사를 정여립의 난으로 부르
기도 하지만, 일으킨 적도 없는 반란이라는 점에서 볼 때, 그렇게 부르
는 것은 적절한 표현이 아닐 듯싶다.

어쨌든 정여립은 대동계를 통해 동시대의 유교적 가치관에 정면으
로 도전한 혁명적인 사상가로 혈연에 따른 왕권 세습에 반대하면서 모
든 권력은 왕이 아니라 백성들에게 있는 것이며, 무능한 왕을 거부하
고 유능한 왕을 선택할 수 있는 권한이 백성에게 있음을 설파한 우리
나라 역사상 가장 최초의 공화주의자이기도 했다. 하지만 당시의 시대
적 가치관에 비춰 볼 때 그의 주장은 종묘사직을 위협하는 매우 불온
한 사상이었기에 당연히 그의 정적들에게는 반역자 명단에 오르고도
남을 충분한 명분을 만들어 주었다고 할 수 있다.

더욱이 그는 처음에 서인의 지도자 이율곡의 문하에 있다가 스승을
배신하고 당시 집권세력인 동인 편에 가담했는데, 이율곡이 세상을 떠
나자 스승을 비판하고 나서 의리를 생명처럼 여기던 당시 유교 사회에
서 그는 스승을 헌신짝처럼 배신하는 패륜아 취급을 당하며 서인의 주
된 공격 대상이 되고 말았다. 결국 선조의 눈 밖에 난 그는 지나치게 과

격한 인물로 낙인찍힌 나머지 경계의 대상이 되었으며, 그런 기미를 눈치 챈 그는 스스로 관직을 버리고 낙향해 은거하면서 학문 연구에만 정진했다.

하지만 자신의 기반인 전주에서 대동계를 조직해 자신의 혁신적인 사상을 전하기 시작하자 그를 따르는 많은 사람이 그의 휘하에 모여 들었으며, 정기적으로 활쏘기 시합을 벌여 술과 음식을 제공하고, 말 타기와 검술 등 다양한 무술까지 연마시킴으로써 불필요한 의혹을 사기도 했다. 더욱이 대동계 조직이 점차 전국적인 규모로 확대되기에 이르자 조정에서는 그가 왜구를 토벌하는 공까지 세웠음에도 불구하고 더욱 큰 의혹의 눈초리로 그를 바라보게 되었다. 특히 그를 적대시했던 서인들에게는 오히려 좋은 공격의 빌미를 제공한 셈이 된 것이다.

마침내 그의 대동계가 신립 장군과 병조판서를 죽이고 병권을 장악한 후 역모를 꾀하려 든다는 고변이 선조의 귀에까지 들어갔으며, 이를 두고 서인과 동인 사이에 치열한 설전이 벌어지게 되었다. 하지만 정여립의 집에서 압수된 문서 중에 선조의 실정을 비난하고 조선왕조의 운이 다했음을 한탄하는 내용들이 발견됨으로써 그는 여지없이 역모를 꾀한 반역도로 몰리고 말았다. 결국 정여립은 죽도에서 관군에 포위되자 스스로 자결했으며, 그가 살던 집은 모두 파헤쳐져 연못으로 만들어졌다.

하지만 사태는 그의 죽음으로 끝나지 않았다. 이를 계기로 본격적인 기축옥사가 시작되었기 때문이다. 선조의 명에 따라 기축옥사를 주도한 서인의 우두머리 정철은 참혹한 고문으로 천여 명에 이르는 동인 세력을 제거했는데, 이에 원한을 품은 동인은 그 후 다시 반격을 가해 서인 세력을 숙청하고 30년간 권력을 차지하게 되었다. 하지만 1623년 인조반정을 일으킨 서인 세력에 의해 다시 밀려난 이후 완전히 몰락의 길을 걷고 말았다. 어쨌든 시대를 앞서간 정여립은 서인과 동인의 당쟁에 휘말려 자신의 뜻을 펼쳐 보지도 못한 채 억울하게 죽어간 시대의 희생양이 되고 말았다.

탄금대 전투에서 패한 신립 장군

신립 장군

임진왜란 당시 왜장 고니시 유키나가가 이끄는 10만 왜군을 충주성 부근 탄금대에서 배수진을 치고 막다가 참패한 후 항복을 거부하고 강물에 뛰어들어 자살한 신립 장군(申砬, 1546~1592)은 고려 창건의 개국공신 신숭겸의 후손으로 22세 때 무과에 급제하고 여진족 토벌에 공을 세워 평안도 병마절도사에 오른 장군이었다. 광복 후 활동한 정치가 해공 신익희 선생의 조상이기도 하다.

신립 장군은 임진왜란이 터지고 파죽지세로 왜군이 북상하자 선조의 명에 따라 충주성에서 왜군을 저지하기 위해 출병했으나 상황 판단에 착오를 일으킨 그는 전세에 유리한 조령을 마다하고 빠져나갈 곳이 없는 탄금대에 진을 치는 바람에 왜군에 몰살당하는 참패를 겪은 후

부하장수인 김여물과 함께 투신자살하고 말았다.

신립은 일촉즉발의 위기에 몰린 조선왕조의 마지막 희망이었는데, 그의 어이없는 패전으로 인해 선조는 백성을 버리고 무작정 피난길에 오르는 수모를 겪어야 했다. 신립의 패배는 그의 쓸데없는 자존심과 고집 때문에 자초한 결과로 조령에 진을 치자는 부하들의 건의를 무시하고 탄금대에서 기마전을 펼치기로 작심했을 때부터 이미 예견된 일이었다. 더욱이 그는 왜군이 몰래 침입해 온 줄도 모르고 방심하고 있다가 충주성을 빼앗겼으며, 산세가 험준한 조령을 마다하고 평지인 탄금대에 병력을 집결시켜 스스로 화를 자초하고 만 것이다. 적장인 고니시 유키나가마저 그런 신립에 대해 천혜의 요새를 버리고 스스로 자기 무덤을 판 어리석기 그지없는 장수라고 비웃기도 했지만, 다른 무엇보다 왜군이 지닌 조총의 위력을 과소평가한 점도 패인 가운데 하나였다. 신립은 조총보다 활의 능력이 더욱 크다고 잘못 판단한 것이다.

어쨌든 신립은 단독으로 적진에 돌진해 달려가 싸울 정도로 매우 용맹스러운 장수임에는 틀림없으나 예리한 전술을 구사하는 지장(智將)은 아니었으며, 그런 이유 때문에 수많은 부하를 몰살당하게 했을 뿐만 아니라 그를 믿고 끝까지 피난조차 떠나지 않고 있던 충주성의 백성들까지 희생당하는 사태를 몰고 온 것이다. 성을 점령한 왜군은 조선인의 코를 숱하게 베어 전리품으로 삼았는데, 지금도 일본 교토에 있는 코무덤에는 왜군이 가져간 조선인 12만 명의 코가 묻혀 있다.

전설에 의하면, 살아남은 일부 병사들이 신립의 시신을 거두어 경기도 광주에 묻었는데, 그 후 묘지 근처에 있는 바위 앞을 사람들이 말을 타고 지날 때마다 한 발자국도 움직일 수 없었다고 한다. 그때 한 장군이 나타나 신립의 묘에 대고 호통을 치자 갑자기 벼락이 치면서 바위가 깨지고 그 옆에 큰 연못이 생기면서 그런 현상이 사라졌다고 해서 그때 이후로 사람들이 그곳을 곤지암(昆池岩)이라 불렀다는 것이다. 곤지암은 큰 연못 바위라는 뜻으로 현재 경기도 곤지암 읍의 명칭이 그래서 생겼다고 한다.

촉석루에서 왜장을 끌어안고 뛰어내린 논개

논개

논개(論介, 1574~1593)는 임진왜란 당시 진주성 촉석루에서 왜장을 끌어안고 남강에 투신한 관기다. 원래 그녀는 진주 사람이 아니라 전북 출신으로 마을 훈장이었던 주달문의 딸이었는데, 네 살 때 아버지를 여의고 숙부 집에 맡겨졌다가 돈에 팔려 민며느리로 들어가게 되자 어머니가 딸을 데리고 친정으로 도주하여 관가에 체포되었다. 비록 무죄로 풀려나긴 했으나 갈 곳이 없게 된 모녀는 관비를 자청해 당시 현감이었던 최경회의 보호를 받게 되었으며, 나중에는 그의 첩이 되었다.

임진왜란이 발발하자 최경회는 의병장이 되어 왜군과 싸웠는데, 당시 논개는 의병 훈련을 뒷바라지하며 그를 도왔다. 진주대첩에서 큰 공을 세운 최경회는 병마절도사가 되어 진주성에 주둔했는데, 제2차 진주성 전투에서 왜군에게 패해 성이 함락되자 남강에 투신자살하고 말았다. 당시 진주성 백성의 대부분이 병사와 함께 장렬히 전사했다. 논개는 왜장들이 승리를 자축하는 잔치에 불려 나갔다가 왜장 게야무라 로쿠스케를 끌어안고 촉석루에서 뛰어내려 함께 죽었는데, 당시 그녀 나이 불과 19세였다.

그런데 같은 시기에 왜장을 죽게 하고 자결한 여인이 또 있었는데, 평양 기생 계월향(桂月香, ?~1592)이다. 임진왜란 당시 평안도 방어사 김응서의 첩이었던 그녀는 왜장 고니시 유키나가의 부장에게 몸을 더럽히게 되자, 적장을 속여 김응서로 하여금 그의 목을 베게 한 후 자신도 자결해 버렸다. 그 후 김응서는 병마절도사로 승진했으나 이순신을 모함하는 등 많은 문제를 일으키다가 후금과의 전투에서 포로로 잡혀 처형당했다.

진주성 싸움에서 패하고 남강에 투신한 의병장들

1592년 임진왜란 초기 진주성 대첩에서 왜군을 물리치고 장렬히 전사한 김시민 장군은 임진왜란 당시 왜군에게 첫 패배의 치욕을 안겨 준 장본인이었다. 이에 분노한 도요토미 히데요시는 그 보복으로 무려 10만에 가까운 대군을 동원해 재차 진주성 공격을 지시했는데, 1593년 제2차 진주성 전투가 바로 그것이었다. 당시 불과 수천의 군사로 왜군을 맞이해 전투를 벌인 의병장 김천일과 양산숙, 최경회 등이 끝까지 분전했으나 성이 함락되자 이들은 모두 항복을 거부하고 남강에 투신해 자살했다.

김천일(金千鎰, 1537~1593)은 전남 나주에서 고경명, 최경회 등과 함께 의병을 일으키고 북진해 수원, 강화 등지에서 왜군과 전투를 벌였는데, 당시 왜군이 점령하고 있던 한성에 비밀 결사대를 몰래 잠입시켜 왜군 진영을 혼란에 빠트리기도 했다. 이여송이 이끄는 명나라 군대가 참전하면서 왜군이 남으로 후퇴하기 시작하자

김천일

이를 추격해 최경회와 함께 진주성에 주둔했는데, 퇴각하던 왜군이 돌연 진주성에 집결해 최후의 공격을 감행하면서 결국 성이 함락되고 말았다. 끝까지 저항하던 김천일은 아들 김상건을 데리고 강물에 뛰어들어 자결했다.

김천일의 부하 장수였던 양산숙(梁山璹, 1561~1593)은 원래 벼슬에는 뜻을 두지 않고 학문에만 정진하던 젊은 선비였으나 임진왜란이 발발하자 나주에서 의병에 가담해 김천일의 부하로 들어갔다. 그는 김천일과 함께 북상하며 수원, 강화 등지에서 왜군과 싸웠는데, 그 후 진주성 전투에서 밀려드는 왜군을 맞아 사투를 벌이다가 결국 성이 함락되는 순간을 맞이하게 되자 김천일을 따라 남강에 투신해 자살했다. 당시 진주성 백성 수만 명이 모조리 왜군에게 죽임을 당하고 말았다.

최경회(崔慶會, 1532~1593)는 원래 성리학자 기대승 밑에서 학문을 배우고 문과에 급제한 문신으로 현감 시절에 논개 모녀의 딱한 처지를 알고 온정을 베풀었으며, 나중에 논개를 후처로 맞아들인 인물이다.

그는 모친상을 당하자 벼슬을 내려놓고 낙향해 삼년상을 치르고 있던 중에 임진왜란을 맞이했는데, 곧바로 형들과 함께 의병을 모집하고 고경명 장군과 합류해 왜군을 상대로 전투를 벌였다.

그 후 금산전투에서 고경명이 전사하자 의병장에 추대되어 남은 병력을 이끌고 전라도로 진격하던 왜군을 격파했으며, 그 공으로 경상도 병마절도사에 임명되어 진주성에 주둔하고 있었다. 하지만 왜장 가토 기요마사가 이끄는 대군이 진주성을 공격하기 시작하자 김천일과 함께 분전했으나 결국 9일 만에 성이 함락되면서 남강에 투신해 자살했다. 그가 죽은 후 그의 애첩 논개 역시 왜장들의 축하연에 불려 나와 접대하던 중에 왜장을 끌어안고 남강에 투신자살했다.

남원성을 지키다 분신자살한 장수 이복남

임진왜란 당시 전라도 웅치 전투에서 승리를 거두고 그 후 정유재란 때에는 남원성 전투에서 자신을 따르던 천여 명의 병사들과 함께 고니시 유키나가의 5만 왜군을 상대로 용감히 싸우다 성이 함락되자 볏짚에 불을 붙여 분신자살한 이복남(李福男, 1555~1597)은 비록 그 이름이 잘 알려져 있지는 않지만 조선왕조 500년 역사에서 이순신과 더불어 가장 장렬한 최후를 마친 장수 가운데 한 사람이다.

1597년 정유재란이 일어나자 당시 전라도 병마절도사였던 그는 해안에 상륙한 왜군을 섬멸하기 위해 군사를 이끌고 순천, 광양에 출병했다가 왜군에 포위된 남원성의 명나라 장수 양원으로부터 구원 요청을 받고 급히 회군했는데, 출발 직전에 군사들을 모아 놓고 승산 없는 전투에 억지로 자신을 따를 필요가 없으니 떠날 자가 있으면 지금 이 순간 떠나도 좋다는 말을 남겼다.

평소에도 군졸들과 함께 숙식을 함께 할 정도로 부하들의 신망을 얻고 있던 그였던지라 군졸들은 그와 함께 기꺼이 죽겠다는 맹세를 하며 그의 뒤를 따랐는데, 남원성 앞에 다다른 이복남과 그가 이끄는 천여 명의 군졸들은 성을 포위한 왜군들 사이로 피리와 나팔을 불며 행군하는 의연한 모습을 보여 오히려 왜군들을 놀라게 했다. 왜장 고니시 유키나가는 소수에 불과한 이복남의 부대가 성안에 들어갈 수 있도록 길을 비켜 주었는데, 어차피 죽을 목숨들이라고 여겼기 때문이다.

이처럼 이복남의 부대는 죽음을 각오하고 남원성에 들어가 성을 수비하고 있던 4천 명의 병력과 합류했는데, 곧이어 총공격을 개시한 5만 명의 왜군을 상대로 5일 동안 버티며 결사항전을 벌였으나 그를 따르던 군졸들의 대부분이 전사했을 뿐만 아니라 전세가 불리해지자 명나라 장수 양원마저 도주해 버리고 말았다. 이복남은 함께 탈출할 것을

〈이복남의 남원성 진입〉

권유하는 양원의 말을 단호히 거절한 채 직접 검을 빼 들어 밀려드는 왜군과 혈투를 벌였는데, 마침내 성이 함락되자 자신의 이를 뽑아 부하에게 맡기며 가족에게 전하라는 말을 남기고 군졸들로 하여금 자신의 주위에 볏짚을 쌓고 불을 지르게 해 분신자살했다. 당시 그의 나이 42세였다. 그가 죽은 후 평소 친분이 있던 허균은 그의 공덕을 기리는 글을 남기기도 했다.

원래 이복남은 전통적으로 무신을 배출한 우계(羽溪) 이씨 집안의 후손으로 강원도 명주 태생이다. 그는 고려의 장수 이의(李嶷)의 후손으로 이의는 이성계와 함께 요동정벌에 나섰으나 그 후 이성계가 조선을 건국하자 관직을 버리고 낙향한 후 이성계의 부름에도 일체 응하지 않은 고려의 충신으로 알려진 인물이다. 고조부 이지방, 증조부 이광식, 조부 이전, 종조부 이용 등은 모두 무과에 급제해 변방의 장수로 활동한 인물들이다. 특히 그의 조부 이전은 의주로 피난을 떠난 선조를 끝까지 모시던 지중추부사였고, 그의 동생 이인남과 두 숙부는 충주 탄금대에서 신립 장군의 부관으로 복무하다 전사했으며, 동생 이덕남도 강원도에서 왜군과 싸우다 전사했다. 이처럼 무신 전통의 집안 배경 때문에 이복남 역시 무관이 되기로 결심한 것으로 보인다.

그런데 일본에 인질로 끌려간 그의 셋째 아들 이경보는 그곳에서 리노이에 모토히로(李家元宥)로 개명하고 한의사로 활동했으며, 일본 여인과 혼인해 자손까지 두었는데, 일본의 역사학자이며 언론인이었던 리노이에 마사후미(李家正文)는 자신의 특이한 성에 의문을 품고 가계의 역사를 추적한 결과 자신의 조상이 정유재란 당시 볼모로 잡혀 간 이경보임을 알게 되었다. 그런 사실을 1980년에 출간한 책 『찾아낸 이

천 년 전의 뿌리: 나를 인도한 흰 오얏꽃』을 통해 알린 그는 1982년에 가족을 데리고 방한해 경주의 이알평 사당과 강릉의 우계 사당, 이복 남의 묘소를 참배해서 화제가 되기도 했다.

광해군의 후궁 소용 정씨와 영조의 딸 화순옹주의 자살

조선의 제15대 왕 광해군의 후궁이었던 소용 정씨(昭容 鄭氏, ?~1623)는 비록 천인 출신의 후궁이었지만, 왕의 비위를 잘 맞추고 문서 관리에도 능해 광해군의 특별한 총애를 받은 것으로 알려졌다. 당시 광해군의 각별한 총애를 받은 여성들로는 소용 정씨를 비롯해 외모가 뛰어나고 아첨에 능한 소용 임씨, 그리고 머리가 비상하고 계략에 뛰어난 상궁 김개시가 손꼽히는데, 소용 정씨는 인조반정으로 광해군이 폐위된 바로 그날 스스로 목숨을 끊었다. 하지만 소용 임씨는 인조의 명에 따라 유배지에서 광해군을 계속 모시다가 그 후 사형당해 죽었으며, 요부로 간주된 상궁 김개시는 인조반정 때 곧바로 참수되었다.

물론 소용 정씨의 자살은 폭군의 후궁으로서 사사될 것이 두려워서였겠지만, 제21대 왕 영조의 차녀였던 화순옹주(和順翁主, 1720~1758)의 자살은 남편 김한신이 30대 나이로 일찍 세상을 떠나자 슬픔을 이기지 못하고 굶어 죽은 결과였다. 그녀는 곡기를 끊은 채 보름 만에 남편의 뒤를 따랐는데, 영조가 극구 말려도 말을 듣지 않았다. 화순옹주는 조선의 왕족들 가운데 유일하게 열녀로 지정된 여성으로 정조에 의해 열녀로 봉해진 후 그녀를 위한 열녀문이 세워지기도 했다. 그런데 정작 영조의 사랑을 가장 많이 받은 화완옹주는 친조카인 정조가 즉위한 후 양자인 정후겸과 더불어 역적으로 간주되어 한동안 유배생활을 하기도 했다.

청나라 군사에 저항하다 분신자살한 충신들

1636년 인조 때 조선의 친명정책에 불만을 품은 청나라가 10만 대군을 동원해 조선을 침략한 병자호란은 불과 2개월 만에 싱겁게 끝나 버린 전쟁이었으나 남한산성에서 버티던 인조가 성문 밖으로 나와 무릎을 꿇고 항복하는 등 조선으로서는 씻을 수 없는 치욕과 수모를 겪은 전쟁이었다. 하지만 당시 강화도에서 청나라 군사에 끝까지 항전을 계속하던 충신들은 굴욕적인 항복을 거부하고 끝내 분신자살로 생을 마감했는데, 김익겸을 비롯해 김상용과 권순장 등이 바로 그 주인공들이다.

그중에서도 가장 먼저 자결한 김익겸(金益兼, 1614~1636)은 『구운몽』과 『사씨남정기』로 유명한 소설가 서포 김만중의 아버지로 그는 병자호란 당시 남한산성이 포위되자 강화도로 건너가 강화산성 수비에 가담했는데, 청나라 군사의 맹공으로 성이 함락 위기에 몰리게 되자 홀로 성루에 올라가 분신자살하고 말았다. 당시 나이 22세에 불과했던 그는 두 아들을 두었는데, 장남 김만기는 인경왕후의 아버지로

숙종의 장인이며, 유복자로 태어난 김만중은 조선을 대표하는 소설가가 되었다.

김상용

한편 광해군 때 인목대비가 폐위되면서 관직을 버리고 낙향했다가 인조반정 이후 다시 부름을 받아 이조판서와 예조판서, 우의정 등 요직을 두루 거친 76세의 노대신 김상용(金尙容, 1561~1637)은 서예와 문장에 뛰어난 솜씨를 지녔던 매우 강직한 신하로 병자호란이 일어나자 인조의 명에 따라 봉림대군과 인평대군을 모시고 강화도로 건너갔으나 청나라 군사가 강화산성을 공격해 함락시키자 화약을 쌓아 놓고 불을 질러 자폭했으며, 당시 13세였던 어린 손자 김수전 역시 조부를 따라 죽겠다며 불길에 뛰어들어 함께 죽었다.

30세의 젊은 나이로 의병장이 되었던 권순장(權順長, 1607~1637)은 병자호란이 일어나자 두 아우와 함께 어머니를 모시고 강화도에 피난을 갔다가 그곳에서 의병을 모집해 김익겸과 함께 결사항전을 펼쳤으나 결국 청나라 군대에 성이 함락되자 충신 김상용과 함께 화약에 불을 질러 스스로 자결했으며, 그의 두 남동생도 끝내 전사하고 말았다. 이들 3형제가 모두 죽자 권순장의 아내와 누이동생은 목을 매 자결했다. 당시 강화도에 있던 두 왕자는 곧바로 청나라에 인질로 끌려갔는데, 봉림대군은 형 소현세자가 갑자기 죽자 귀국해 왕위에 올라 효종이 되었다.

대원군의 쇄국정책을 도운 홍순목과 아들 홍만식

구한말 흥선대원군의 측근으로 활동하며 그의 쇄국정책을 도왔던 수구당 강경파의 우두머리 홍순목(洪淳穆, 1816~1884)은 고종이 즉위한 후 황해도 관찰사와 예조판서를 거쳐 1869년 영의정 자리에까지 오르며 출세 가도를 달렸는데, 그 후 관직에서 물러났다가 1882년 임오군란으로 대원군이 잠시 정권을 되찾게 되면서 다시 등용되는 듯싶었으나 청나라 군대의 개입으로 대원군이 제거되는 바람에 정계 복귀에 대한 그의 야심도 수포로 돌아가고 말았다.

그 후 1884년 그의 둘째 아들 홍영식(洪英植, 1856~1884)이 일본의 지원을 등에 업고 김옥균, 박영효 등과 함께 갑신정변을 일으켰으나 3일 만에 실각하고 청나라 군사에게 살해당했으며, 그 일로 집안에 화가 미칠 것을 예상한 홍순목은 자신의 며느리, 손자 등 일가족 20명과 함께 집단 자살해 버렸다. 하지만 3남 홍정식은 이름을 바꾸고 살아남았으며, 아버지와 함께 삭탈관직을 당한 장남 홍만식(洪萬植, 1842~1905)은 곧바로 자수해 옥살이를 하다가 풀려난 후 1905년 을사조약이 체결되자 분을 이기지 못한 나머지 음독자살했다.

홍순목과 홍만식, 홍영식, 홍정식

을사늑약에 반대해 자결한 순국열사 민영환

민충정공으로 알려진 민영환(閔泳煥, 1861~1905)은 대한제국의 중신으로 당시 민씨 세도가의 지도자 민겸호의 아들이다. 민비와는 먼 친척간이기도 했다. 그의 조부 민치구는 흥선대원군의 장인이며 고종의 외조부이기도 했으니 민영환은 구한말 당시로서는 실로 막강한 집안 배경을 지닌 정계의 실력자였다고 할 수

민영환

있다. 그런 배경으로 고속승진을 계속하며 요직을 두루 거친 그는 임오군란 때 부친 민겸호가 무참하게 살해당하자 잠시 관직을 떠났다가 4년 후에 정계에 복귀했으나 을미사변으로 민비가 일본 낭인들에게 살해되자 다시 낙향해 은둔생활에 들어갔다.

하지만 그 후 고종의 부름을 다시 받고 복귀한 그는 조선왕조 대표로 러시아 제국의 황제 니콜라이 2세 대관식에 참석했으며, 당시 미국과 유럽 등 서구문명을 처음 접하게 된 그는 개화의 필요성을 절감하고 서구 열강 세력의 제도와 민권신장을 촉구하는 상소를 올렸으나 고종은 군사제도 개혁에만 그의 의견을 채택했을 뿐이었다. 한때 수구세력인 민 씨 일파의 미움을 사기도 했지만 고종의 신임이 두터웠던 그는 그 후에도 좌의정과 우의정, 영의정 등 고위직을 섭렵했다.

그 후 대한제국이 선포되면서 친일파 대신들과 크게 대립한 그는 일

제의 내정간섭을 비난해 요직에서 밀려났으며, 마침내 1905년 굴욕적인 을사늑약이 체결되자 조선의 앞날을 걱정하는 유서를 남기고 자신의 집에서 자결했다. 당시 그가 자살한 장소에서 자라기 시작한 것으로 알려진 대나무를 혈죽이라고 부르는데, 그 후 일제는 항일정신의 확산을 우려해 혈죽이 조작된 사실임을 입증하고자 조사를 실시하기도 했으나 그 혈죽은 지금도 후손들에 의해 소중히 보존되어 내려오고 있다.

그런데 을사늑약에 반대해 자결한 순국열사는 민영환뿐이 아니었다. 대한제국 당시 외교관이었던 이한응(李漢應, 1874~1905) 역시 자신의 목숨을 바치면서까지 을사조약에 반대했는데, 당시 영국 주재 공사 서리로 런던에 근무하던 그는 영국 정부에 한국의 독립과 주권, 영토 보존을 보장해 줄 것을 요청했으나 영국 정부가 냉담한 반응을 보이자 크게 좌절한 나머지 을사늑약이 체결되기 직전 런던에서 음독자살했다. 그리고 우암 송시열의 후손으로 구한말의 유학자였던 송병선(宋秉璿, 1836~1905)은 을사늑약 이후 고종을 직접 알현하고 그 부당함을 진언하다가 성문 밖으로 쫓겨나자 고향으로 내려가 북쪽을 향해 네 번 절한 후에 음독자살했다.

망국의 울분으로 죽음을 선택한 우국지사들

고조선이 한나라에 멸망한 이후 수많은 왕조가 그토록 숱한 외침에도 불구하고 한반도에 그 명맥을 줄기차게 이어 왔으나 1910년 일본의 강압에 의해 이루어진 한일병합은 2,000년간 이어진 국혼의 상실을 알리는 실로 통탄스러운 비극적 사건이 아닐 수 없었다. 그런 망국의 슬픔과 울분을 이기지 못하고 스스로 목숨을 끊은 우국지사들이 있었으니 그 대표적인 인물로 구한말의 선비 황현과 금산군수 홍범식, 그리고 머나먼 이역만리 러시아에서 자살한 외교관 이범진을 들 수 있다.

황현(黃玹, 1856~1910)은 전라도 광양 출신의 선비로 과거에 급제했으나 벼슬을 마다하고 낙향해 후학 양성에 힘쓰며 사료적 가치가 풍부한 『매천야록(梅泉野錄)』을 저술했는데, 그는 1892년에 벌어진 운현궁 폭발사고의 배후 인물로 민비를 지목하기도 했다. 하지만 한일병합 조약이 체결되자 망국의 울분을 담은 절명

황현

시(絶命詩)를 남긴 채 전남 구례의 자택에서 음독자살했다. 당시 그의 절명시를 경남일보에 게재했던 주필 장지연은 필화사건에 연루되어 한때 곤욕을 치르기도 했다. 사학자 황의돈과 우리나라 최초의 여성판사 황윤석은 바로 황현의 후손이다.

홍범식(洪範植, 1871~1910)은 충북 괴산 출신으로 명문가의 후손이다. 과거에 급제해 금산군수로 근무하고 있을 때 한일병합 소식을 들은 그는 조약 체결이 공표된 그날 밤 빼앗긴 나라를 되찾으라는 내용의 유서를 남기고 자택에서 목을 매 자살했다. 그의 부인 조씨는 한국전쟁 당시 월북자의 가족으로 몰려 총살당했는데, 소설 『임꺽정』의 저

자로 알려진 아들 홍명희(洪命熹, 1888~1968)가 월북작가였기 때문이다. 홍명희는 납북된 춘원 이광수가 사경을 헤매자 김일성의 허락을 받아 병원에 입원시키는 등 도움을 주기도 했으며, 홍명희의 아들 홍기문과 손자 홍석형은 북한에서 요직을 맡기도 했다. 홍기문의 부인은 납북된 역사학자 정인보의 딸이었다.

이범진(李範晉, 1852~1911)은 구한말의 외교관으로 세종대왕의 후손이다. 고종 때 문과에 급제해 민비의 총애를 받은 그는 을미사변으로 민비가 살해당하고 친일파가 득세하자 파직당한 후 러시아로 망명했다가 아관파천을 통해 친일파를 몰아내고 법무대신이 되었으나 다시 신변이 위험해지자 주미

이범진

공사를 자원해 한국을 떠난 이후 수년간 미국과 유럽 각지에서 외교관으로 활동했다. 러시아 주재 공사로 근무할 때 을사늑약이 체결되면서 대한제국의 외교권을 박탈한 일제가 공사관을 폐쇄하고 국내 소환을 지시했으나 이에 불응한 채 상트페테르부르크에 머물며 공사 업무를 계속했다.

그는 1907년 헤이그에서 개최된 만국평화회의에 참가하기 위해 은밀히 파견된 고종의 특사들이 안전하게 현지에 도착할 수 있도록 러시아 황제에게 신변보호를 요청했는데, 당시 이준, 이상설과 함께 동행한 이위종은 바로 그의 아들이었다. 그뿐 아니라 이범진은 독립운동 자금을 마련해 연해주 지역의 항일운동을 지원하기도 했다. 하지만 한일병합 이후 망국의 슬픔을 달래지 못한 그는 상트페테르부르크에서

자신의 머리에 총을 쏴 자살하고 말았다.

한편 그의 아들 이위종(李瑋鍾, 1887~1917)은 7개 국어에 능통했던 인물로 이준과 함께 헤이그 밀사로 파견되어 일본 대표의 방해에도 불구하고 각국 대표들 앞에서 한국의 억울한 입장을 알리고 을사늑약이 고종황제의 승인 없이 강압에 의해 체결된 것이기 때문에 무효라는 사실을 강력히 주장하며 일본의 만행을 규탄하는 연설을 감행하기도 했다.

당시 일본은 궐석재판을 열어 3명의 밀사에게 사형을 선고하고 체포령을 내렸는데, 이위종은 호텔에서 사망한 이준을 헤이그에 안장시킨 뒤 이상설과 함께 미국으로 망명했다가 그 후 러시아로 돌아가 항일투쟁을 계속했다. 흔히들 이준 열사가 회의장에서 할복자살한 것으로 알고 있지만, 그것은 사실이 아니며 실제로는 병에 걸려 죽었다. 어쨌든 아버지 이범진이 자결하자 곧바로 러시아 육군사관학교에 들어가 교육을 받은 후 제1차 세계 대전에 러시아군 장교로 참전해 싸우다가 동부전선에서 전사하고 말았다. 참으로 기구한 일생이 아닐 수 없다.

조선의 독립을 요구하며 자결한 대종교 창시자 나철

대종교의 창시자이며 독립운동가이기도 했던 나철(羅喆, 1863~1916)은 전남 보성 출신으로 일찍이 한학을 공부하고 문과에 급제했으나 벼슬에는 뜻이 없어 낙향한 후 호남 출신 지식인들과 함께 비밀결사단체인 유신회를 조직해 민족주의운동에 뛰어들었다. 굴욕적인 을사늑약이 체결되자 을사오적 암살을 시도하려다 실패한 후 자수해 섬에서 유배생활을 했으며, 1년 만에 귀향한 후로는 오로지 수도에만 몰두하는 가운데 마침내 1909년 단군을 숭배하는 민족종교 대종교를 창시해 민족의식을 고취시켰다.

당시 어지러운 세상 분위기로 신도 수가 2만 명으로 급증했는데, 그 후 한일병합이 이루어지면서 일제의 박해를 피해 교단을 이끌고 만주로 활동무대를 옮겼다. 그러나 1915년 대종교의 교세 확장에 위협을 느낀 일제가 종교를 규제하는 법을 공표하며 노골적인 탄압을 가하기 시작하자 교단의 존폐위기에 몰린 그는 1916년 황해도 구월산에서 단군에게 제천의식을 올린 뒤에 단군과 인류를 위해 스스로 목숨을 끊는다는 내용의 유서를 남기고 자결했다. 당시 그는 일본 천황과 국회에 조선의 독립을 요구하는 장문의 글을 보내기도 했다.

나철이 죽은 후 그의 뒤를 이은 2대 교주 김교헌은 무장독립단체인 북로군정서를 조직해 독립운동에 크게 기여했는데, 북로군정서는 김좌진 장군을 중심으로 1920년 청산리전투에서 일본군을 격파하는 전과를 올렸으나 이에 대한 보복으로 일제가 대토벌작전을 전개하며 수많은 교인을 무자비하게 학살하자 김교헌은 통분을 이기지 못하고 병이 들어 죽었다. 그 후 3대 교주가 된 윤세복은 일제의 압력을 받은 만주 길림성장 장작상이 대종교의 포교 금지령을 내리자 본거지를 발해의 옛 도읍지 동경성으로 옮겼으나 1942년 일경에 검거되어 모진 고문을 받고 옥사했다.

제
3
부
•
한
국
인
의
한
과
자
살

유배지에서 굶어 죽은 최익현과 임병찬

구한말 을사늑약에 반대해 의병을 일으켰다가 일본군에 체포되어 대마도로 끌려간 최익현과 그의 제자 임병찬은 타협을 모르는 강직한 선비 출신으로 두 사람 모두 곡기를 끊고 굶어 죽었다. 다만 최익현은 을사늑약 직후 대마도 유배지에서 죽었고, 대마도에서 풀려난 임병찬은 그 후 한일병합이 이루어지자 전국적으로 거병을 일으켜 독립을 선포하려다 발각되어 거문도 유배지에서 최후를 마쳤다.

최익현(崔益鉉, 1834~1907)은 경기도 포천 출생으로 이항로 밑에서 수학한 정통 노론의 대표적 인물이다. 철종 때 과거에 급제해 관직에 들어선 그는 청렴결백하고 강직한 인물로 정평이 나 있었으며, 처음에는 안동 김 씨의 세도정치에 반발해 흥선대원군의 개혁정책을 적극 지지하고 나섰으나 점차 월권행위의 도가 심

최익현

해지자 마침내 대원군에게 등을 돌리고 경복궁 중건과 서원 철폐 등 그의 실정을 공격하기 시작해 결국에는 고종의 친정을 성사시키고 대원군을 몰아내는 데 성공했다.

하지만 그 후 개항을 추진하던 민씨 일가와도 마찰을 빚기 시작한 그는 일본과의 강화도조약에 반대해 도끼를 메고 광화문 앞에 나아가 개항에 반대하는 시위를 벌인 일로 흑산도에서 4년간 유배생활을 하

기도 했다. 유배에서 풀려난 후 낙향해 은거하던 그는 1894년에 벌어진 동학농민운동과 곧이어 친일파에 의해 단행된 갑오개혁에 크게 반발하면서 왕권에 도전한 동학에 대해서도 도적 떼에 비유하며 맹비난을 퍼부었다. 이듬해 을미사변에 이어 단행된 단발령을 계기로 의병을 일으키려다가 체포된 그는 강제로 단발을 시행하려는 유길준에 극렬히 저항하면서 "내 목을 자를 수 있을지언정 머리카락만큼은 자를 수 없다."고 버텨 결국 그에 대한 삭발 시도는 실패하고 말았다.

서구식 문물을 받아들이는 데 무조건 반발한 그는 대한제국 수립에도 반대했는데, 1905년 마침내 을사늑약이 체결되면서 일제에 의해 국권을 박탈당하자 을사오적의 처단을 주장하며 전국에 포고문을 돌려 항일운동을 전개했으며, 납세 거부와 철도 이용 거부 및 일본 상품 불매운동을 벌이는 한편, 향리에서 후학을 양성하고 있던 제자 임병찬을 찾아가 본격적인 의병 계획에 들어갔다. 마침내 임병찬과 함께 전북 정읍에서 거병한 그는 호남 각지를 접수하면서 한동안 크게 세력을 확장했으나 관군의 대대적인 반격을 받으면서 일거에 진영이 무너지고 말았는데, 그것은 같은 동포끼리 총부리를 서로 맞대어 싸울 수 없다는 최익현의 호소 때문이었다.

결국 임병찬과 함께 경성으로 압송된 최익현은 일본군에 넘겨졌으며, 대마도로 강제 이송된 직후 대마도주가 일본식 단발을 요구하자 이에 대한 항의 표시로 단식에 돌입했는데, 일본인들이 강제로 그의 입에 음식을 넣기도 했지만, 그는 모두 뱉어 내며 끝까지 입을 열지 않았다. 그 후 고종황제의 명으로 가까스로 단식을 중단했으나 이미 노쇠해 기력이 다한 그는 얼마 가지 않아 74세 나이로 숨을 거두고 말았다. 그의 유해는 배편으로 경남 초량에 도착한 후 수많은 인파가 늘어서 애도하는 가운데 본가인 충남 청양에 도착해 무동산 자락에 안장되었다.

최익현과 함께 대마도로 끌려간 임병찬(林炳瓚, 1851~1916)은 스승이 죽은 해에 풀려나 귀국한 이후 불과 3년 뒤에 한일병합이 이루어지자 고종의 밀명을 받고 전국적 규모의 의병을 조직하는 일에 돌입하였다. 그 후 1914년 5월을 거사일로 잡아 독립을 선언할 계획까지 세웠으나 사전에 계획이 발각되면서 독립의군부 지도부가 일경에 대거 체포되는 바람에 그 조직은 완전히 해체되고 말았다. 거문도에 유배된 임병찬 역시 자신의 스승처럼 단식투쟁에 들어간 끝에 결국 굶어 죽었다. 그 후 아들 임응철과 임병찬의 동생 임병대는 대동단에 가담해 의친왕 해외 망명을 돕다가 실패해 옥살이를 하기도 했다.

일제에 항거해 폭탄 테러를 가하고 자결한 순국열사들

일제 강점기에 수많은 독립투사들이 일제에 항거하다 희생되었지만, 그중에서도 도심 한복판에서 과감히 폭탄을 투척해 일제의 간담을 서늘하게 만들며 대한 남아의 기개를 만천하에 과시하고 자결한 김상옥과 나석주, 장진홍 열사의 의로운 죽음은 날이 갈수록 민족의식이 희박해지는 오늘날의 청년들에게 좋은 귀감이 되고도 남을 것이다. 김상옥은 1923년 당시 독립운동 탄압으로 악명이 자자했던 종로경찰서에 폭탄을 투척했으며, 나석주는 1926년 조선식산은행과 동양척식회사

김상옥

에 폭탄을 투척하고, 장진홍은 1927년 조선 은행 대구지점 폭파사건을 주도한 인물이다.

김상옥(金相玉, 1890~1923)은 원래 기독교 인으로 3·1 운동 당시 만세를 외치던 여고 생을 칼로 베려던 일본 군경을 때려눕히고 그 검을 탈취하기도 했는데, 그 후 항일 비 밀결사단체 혁신단을 조직해 본격적인 항일 운동에 뛰어들었으며, 요인 암살 계획이 발각되자 중국 상해로 망명해 임시정부의 김구, 조소앙 등을 만나 의열단에 가입했다. 권총과 폭탄 을 몰래 지니고 서울에 잠입한 그는 1923년 1월 종로경찰서에 폭탄을 투척해 10여 명에게 부상을 입히고 도주했는데, 일경의 추적을 피해 은신하던 중에 다시 사이토 총독을 암살하기 위해 서울역 주변을 배회 하다가 일경에 포위되자 백주 대로상에서 총격전을 벌인 끝에 형사부 장 다무라를 사살하고 일경 20여 명에게 중상을 입힌 후 달아났다. 며 칠 후 자신의 출생지인 종로 효제동에서 포위당한 그는 민가의 지붕을 뛰어다니며 400여 명의 일본 군경과 치열한 총격전을 벌이다가 총알이 떨어지자 마지막 남은 한 발로 자결했는데, 당시 그는 11발의 총알을 맞은 상태였다.

나석주(羅錫疇, 1892~1926)는 황해도 재령 태생으로 부호들을 위협해 독립운동 자금을 모집해서 상해 임시정부에 송금하는 일을 벌이다가 평산의 경찰 주재소를 습격해 일 경과 면장을 살해하고 중국으로 피신했다.

나석주

중국에서 무관학교를 졸업한 그는 잠시 중국군에 복무한 후 상해 임시 정부의 김구를 만나 의열단에 가입했으며, 1926년 김구의 지시를 받고 국내에 잠입해 식산은행과 동양척식회사에 폭탄을 투척한 후 일경과 대치하고 있던 중에 권총으로 자결을 시도했다. 치명적인 총상을 입은 그는 일경에 의해 병원으로 후송되었으나 고등계 형사의 심문을 받던 도중에 곧바로 절명했다.

경북 칠곡 태생인 장진홍(張鎭弘, 1895~1930)은 일제가 대한제국 군대를 해산하는 과정에서 황실 경호 명목으로 남겨 놓은 조선보병대에 복무하다가 제대한 후 비밀결사단체 광복단에 가입해 활동했으며, 그 후 만주로 망명해 독립운동을 계속했다. 광복단 동지의 소개로 전문가에게 폭탄 제조법을 배운 그는 자신이 직접 제조한 폭탄으로 단독 거사를 계획하고 1927년 선물상자로 위장한 폭탄을 사람을 시켜 조선은행 대구 지점에 전달했는데, 폭탄이 터지면서 경찰을 포함한 10여 명이 부상을 입었으며, 장진홍은 현장에서 달아났다. 그 후에도 두 차례 폭탄 테러를 계획하던 그는 경찰의 수사망이 좁혀 들자 일본 오사카로 피신해 동생 집에 숨어 있던 도중에 일경의 끈질긴 추적으로 1929년에 체포되고 말았으며, 이듬해 자신에게 사형이 확정되자 복역하던 대구 형무소에서 자결했다.

쥐약을 먹고 자살한 명월관 기생 강명화

일제 강점기에 벌어진 정사사건으로 한동안 장안에 큰 화젯거리가

강명화

되었던 비련의 주인공 강명화(康明花, 1900~1923)는 평양 출신의 명월관 기생으로, 자신의 연인 장병천과 결혼하고자 했으나 그의 집안에서 결혼을 반대하자 두 사람이 함께 일본으로 애정의 도피행각을 벌이다가 끝내는 충남 온양에서 쥐약을 먹고 자살해 버렸다. 그녀의 애인 장병천도 그 후 두 번의 자살시도 끝에 결국 숨을 거두었다. 이들의 정사사건은 윤심덕의 동반 자살이 있기 3년 전에 벌어진 일로 당시 조선뿐 아니라 일본과 중국에도 알려져 큰 화제를 불러일으켰다.

원래 장병천은 경상도의 대부호 장길상의 아들로 평양 출신 기생 강명화와 사랑에 빠져 혼인하고자 했으나 집안에서 극렬히 반대하자 가출한 뒤 그녀를 기방에서 빼내고 함께 종로에서 동거하다가 한동안 일본으로 건너가 지내기도 했는데, 그 후 다시 귀국해 충남 아산에서 동거생활을 계속했다. 하지만 자신 때문에 곤경에 빠진 애인의 처지를 보다 못한 그녀는 함께 떠난 온양온천 여행길에 잠시 그가 외출한 사이 여관방에서 음독자살하고 말았다. 뒤늦게 그녀를 발견한 장병천은 황급히 병원에 연락을 취하려 했으나 그녀는 자신은 이미 틀렸다며 만류한 채 마지막으로 자신을 꼭 껴안아 달라고 부탁했다.

그녀의 비극적인 죽음은 곧바로 신문에 대서특필되었으며, 그녀의 장례식에는 수많은 기생이 모여들어 애도를 표하기도 했다. 당시 김일엽과 함께 신여성운동을 주도했던 화가 나혜석은 기생을 천시하는 사회적 편견을 지적하며 그녀의 죽음을 추모하는 내용의 기사를 쓰기도 했다. 한편 그녀의 죽음에 크게 상심한 장병천은 한동안 식음을 전폐하고 두문불출하다가 한 달 후에 그들이 함께 묵었던 온천 여관방에서 그녀와 같은 방법으로 쥐약을 먹고 죽으려 했다가 실패하자 몇 달 뒤 다시 자살을 시도한 끝에 결국 숨을 거두고 말았다.

두 남녀가 죽은 이듬해 일본인 감독 하야가와(早川)는 현지답사를 마친 뒤 기생 문명옥을 캐스팅해 영화 〈비련의 곡〉을 제작·상영해 많은 관객이 몰렸는데, 이에 분격한 장병천의 아버지 장길상은 조선총독부에 상영금지를 요청했으나 거부당하고 말았다. 1925년에는 작가 이해조가 강명화 자살사건을 소재로 소설 『강명화실기』를 익명으로 발표했는데, 이때도 역시 장길상이 사람들을 동원해 시판된 소설을 전량 구매해 불태워 버리기도 했다.

하지만 강명화의 이야기는 이해조뿐 아니라 현진건에 의해서도 소설화되는 등 그 후에도 노래와 희곡, 영화 등 많은 대중매체를 통해 다양하게 다루어졌으며, 1967년에는 강대진 감독에 의해 영화 〈강명화〉가 제작되어 절찬리에 상영되기도 했는데, 공교롭게도 같은 해에 제작된 스웨덴 영화 〈엘비라 마디간〉 역시 1899년에 동반 자살한 두 남녀의 비극적인 최후를 다룬 작품이다.

애인과 함께 대한해협에 뛰어든 윤심덕

한국 최초의 대중가요로 알려진 '사의 찬미'로 유명한 윤심덕(尹心

김우진과 윤심덕

惠, 1897~1926)은 일제 강점기에 활동한 가수로, 죽음을 찬미한 노래 제목처럼 그녀 자신도 실제로 애인 김우진과 함께 대한해협에 뛰어들어 투신자살함으로써 당시 사람들에게 큰 충격을 안겨 주었는데, 그녀가 당대 최고의 소프라노 가수로 인기 절정에 있던 여성이었으니 그럴 만도 했다.

평양에서 독실한 기독교인이었던 아버지 윤호병과 어머니 김씨 사이에서 4남매 가운데 둘째 딸로 태어난 그녀는 출생 직후 진남포로 이주해 그곳에서 자랐다. 아버지는 나물장사였고, 어머니는 병원에서 간호보조원 일을 하며 생계를 도왔다. 경제적 형편이 어려웠음에도 불구하고 남달리 교육열이 높았던 부모는 당시로서는 매우 이례적으로 자녀들을 학교에 보내 신교육을 받도록 했는데, 윤심덕은 평양 숭의여학교를 졸업하고 조선총독부의 관비 유학생으로 일본 유학을 떠나 우에노(上野) 음악학교에서 성악을 전공했다.

그런데 그녀의 형제들 모두 음악에 재능이 있어서 언니 윤심성은 피아노를 잘 쳤으며, 여동생 윤성덕은 소프라노 성악가로, 남동생 윤기성은 바리톤 가수로 활동했다. 원래 남자처럼 키도 크고 괄괄한 성격에 서구적인 미모를 지녔던 윤심덕은 유학생들 사이에서 인기가 많았다. 이때 목포 출신 부유한 지주의 아들로 처자식이 딸린 유부남 유학생 김우진을 알게 되었는데, 당시 그는 일본인 간호사와 열애 중이었지만 윤심덕은 그런 사실에 전혀 개의치 않았다.

1924년 귀국해서 독창회를 가지면서 한국 최초의 소프라노 가수로 데뷔했으나 경제적인 어려움 때문에 항상 불안정한 상태에 있던 그녀는 잠시 음악교사로 지내다 여러 활동에 관여했지만 혼담이 무산되는 등 개인적으로 힘든 문제가 많았다. 심지어는 부호의 첩이 되었다는 소문까지 돌아 곤혹을 치르기도 했는데, 그녀의 노래에 매료된 갑부 아들 이영문의 유혹에 넘어가 그의 집을 드나들었던 일이 화근이 된 것이다. 이영문은 윤심덕의 후원자가 될 것을 약속하며 집까지 마련해 주었지만, 그 일로 김우진에게서 절교 선언을 받은 데다 이영문과의 불미스러운 관계로 그녀에 대한 좋지 않은 소문이 끊이지 않자 실의에 잠겨 만주로 훌쩍 여행길에 올랐다. 그 후 가까스로 김우진과 다시 화해한 윤심덕은 그의 권유로 토월회(土月會)에 가입해 연극무대에 서기도 하고, 경성방송국에 출연해 대중가수로도 활동했다.

윤심덕이 부른 '사의 찬미'는 한국 대중가요의 효시로 손꼽히는 곡이기도 하지만 죽음을 찬미하는 내용이라는 점에서 희망이라고는 전혀 보이지 않던 일제 강점기 당시의 암울한 사회적 분위기를 드러낸 것으로 평가되기도 한다. 루마니아 작곡가 이바노비치의 유명한 왈츠곡 '도나우 강의 잔 물결'을 편곡해 부른 이 노래는 김우진이 가사를 붙인 것으로 이들 두 남녀의 이룰 수 없는 사랑의 비극적인 상황을 표현한 것으로 보이기도 한다.

윤심덕의 괄괄한 성격은 왈패라는 그녀의 별명에서도 알 수 있듯이 선머슴 같은 여성으로 여성다움과는 거리가 멀었다. 그녀는 매우 보수적인 당시 사회 분위기에 걸맞지 않게 누구에게나 반말투로 말을 건넬 만큼 당돌하고 거침없는 성격의 소유자로 알려졌다. 그녀는 토월회에 들어갈 때도 극단 대표에게 모든 것을 자기 위주로 맞춰 줄 것을 요구 조건으로 내세우는 등 오만한 태도를 보였다고 한다.

일설에 의하면, 윤심덕은 어느 기생의 소생으로 갓난아기 때 윤호병의 집 앞에 버려진 것을 김씨가 맡아 키웠다고 하는데, 실제로 윤심덕은 가족들이 자신을 친가족처럼 대하지 않는다고 눈물을 보이며 고백했다는 말도 전해진다. 김우진의 권유로 윤심덕이 극단에 들어가자 어머니 김씨는 딸을 만류하기 위해 그녀를 찾아다녔으나 윤심덕은 어머니를 피해 도망을 다녔다고 한다. 당시 사회 분위기는 젊은 여성이 극단에서 활동하는 것을 화류계에서 일하는 것과 다름없는 일로 간주했기 때문이다.

어쨌든 그녀는 1926년 일본 닛토(日東) 레코드회사에서 동생 윤성덕의 반주로 노래를 취입한 직후 귀국하는 길에 애인 김우진과 함께 연락선에서 뛰어내려 대한해협에서 투신자살하고 말았는데, 현실적인 장벽 때문에 이루어질 수 없는 사랑을 비관한 것으로 보인다. 김호선 감독의 1991년도 영화 〈사의 찬미〉는 바로 윤심덕의 비극적인 삶을 다룬 작품으로 장미희가 윤심덕 역을 맡아 연기했다.

어둠의 시대에 절망한 시인 이장희와 김소월

아무런 희망도 보이지 않는 일제 강점기를 살면서 이 땅의 수많은 작가들이 친일행적으로 자신의 삶을 근근이 이어가고 있던 시절에 그런 부당한 현실과 타협하지 않고 스스로 목숨을 끊은 두 시인이 있었으니 김소월과 이장희가 바로 그런 사람들이었다. 물론 일본과는 달리 한국문학사에서 자살한 작가들을 찾아보기란 극히 드문 일이기도 하지만, 어쨌든 이들 두 시인의 공통점은 망국의 아픔과 슬픔으로 가득 찬 시대를 살았다는 점이고, 다른 한 가지는 지독한 가난에 시달렸다는 점이다. 또한 다른 여러 친일작가들과는 달리 현실과 적절히 타협할 줄 몰랐던 점도 비슷하기는 하다.

김소월

김소월(金素月, 1902~1934)은 민족 고유의 정서를 잘 드러낸 향토색 짙은 시를 계속 발표함으로써 우리나라에서 가장 많은 애송시를 남긴 민족 시인이다. 특히 그의 시 「진달래꽃」 「산유화」 「금잔디」 「초혼」 「엄마야 누나야」 등은 한국인이면 모르는 사람이 없을 정도로 많은 사랑을 받은 작품들이다. 평북 태생인 그의 본명은 김정식(金廷湜)으로 그의 아버지는 철도공사장에서 일하던 일본인 인부들에게 집단폭행을 당한 후 정신이상에 걸린 상태여서 광산을 경영하는 조부에게 맡겨져 자랐다. 정주 오산학교 시절부터 시를 쓰기 시작한 그는 재학 중인 14세 때 조부의 강요에 의해 홍단실과 결혼했으며, 그 후 동경 유학을 떠났으나 관동대지진으로 학업을 중단하고 귀국했다.

고향에 돌아온 그는 시집 『진달래꽃』을 출간했지만, 광산 경영과 동아일보 지국 운영에 연달아 실패하면서 극심한 가난에 허덕여야 했으며, 처가에 얹혀 지내면서 술로 세월을 지새우다시피 했다. 원래 심약하고 예민했던 그는 매우 상처받기 쉬운 연약한 심성의 소유자로 정신이상자인 아버지와 과잉보호적인 어머니, 엄격하고 고집 센 조부, 그리고 마음에도 없는 강요된 결혼 등으로 많은 괴로움을 안고 살아야 했다. 실제로 그는 시만 쓰는 시인이었지 현실적인 생활력은 무능하기 짝이 없는 인물로 자신에게 주어진 경제적·도덕적 책임에 몹시 버거워했다. 결국 극심한 우울증을 견디지 못하고 아편 음독으로 자살함으로써 32세라는 짧은 생을 마감하고 말았다.

1934년 12월 하순, 추운 겨울날 김소월은 뒷산 무덤가를 배회하다가 하산해 귀가한 후 아내와 함께 밤늦게까지 술을 마셨으며, 술에 취한 아내가 잠이 들자 장에서 구해 온 아편을 먹고 자리에 누웠다. 다음 날 새벽, 잠에서 깬 아내가 발견한 것은 이미 싸늘하게 식은 김소월의 시신이었다. 남편의 사랑을 제대로 받아 보지도 못한 아내로서 그녀가 받았을 충격과 아픔 또한 매우 컸을 것으로 보인다.

잘 알려진 작품은 아니지만 김소월의 시 「고락(苦樂)」을 보면 자신에게 주어진 삶을 얼마나 부담스러워했는지 어느 정도 짐작케 한다. 물론 그의 시는 애달픈 이별의 아픔과 슬픔을 노래한 경우가 많지만, 이처럼 노골적으로 자신의 힘겨운 상태를 드러낸 작품은 그리 흔치가 않다. 하지만 그는 이러지도 저러지도 못하는 처지에서 자신의 아내와도 생의 고락을 함께 나누지 못하고 말았다.

김소월보다 5년 전에 집에서 음독자살한 이장희(李章熙, 1900~1929)는 20대에 일찍 요절하는 바람에 단 한 권의 시집도 내지 못하고 죽은 시인으로 우리에게는 단지 「봄은 고

이장희

양이로다」를 쓴 시인 정도로만 알려져 있을 뿐이다. 경북 대구에서 소
문난 갑부 집안의 11남 8녀 가운데 장남으로 태어난 그는 다섯 살 때
어머니를 잃고 계모 밑에서 자라면서 당시 친일파 인사로 막강한 세도
를 누리며 살았던 아버지와 크게 불화를 일으켰다.

조선총독부 중추원 참의원을 지낸 아버지 이병학은 세 번이나 결혼
하고 첩까지 두는 등 부귀영화를 마음껏 누리며 산 인물로 그런 아버
지를 두었다는 사실에 크게 수치심을 느낀 이장희는 총독부 관리로
취직해 아버지의 일을 도우라는 지시를 완강히 거부함으로써 아버지
로부터 이미 버린 자식 취급을 받았다. 하지만 오로지 시만 썼지 홀로
독립해 살아갈 능력이 없었던 그는 실로 생계가 막막한 상태에서도
끝까지 세상과의 타협을 거부하고 철저하게 자기만의 세계에 갇혀 지
냈다.

그는 비록 같은 동향 출신의 현진건, 이상화 등과 교류하며 지내기
도 했으나 대인관계의 폭도 매우 제한적이었다. 학교 다닐 때부터 항
상 말이 없고 내성적인 성격이었던 그는 부잣집 자식이라고 믿을 수
없을 정도로 늘 초췌하고 허름한 옷차림 상태였으며, 지나치게 비사교
적이어서 친구도 거의 사귀지 못했다. 길에 다닐 때도 항상 처마 밑으
로만 다닐 정도로 매우 자폐적인 모습을 지녔던 그는 세상 사람들을
모두 속물이라고 혐오하면서 스스로 고립을 자초했는데, 뼈에 사무친
고독과 외로움은 그의 시 「청천의 유방」에서 보듯이 어머니에 대한 매
우 유아적인 그리움으로 나타난다.

술도 마실 줄 몰라 안주만 축낸다고 친구들이 면박을 줘도 말없이
미소만 띠던 그는 자신의 우울하고 자학적인 내면을 거의 드러내지 않

고 홀로 삭히다가 결국에는 자신의 골방에 틀어박혀 두문불출하면서 오로지 금붕어만을 그리다가 극약을 먹고 자살하고 말았다. 그가 그토록 금붕어에 집착해 그림을 그린 것은 아마도 어항 속에 갇힌 금붕어의 모습에서 세상과 단절된 그 자신의 모습을 보았기 때문일지도 모른다. 그는 사진 한 장, 유서 한 장 남기지 않고 죽었는데, 그렇게 아무런 흔적조차 남기지 않고 사라지기를 원했던 것으로 보인다.

일본의 작가 아쿠타가와가 유서를 남기고 자살한 소식을 접한 이장희는 그의 용기는 비록 매우 가상하지만 유서를 남긴 것은 여전히 현세에 대한 미련을 버리지 못한 것이라고 평가절하하기도 했는데, 그것은 곧 이장희 자신이 어둡고도 절망적인 현실에 아무런 미련도 없음을 나타낸 것으로 보인다. 그런 점에서 그는 아쿠타가와의 죽음조차도 일종의 사치로 여겼음직하다.

친일파 미국인 스티븐스를 저격한 장인환

장인환

구한말 평양에서 태어난 장인환(張仁煥, 1876~1930)은 어린 시절 고아가 된 이후 불우한 성장과정을 거쳤다. 숭실학교를 졸업한 후 1905년 미국 하와이로 이민을 떠났다가, 이듬해 샌프란시스코로 이주해 대동보국회 회원으로 활동하던 중에 당시 노골적인 친일파 미국인으로 조선통감부와 밀착된 관계에 있던 더럼 스티븐스가 친일행적을 계속 보이고 다니자 이에 격분한 나머지 그를 암살하기로 마음먹게 되었다.

1908년 3월 그는 샌프란시스코에서 워싱턴으로 향해 떠나려고 선착장에 도착한 스티븐스를 저격하기 위해 대기하고 있던 참에 공교롭게도 같은 목적으로 기다리고 있던 전명운(田明雲, 1884~1947)이 먼저 스티븐스에게 총을 발사했으나 총알이 빗나가자 온몸으로 달려들어 격투를 벌였다. 그 틈에 장인환이 발사한 권총 3발 가운데 한 발은 전명운의 어깨에 맞고 나머지 두 발이 스티븐스의 몸에 맞아 결국 암살에 성공하였다.

장인환과 전명운은 곧바로 경찰에 체포되어 구속되었으나 공범관계가 아님이 드러나자 전명운은 증거불충분으로 무죄가 선고되어 풀려났으나 장인환은 징역 25년형을 선고받고 그 후 10년을 감옥에서 보냈다. 당시 이들의 변호를 위해 통역을 부탁받은 이승만은 자신이 기독교인 신분으로 살인범을 변호할 수 없다는 이유로 거절하는 바람에 유학생인 신흥우가 대신 통역을 맡았다. 1919년에 출옥한 장인환은 1927년 귀국해 평북 선천에 고아원을 설립해 봉사활동을 벌이기도 했으나 일제의 탄압으로 다시 샌프란시스코로 돌아갔으며, 그 후 얼마 가지 않아 그곳에서 자살하고 말았다.

일제에 이용당한 유중희와 최명하

일제 강점기에 일본의 앞잡이가 되어 주로 만주 지역에서 밀정 노릇을 하다 자살한 유중희(柳重熙, 1904~1937)는 함경북도 성진 태생으로, 만주 연길사범학교를 졸업한 후 조선공산당과 중국공산당에 가입해 사회주의운동을 벌이다가 1933년 만주 간도에서 일본에 투항하면서부터 항일운동가와 공산주의자들을 탄압하는 공작원으로 일하기 시작했으며, 일본의 밀정 노릇을 하는 가운데 항일 지하조직을 파괴하는 일에 앞장섰다.

1934년 유중희처럼 한때 공산주의자였다가 친일로 전향한 김동한이 일본 관동군 헌병사령부의 지시에 따라 설립한 조선인 정보조직 간도협조회에 가담한 유중희는 특별공작대 부대장으로 임명되어 그야말로 눈부신 활약을 보였는데, 그가 맡은 주된 임무는 공산당원 등 항일세력을 유인해 체포하거나 살해하는 일이었으며, 독립군 부대의 행방을 추적하는 동시에 은밀한 선전활동을 통해 일반 대중과 항일세력 사이를 이간시키는 작업이었다. 하지만 그는 1936년 간도협조회가 해체된 이후 갑자기 자살해 버렸다. 민족을 배신했다는 이유로 양심의 가책을 받아 자살한 것일지도 모르지만, 그 자세한 내막은 알 수가 없다.

유중희처럼 노골적인 반민족 행위를 벌인 것은 아니지만 중일전쟁과 태평양전쟁에 참전해 일제에 충성을 다 바친 끝에 이역만리 수마트라에서 숨진 최명하(崔鳴夏, 1918~1942)는 경북 선산 출신으로 일본 육군사관학교를 졸업하고 조선인 최초의 항공 소위로 임관해 인도차이나 전선에서 큰 활약을 보였다. 일본제국 육군 항공대 소속 중위로 말레이시아 피낭 섬 공격에 참가한 그는 1942년 수마트라 섬 비행장 공습에 가담했다가 피습당해 불시착했는데, 원주민의 보호를 받으며 치

y

제3부 · 한국인의 한과 자살

320

료를 받던 도중에 네덜란드군의 포위 공격에 홀로 맞서 총격전을 벌이다 실탄이 떨어지자 마지막 남은 한 발로 자살했다.

사후 육군 대위로 승진하면서 일본 정부로부터 훈장까지 받은 그는 당시 일제에 의해 대대적인 선전수단에 이용되었는데, 그의 장렬한 최후를 태평양전쟁에 참전한 조선인 청년 용사의 표본으로 미화시킨 일제는 식민지 조선에서 징병제를 홍보하고 조선인 청년들의 참전을 적극 권장하는 한편, 자신들의 침략 전쟁을 미화하는 수단으로 이용하기도 했다. 결국 최명하는 다케야마 다카시(武山隆)라는 일본 명으로 야스쿠니 신사에 안치되었으나 정작 우리나라에서는 유중희와 마찬가지로 민족문제연구소의 친일반민족행위자 명단에 오르는 불명예를 안아야 했다.

인민군과 맞서 싸우다 자결한 장철부 중령

한국전쟁 당시 인민군과 치열한 전투를 벌이다 포로가 되는 수모를 거부하고 자결한 장철부 중령(張哲夫, 1921~1950)은 평북 용천 출신으로 일본 중앙대학교에 재학 중 일제에 의해 학도병으로 끌려가 중일전쟁에 투입되었다. 하지만 그는 두 차례 시도 끝에 일본군 진영을 탈출하는 데 성공한 뒤 항일

장철부

유격대에 가담해 무장투쟁을 펼쳤다. 광복 직후 김구 선생의 추천으로

중국 황포군관학교 기병과를 졸업한 그는 귀국한 후 육군사관학교를 졸업했으며, 기갑연대가 창설되자 기병대대장을 역임하였다.

한국전쟁이 발발한 직후 기병대대장으로 참전한 그는 서울에 진입한 인민군을 한남동에서 야음을 틈타 기습을 감행함으로써 적진을 크게 교란시켰으며, 다음 날에는 한강을 도하하는 북한군 수백 명을 사살하는 전과를 올리기도 했다. 그 후 남으로 후퇴하는 도중에도 충남 공주에서는 북한군 제6사단 1개 대대를 섬멸하는 전공을 세웠으며, 그해 8월 청송, 경주로 진출하려는 인민군과 치열한 교전을 벌이다가 중상을 입고도 최후까지 총격전을 벌였으나 대대 지휘소가 점령되기 직전 포로가 되는 수치와 불명예 대신에 차라리 죽음을 택하겠다며 권총으로 자결했다. 장철부 중령은 개전 초 2개월간 혼신의 힘을 다해 인민군을 저지하다 희생된 가장 최초의 고위급 장교였다.

인천상륙작전을 성공시킨
임병래 중위와 홍시욱 하사

장철부 중령이 자결한 지 한 달 뒤에 마침내 인천상륙작전이 개시되어 일시에 전세가 역전되기에 이르렀는데, 이 작전의 성공에 결정적인 기여를 한 인물은 바로 해군 정보국의 특수공작대원 임병래 중위(林炳來, ?~1950)와 홍시욱 하사(洪時旭, 1929~1950)였다. 두 사람은 인천상륙작전이 이루어지기 직전에 대원들을 이끌고 인천 앞바다의 영흥도에 잠입해 상륙한 후 그곳을 거점으로 인천과 수원 등지를 오가며 해안 포대의 위치 및 상륙지점의 지형을 비롯해 병력 배치 상황 등에 관한 정보를 수집했는데, X-Ray 작전으로 불린 그들의 첩보활동에 따라 맥아더 사령부는 구체적인 상륙작전 계획을 짜고 있었던 것이다.

임병래

하지만 상륙작전 개시 하루 전에 미군이 침투했다는 정보를 입수한 북한군 1개 대대가 영흥도를 공격하게 되면서 임병래 중위를 비롯한 첩보대원 9명과 해군 의용대원 30여 명은 적군을 상대로 치열한 전투를 벌였다. 포위망이 점차 좁혀 오자 임병래 중위와 홍시욱 하사는 다른 대원들이 보트로 탈출할 수 있도록 끝까지 남아 싸우다가 마침내 적에게 완전 포위되자 자신들이 생포되어 고문을 받게 되면 인천상륙작전의 정보가 누설될 것을 염려한 나머지 '대한민국 만세'를 외치고 함께 자결했다. 그리고 다음 날 본격적인 상륙작전이 개시되기 시작했다.

그 후 이들에게는 충무무공훈장과 을지무공훈장 및 미국의 은성무공훈장이 수여되었으며, 그들의 시신은 오랜 기간 현지에 방치되어 있다가 1975년에 이르러 비로소 25년 만에 동작동 국립묘지에 안장되었다. 현재 진해 해군기지에는 해군 중위 임병래와 홍시욱 하사의 동상이 세워져 있으며, 그들의 이름을 딴 미사일고속정 임병래함과 홍시욱함이 지금도 조국의 바다를 굳건히 지키고 있다.

빨치산 대장 박종근과 방준표의 최후

한국전쟁 당시 전투 중에 자결한 인물들 가운데는 앞서 소개한 국군 용사들 말고도 빨치산 대원들을 이끌고 공비토벌대에 맞서 유격전을 벌이다 자결한 방준표(方俊杓, 1906~1954)와 박종근(1920~1952)이 있다. 두 사람 모두 남로당 출신으로 미군정 당시 좌익 활동을 벌이다가 월북한 후 소련 모스크

박종근

바 유학을 다녀왔으며, 한국전쟁 시에는 제각기 회문산과 태백산 지역을 중심으로 끈질긴 유격전을 벌였다.

방준표는 경남 거제 출신으로 일제 강점기에 대구사범학교를 졸업하고 교사로 근무했던 지식인이었다. 당시 이미 좌익운동에 뛰어든 그는 항일운동도 함께 벌이다 한때 일경에 검거되기도 했다. 광복 후 대구 파업사태에 가담해 수배자 명단에 오른 그는 곧바로 월북해 박헌영의 추천으로 모스크바에 유학했다. 한국전쟁 당시에는 전북 도당위원장에 있다가 인민군이 후퇴하자 전북 회문산에 들어가 유격전을 전개했으며, 그 후 덕유산에서 토벌대와 전투를 벌이던 중에 생포되기 직전 스스로 자폭해 자결했다.

한편 경북 의성 태생인 박종근은 명문세도가 출신으로 그의 아버지 박영교는 광복 후 국회의원까지 지낸 우익 진영의 거물 정치인이었지만, 그 아들 박종근은 그런 아버지에 반발해 전혀 상반된 길을 걸으며

이미 10대 소년시절부터 좌익 활동 및 항일운동에 가담했다. 광복 후 미군정의 남로당 탄압을 피해 월북한 그는 모스크바 유학을 다녀온 뒤 곧바로 남파되어 주로 태백산 지역에서 빨치산 부대를 이끌고 유격전을 벌였다. 한국전쟁 당시 경북 도당위원장을 지내다가 전세가 불리해지면서 다시 태백산으로 들어가 게릴라전을 벌였으나 토벌대에 완전 포위되자 자살해 버렸다. 그의 부인 이숙의는 그 후 간첩혐의로 구속까지 당하는 등 힘겨운 삶을 보내다 죽었으며, 독일 유학을 떠난 외동딸 박소은은 통일운동가로 활동하기도 했다.

거제도 포로수용소에서 풀려난 후
자결한 이학구 대좌

이학구

한국전쟁 당시 인민군 2사단 참모장으로 개전 초 공격을 지휘했던 인민군 대좌 이학구(李學求, ?~1963)는 인천상륙작전 직후 전세가 불리해지자 낙동강 전선에서 사단장 최용진 소장을 사살하고 미군에 투항해 곧바로 거제도 포로수용소에 수용되었던 인물이다. 하지만 그는 고위급 장교들이 수용된 66수용소에 머물면서 '해방동맹'이라는 친공 포로 조직을 결성해 지휘했으며, 1951년 폭동을 일으킨 포로들이 수용소장 다드 준장을 납치해 감금함으로써 포로들이 포로수용소장을 포로로 만든 초유의 사태가 벌어지자 당시 수용된 17만 명의 북한 포로 대표로 협상에 나서 미군 측을 곤혹스럽게 만들기도 했다.

그런데 포로들 사이에서 매우 지적이면서도 훌륭한 인품의 소유자로 존경을 한몸에 받았던 이학구는 원래 귀순할 당시 국군 장교로 복무하고 싶은 의향이 있었으나 미군 당국은 그의 뜻을 선뜻 받아들이지 않았다. 왜냐하면 포로들 가운데 그가 가장 계급이 높았던 고위급 장교였기에 당시 북한군에 포로로 잡힌 미 24사단장 딘 소장과 맞바꿀 도구로만 간주했기 때문이며, 만약 그가 북한으로 돌아가지 않겠다고 끝까지 버틴다면 딘 소장의 귀환이 더욱 어려워질 것이 불 보듯 뻔했기 때문이다.

어쨌든 귀순 길이 막힌 이학구는 다시 친공 쪽으로 돌아서 미군 측과 대결을 벌였는데, 마침내 딘 소장과 포로 교환이 이루어진 끝에 북한으로 송환된 그는 그곳에서도 변절자라는 오명에 시달리다가 1963년 스스로 목숨을 끊고 말았다. 남과 북 어디에도 속하지 못하고 고립된 상태에서 죽음을 선택한 그의 모습은 최인훈의 소설 『광장』에 나오는 주인공 이명준이 반공포로가 되어 중립국으로 가는 배 위에서 바다에 뛰어내려 최후를 마친 모습과 너무도 비슷하게 닮았다. 이 모든 것이 동족상잔의 비극이 낳은 결과였다.

이처럼 두 번씩이나 변절을 거듭한 이학구는 그야말로 수수께끼의 주인공이라 할 수 있는데, 일부 포로들은 그가 후방 교란을 목적으로 상부의 지시를 받고 위장 귀순한 것으로 믿기도 했지만, 자신의 직속 상관인 사단장을 사살하면서까지 그렇게 했을 것으로 보이진 않는다.

더욱이 투항한 후에는 미군의 요구에 따라 인민군의 귀순을 종용하는 선전방송에도 적극 협조하기까지 했으니 더욱 그렇다. 그리고 실제로 당시 수용소에 위장 투항한 인물은 이학구가 아니라 전문일이라는 가명으로 침투한 박사현이었는데, 그는 남일의 지시로 이학구의 배후에서 포로 조직을 실질적으로 이끈 장본인이었다. 하지만 북한으로 송환된 후 한동안 영웅대접을 받던 박사현도 얼마 가지 않아 김일성에 의해 숙청당하고 말았다.

4·19 혁명으로 자살한 이기붕 일가

자유당 말기 이승만 정권의 제2인자로 무소불위의 권력을 휘둘렀던 이기붕(李起鵬, 1896~1960)은 3·15 부정선거를 통해 경쟁자인 민주당의 장면을 물리치고 부통령 선거에 억지로 당선되었으나 그 일이 도화선이 되어 4·19 혁명이 일어나자 분노한 시민들을 피해 부인 박마리아(朴瑪利亞, 1906~1960)와 함께 군부대 관사로 야반도주해 부대장에게 도움을 요청했다가 거절당하자 결국 경무대 별관에 모여 일가족 모두가 집단 자살하고 말았다. 당시 육군 소위였던 아들 이강석이 권총으로 이기붕과 박마리아, 그리고 동생 이강욱을 차례로 쏜 뒤 마지막으로 자신도 자살했다.

이기붕은 조선왕조 태종의 차남 효령대

이기붕

군의 후손으로 흥선대원군의 측근으로 활동하다가 임오군란 당시 처형된 이회정의 증손이기도 하다. 일제 강점기에 연희전문학교를 중퇴하고 미국 유학을 떠나 대학에서 철학을 공부한 그는 이미 그때부터 이승만의 측근이 되었으며, 광복 후 정부가 수립되자 대통령 비서실장과 서울시장을 역임했다. 한국전쟁 당시 이승만의 지시로 자유당 창당을 주도한 그는 종전 이후에는 사사오입 개헌을 강행시켜 이승만의 장기집권을 도왔으며, 자신의 아들 이강석을 이승만의 양자로 입적시키기도 했다. 당시 이승만의 뒤를 이어 최고 권력자로 군림한 그는 부정선거를 통해 부통령에 당선되는 무리수를 썼다가 결국에는 스스로 자기 무덤을 파고 말았다.

하지만 그의 파멸은 부인 박마리아의 도에 지나친 내조로 인해 더욱 가속화되는 결과를 낳았다고 볼 수도 있다. 당시 미국 유학파 인텔리 여성으로 여성계를 이끌었던 지도층 인사였던 그녀는 유창한 영어 실력에 힘입어 이승만 대통령의 영부인 프란체스카 여사의 신임을 얻고, 아들 이강석을 이승만 대통령의 양자로 입적시키는 등 남편의 출세를 위해서라면 수단과 방법을 가리지 않고 광범위한 인맥을 형성함으로써 한국 사회에 막강한 영향력을 행사했다. 특히 그녀가 이끌었던 사조직 이수회는 자신의 모교인 이화여대 인맥과 고위층을 연결시켜 주는 징검다리 역할을 톡톡히 해내면서 출세를 바라는 정계와 재계,

이승만 대통령과 이기붕 가족

군부 및 경찰 등 다양한 분야의 고위층들이 줄을 서서 그녀에게 접근했다.

프란체스카 여사의 절대적인 신임에 힘입어 박마리아는 이승만 대통령으로 하여금 남편의 최대 라이벌인 이범석을 제거하도록 뒤에서 사주함으로써 마침내 남편 이기붕을 자유당의 제2인자에 이르도록 했는데, 이처럼 막강한 영향력을 지닌 그녀에게 줄을 대려는 사람들로 그녀의 집은 항상 문전성시를 이루었다. 오죽하면 그녀의 집을 서대문의 경무대라고 부르기까지 했겠는가. 더욱이 그녀가 군부를 장악한 배경에는 과거 한때 연인이기도 했던 원용덕 장군과의 개인적인 친밀관계도 한몫 톡톡히 했다. 원용덕은 세브란스 의전을 졸업한 의사 출신으로 박마리아와 연인 사이였다가 이기붕에게 빼앗겼지만, 박마리아와는 계속 유대관계를 유지하며 서로 상부상조했는데, 김창룡과 함께 자유당 시절에 득세한 가장 대표적인 정치 군인으로 꼽히는 인물이기도 하다. 어쨌든 박마리아는 자유당 정권의 몰락을 재촉하는 데 일조한 가장 중요한 배후 인물이었음에 틀림없다.

어린 딸을 두고 자살한 전혜린

독일 유학파 여성으로 수필가이자 번역문학가로 활동하며 명성을 얻었던 전혜린(田惠麟, 1934~1965)은 평안남도 순천 출생으로 일제 강점하에서 고위직 경찰 간부를 지낸 전봉덕의 맏딸로 태어났다. 그녀는 경기여고를 거쳐 서울 법대에 입학한 수재로 재학 중에 전공을 독문학으로 바꾸고 1955년 독일 뮌헨으로 유학을 떠났으며, 가톨릭에 귀의해 영세까지 받았다. 법학도 김철수와 결혼해 딸 정화를 낳은 그녀는 유학을 마치고 귀국한 후 대학 강사로 활동하며 주로 번역과 수필 등으로 뛰어난 필력을 발휘했으나 1964년 남편과 합의이혼한 후 어린 딸을 홀로 남겨 둔 채 이듬해 31세의 젊은 나이로 음독자살하고 말았다.

한때 우리나라 여성들은 버지니아 울프와 전혜린의 자살을 입에 올리며 그녀들의 죽음이 마치 남성들의 전횡에 희생당한 속죄양 사건인 것처럼 인식하기도 했는데, 어쨌든 당시 뛰어난 문체로 그녀가 번역한 헤르만 헤세의 『데미안』이나 루이제 린저의 『생의 한가운데』를 비롯해 사후에 출간된 그녀의 에세이 『그리고 아무 말도 하지 않았다』 등은 1960년대 젊은이들 사이에 엄청난 돌풍을 일으켰으며, 그런 점에서 그녀의 예기치 못한 죽음은 사회적으로도 큰 파장을 일으키기에 족했다. 하지만 그녀가 번역했던 하인리히 뵐(Heinrich Böll)의 소설과 제목이 똑같은 자전적 에세이 『그리고 아무 말도 하지 않았다』에서 그녀는 자신의 부모를 매우 이상적인 존재로 묘사하면서 남달리 애틋한 감정을 드러내기도 했는데, 그토록 많은 사랑을 독차지하고 자란 그녀가 자신의 어린 딸을 홀로 남겨 둔 채 자살했다는 사실은 선뜻 이해가 가지 않는다.

물론 그녀는 출생 후 성장하기까지 물심양면으로 자신에 대해 지원을 아끼지 않았던 아버지의 후광을 결코 무시할 수 없었을 것이다. 비상한 머리의 소유자로 그녀에게 거의 신적인 존재나 다름없었던 아버지의 천재성은 어린 딸에게 상당한 자부심의 원천이 되고도 남음이 있었을 것이기 때문이다. 더욱이 한국전쟁 이후에는 저명한 법조인으로 활동하며 장성한 딸의 독일유학을 아낌없이 지원했는데, 전후 비참한 국내 사정에 비추어 볼 때, 그 당시 자비로 딸을 해외유학 보낼 수 있는 집안은 거의 없었다고 해도 과언이 아니다. 한마디로 말해서 전혜린은 특권층의 딸로서 별다른 어려움을 모르고 컸으며, 거기에 타고난 재능까지 겸비했으니 그녀의 장래는 탄탄대로였던 셈이다.

하지만 결혼생활의 실패뿐 아니라 아버지의 떳떳하지 못한 과거는 그녀에게 감당하기 어려운 심적인 부담을 주었을 것이다. 왜냐하면 그녀의 아버지 전봉덕(田鳳德, 1910~1998)은 일제 강점하에서 고위직 경찰 간부로 일하며 천황에 충성했을 뿐만 아니라 광복 후에는 반민특위가 활동을 시작하자 신변에 위협을 느낀 나머지 열렬한 반공주의자로 변신해 군에 입문한 후 한때 김구 암살범 안두희를 비호함으로써 이승만 대통령의 두터운 신임을 얻고 헌병사령관직까지 오르는 등 출세 가도를 달렸던 인물이기 때문이다. 군에서 예편한 후에도 변호사로 활동하며 대한변호사협회 회장까지 역임하는 등 우리나라 법조계의 원로이기도 했던 그는 딸의 죽음 이후에도 30년 이상을 더 살다 미국에서 87세의 나이로 죽었는데, 그런 아버지를 사랑할 수밖에 없었던 전혜린이 더 이상 무슨 말을 계속 이어 갈 수 있었겠는가.

그런 점에서 전혜린 역시 시대적 상황의 또 다른 희생자였다고 할 수 있으며, 그녀의 자전적 에세이라 할 수 있는 『그리고 아무 말도 하지 않았다』는 다름 아닌 그녀 자신의 말 못할 고충을 암시하는 제목처럼 들리기도 하다.

평화시장에서 분신자살한 전태일

1960년대 청계천 평화시장 봉제공장에서 재단사로 일하던 전태일(全泰壹, 1948~1970)은 평화시장 입구에서 열악한 노동조건의 개선을 요구하며 시위를 벌이다가 자신의 몸에 석유를 끼얹고 불을 붙여 분신자살함으로써 우리나라 노동운동의 확산에 크게 기여한 인물이다. 그의 죽음이 계기가 되어 노동자들의 비참한 생활상이 세상에 널리 알려지게 되었으며, 청계피복노조가 결성되는 등 본격적인 노동운동이 전개되기 시작했다.

전태일

대구에서 가난한 재봉사의 아들로 태어난 그는 아버지가 사기를 당하는 바람에 가족과 함께 서울로 상경해 처음에는 집도 없이 서울역 부근 염천교에서 노숙생활을 하기도 했는데, 당시 어머니 이소선은 거리에서 동냥까지 할 정도로 서울 생활은 비참했다. 그 후 다시 대구로 내려가 학교에 입학했으나 궁핍한 가정형편으로 인해 아버지가 자퇴할 것을 강요하는 바람에 학교를 그만둘 수밖에 없었다. 학업을 중단하게 되자 크게 좌절한 그는 마침내 동생을 데리고 가출해 서울로 상경했는데, 청계천 평화시장 봉제공장에서 견습공으로 일하기 시작했다.

당시 그는 하루 14시간 노동으로 차 한 잔 값에 불과한 일당 50원을 받고 일했고, 한때는 구두닦이 노릇을 하기도 했다. 아버지에게 배운 재봉 솜씨를 발휘해 재봉사로 일하게 된 그는 직업병인 호흡기 질환으로 강제 해고된 여공을 돕다가 덩달아 해고되기도 했으며, 그 후 재단사로 일하던 중에 근로기준법이 있다는 사실을 알고 노동청을 찾아가 노동환경 개선을 요청했으나 번번이 거절당하고 말았다. 그때부터 본격적인 노동운동에 들어간 그는 바보회를 결성해 근로실태를 조사하는 한편 관계 부처를 찾아다니며 노동자들의 열악한 환경을 호소하기 시작했다. 바보회라는 명칭은 비록 아무것도 모르는 바보 취급을 당하며 살고 있지만, 부당한 실정을 깨우쳐 더 이상 바보처럼 살지 말자는 취지에서 붙인 것이다.

당시 그는 박정희 대통령에게 노동자들의 처지를 알리는 서한까지 보냈지만, 그 서한은 대통령 손에 들어가지도 않았을 뿐만 아니라 서울시 관계자들이나 언론매체 등에서도 그의 호소를 무시하고 아무런 관심조차 기울여 주지 않았다. 결국 그는 자신의 모든 노력이 허사로 돌아가자 평화시장에서 시위를 벌이기 시작했으며, 동료들과 함께 근로기준법 화형식을 열기로 하고 피켓 시위를 벌였으나 경찰의 제지로 시위가 무산되자 친구에게 라이터로 자신의 몸에 불을 붙여 달라고 부탁한 후 불이 붙은 몸으로 "우리는 기계가 아니다."라는 구호를 외치며 평화시장을 한동안 뛰어다녔다. 동료들에 의해 그는 황급히 병원 응급실로 옮겨졌으나 치료비 문제로 근로감독관의 보증이 필요하다는 병원 측 요구에 보증을 거부한 감독관이 서둘러 뺑소니를 치는 바람에 다시 명동 성모병원으로 옮겨졌는데, 이미 그는 혼수상태로 더이상 살 가망이 없다는 판정을 받았으며, 배고프다는 말을 마지막으로 남기고 숨을 거두었다.

그가 죽은 후에도 일부 재봉사들은 "자기 하나 죽는다고 무슨 일이 해결되겠느냐"는 냉소적인 반응을 보이기도 했지만, 전국적으로 노동운동이 불길처럼 번지는 계기가 되었으며, 수많은 대학생이 단식투쟁과 철야농성을 벌이기도 했다. 그 후 전태일의 어머니 이소선 여사는 2011년 세상을 뜰 때까지 노동자의 어머니로 불리며 청계천 노조 지원 사업에 헌신했다. 전태일의 아버지는 아들이 죽기 전 해인 1969년에 이미 사망한 상태였으며, 여동생 전순옥은 영국 유학을 다녀온 후 성공회대학교 교수를 지내고, 현재는 더불어민주당 소속 국회의원으로 활동하고 있다. 인권변호사로 알려진 조영래는 1983년 『전태일 평전』을 출간해 그의 비극적인 삶을 널리 알렸으며, 1995년에는 박광수 감독에 의해 〈아름다운 청년 전태일〉이라는 영화로 제작되기도 했다.

의령군 마을 주민 62명을 살해하고 자폭한 우범곤 순경

우범곤

전두환 정권 시절 경남 의령에서 벌어진 무차별 총기난사 사건의 주인공 우범곤 순경(禹範坤, 1955~1982)은 해병대 특등 사수 출신으로, 1981년 4월부터 1982년 2월까지 청와대에 근무하다가 인사 과정에서 탈락해 1982년 3월 의령군 궁류 지서로 좌천되었는데, 그곳에 근무한 지 불과 한 달 만인 4월 26일 밤에 예비군 무기고에서 카빈소총 2정, 실탄 180발, 수류탄 7발을 들고 나와 우체국 직원 2명을 사살해 외부와의 통신을 두절시킨 후 궁류면 4개 마을을 돌아다니며 전깃불이 켜진 집마다 총을 난사하고 수류탄을 던져 터뜨리는 만행을 저질 렀다.

자정이 지나서야 총기 난사를 멈춘 그는 평촌리 민가에 들어가 잠을 자던 일가족 5명을 깨운 뒤 그 집에서 새벽 5시경 수류탄 2발을 터 뜨려 자폭했는데, 이 사건으로 하룻밤 사이에 주민 62명이 희생당했으며, 33명이 중경상을 입는 대참사가 벌어지고 말았다. 이처럼 100명에 가까운 사상자를 낸 총기난사 사건으로 당시 내무부 장관이 물러나고 노태우가 신임 장관에 취임했으며, 직무유기죄로 구속된 의령서장은 법원에서 무죄판결을 받고 풀려났다. 당시 사건을 담당했던 수사본부는 그의 수법이 너무도 잔인해서 사후 부검을 통해 뇌 조직 검사를 시도하려 했으나 시신이 심하게 파손되어 검사를 포기하고 말았다. 하지만 평소 술버릇이 고약했으며, 동거하던 여성과 심한 언쟁을 벌인 직후 일으킨 범행이었다는 점에서 경찰은 단순 우발적 범행으로 결론 짓고 말았다.

자살한 프로선수들

전두환 정권 시절에 국민들의 관심을 다른 데로 돌리기 위해 도입되기 시작한 프로야구와 프로축구는 출범 당시부터 폭발적인 인기를 끌기 시작해 오늘날에 와서는 프로선수들이 연예인 못지않은 스타로 떠올라 대중적 인기를 얻고 있다. 그러나 그런 인기에도 불구하고 연예계와 마찬가지로 국내 프로선수들의 자살 역시 끊이지 않고 있는데, 예외적으로 프로농구 선수들에서는 그런 자살이 극히 드물다는 점이 특이하다고 하겠다. 미국에서는 다른 종목에 비해 유독 프로레슬러들의 자살이 많은 것으로 알려졌으나 국내에는 프로레슬링이 없으니 비교할 대상은 아니라고 본다.

국내 프로선수로 자살의 첫 테이프를 끊은 선수로는 프로야구가 출범한 직후인 1983년에 자살한 삼미 슈퍼스타즈의 우완 투수 김동철(金東喆, 1960~1983)을 들 수 있다. 인천 동산고등학교와 인하대학교를 졸업한 그는 패전 처리 전문투수로 알려진 감사용과 함께 선수생활을 했으나, 1982년 말 팀에서 방출된 후 현역으로 입대했다가 이듬해 인천 구장 부근에 있는 철로에 뛰어들어 자살했다. 하지만 삼미 슈터스타즈 창단 멤버로 뛰면서 1승 14패라는 굴욕적인 성적을 거둔 감사용이 지금까지도 버젓이 살아남아 자서전을 집필하는 등 나름대로 활동을 벌이고 있다는 점에서 그의 죽음은 너무도 성급했던 것으로 보인다.

OB 베어스 포수로 뛰었던 김영신(金榮伸, 1961~1986)은 상문고등학교와 동국대학교를 졸업했으며, 아마추어 선수로 뛰던 1984년 로스앤젤레스 하계 올림픽에 야구 국가대표 포수로 출전하는 등 유망주로 손꼽혀 이듬해 OB 베어스에 입단했으나 김경문, 조범현 등 주전 포수들과의 경쟁에서 밀리면서 출전 기회가 줄어들고 말았다. 통산 22경기에 출전해 2안타에 머무는 등 타격도 부진했는데, 결국 자신의 부진한 성적을 비관하고 한강에 투신해 자살하고 말았다.

그런데 가장 충격적인 자살의 주인공은 자신의 일가족 4명을 살해하고 암매장했다가 경찰 수배령이 내려지자 한강에서 투신자살해 버린 해태 타이거즈 강타자 출신의 이호성(李昊星, 1967~2008)이었다. 전남 순천 출신인 이호성은 광주제일고등학교와 연세대학교 재학 중일 때 야구부 주전으로 활약했는데, 맨손으로 못을 박을 정도로 힘이 장사였던 그는 이미 그때부터 강타자로 이름이 났으며, 국가대표 선수로 뛰기도 했다. 졸업과 동시에 해태 타이거즈에 입단한 첫해부터 주전으로 뛴 그는 팀이 4차례나 우승하는 데 견인차 노릇을 했으며, 10년간 몸담았던 해태 타이거즈를 떠난 후에는 잠시 코치를 맡기도 했다.

하지만 현역에서 은퇴한 후 광주에서 예식장 운영과 스크린 경마장 등 손대는 사업마다 실패를 거듭한 그는 오피스텔 건설에 뛰어들었다가 거액의 부도를 맞았으며, 그 후 부동산 투자 사기사건에 연루되어 2개월간 구속되기까지 했다. 감옥에서 나온 뒤 광주를 떠나 서울로 상경한 그는 야구계와 일체 연락을 끊고 은신했는데, 당시 그는 부인과도 이미 헤어진 상태였다. 그 후 6년 연상의 내연녀와 동거에 들어간 그는 2008년 2월 갑자기 내연녀와 그녀의 어린 딸 2명을 목 졸라 살해한 후 그날 밤에는 나머지 큰딸까지 전화로 유인해 둔기로 살해했으며, 그들의 시신을 차에 태워 전남 화순에 위치한 교회 공동묘지 야산에 암매장했는데, 유력한 살인 용의자로 지목되어 경찰의 수배 대상이 되자 반포대교와 한남대교 사이에 위치한 한강변에서 투신자살해 버렸다.

이호성이 자살한 지 5년이 지난 후 이번에는 국민 여배우 최진실과 결혼했다가 파경을 맞이한 이래 숱한 구설수와 팬들의 비난에 시달리던 투수 출신의 조성민(趙成珉, 1973~2013)이 유서를 남기고 자살해 최

337

진실과 그녀의 남동생 최진영의 자살에 이어 다시 한 번 세상에 충격을 안겨 주었다. 신일고등학교와 고려대학교를 거쳐 프로팀에 입단한 그는 요미우리 자이언츠와 한화 이글스에서 투수로 활약했으나 최진실과 이혼하면서 숱한 잡음을 일으키자 결국 팀에서 방출되고 말았는데, 그 후에도 사업 실패뿐 아니라 불륜 관계, 어린 자녀의 친권 다툼 등으로 계속해서 세인의 입방아에 오르내리며 온갖 비난의 대상이 되었다. 세상에서 완전히 따돌림당한 그는 결국 발붙일 곳이 없게 되자 자신이 묵고 있던 오피스텔에서 자살하고 말았다.

프로야구 선수들의 자살이 이어진 후 한동안 뜸하던 스포츠계의 자살은 2011년도에 들어 축구 선수들의 연이은 자살로 다시 세상의 주목을 받게 되었는데, 특히 승부조작 사건이 드러난 후 프로축구 선수들의 자살이 줄을 이었다. 그리고 그 첫 희생자는 인천 유나이티드 소속의 골키퍼 윤기원(尹基源, 1987~2011)이었다. 거제고등학교와 아주대학교를 거쳐 인천 유나이티드에 입단한 그는 골키퍼 유망주로 허정무 감독의 기대를 모았으나 정규 리그 5경기를 치른 후 경부고속도로 만남의 광장 휴게소에 주차하고 있던 자가용 안에서 번개탄을 피우고 질식사한 모습으로 발견되었다. 부검 결과 경찰은 자살로 단정 지었으나 조직폭력배에 의해 살해당했다는 소문 또한 무성했는데, 당시 K리그에 만연해 있던 승부조작에 그가 연루되었으며, 승부조작에 비협조적으로 나온 윤선수를 살해한 뒤 자살로 위장했다는 것이 소문의 진상이었다. 하지만 그 정확한 배경은 알려진 바가 없다.

그 후 3주 만에 K리그 승부조작 사건에 연루된 혐의로 체포 영장이 발부된 상태에 있던 정종관(鄭鍾寬, 1981~2011) 선수가 서울의 한 호텔

객실에서 유서를 남기고 목을 매 자살했는데, 마산공고와 숭실대학교를 거쳐 전북 현대 모터스에 입단한 그는 팀의 주전선수로 뛰며 두 차례 우승에 크게 기여했으나 2008년 병역 비리 혐의로 실형을 선고받는 바람에 소속팀에서 퇴출을 당했으며, 그 후 복역을 마치고 한동안 공익근무요원으로 복무한 후에는 4부 리그에 속하는 서울 유나이티드에 입단한 상태였다. 어쨌든 정종관은 승부조작 사건을 대표하는 인물로 낙인찍히는 수모를 감수해야만 했다.

그런데 승부조작의 불똥은 선수뿐 아니라 감독에까지 튀게 되어 상무팀 감독이었던 이수철(李壽澈, 1966~2011) 역시 금품수수 혐의로 유죄선고를 받았다. 그는 군 검찰에 의해 공갈 및 뇌물수수 혐의로 구속되었다가 징역 2년과 집행유예 3년을 선고받고 풀려나긴 했으나 얼마 가지 않아 성남시 분당에 있는 자신의 집에서 자살하고 말았다.

그리고 이듬해에는 대전 시티즌의 주전으로 뛰기도 했던 이경환(李京煥, 1988~2012)이 자신의 아파트에서 뛰어내려 자살했는데, 그는 자유계약 선수로 팀에서 풀려난 후 삼성 블루윙즈와 계약했으나 K리그 승부조작 사건에 가담한 사실이 적발되자 계약이 취소되었을 뿐만 아니라 프로축구연맹으로부터도 영구 제명당하고 말았는데, 군 입대를 앞둔 상황에서 자살해 버렸다. 당시 그는 홀어머니를 부양하며 생활고에 시달리고 있었던 것으로 알려졌다.

그 후 3개월 뒤 부산 아이파크 소속의 프로축구 선수 정민형(鄭敏亨, 1987~2012)이 의정부 부근 도로에 주차시킨 차 안에서 유서를 남기고 자살했는데, 윤기원과 똑같이 번개탄을 피워 질식사했다. 그는 잦은 부상으로 인해 주전으로 뛰지 못하자 우울증을 겪다가 자살한 것으로 보인다. 한편 프로배구 선수 출신으로 군에 입대해 상무 배구단에서 활약하던 이용택(1986~2011)은 외박을 나간 후 유서를 남기고 전깃줄로 목을 매 자살했는데, 군복을 입은 상태였다.

반미 구호를 외치며 분신자살한 서울대생 김세진과 이재호

청계천 평화시장에서 전태일이 노동자의 권익 보호를 외치며 분신자살한 사건 이후 16년이 지난 전두환 정권 시절, 대학생의 전방 입소 거부운동을 주도하며 주한미군 철수 등의 반미구호를 외치다가 분신자살한 서울대 구국학생연맹 소속 김세진(金世鎭, 1965~1986)과 이재호(1965~1986)의 죽음은 1980년 광주 학살과 그 후 부산 미문화원방화사건을 계기로 일기 시작한 반미의식에 더욱 큰 기폭제 역할을 하게 되었다.

당시 서울대학교 자연대학 학생회장이었던 김세진과 서울대학교 '전방입소 훈련 전면 거부 및 한반도 미제 군사기지화 결사저지를 위한 특별위원회' 공동부위원장을 맡았던 이재호는 신림동 사거리에서 '반전반핵 양키고홈' '미제의 용병교육 전방입소 결사반대'를 외치며 연좌농성에 들어간 서울대학교 2학년 학생 400명을 이끌었는데, 두 사람은 인근 건물 옥상에 올라가 핸드마이크로 반미 구호를 외치며 농성을 이끌다가 전경 납치조인 백골단이 건물로 올라가 접근하자 갑자기 시너를 뿌린 몸에 불을 붙이고 그 자리에 쓰러졌다.

황급히 한강성심병원 화상센터로 옮겨진 두 사람은 전신에 심각한 화상을 입고 응급처치를 받았으나 며칠 후 김세진이 먼저 사망하고 이재호는 3주 뒤에 숨을 거두었다. 그들이 입원해 있을 당시 서울대학교 정치학과 학생들은 경찰이 병원을 에워싸 접근을 차단하자 인근 영등포시장 일대에서 시위를 벌이기도 했다. 경찰의 삼엄한 경비 아래 치러진 장례식에서 경찰은 유족들에게 화장을 강요했지만, 가족들은 그런 압력에도 불구하고 매장을 고집했다. 그 후 북한에서는 두 사람을 민족민주애국열사 명단에 올리기도 했으며, 노태우 정부가 들어서면서 대학생 군사교육도 완전히 폐지되었다.

자살한 교주 박순자와 유병언

우리나라는 종교의 자유가 허용된 자유민주국가로 국민의 대다수가 종교를 믿고 있는 그야말로 믿음의 천국이다. 하지만 그런 이점을 역이용해 우후죽순처럼 생겨난 사이비 종교단체들이 대중을 미혹시킬 뿐만 아니라 온갖 사회적인 비리를 저지르는 교주들로 인해 그 피해가 막심한 경우들도 많았다. 한때 우리 사회 신흥종교에 대한 연구자로는 탁명환이 유명했지만 여러 차례 테러 위협에 시달리던 그는 불행하게도 1994년 한 종교단체의 신도가 저지른 테러에 의해 결국 유명을 달리하고 말았다.

우리나라에서 사이비 종교의 효시는 일제 강점기에 악명을 떨쳤던 백백교라 할 수 있다. 600여 명에 달하는 신도들을 무참하게 살해한 교주 전용해의 머리가 지금도 국립과학수사연구소 지하 부검실에 포르말린 용액에 담겨 보관되어 있다고 한다. 어쨌든 세상이 어지러울수록 사이비 종교가 기승을 떨치기 마련이며, 온갖 감언이설로 순진무구한 대중을 현혹시켜 재산을 갈취하기도 한다. 1970년대 유신독재시절 장안을 떠들썩하게 만든 소위 7공자의 연예인 스캔들 사건의 주인공 박동명은 신앙촌을 세운 박태선 장로의 장남이기도 했다.

그런데 신흥종교가 세상의 주목을 받게 되는 것은 대형 사고를 일으킨 경우가 대부분으로, 그중에서도 가장 충격을 안겨 준 경우는 1987년 여름 경기도 용인군에서 벌어진 오대양 집단자살 사건이라 할 수 있다. 당시 오대양교를 이끈 교주 박순자(1940~1987)를 비롯해 그녀를 따르는 추종자 32명이 공예품 공장 구내식당 천장에서 집단자살한 시체로 발견되어 세상을 놀라게 했는데, 당시에도 탁명환은 구원파에 의해 명예훼손 혐의로 피소된 상태임에도 불구하고 구원파 배후설을 주장하며 타살 의혹을 강력히 제기했으나 결국에는 광신도들이 벌인 집단자살극으로 경찰수사가 마무리되고 말았다. 당시 오대양은 90억 원에 가까운 거액의 사채를 빌려 가고도 원금을 갚지 않은 상태였으며, 돈을 받으러 간 채권자들을 상대로 집단폭행을 가하는 행패를 벌이기도 했다.

오대양 사건이 미궁에 빠진 상태로 대충 마무리된 지 10여 년이 지난 1998년 이번에는 강원도 양양에서 영생교회 신도 7명이 승합차 안에서 집단으로 분신자살하는 사건이 벌어졌다. 당시 영생교회를 이끌던 목사 우종진(1945~1998)은 부인과 아들, 다른 신도 4명과 함께 몸에 기름을 붓고 불을 붙여 자살했는데, 경찰은 평소에도 순교한다는 말을 자주 했던 점으로 보아 종말론을 믿고 벌인 집단자살극으로 결론 내렸다. 신학교를 졸업한 우종진 목사는 원래 강원도 태백에서 전도사로 일하다가 서울에 영생교회라는 개척교회를 세웠는데, 야훼는 여러 신 중 하나일 뿐 유일신이 아니며, 모든 사람이 신이 될 수 있다는 교리를 내세우며 자신을 신격화하자, 그때부터 신도 수가 급격히 떨어지면서 극도로 폐쇄적인 신앙생활로 접어들었으며, 그 후 서울을 떠나 강원도 양양에서 극소수의 일부 신도들과 함께 생활해 온 것으로 밝혀졌다. 한편 경기도 부천의 영생교 승리제단 측은 명칭이 비슷해 오해의 소지가 있을 것을 염려한 나머지 사건을 일으킨 영생교회는 자신들과 아무런 관련이 없음을 공식적으로 해명하기도 했다.

그로부터 또 16년이 지난 후 2014년 뜻하지 않게 진도 앞바다에서 발생한 여객선 세월호 참사로 인해 구원파 교주 유병언(兪炳彦, 1941~2014)이 갑자기 세상의 이목을 끌기 시작했는데, 1991년 한때 오대양 집단 자살 사건에 연루되어 화제의 대상에 오른 이후 두 번째였다. 기독교 복음침례회, 속칭 구원파의 창시자 권신찬 목사의 사위로 일찌감치 사업수완을 보여 세모기업을 창설했던 그는 세월호 참사를 일으킨 청해진 해운과 관련된 혐의로 수사를 받던 중에 잠적한 후 전남 순천 별장 근처 야산에서 시신으로 발견되었는데, 비록 타살 가능성에 대한 의혹이 강하게 제기되기도 했으나 더 이상 도피할 길이 없게 되자 자살한 것으로 보인다.

1990년 한강 유람선 침몰과 2014년 세월호 침몰 등 유달리 선박사고와 인연이 깊은 그는 1986년 한강 유람선 사업권을 따낸 이후 독점 운항으로 승승장구했으나 그 후 1991년 오대양 사건에 연루되어 상습적인 헌금 횡령 혐의로 징역 4년형을 선고받고 복역하기도 했다. 출옥한 후에는 세모해운을 설립해 총 27척의 여객선과 화객선을 운항하는 한국 최대의 여객선 업체로 성장시켰으나 무리한 투자로 인해 1997년 부도 처리되고 말았다. 그런데 왜 하필이면 세모라는 명칭을 사용했는가에 대해서는 여러 설이 있지만, 홍해의 기적을 일으킨 모세의 이름을 거꾸로 뒤집은 것이라는 소문도 있다. 어쨌든 그 후 사업에서 손을 떼고 사진작가로 활동한 그는 거액의 기부금을 내고 파리의 루브르 박물관에서 작품 전시회를 여는가 하면 프랑스 남부의 한 마을을 통째로 사들이는 등 호사스러운 생활을 한 것으로 알려졌다.

어쨌든 숱한 인명이 희생된 세월호 참사를 맞이해 파국으로 치닫는 운명을 겪어야 했던 그는 세월호 참사의 배경을 수사하는 과정에서 청해진 해운의 실소유주임이 밝혀지게 되면서 검찰의 소환을 받았으나 이에 불응한 채 잠적해 버렸는데, 결국에는 싸늘한 시신으로 발견되고 말았다. 뛰어난 달변과 쇼맨십으로 구원파 신도들에게 거의 신적인 존재로 군림했던 그는 태권도 7단이 되기까지 무술연마로 다져진 탄탄한 몸매의 소유자로 그가 교주로서뿐 아니라 기업가로 성공할 수 있게 된 배경에는 이미 오래전부터 무술을 통해 인연을 맺게 된 전경환의 도움을 받았기 때문이다. 전두환의 동생이었던 전경환은 새마을운동 본부장으로 한때 나는 새도 떨어트릴 정도로 막강한 권력을 과시한 인물로 유병언의 기업 활동에 많은 특혜를 주기도 했는데, 유병언의 조카사위이기도 했던 가수 박진영과 구원파의 핵심 인물로 활동했던 배우 전양자는 그의 죽음으로 인해 구설수에 올라 한동안 곤욕을 치르기도 했다.

재벌가의 자살

한국의 재벌가는 연예인 못지않게 많은 사람으로부터 선망의 대상이 되기도 하지만 남부러울 것이 없어 보이는 그들에게도 남모를 고충이 많은지 여러 인물이 자살했는데, 이미 1961년에 항공사 사장 신용욱이 한강에 투신자살했으며, 1990년에는 현대 정주영 회장의 4남 정몽우 사장이, 그리고 2003년에는 5남 정몽헌 현대그룹 회장이 자살해 세상에 큰 충격을 안겨 주었다. 그 외에도 동아일보 세무조사로 아파트에서 뛰어내린 안경희와 미국 유학 중에 자살한 이건희 회장의 딸 이윤형이 있으며, 두산그룹 회장 박용오는 형제의 난으로 자살했다. 가장 최근에는 경남기업 회장 성완종이 자살하면서 남긴 불법정치자금 리스트가 정계에 일대 파란을 일으키기도 했다.

광복 이후 대한민국 최초의 항공사라 할 수 있는 대한국민항공사(KNA)를 설립해 국내 노선을 운항하기 시작한 신용욱(1901~1961) 사장은 한국전쟁이 발발하면서 파산했다가 다시 재기를 노리고 비행기를 들여와 국제노선까지 운항을 확장시켰으나 경영난을 이기지 못하고 결국에는 1961년 한강에 투신해 자살하고 말았다. 일제 강점기인 1929년에 조선비행학교를 설립한 그는 1936년 조선항공사업사를 운영하다가 광복 후에는 미군정의 허가를 받고 대한국민항공사로 이름을 바꾸었는데, 운영상의 어려움으로 그가 자살한 후에는 정부에서 항공사를 인수해 대한항공공사를 설립했으나 역시 경영난에 시달리게 되자 민영화를 추진하면서 1969년 한진상사의 조중훈 사장에게 인수된 후 오늘날의 대한항공으로 발전하게 되었다.

현대그룹의 신화를 낳은 정주영 회장은 8명의 아들을 두었는데, 그 중 장남 정몽필은 교통사고로 일찍 사망했으며, 현대알루미늄 대표를 지낸 4남 정몽우(1945~1990)는 오랜 기간 정신질환을 앓던 중에 자살했다. 정주영 회장이 사망하면서 그 뒤를 이어 현대그룹 회장을 지낸 5남 정몽헌(1948~2003)은 대북 불법송금 사건과 관련되어 검찰 조사를 받던 도중 현대 사옥 12층 회장실에서 유서를 남기고 투신자살했다. 현대판 '왕자의 난'으로 알려진 현대 일가의 승계 다툼을 거치면서 힘겹게 현대그룹 회장에 취임한 정몽헌은 한동안 금강산 관광 개발사업을 주관하며 의욕을 펼쳤으나 대북 불법송금 사건이 터지면서 부친의 숙원사업인 대북사업이 차질을 빚게 되자 이를 비관하고 자살한 것으로 보인다. 그가 사망한 후 부인 현정은이 남편을 대신해 회장에 취임했다.

동아일보 사주를 지낸 김병관의 부인이었던 안경희(1939~2001)는 경남 밀양 태생으로 경북여자고등학교와 효성여자대학교 약학과를 졸업한 후 결혼해 명문가의 맏며느리 역할에 충실했으며, 신문사 경영과는 무관한 삶을 지냈다. 평소 매우 검소한 생활과 고미술에 대한 조예가 깊은 것으로만 알려진 그녀는 별다른 대외활동 없이 평범한 주부로 조용히 지내던 중 김대중 정부 때 느닷없이 언론사들에 대한 세무조사가 시작되면서 신경쇠약 증세를 보이기 시작했는데, 국세청 조사에 이어 검찰에도 소환되어 조사를 받게 되면서 강압적인 수사에 심한 모욕감을 느낀 나머지 자신의 흑석동 아파트 13층에서 뛰어내려 투신자살했다. 그녀의 죽음으로 당시 야당인 한나라당과 여당인 민주당 사이에 '사법살인이다 아니다'로 설전이 오갔으며, 그 후 동아일보는 더욱 보수적 성향을 띠게 되었다. 그녀의 장남 김재호는 동아일보 대표이사이며, 차남 김재열은 삼성그룹 이건희 회장의 사위이기도 하다.

대우건설 사장을 역임한 남상국(1945~2004)은 서울대학교를 졸업하고 1974년 평사원으로 대우그룹에 입사한 이래 20년 이상 장기 근속하면서 주로 건설현장에서 뛰어난 업무성적을 인정받아 1999년 대우그룹 건설부문 사장이 되었으며, 대우 계열사들이 분리된 이후에도 계속해서 대우건설 사장을 지냈다. 특히 대우그룹이 위기를 맞았을 때 철저한 인력관리로 우수한 인재들이 빠져나가는 것을 막는 등 탁월한 경영능력을 인정받아 금탑산업훈장을 받기도 했다. 하지만 2002년 노무현 대통령의 형 노건평에게 제공한 뇌물수수 혐의로 검찰 조사를 받는 과정에서 노무현 대통령이 공식 기자회견을 갖는 가운데 공개적으로 자신의 실명을 거론하며 비판하는 모습을 본 직후 한강에 투신해 자살했다.

삼성그룹 이건희 회장의 막내딸 이윤형(1979~2005)은 대원외국어고등학교와 이화여자대학교 불문과를 졸업하고 미국 유학을 떠나 뉴욕대에 입학한 지 2개월 만에 자신이 묵고 있던 맨해튼 부근 아파트에서 목을 맨 채 자살했는데, 그녀를 발견한 남자친구가 급히 병원으로 옮겼으나 곧바로 숨지고 말았다. 당시 그녀 나이 26세였다. 뉴욕 경찰은 부검 실시 결과 자살로 단정 지었으나 삼성 측은 처음부터 교통사고에 의한 죽음이라고만 밝혀 오히려 더 큰 의혹을 사기도 했다. 비록 정확한 자살 동기는 밝혀지지 않았지만, 사귀던 남자친구가 평범한 집안 출신이라 부모가 결혼을 반대하자 홀로 고민하며 우울증을 겪은 것으

347

로 보인다.

　두산그룹의 박용오(1937~2009) 회장은 두산그룹 초대회장인 박두병의 차남으로 로열패밀리 출신답게 경기고등학교와 뉴욕대학교 경영학과를 졸업한 후 동양맥주, 두산상사를 거쳐 1996년 두산그룹 회장직에 올라 한국중공업과 대우종합기계를 인수하는 등 매우 공격적인 경영으로 승승장구했다. 야구광이기도 했던 그는 OB 베어스 사장을 비롯해 한국야구위원회(KBO) 총재도 연임하면서 프로야구 발전에 크게 기여했다.

　하지만 탄탄대로를 달리던 그도 2005년 형 박용곤이 회장직을 동생 박용성에게 넘길 것을 요구하며 그룹회장에 추대하자 이에 반발한 나머지 검찰에 두산그룹 경영 비리에 관한 진정서를 제출해 소위 '형제의 난'을 일으킴으로써 점차 몰락의 길을 걷기 시작했다. 결국 동생인 박용성이 회장에 취임하고 박용오 회장은 성지건설을 인수하면서 사건은 일단락되었으나 그 후 형제의 난을 일으킨 그는 가문을 배신한 인물로 낙인찍혀 그룹은 물론 가문에서도 제명당하는 수모를 겪어야 했다. 비록 그는 성지건설 경영을 통해 한때 재기를 노리기도 했으나 경기 침체로 인한 경영난에 시달리다가 72세라는 노령의 나이에 자신의 성북동 자택에서 넥타이로 목을 매 자살하고 말았다. 평소 앓던 심장병에 화병까지 겹쳐 울분을 이기지 못한 것으로 보인다.

　2015년 성완종 리스트로 정계에 큰 파문을 일으킨 경남기업 성완종(1951~2015) 회장의 자살은 정경유착의 병폐가 아직도 근절되지 못한 우리의 낙후된 현실을 여지없이 드러낸 사건으로, 그의 호주머니에서 발견된 메모지 한 장이 온 나라를 벌집 쑤신 듯 발칵 뒤집어 놓고 말았다. 어린 시절부터 불우한 가정환경에서 교육조차 제대로 받지 못하고 자라면서도 악착같이 돈을 모아 기업인으로 크게 성공한 그는 자수성가한 기업인의 전형으로 국민훈장모란장과 자랑스러운 한국인상까지 받은 인물이라는 점에서 정주영 현대그룹 회장에 비견되기도 했다.

또한 그는 서산장학재단을 설립해 불우한 환경의 학생들 2만 5천 명에게 총 300억 원의 장학금을 제공했을 뿐만 아니라 베트남에까지 장학사업을 벌이며 사회봉사활동에 헌신적인 모습을 보이기도 했으나 다른 한편으로는 정계 진출에도 야심을 지녀서 자신의 고향인 충남 서산에서 자유선진당 소속으로 출마해 19대 국회의원에 당선되기도 했다. 하지만 총선 당시 공직선거법을 위반했다는 이유로 유죄선고를 받고 2014년 의원직을 상실했으며, 그 후 다시 이명박 정부의 비리 의혹에 연루되어 법원 출두명령을 받았으나 이에 불응한 채 잠적해 버렸는데, 결국 북한산 형제봉 부근에서 스스로 목숨을 끊은 상태로 발견되고 말았다.

자살한 대중가수들

대중적 인기를 먹고사는 연예인들 가운데 특히 가수들은 무대 위의 화려한 조명과 열기, 그리고 팬들의 뜨거운 박수갈채와는 달리 무대 밖의 삶은 너무도 판이한 세계로 인기 유지 및 출세에 대한 불안 초조와 더불어 만성적인 공허감과 외로움, 우울감 등에 시달리기 십상이다. 더욱이 타인의 시선과 평가에 항상 신경을 곤두세워야 하는 그들

입장에서는 치열한 경쟁과 불규칙한 생활패턴으로 인해 지독한 불면증에 시달리기도 한다. 그들이 특히 술과 약물에 자주 탐닉하게 되는 이유도 그런 특수한 배경 때문이라 할 수 있다.

어쨌든 우리나라 대중가수로 자살한 인물 가운데 가장 뛰어난 재능과 명성을 얻은 가수를 들자면, 단연 '서른 즈음에'의 가수 김광석(1964~1996)을 꼽을 수 있다. 대광고등학교를 졸업하고 명지대학교 경영학과에 입학한 그는 대학 동아리에서 민중가요를 부르며 소극장을 중심으로 공연을 시작했는데, 김민기의 음반에 참여하면서 본격적인 가수로 데뷔했으며, 재학 중에 방위병 복무를 마치고 복학한 후 '노래를 찾는 사람들(노찾사)'에 합류해 정기공연을 갖기도 했다.

그 후 1987년 학창시절 친구들과 함께 '동물원'을 결성해 활동하다가 1989년부터 솔로로 데뷔해 첫 음반을 낸 그는 1994년 마지막 4집 음반을 낼 때까지 꾸준히 자신이 직접 노래를 만들어 불렀으며, 학전 등의 소극장 무대에서 공연활동을 계속해 통기타 가수로 큰 인기를 누렸다. 다소 쉰 듯한 목소리로 애절하게 부르는 그의 대표곡 '서른 즈음에'를 비롯해 '사랑했지만' '바람이 불어오는 곳' '이등병의 편지' '먼지가 되어' 등은 지금도 애창되는 노래들이다.

하지만 안타깝게도 그는 1996년 1월 초 부인과 어린 딸을 남겨 둔 채 자신의 집에서 목을 매 자살하고 말았다. 당시 그의 나이 32세로 그야말로 서른 즈음에 생을 마감한 셈이다. 하지만 그 후 얼마 가지 않아 부인이 딸을 데리고 서둘러 미국 이민을 떠나는 바람에 자살이었다고 주장한 부인의 말에 의혹을 제기하는 사람들까지 생겨나기도 했는데, 물론 그것은 그의 이른 죽음을 받아들이기 어려웠기 때문일 것이다.

그런데 김광석이 죽기 바로 5일 전에 인기 발라드 가수 서지원(1976~1996)이 19세라는 어린 나이로 자살해 수많은 소녀 팬들에게 충격을 안겨 주었는데, 서울 태생인 그는 초등학교를 졸업하자마자 가족과 함께 미국으로 이민을 떠났으나 부모의 이혼으로 외로운 성장기를 보내야 했으며, 로스앤젤레스에서 고등학교를 마친 직후 귀국해 가수로 데뷔하면서 수많은 소녀 팬들을 확보하고 단숨에 인기스타가 되었다.

하지만 너무 이른 나이에 인기스타의 반열에 오른 그는 사람들의 지나친 관심과 사랑에 더욱 큰 부담감을 안게 되었으며, 팬들의 반응에 지나치게 민감한 반응을 보이며 초조한 모습으로 지내다가 2집 앨범 발표를 눈앞에 둔 시점에서 자신의 괴로운 심정을 담은 유서를 남긴 채 신경안정제 300알을 삼키고 자살했다. 화장한 그의 유해는 본인의 뜻에 따라 지리산 정상에 뿌려졌는데, 사후에 발표된 2집 앨범의 타이틀곡 '내 눈물 모아'는 사실상의 마지막 유언이라 해도 무방할 것이다.

그 후 2007년 1월에는 가수이자 배우인 유니(1981~2007)가 자신의 집에서 목을 매 자살했는데, 당시 그녀 나이 25세였다. 오랜 기간 우울증에 시달린 그녀는 어려서부터 매우 불행한 성장기를 겪어야 했는데, 미혼모의 딸로 태어나 아버지가 누군지도 모르고 자랐으며, 초등학교 2학년 때 어머니가 재가하면서 외할머니와 함께 살아야 하는 등 사춘기에 이르기까지 많은 외로움을 겪으며 지냈다.

중학교 3학년 때 KBS 청소년 드라마 〈신세대 보고서 어른들은 몰라요〉에 처음 데뷔한 그녀는 그 후 KBS 드라마 〈용의 눈물〉〈왕과 비〉, 영화 〈세븐틴〉〈질주〉 등에 출연했으며, 특히 〈왕과 비〉에서는 악녀

장녹수 역을 맡아 눈길을 끌기도 했으나 배우로서는 별다른 인기를 얻지 못했다. 경희대학교에서 연극영화를 전공하기도 했던 그녀였지만, 배우의 길을 포기하고 마침내 2003년 가수로 데뷔하기에 이르렀으며, 그때부터 '유니'라는 예명을 사용하기 시작했다.

하지만 이미지 변신을 노리고 섹시미를 내세워 활동하기 시작한 가수 활동 역시 출발부터 선정성 논란에 휘말려 그녀의 뮤직비디오가 방송 불가 판정을 받는 등 시련을 겪었으며, 설상가상으로 그녀에게 반감을 지닌 일부 누리꾼들의 악성댓글로 마음고생을 해야 했는데, 특히 가수 데뷔 이래 줄곧 그녀를 따라다닌 성형미인, 인조인간 등의 별명이 그녀를 몹시 괴롭혔다. 결국 그녀는 3집 앨범 발표를 앞둔 시점에서 목을 매 숨진 상태로 함께 살던 외할머니에 의해 발견되었다. 당시 그녀는 경제적으로도 몹시 어려운 상태였다고 한다.

유니가 죽은 이듬해인 2008년에는 그룹 엠스트리트(M. Street)의 리더 가수인 이서현(1979~2008)이 서울 도곡동 스튜디오 녹음실에서 노끈으로 목을 매 자살했는데, 새 앨범 발표를 한 달 앞둔 시점에 일어난 사건으로 결국 그의 갑작스런 죽음으로 인해 엠스트리트는 얼마 가지 않아 해체되고 말았다. 평소 밝고 낙천적인 성격의 소유자였던 이서현은 자살하기 직전 거액의 돈을 끌어다 주식투자를 했다가 주가 폭락으로 막대한 손실을 입게 되자 이를 비관하고 자살한 것으로 알려졌다.

그 후 2011년에는 가수 채동하(1981~2011)가 자신의 집에서 목을 매 자살했는데, 특유의 가창력으로 꾸준한 인기를 얻었던 그는 오랜 기간 우울증을 앓았던 것으로 알려졌다. 가수로 데뷔할 당시 제2의 조성모라는 찬사까지 들은 그는 'SG 워너비'의 멤버로 활동하면서 그만의 독특한 섬세함과 고음 처리로 많은 히트곡을 남겼는데, 2008년 갑자기 'SG 워너비'를 탈퇴하고 솔로로 전향하면서 오히려 인기가 퇴색하고 말았다. 더욱이 목 디스크로 인해 방송활동에 어려움을 보였으며, 많은 공을 들인 솔로 2집 앨범도 참담한 실패로 끝나게 되면서 우울증이 더욱 깊어진 것으로 보인다.

한편 그룹 '투투'에 이어 '듀크'의 멤버로 활동하며 많은 인기를 끌던 가수 김지훈(1973~2013)은 고질적인 마약 복용으로 두 차례나 검찰에 입건되었는데, '듀크'에서 활동하던 2005년 마약 복용 혐의로 검찰에 불구속 입건되면서 이미지가 하락해 점차 내리막길을 걷기 시작했으며, 2007년 '듀크'가 해체된 이후로는 뮤지컬 배우로 활동하며 한동안 재기를 노리기도 했으나 그 후 다시 2009년에 환각제를 복용해 검찰에 구속되면서 모든 연예활동이 중단되고 말았다. 결국 그 일로 인해 결혼생활까지 파경을 맞이한 그는 우울증에 빠진 나머지 2013년 12월 서울의 한 호텔에서 목을 매 자살했다.

최근에는 예명 '한나'로도 알려진 가수 한지서(1981~2014)가 혼자 살던 경기도 분당의 집에서 스스로 목숨을 끊었는데, 한동안 연예활동이 뜸했던 그녀는 공황장애를 앓았던 것으로 알려졌다. 원래 JYP 엔터테인먼트 연습생 출신이었던 그녀는 2004년 한나(Hannah)라는 예명으로 가요계에 정식 데뷔하면서 히트곡 '바운스'를 발표해 그녀 특유의 굵고 힘 있는 가창력을 과시했는데, 가수로 데뷔하기 직전 촬영한 스카이 휴대전화 광고에서 그룹 '태사자'의 박준석과 함께 사이좋게 이어폰을 듣는 여성으로 나오기도 했다. 당시 박준석이 이어폰을 건네며

했던 "같이 들을래?"라는 대사가 크게 유행하기까지 했다. 한때 배우로도 활동해 영화 〈돈가방〉에도 출연했던 그녀는 그 이후로 활동이 뜸해지면서 점차 고립된 생활을 보내다가 결국 자살로 32년의 짧은 생을 마감하고 말았다.

가장 최근인 2015년 10월에는 무명가수 김현지(1985~2015)의 자살 소식으로 인해 사람들의 마음을 더욱 어둡게 만들었다. 경호학과 출신인 그녀는 가수 화요비의 경호원으로 일하면서 자신도 가수가 될 꿈을 키우게 되었는데, 2009년 케이블 방송 오디션 프로 '슈퍼스타 K'에 참가해 중성적인 이미지로 놀라운 가창력을 선보였던 그녀는 비록 본선 진출에 탈락해 아쉬움을 남기기도 했지만, 그래도 낙심하지 않고 한 기획사의 도움으로 첫 앨범을 내기도 했다. 하지만 그녀의 앨범은 팬들의 외면을 당해 크게 좌절을 맛보았으며, 한동안 가수활동을 하지 못하다가 2013년 다시 오디션 프로 '보이스코리아'에 도전해 열창했으나 역시 자신의 뜻을 이루지는 못하고 말았다. 결국 그녀는 가수로 성공하겠다는 꿈을 이루지도 못한 채 자살 사이트에서 만난 2명의 30대 남성들과 함께 전북 익산의 한 주차장에 세워 둔 차 안에서 번개탄을 피우고 동반 자살하고 말았다. 실로 냉엄한 프로무대 세계의 이면을 보여 주는 비극적인 최후가 아닐 수 없다.

마지막으로 1990년에 죽은 천재소녀 가수 장덕(1961~1990)을 얘기하지 않을 수 없는데, 자신이 부른 노래를 직접 작사, 작곡까지 하며 싱어송라이터로 활동한 그녀는 14세라는 어린 나이에 처음 가요계에 데뷔한 이래 오빠 장현(1956~1990)과 함께 듀엣 '현이와 덕이'를 결성해 뛰어난 재능을 발휘한 가수로, 28세라는 짧은 생애 중에 그녀가 만든 노래는 중학교 2학년 때 작곡한 '소녀와 가로등' 등 총 130곡에 가깝다. 더욱이 예쁘고 깜찍한 외모로 영화에도 출연해 하이틴 스타로도 명성을 날린 그녀는 성인이 되어 솔로로 독립한 이후에도 다양한 연예 활동으로 스타의 자리를 꾸준히 지켜 나갔다. 하지만 그녀는 암과 투병하던 오빠를 병간하던 중에 수면제 과용으로 숨지고 말았는데, 과거에도 불행한 가정환경 때문에 수차례 자살을 기도한 전력이 있어서 자살설이 제기되기도 했다. 오빠 장현은 동생이 죽은 지 6개월 뒤에 사망했는데, 자신 때문에 동생이 죽었다며 죄책감에 시달렸다고 한다.

자살한 동성애자들

사회적으로 이름이 난 유명인사들이나 연예인들의 자살은 그래도 세상의 이목을 끌고 그들을 따르던 사람들로부터 애도의 대상이 되기도 하지만, 세상의 그늘진 곳에서 따돌림당하며 살던 사람들의 죽음은 세인들의 무관심 속에서 소리 없이 사라져야 했는데, 특히 이 땅의 동성애자들은 더욱 그렇다. 비록 2000년대에 접어들어 배우 홍석천의 커밍아웃과 트랜스젠더 하리수의 고백을 통해 성 소수자에 대한 거부감이 예전에 비해 상당히 완화되기는 했으나 사회적 편견과 그로 인한 불이익은 여전히 가시지 않고 있는 실정이다. 특히 에이즈 파문이 일고부터는 동성애자들에 대한 기피반응이 더욱 거세지기까지 했다.

국내에 동성애자로서 자살한 가장 최초의 인물은 동성애자 인권운동가로 활동했던 오세인(1976~1998)이다. 서울의 중산층 가정에서 태어난 그는 중·고등학교 시절 줄곧 1, 2등을 다투던 수재로 서울대학교에 진학한 후 대학생동성애자인권연합에서 활동하는 가운데 그동안 비밀로 지켜 왔던 게이라는 사실을 가족에게 고백했으나 대노한 아버지로부터 집에서 쫓겨나 스스로 학비를 벌어야 했다.

그가 동성애자라는 사실이 알려지게 되면서 주위로부터 따가운 눈총을 받게 된 그는 사귀던 애인마저 연락을 끊은 데다 과외와 아르바이트도 모두 취소되는 등 큰 어려움을 겪게 되자 자신의 처지를 비관하고 마침내 두 번의 자살시도 끝에 동성애자인권연대 사무실 계단에 목을 매 스스로 목숨을 끊었다. 당시 그가 죽은 날은 5월 17일로 국제 동성애 혐오 반대의 날이기도 했다. 그의 아버지는 장례식에 참석조차 하지 않았으며, 화장된 그의 유해는 야산 계곡에 뿌려졌는데, 동성애자 시인 육우당은 그를 추모하는 시를 남기기도 했다. 하지만 육우당역시 5년 뒤에 자살하고 말았다.

육우당(六友堂)이라는 필명으로 알려진 윤현석(1984~2003)은 동성애자의 인권을 요구하며 투쟁하다 자살한 시인이자 인권운동가다. 중학교 때 처음으로 자신이 게이임을 자각한 그는 학창시절 내내 그런 사실 때문에 급우들로부터 따돌림과 괴롭힘에 시달리다 결국에는 고등학교 졸업을 불과 몇 달 남긴 상태에서 자퇴하고 말았다. 고등학교 재학시절부터 동성애자인권연대에 가입해 활동한 그는 시와 평론을 통해 동성애자에 대한 세상의 편견과 차별을 상대로 투쟁을 벌였으며, 독실한 가톨릭 신자 입장에서 동성애를 죄악시하는 기독교 근본주의도 맹렬히 비판했다.

나이에 비해 몹시 조숙했던 그는 사춘기 때부터 우울증과 불면증에 시달리며 수면제를 복용하기 시작했는데, 그가 자신의 필명을 육우당이라 지은 것도 술과 담배, 녹차, 수면제, 묵주, 파운데이션이 자신의 유일한 여섯 친구라는 뜻에서 붙인 것이다. 고등학교 시절 학교생활에 제대로 적응하지 못하자 부모의 뜻에 따라 정신과 상담을 받기도 했으나 그런 치료를 통해 이성애자로 바뀔 수 없음을 너무도 잘 알고 있던 그는 자신이 정신병자가 아니라는 이유로 투약을 거부하기도 했다. 결국 학교를 자퇴한 후 검정고시를 준비하며 아르바이트 생활을 하는 가운데 동성애자를 위한 인권투쟁에 뛰어든 그는 보수적인 세상 전체를 상대로 힘겨운 싸움을 벌이기 시작했다.

하지만 그가 쓴 작품과 글들은 동성애자라는 이유로 철저히 외면당했으며, 지독한 악플과 비난에 시달려야 했다. 동성애자의 결혼합법화 등 성 소수자의 인권뿐 아니라 반전평화운동에도 가담해 동성애자를 상징하는 무지개 깃발을 앞세우고 반전집회에 참가하기도 했으며, 정작 본인 자신도 병역을 거부하기로 결심한 상태였다. 그는 특히 「청소년보호법」 개정을 둘러싼 국가인권위원회와 한국기독교총연합회 사이에 벌어진 논쟁에 뛰어들어 동성애 조항의 삭제를 위해 기독교계를 맹비난하기도 했다.

하지만 이를 기화로 기독교계 인사들이 동성애를 소돔과 고모라에 비유하며 그를 악마라고 비난하는 등 노골적인 인신공격을 가하게 되자 크게 절망한 나머지 장문의 유서를 남기고 동성애자인권연대 사무실 문고리에 목을 매 자살하고 말았다. 당시 그의 나이 불과 19세였다. 사회적 편견 때문에 그의 죽음은 세상에 알려지지도 않았으며, 그가 죽기 전까지 실명을 공개할 수도 없었다. 따라서 여러 인권단체에서는 그의 죽음을 자살이 아니라 사회적 타살로 보기도 했다.

어쨌든 그가 죽은 후에도 세상은 크게 달라진 게 없어서 2008년에는 배우로도 활동한 모델 김지후(1985~2008)가 23세라는 아까운 나이로 자살했는데, 국내 최초의 동성애 TV 프로그램으로 화제가 되었던 〈커밍아웃〉에 출연해 자신이 게이임을 당당히 밝혀 많은 성원을 받기도 했으나 그 역시 사회적 편견과 차별의 장벽을 극복하지 못하고 스스로 목숨을 끊고 말았다.

그런데 그가 자살한 2008년 10월은 불과 일주일 안에 3명이 연달아 자살한 액운의 달로 10월 2일에는 국민배우 최진실이, 그다음 날에는 한때 SBS 〈진실게임〉에 출연해 자신이 트랜스젠더임을 밝혀 화제를 불러 모은 장채원(1982~2008)이 자살했으며, 3일 후에는 김지후마저 자살하는 바람에 연예계에 비상이 걸리기도 했다. 더욱이 한 달 전에는 배우 안재환이 자살했으니 연예계가 발칵 뒤집어지지 않을 수 없었다. 그 후 2013년에는 단역배우 출신의 동성애자 인권운동가 송범준(1992~2013)이 자살하는 일이 벌어졌는데, 동성애자 인권단체인 '친구사이'에 가입해 인권운동을 벌인 그 역시 주위의 따가운 눈총에 시달리며 괴로워하다가 자살한 것이다.

공직자들의 자살

우리나라 고위 공직자 출신으로 자살한 대표적인 인물들을 꼽자면, 부산시장 안상영(1938~2004)과 전남 도지사 박태영(1941~2004), 대법원장 출신의 유태홍(1919~2005), 그리고 양산시장 오근섭(1947~2009)과 국회의원 김종률(1962~2013) 등을 들 수 있다. 이들 가운데 박태영 도지사와 유태홍 대법원장, 김종률 의원 등은 모두 한강에 투신했으며, 안상영 시장은 구치소에서 목을 매 자살하고, 오근섭 시장은 자신의 집에서 몸에 태극기를 두르고 자살했다.

안상영 부산시장은 부산고등학교를 거쳐 서울대학교 토목공학과를 졸업하고 서울시 공무원으로 관료생활을 시작했으며, 도시계획국장으로 근무할 당시 서울 강남 개발을 주도한 후 종합건설본부장이 되어 한강종합개발과 올림픽대로 건설을 추진해 그 능력을 인정받았다. 그 후 1988년 부산시 관선 시장으로 부임했다가 부산 앞바다 인공섬 개발사업을 무리하게 추진해 논란을 빚자 잠시 해운항만청 청장을 거쳐 부산매일신문사 사장을 지내기도 했다.

토목공학과 출신답게 뚝심과 고집으로 밀어붙이는 스타일로 알려진 그는 1998년 지방선거를 통해 부산시장에 당선되었으며, 2002년에도 한나라당 공천으로 출마해 부산시장에 재선되었다. 하지만 그 후 진흥기업과 동성여객 등 기업체들로부터 수억 원의 뇌물을 받은 혐의로 검찰에 구속된 그는 부산구치소에 복역 중이던 2004년 2월 그곳에서 목을 매 자살하고 말았다.

안상영 시장이 자살한 지 2개월 뒤에는 박태영 전남도지사가 서울 반포대교에서 뛰어내려 한강에 투신자살했는데, 광주고등학교를 거쳐 서울대학교 상대를 졸업한 그는 서울대학교 경영대학원과 연세대학교 행정대학원, 미국 조지 워싱턴 대학교 등에서 경영행정학을 수학한 최고 엘리트 출신으로 그 후 정계에 뛰어들어 민주당 소속 국회의

원과 김대중 정부가 출범했을 때 산업자원부 장관을 지내기도 했다. 그 후 의료보험관리공단 이사장을 거쳐 2002년 새천년민주당 후보로 출마해 전남도지사에 당선되었으나 과거 국민건강보험공단 이사장으로 재직할 당시 인사비리혐의로 검찰수사를 받던 중 한강에 투신해 자살했다.

이듬해인 2005년 초 1월에는 법조계의 원로인 유태홍 전 대법원장이 서울 마포대교에서 얼어붙은 한강에 뛰어내려 자살했는데, 당시 85세 고령이었던 그는 신병을 비관하고 스스로 목숨을 끊은 것으로 보인다. 일제 강점기에 일본 간사이대학교 법과를 졸업한 그는 1971년 서울형사지법 수석부장판사로 재직할 당시 법조계의 개혁을 요구하는 성명서를 낭독해 사법파동을 일으킴으로써 매우 진보적인 법조인의 이미지를 남기기도 했다.

하지만 1976년 대법원 판사에 임명된 후 1980년 김재규 전 중앙정보부장에게 서둘러 사형선고를 내리는 한편, 신군부가 조작한 김대중 내란음모사건에서도 김대중에게 사형을 선고한 주심판사라는 오명을 써야 했다. 그 후 1981년 대법원장에 오르며 출세가도를 달린 그는 1985년에도 법관 인사의 잘못된 관행을 비판하는 글을 올린 판사를 좌천시킴으로써 제2차 사법파동을 불러일으켰는데, 그로 인해 대법원장 탄핵이라는 사상 초유의 사태를 당하는 수모를 겪어야 했다. 어쨌든 사람들의 기억에서 사라진 지 오래인 그가 돌연 투신자살함으로써 과거 신군부에 길들여진 법조인의 이미지가 되살아나는 계기가 되기도 했다.

그 후 4년이 지나 2009년 말에는 오근섭 양산시장이 자택 농장 부엌에서 목을 매 자살한 모습으로 발견되었는데, 양산 토박이인 그는 초등학교 졸업이 전부인 학력에도 불구하고 어려서는 신문배달, 구두닦이 등으로 생계를 돕고, 커서는 경찰서 사환, 어묵장사, 계란장사, 그릇장사, 쌀장사 등 안 해 본 일이 없을 정도로 악착같이 돈을 모아 40대 초반에 양산대학을 설립함으로써 자신이 배우지 못한 한을 풀기도 했던 입지전적 인물이다. 두 번의 낙선 끝에 2004년 한나라당 후보로 출마해 힘겹게 양산시장에 당선된 그는 재선에 성공한 후 3선 도전을 준비 중에 있다가 불법선거자금 수수 혐의로 검찰 소환을 통보받은 직후 자신의 몸에 태극기를 두른 채 자살했다. 당시 그가 선거자금으로 빌린 돈은 60억 원에 달하는 것으로 알려졌으며, 죽기 전날에는 충혼탑과 조부 묘소를 참배하기도 했다.

뇌물수수 혐의로 자살한 인물은 또 있었다. 2013년 8월 검찰 조사를 받은 직후 한강에 투신자살한 전 민주당 소속 김종률 의원이 바로 그 주인공이다. 서울대학교 법과대학을 졸업하고 사법고시에 합격한 후 인권변호사로 활동하다 단국대학교 법대교수를 지낸 그는 2004년 열린우리당 후보로 출마해 17대 국회의원에 당선되었으며, 통합민주당 원내대표를 거쳐 2008년에는 민주당 소속 18대 국회의원을 지내며 국회 입법 최우수 의원으로 선정되는 등 야당을 대표하는 중진의원으로 큰 활약을 보였다.

2007년 대선 당시 한나라당 이명박 후보의 BBK 주가조작 진상조사 대책위원장을 맡아 'BBK 저격수'로 이름을 날리기도 했던 그는 그 후 용산 철거민 폭력살인진압 진상조사위원회 위원장도 맡아 많은 활약을 보였으나 정작 그 자신은 2009년 뇌물수수 비리혐의로 실형을 선고받고 의원직을 상실하고 말았다. 단국대학교 교수로 재직하던 시절 단국대학교 이전사업과 관련된 비리 혐의가 인정되어 징역 1년형과 추징금 1억이 선고된 것인데, 2010년 7월 가석방된 이후 복권되면서 다시 정계 복귀를 노리며 재기를 꿈꾸다가 2013년 줄기세포 연구로 각광받은 벤처기업과 관련한 뇌물수수 혐의로 검찰 조사를 받게 되자 그 이튿날 곧바로 한강에 투신했다.

자살로 생을 마감한 배우들

한동안 대중가수의 연이은 자살로 많은 팬을 안타깝게 만들기도 했지만, 가수 못지않게 화려한 직업으로 여겨져 수많은 사람에게 부러움의 대상이 되었던 배우들 역시 우울증에 매우 취약한 모습을 보인 끝에 특히 2000년대에 접어들어 자살자들이 줄을 이었다. 물론 그 첫 테이프를 끊은 장본인은 2005년에 자살한 이은주라 할 수 있으며, 그 후 배우들의 자살이 봇물 터지듯 이어졌는데, 일종의 베르테르 효과를 보인 것일 수도 있다.

이은주에 이어 2007년에는 정다빈과 여재구가 자살하고, 2008년에는 최진실과 안재환이 자살해 전국에 충격을 안겨 주었으며, 2009년에는 장자연의 자살로 인해 성상납 의혹을 일으켜 영화계가 홍역을 크게 치르기도 했다. 그 후 한 달 뒤에는 신인배우 우승연이 자살하고, 이듬해인 2010년에는 박용하와 박혜상이, 그리고 2011년에는 원로배우 김추련과 무명배우 정명현, 한채원이 자살했으며, 2012년에는 중견 탤런

트 남윤정과 배우 정아율이 자살로 생을 마감했다. 그 후에도 2013년
에 김수진이 자살하고, 가장 최근에 들어 2014년에는 무명배우 우봉식
이 자살하는 등 배우들의 비극은 멈출 줄을 몰랐다.

이은주(1980~2005)는 피아니스트를 꿈꾸다가 고등학교 1학년 때 학
생복 광고모델에 나선 것을 계기로 KBS 청소년 드라마 〈스타트〉에 출
연하면서 연기자로 데뷔했는데, 고등학교 3학년 때 영화 〈송어〉에 처
음 출연한 후 단국대학교 연극영화과에 입학했다. 그 후 영화 〈오! 수
정〉으로 대종상 영화제에서 신인여우상을 수상하고, 〈번지 점프를 하
다〉 〈연애소설〉 〈하늘정원〉 〈태극기 휘날리며〉 등에 출연했으며,
2004년에는 안방극장에도 복귀해 MBC 드라마 〈불새〉에서 이서진의
상대역 이지은을 훌륭히 연기함으로써 MBC 연기대상에서 여자 최우
수상을 받았다.

하지만 같은 해에 출연한 영화 〈주홍글씨〉로 여러 영화제에서 여
우주연상 후보에 오르며 인기 정상을 달리던 그녀는 2005년 2월 단국
대학교 졸업식에 참석한 지 불과 4일 뒤에 갑자기 자신의 집에서 목을
매 24세라는 아까운 나이로 자살하고 말았다. 당시 그녀는 손목에 칼
로 그은 상처를 남겼는데, 이미 한 달 전에 분당서울대병원에서 우울
증 진단을 받은 상태였다. 그녀의 갑작스런 죽음으로 언론매체에서는
돈 때문에 힘든 세상이라는 유서 내용을 근거로 금전문제 등 숱한 억
측을 쏟아 냈지만, 일에 대한 스트레스와 우울증을 극복하지 못하고
자살한 것으로 보인다.

앳되고 발랄한 모습으로 MBC 드라마 〈옥탑방 고양이〉와 시트콤
〈논스톱〉에 출연해 큰 인기를 얻었던 정다빈(1980~2007)은 남자친구

이강희의 집 화장실에서 갑자기 수건으로 목을 매 자살했는데, 평소 독실한 기독교 신자였던 그녀는 사후 4년 만에 어머니의 뜻에 따라 경기도 양평 용천사에서 이미 2002년에 사망한 문재성과 영혼결혼식을 치르고 합방 안치되었다. 문재성은 죽어서도 혼자 외롭게 지낼 딸의 모습이 애처로워 어머니가 임의대로 정해 준 상대라고 한다. 하지만 정다빈 본인 자신이 그런 낯선 상대를 만족스러워했을지는 아무도 알 수 없다.

정다빈이 죽은 지 3개월 후 단역배우 여재구(1970~2007)가 수원 자택에서 목을 매 자살했으나 무명배우였던 그의 죽음은 전혀 세상의 이목을 끌지 못했다. 영화 〈신라의 달밤〉과 TV 드라마 〈불멸의 이순신〉 〈야인시대〉 등에 단역으로 출연한 그는 MBC 프로 〈신비한 TV 서프라이즈〉에 고정 출연했지만, 그의 이름을 기억하는 팬들은 거의 없었다. 무명배우의 설움이 아닐 수 없다. 36세가 되도록 조연조차 제대로 얻지 못한 그는 생활고와 우울증에 시달리다 자살하고 말았는데, 당시 정다빈의 죽음과 영화제에서 여우주연상을 탄 전도연 등 인기스타들의 소식에 가려져 죽어서도 빛을 보지 못했다.

대원외국어고등학교를 거쳐 서울대학교 공예과를 졸업한 안재환(1972~2008)은 TV 드라마 〈하나뿐인 당신〉 〈나는 그녀가 좋다〉 〈LA 아리랑〉 〈엄마야 누나야〉 〈외출〉 〈똑바로 살아라〉 〈아름다운 유혹〉 〈홍소장의 가을〉 〈비밀남녀〉 〈다이아몬드의 눈물〉 〈새아빠는 스물아홉〉 〈눈꽃〉 등 많은 작품에 출연했으며, 영화 〈찍히면 죽는다〉에 주연을 맡기도 했다. 연예기획사 대표 및 대학 강단에 서기도 했던 그는 2007년 개그우먼 정선희와 결혼해 화제를 뿌리기도 했으나 이듬해에 벌어진 정선희 발언 파문 이후 항의전화가 빗발치고 불매운동 및 악성 댓글에 시달리던 끝에 주택가 골목에 주차한 차 안에서 연탄가스로 자살하고 말았는데, 당시 화장품 사업을 하고 있던 그는 거액의 빚을 진 상태였다.

2009년 3월에 성 접대 사실을 폭로한 문서를 남기고 자살한 장자연 (1982~2009)은 광주대학교 신문방송학과를 졸업한 여배우로 2006년 광고모델을 시작하면서 연예계에 데뷔하였다. 그 후 2009년 KBS 드라마 〈꽃보다 남자〉에 출연하며 배우생활을 시작했으나 마지막 녹화를 끝낸 직후 경기도 분당에 있는 자신의 집에서 자살했는데, 그녀가 남긴 문건에 성 상납 강요와 폭력에 시달린 내용이 언론에 보도되면서 사회에 큰 파문을 일으켰다. 소위 장자연 리스트로 알려진 문건에 언급된 용의자들은 기획사 대표와 방송 PD, 언론사 대표, 기업인, 금융업체 대표 등 유력인사들로 그녀는 술자리 접대는 물론 끊임없는 폭력에 시달린 나머지 우울증에 걸려 정신과 치료까지 받은 것으로 폭로했다. 어쨌든 그녀의 죽음으로 인해 그동안 소문으로만 나돌던 성 접대 관행에 대한 의혹이 전면에 떠오르면서 성차별에 대한 경종을 울리는 계기가 되기도 했다.

장자연이 자살한 지 한 달 뒤에는 신인배우 우승연(1983~2009)이 자살했는데, 그녀의 죽음은 장자연 리스트 파문에 가려져 세상의 이목을 끌지 못하고 말았다. 얼짱 카페를 통해 이름이 알려진 그녀는 잡지 모델로 활동하다가 배우로 전향해 영화 〈허브〉 〈그림자 살인〉 등에 출연하기도 했으나 영화 및 드라마 오디션에서 잇따라 탈락하자 자신의 처지를 비관하고 잠실에 있는 자신의 집에서 목을 매 자살했다. 당시 중앙대학교 불문과 휴학 중이었던 그녀는 이성 문제로 몹시 우울한 상태였으며, 그동안 우울증 치료를 받아 온 것으로 알려졌다.

착하고 곱상한 외모로 KBS 드라마 〈겨울연가〉에 출연해서 배용준에게 최지우를 빼앗긴 김상혁으로 나와 인기를 끈 배우 박용하(1977~2010)는 2004년 일본에서 가수로 데뷔해 한류스타로 폭발적인 인기를 끌었으며, 한국인 가수로는 최초로 4년 연속 일본 골든디스크 상을 수상하는 기염을 토하기도 했다. 그런 인기에 힘입어 일본 TV 드라마에도 출연하고 국내 TV에도 복귀해 〈온에어〉 〈남자이야기〉 등에서도 좋은 연기를 보여 준 그는 배우로서도 재기에 성공하는 듯싶었으나 2010년 6월 갑자기 자신의 집에서 자살해 버림으로써 수많은 팬들에게 큰 충격을 안겨 주었다. 정확한 자살 동기는 알려지지 않았으나 아버지의 암 투병, 개인사업과 연예활동을 병행하는 일에 따른 어려움 등으로 많은 스트레스를 받은 것으로 보인다. 특히 인기의 굴곡이 심한 연예활동에 많은 고민이 있었던 것으로 보이는데, 그의 장례식에는 한국 팬들뿐 아니라 수많은 일본 팬이 몰려와 그의 죽음을 애도하기도 했다.

박용하가 죽은 지 5개월 후에는 무명 배우 박혜상(1980~2010)이 자신의 집에서 자살했는데, '박서린'이라는 예명으로 알려진 그녀는 밝고 해맑은 모습으로 시트콤 〈압구정 아리랑〉을 통해 처음 데뷔했으나 그 후 SBS 드라마 〈미워도 좋아〉 〈불한당〉 등에 단역으로 출연했을 뿐 별다른 주목을 끌지 못했다. 소속사 지원도 없이 홀로 힘겨운 연기자 생활을 계속한 그녀는 연기자로 성공하고픈 꿈이 컸으나 현실적인 장벽에 가로막혀 크게 좌절한 나머지 자살한 것으로 보인다.

무명 배우로 자살한 여성은 또 있다. 2011년 8월에 자신의 집에서 목을 매 자살한 한채원(1980~2011)이 그렇다. 어릴 때부터 다재다능해 각종 대회에 나가 입상하기도 했던 그녀는 미스 강원 동계올림픽에 선발되기도 했으며, TV 드라마 〈고독〉 〈논스톱 3〉 등에 단역으로 출연하기도 했다. 하지만 연이어 캐스팅에 실패하고 방송 출연 기회가 없게 되자 그 후 화보 촬영, 가수 활동 등으로 변신을 시도했는데, 그마저 별다른 주목을 받지 못하게 되면서 끝내는 자살하고 만 것이다. 게다가 배역을 따기 위해 연예계 관계자들로부터 사기까지 당해 우울증에 시달린 그녀는 수년간 정신과치료를 받기도 했다.

2011년 말에는 원로배우 김추련(1946~2011)이 66세 나이로 자살했는데, 처음에는 연극배우로 활동한 그는 1974년 이원세 감독의 영화 〈빵간에 산다〉에 주연을 맡으며 영화배우로 데뷔해 백상예술대상 신인상을 받는 등 청춘스타로서 순탄한 출발을 보였다. 매우 개성적인 외모에 반항아적인 거친 남성 역으로 인기를 끈 그는 그 후 〈겨울여자〉 〈빗속의 연인들〉 〈매일 죽는 남자〉 〈난장이가 쏘아올린 작은 공〉 〈소금장수〉 등 50여 편의 영화에 출연했으나 1980년대 중반부터 카페 등 사업에 실패하면서 에로영화에 출연하기도 했다. 배우로서 인기가 시들해지자 가수로 전업한 그는 2003년부터 2011년까지 4장의 앨범도 냈지만, 별다른 반응을 얻지 못했으며, 이미 팬들의 기억에서 사라진 그는 2011년 마지막 유작이 된 영화 〈은어〉를 남기고 경남 김해시 원룸에서 외롭다는 내용의 유서를 남긴 채 목을 매 자살하고 말았다.

김추련이 자살한 후 한 달 뒤에는 미국으로 이민 갔던 아역배우 출신 정명현(1977~2011)이 자살해 팬들의 안타까움을 더했다. 1990년대

홍경인과 함께 아역배우로 연기대결을 벌이며 큰 인기를 끌었던 그는 TV 드라마 〈한지붕 세가족〉 〈호랑이 선생님〉 〈꼴찌 수색대〉 등에 출연하고, 이경규의 몰래카메라에 출연해 '장닭'이라는 별명을 얻어 유명해져 각종 CF도 찍었으며, 그 여세를 몰아 영화 〈장닭 고교 얄개〉 〈복수혈전〉에도 출연하는 등 승승장구했다. 하지만 성장해서 선린상고에 진학한 후로는 행실이 나빠지기 시작해 환각제 본드를 흡입한 상태에서 주택에 침입해 돈을 훔친 혐의로 소년원 신세까지 지게 되어 연예활동이 중단되었다. 그 후 다시 본드를 흡입하고 여고생 집단 성폭행 사건까지 일으켜 구속됨으로써 연예계에서 영구 제명당한 그는 1998년 미국 이민을 떠나 잠적한 뒤로 소식이 두절되었다가 2011년 12월 미국에서 자살했는데, 그런 사실은 1년이 훨씬 지난 후에야 알려졌다.

2012년 6월에는 배우 정아율(1987~2012)이 생활고를 비관하고 자신의 집 욕실에서 수건으로 목을 매 자살했다. 원래 승무원을 꿈꿨으나 번번이 낙방한 그녀는 일반 회사에 근무하던 중에 길거리 캐스팅으로 가수 연습생 생활을 하다가 배우로 전향했는데, 화장품 '설화수' 광고에 나오기도 했다. 첫 데뷔작인 KBS 드라마 〈사랑아 사랑아〉에 단역인 영심이 역을 맡아 출연했으나 수입이 거의 없어 군복무 중인 남동생에게 돈을 빌려 달라고 할 정도로 경제적인 어려움을 겪었는데, 그런 자신의 처지를 비관하고 우울증에 빠진 나머지 자살한 것으로 보인다.

2012년 8월에는 중견 탤런트 남윤정(1954~2012)이 우울증으로 자살했는데, 연극배우로 활동하다가 1973년 TBC 동양방송에 입사한 이래 〈왕룽일가〉 〈제3공화국〉 〈하얀 거탑〉 〈강남엄마 따라잡기〉 〈산 너머

남촌에는〉〈위험한 여자〉〈아내의 자격〉 등 많은 드라마에 출연하며 차분하고 안정적인 모습의 연기를 보인 그녀는 사업을 하던 남편이 갑자기 화재사고로 사망한 후 부채까지 떠안게 되면서 우울증 치료를 받아 온 것으로 알려졌다. 결국 그녀는 자신의 여의도 아파트에서 딸에게 유서를 남긴 후 목을 매 자살하고 말았다.

2013년 3월에는 단역 배우인 우봉식(1971~2014)과 김수진(1975~2013)이 연이어 자살했는데, 안양예술고등학교 출신인 우봉식은 영화 〈저 하늘에도 슬픔이〉에 아역배우로도 출연했으며, 그 후 〈싸이렌〉〈사랑하니까, 괜찮아〉 등에 출연하고, KBS 대하드라마 〈대조영〉에서는 보장왕의 심복인 팔보 역을 맡아 연기하기도 했으나 결국 생활고를 비관한 끝에 자살하고 말았다.

한편 이국적인 외모를 지닌 김수진은 간호사인 어머니와 독일인 사이에서 태어난 혼혈여성으로 TV 드라마 〈도전〉〈도시남녀〉〈순풍산부인과〉 등에 출연하기도 했으나 별다른 주목을 받지 못하자 우울증에 시달리다 자살한 것으로 보인다. 당시 그녀가 죽은 날은 공교롭게도 〈도시남녀〉에서 함께 출연했던 최진영의 3주기가 되는 날이기도 했다.

악성 루머에 시달리다 자살한 최진실

남녀노소를 가리지 않고 모든 이의 사랑을 받아 국민배우로 자리 잡은 최진실(1968~2008)의 비극적인 최후는 실로 많은 사람을 가슴 아프게 했다. 젊은 시절 청순하고 발랄한 이미지의 청춘스타로 인기 정상을 달리던 그녀는 중년에 접어들면서 탁월한 연기력까지 겸비해 국민배우로 대우받기에 손색이 없을 정도로 폭넓은 인기를 얻었지만, 개인적으로는 매우 불행한 결혼생활로 인해 파경을 맞이한 후 마음고생이 많았던 것으로 알려져 있다.

서울에서 태어난 그녀는 고등학교 시절 아버지가 가출해 어머니와 남동생 최진영과 함께 살았는데, 10여 년간 별거하던 부모는 결국 이혼하고 말았으며, 그런 이유로 늘 가난했던 그녀는 수제비로 끼니를 때우는 일이 많아 친구들로부터 '최수제비'라는 별명으로 불리기도 했다. 학비를 마련할 길이 없어 대학 진학을 포기한 그녀는 가난에서 벗어나기 위해 연예인이 될 결심을 했으며, 힘겨운 집안 형편이었지만 남매끼리 서로 의지하고 격려하며 남다른 우애를 다졌는데, 가수로 활동했던 동생 최진영(崔眞永, 1970~2010)도 누나가 자살한 지 2년 뒤에 그녀의 뒤를 따라 자살하고 말았다.

처음에 삼성전자 CF 광고에서 "남자는 여자하기 나름"이라는 대사를 크게 유행시킨 그녀는 그때부터 사람들의 시선을 끌었으며, 그 후 TV 드라마에 캐스팅되어 소위 트렌디 드라마를 대표하는 신세대 청춘스타로 떠오르며 인기가도를 달리기 시작했다. 또한 영화 〈남부군〉을 통해 영화계에도 데뷔한 후로는 흥행 보증수표가 되어 톱스타의 자리를 굳혔다. 하지만 인기가 높아지는 만큼 루머나 시련도 생기기 마련이어서 전 매니저였던 배병수가 살해당하는 사건이 발생하면서 그 사건에 연루되었다는 헛소문에 시달렸으며, 스토킹뿐만 아니라 수차례 납치의 위기를 겪기도 했다.

그런 가운데 2000년 5년 연하의 야구선수 조성민(1973~2013)과 치른 결혼식은 서울 장안에서도 큰 화젯거리였는데, 이듬해 그녀가 아들을 출산한 후 조성민은 느닷없이 기자회견을 열어 이혼 의사를 밝힘으로써 사람들을 어리둥절하게 만들기도 했다. 그로부터 2년 뒤 딸을 낳은 최진실은 기자회견을 열어 자신은 이혼할 의사가 없음을 분명히 밝히고 다시 방송에 복귀해 연기생활을 계속했지만, 결국에는 이혼에 합의하고 조성민과 헤어졌다. 그러나 그 과정에서 온갖 악성 루머에 시달리는 고초를 겪어야 했다.

그중에서도 최진실의 죽음에 가장 결정적인 영향을 주었던 악성 루머는 2008년 배우 안재환의 자살 사건 이후 나돌기 시작한 헛소문이었다. 최진실은 그 사건으로 곤경에 처한 코미디언 출신의 아내 정선희를 적극적으로 도왔지만, 인터넷을 통해 최진실이 안재환을 상대로 사채업을 했다는 악성 루머가 떠돌기 시작한 것이다. 그러자 과거에 있었던 루머들까지 덩달아 유포되면서 근거 없는 소문들이 날이 갈수록 불어나 도저히 수습이 불가능할 지경에 이른 것이다. 어린 남매를 홀로 키우고 있던 그녀로서는 실로 감당하기 어려운 상황이었다.

최진실은 평소에도 매우 털털한 성격에 잔정이 많고 참을성도 매우 강한 배우였지만, 자신을 대중과 이간질시키는 악성 루머에는 당할 재간이 없었다. 국민배우로서 만인의 사랑을 독차지했던 그녀로서는 자신의 이미지에 먹칠을 하는 헛소문의 융단폭격에 결국 두 손을 든 셈이었다. 실의에 빠진 그녀는 결국 자신의 집에서 스스로 목숨을 끊고 말았는데, 그녀의 어린 남매를 돌봐 주던 동생 최진영 역시 2년 후에 자살했으며, 그녀와 헤어진 후 야구계에서 외면당한 조성민마저 자살하고 말았으니 이들 모두의 불행은 개인적 차원의 문제를 떠나 집단적 횡포가 저지른 또 다른 우리 사회의 어두운 일면을 여지없이 드러내 준 계기가 되기도 했다.

자살한 노동운동가들

1970년 전태일 분신자살 사건 이후 본격적으로 움트기 시작한 노동운동은 장기 군사독재정권의 노동탄압으로 사실상 별다른 성과를 얻지 못한 게 사실이다. 비록 1979년 8월 민주당 당사에서 벌어진 YH 사건 때 여공 김경숙(1958~1979)이 경찰의 무리한 진압으로 옥상에서 추락사하는 일이 발생함으로써 부마항쟁의 도화선이 되고, 그 후 유신정권의 말로를 재촉하는 계기를 마련하기도 했으나 정작 노동계의 조직적인 반발을 불러일으키진 못했다.

오히려 노동자들의 극단적인 투쟁은 역설적으로 민주화가 이루어진 후라 할 수 있는데, 김대중 정권이 들어선 2003년 멕시코 칸쿤에서 개최된 세계무역기구(WTO) 반대 집회에 참석했다가 현장에서 칼로 가슴을 찔러 자살한 농민운동가 이경해(1947~2003)와 노무현 정부 시절 한미 FTA 반대운동 중에 분신자살한 허세욱, 그리고 이명박 정부 시절 광우병 촛불집회에서 분신자살한 이병렬이 대표적인 경우라 할 수 있으며, 노조파업을 주도하다 자살한 박종태 역시 이명박 정부 시절이었다. 또한 박근혜 정부에 들어서서는 노동당 대변인 박은지가 자살해 충격을 안겨 주기도 했다.

택시 기사 출신으로 노동운동에 나선 허세욱(1953~2007)은 1994년 봉천동에 거주할 당시 주민 강제철거에 맞서 투쟁에 가담하면서 사회운동에 뛰어들기 시작했다. 그 후 2000년 민노당에 입당해 활동한 그는 2007년 4월 한미 FTA 체결에 반대해 협상장소였던 서울 하얏트 호텔 정문 앞에서 분신자살을 기도한 후 곧바로 한강성심병원에 옮겨졌으나 보름 뒤에 숨지고 말았는데, 당시 그는 응급차로 실려 가면서도 한미 FTA 중단과 노무현 정권 퇴진을 외치기도 했다.

가족들은 입원기간 중에 정지단체의 개입을 원하지 않았으나 민주노총 측이 병원 당국과 병원비를 지급하겠다는 약속을 해 놓고도 제때에 지급하지 않아 논란을 빚기도 했다. 더욱이 조용히 가족장을 치르겠다고 고집한 유족들은 시민단체와 동료들의 반대에도 불구하고 시신을 몰래 빼돌려 임의대로 화장을 시키는 바람에 민노총과 마찰을 일으켰으며, 민노총은 고인의 유품을 챙겨 별도의 장례식을 치르고 모란공원에 유해가 없는 가묘를 세우기도 했다. 어쨌든 고인이 자신을 위해 모금을 하지 말아 달라는 유언까지 남겼음에도 불구하고 모금운동을 강행한 민노총이 병원비 지급을 계속 미루자 네티즌들의 성토가 이어졌으며, 결국에는 여론에 떠밀려 이듬해에 마지못해 병원비를 지급하는 모습을 보이기도 했다.

허세욱의 분신자살 이후 1년이 지난 뒤 이번에는 민노당 당원 이병렬(1965~2008)이 전주에서 벌어진 광우병 촛불집회에 가담했다가 코아 백화점 앞에서 이명박 정부 타도를 외치며 분신자살을 기도한 후 한강성심병원 화상센터로 후송되었으나 보름 뒤 숨을 거두었다. 당시 민노당 당원으로 활동하던 그는 3년 전 오토바이를 타고 신문배달을 하다 교통사고를 당해 전북대학교 병원에서 수술까지 받았으나 사고 후유증으로 정신과 진찰을 받기도 했다. 2006년 6급 장애인 판정을 받은 그는 그때부터 민노당에 가입해 활동했는데, 미국산 쇠고기 수입에 반대하는 운동에 참여했다가 분신자살하고 만 것이다. 서울시청 앞에서 민주시민장으로 장례를 마친 그의 유해는 고인의 뜻에 따라 광주 망월동 묘지에 안장되었다.

2009년에는 운수노조 화물연대 소속 박종태(1971~2009) 광주 지회장이 대한통운을 상대로 노조투쟁을 주도하다 경찰의 수배령이 내려지자 도피 중에 대한통운 대전지사 물류창고 부근 야산에서 나무에 목을 매 자살했는데, 주변에는 노조탄압 중지를 요구하는 내용의 현수막이 걸려 있었다. 당시 그는 대한통운 광주지사가 건당 운송료 30원 인상을 요구하는 택배기사 노조원 78명을 무더기로 해고하자 이에 맞서 노조원들과 함께 대전지사 앞에서 천막농성 등 복직 투쟁을 벌이다 업무방해 혐의로 체포영장이 발부된 상태였다. 숨진 그의 유해는 이병렬의 뒤를 이어 광주 망월동 묘지에 안장되었다.

박근혜 정부가 들어선 후에는 진보신당 대변인과 노동당 부대표를 역임했던 박은지(1979~2014)가 35세라는 한창 나이로 자살함으로써 진보계 인사들의 안타까움을 샀다. 사범대학을 졸업한 후 학원 강사와 계약직 교사로 일했던 그녀는 2008년 진보신당에 입당해 정계에 발을 들여놓았는데, 주로 홍보 분야에서 일하며 민족해방 계열 운동권을 비판하는 등 당의 이미지 개선을 위해 노력했다. 하지만 2012년 총선에서 낙선하는 등 소수정당으로서의 한계를 뼈저리게 느낀 그녀는 우울증에 시달리다 어린 아들을 남겨 둔 채 스스로 목숨을 끊고 말았다. 정치적 한계뿐 아니라 장애인 아버지와 싱글맘 가장으로 생계를 책임 맡는 등 개인적으로도 힘겨운 상황이었기 때문인 것으로 보인다. 그녀의 부친 박덕경은 장애인 최초로 서울시 의원에 당선된 인물이기도 했다.

버지니아 공과대학에서 총기난사 후 자살한 조승희

2007년 4월 16일 미국 버지니아 공과대학 교내에서 벌어진 총기난사 사건으로 32명이 현장에서 즉사하고 29명이 부상하는 등 총 61명의 사상자가 발생해 전 미국 사회가 큰 충격에 빠졌는데, 사건의 주범 조승희(1984~2007)는 동 대학교 영문학과 4학년에 재학 중인 한국인으로, 범행을 저지른 뒤 현장에서 자신의 머리를 쏴 자살했다.

조승희는 충남 아산에서 태어나 어릴 때 부모를 따라 미국으로 이민을 갔으며, 버지니아 공과대학에 진학해 기숙사 생활을 하던 학생이었다. 평소 내성적이고 말이 없어 교우관계도 거의 없던 그는 급우들 사이에서도 '물음표 학생'으로 통했는데, 말을 걸어도 묵묵부답인데다 출석부에도 자기 이름 대신 물음표를 적기 일쑤여서 그런 별명이 붙은 것이다. 이처럼 은둔형 외톨이로 지내는 모습을 보고 한 교수가 상담을 받아 보도록 권유하기도 했으나 그는 그런 제안마저 뿌리치고 응하지 않았다.

결국 뿌리 깊은 열등감과 세상에 대한 증오심에 사로잡힌 그는 미국 역사상 최악의 교내 총기난사 사고를 일으키고 말았는데, 2시간 30분 동안에 기숙사와 강의실을 오가며 권총으로 32명을 사살한 것이다. 당시 희생당한 인물 중에는 강의실로 들어오려는 조승희를 온몸으로 막으며 제자들이 도망갈 시간을 벌어 주다 총에 맞아 숨진 유대인 노교수 리브레스쿠도 있었는데, 그가 사망한 날은 공교롭게도 유대인 대학살 추도일로 리브레스쿠 교수는 제2차 세계 대전 당시 홀로코스트에서 살아남은 생존자였다.

총격을 가하는 동안에도 매우 침착하고 무표정한 모습을 보인 조승희는 마치 전문킬러처럼 탄창이 주렁주렁 달린 조끼를 걸친 상태에서 아무 말도 없이 덤덤한 태도로 범행을 저질렀으며, 팔에는 이상한 글귀를 적어 놓기도 했다. 어쨌든 제정신이 아닌 상태에서 저지른 그의 엽기적인 행동으로 인해 현지 한인 사회는 큰 충격에 빠지면서 집단적 자책감뿐 아니라 미국인들의 보복살인을 두려워하기까지 했으며, 참사 직후 촛불 예배를 여는 등 과민반응을 보임으로써 오히려 언론으로부터 빈축을 사기도 했다. 당시 노무현 대통령도 희생자들의 명복을 빈다는 메시지를 보내기도 했지만, 그 역시 2년 후에는 스스로 목숨을 끊음으로써 이래저래 한국의 이미지는 말이 아니게 되었다.

봉화산 바위에서 투신한 노무현

2009년 5월 23일 새벽 노무현(1946~2009) 전 대통령이 퇴임 후 자신이 머물던 봉하마을 뒷산 바위에서 뛰어내려 스스로 목숨을 끊었다. 민족주의적 성향과 좌파적 이념의 선도자로서, 그리고 도덕성을 내세운 청렴결백한 정치적 신념을 바탕으로 민주적 참여정부를 이끌며 수많은 추종자를 거느린 바 있던 그가 뇌물수수 혐의로 검찰의 수사망이 좁혀져 오는 상황에서 결행한 극단적 선택이었다는 점에서 우리나라 국민은 물론 전 세계를 놀라게 하기에 충분했다.

자고로 한 국가의 최고 영도자를 지낸 인물로서 국가의 존망이 달린 위급한 상황이 아닌 상태에서 개인적인 문제로 자살을 결행한 인물은 우리나라 역사상 노무현이 최초가 아닌가 싶다. 하기야 과거에도 자살한 대통령이 전혀 없는 건 아니었다. 칠레 대통령 발마세다와 아옌데, 그리고 브라질 대통령 바르가스가 바로 그들이다. 하지만 그들은 군사 쿠데타로 권력을 빼앗기는 과정에서 자살한 것이기 때문에 노무현과는 그 사정이 매우 다르다고 할 수 있다.

어쨌든 자기 자신의 목숨 자체를 그토록 가볍게 여길 수 있는 인물에게 그동안 국민 전체의 생존을 위임하고 있었다는 자괴감이 클 수밖에 없다. 노무현 전 대통령의 욱 하는 성격은 세상이 다 아는 사실이다. 따라서 그가 심각한 우울증을 앓았다기보다는 그동안 쌓아 올린 자신의 개인적 명예와 위신이 더욱 큰 문제가 되었을 수 있다.

비록 그는 마지막으로 남긴 유서에서 자신이 많은 사람에게 신세를 지고 자신으로 말미암아 여러 사람이 받은 고통과 앞으로 받을 고통을 걱정하면서 그럼에도 불구하고 누구도 원망하지 말라고 부탁했으나 그의 추종자들은 그를 죽음으로 몰고 간 것이 이명박 정부였다고 원망하며 그의 유언을 따르지 않았다.

물론 그가 대통령이 되기까지 많은 사람의 신세를 진 것은 사실이다. 그 많은 노사모를 상기해 보라. 그토록 많은 추종자를 거느렸던 대통령은 일찍이 없었다. 그러나 자신 때문에 고통받은 주변 사람들에 비해 그런 극단적인 방법을 통한 죽음으로 인해 받은 국민의 상처는 더욱 클 것이다. 그것은 믿음과 신의를 저버린 행동에 대한 배신감과 좌절인 동시에 국제적 망신이기도 했기 때문이다.

물론 열성적인 추종자들에게는 슬픔보다 분노가 더욱 컸겠지만, 그 분노는 사실 명분이 약할 수밖에 없었다. 허위로 조작된 비리 사건은 아니었기 때문이다. 다만, 천문학적 숫자에 달하는 비자금을 빼돌린 전두환과 노태우에 비하면 새 발의 피에 해당하겠지만 말이다. 어쨌거나 그는 액수 자체보다도 자신에게 주어진 도덕적 불명예와 모욕을 참을 수 없었던 게 분명하다. 그리고 그것을 누구 탓으로 돌리기도 어려웠다. 자신에게 다가올 치욕과 수모를 예상하고 더 이상 견딜 수가 없었던 것이다.

'공든 탑이 무너진다.'는 옛말처럼 그는 자신이 일생 동안 쌓아 올린 도덕적 이미지에 흠집이 가는 상황을 좀처럼 인정하기 어려웠을 것이다. 그런 이미지 하나만으로 사람 사는 세상을 만들겠다는 그를 사람들이 대통령으로 만들어 준 게 아니었던가. 그 이미지가 깨질 상황이 다가오자 그는 감히 죽음을 선택한 것이다. 물론 그의 죽음으로 자신의 측근들과 가족을 한순간에 구한 셈이 되었다. 법률용어에는 원인 무효소송이란 게 있다. 그의 죽음으로 모든 시비의 발단이 되었던 원인은 무효처리가 되고 말았다. 원인이 사라진 마당에 모든 시비 자체가 증발된 셈이다. 인권변호사 출신인 그는 그런 점을 너무도 잘 알고 있었을 것이다.

삶과 죽음이 모두 자연의 한 조각이라는 유서의 한 구절도 매우 불교적인 뉘앙스가 강하게 풍기는 말이다. 실제로 그는 사법고시 준비

시절 집 가까운 곳에 위치한 정토원에서 공부했으며, 투신자살 직전에도 바로 그 정토원에 들러 그곳 법당에 모셔진 부모님과 장인의 위패 앞에서 예를 표시한 뒤 바위에서 뛰어내린 것이다.

비록 그는 자살이라는 극단적인 선택으로 최후를 마치긴 했지만 "맞습니다, 맞고요."로 시작해서 "지금 막 가자는 것이지요." 등 그가 남긴 유행어는 실로 다양하다. 그러나 무슨 일이든 꼬이기만 하면 이게 다 노무현 탓이라고 대통령 탓으로 돌린 경우도 많았던 게 사실이다. 실제로 골프공이 제대로 맞지 않을 경우에도 노무현 탓으로 돌렸다는 우스갯말까지 있었다.

그것은 과거 이명박 대통령이나 지금의 박근혜 대통령도 마찬가지일 것이다. 어쩌면 문민정부의 대중에게 주어진 특권일지도 모른다. 세상에는 누구 탓을 하기 어려운 일들이 지척으로 널려 있기 때문이다. 그러니 만만한 게 대통령이요, 대통령 탓이라도 해야 속이 풀리기 때문이다. 마누라 탓하기에는 후환이 두렵기도 하고, 노무현 전 대통령 역시 마누라 탓도 하지 못하고 그 탓을 모두 자기에게로 돌린 셈이다. 그에게는 누구를 탓할 대상도 없었으며, 또 그렇게 비굴하게 살고 싶지도 않았을 것이다. 자존심 하나로 똘똘 뭉친 사람이었기 때문이다.

행복 전도사 최윤희의 동반 자살

금융대란의 후유증으로 온 나라가 휘청거리며 힘겨워할 때 혜성처럼 나타나 많은 사람에게 웃음과 희망의 용기를 불어넣어 줌으로써 행복 전도사로 불리던 최윤희(1947~2010)는 웃음 전도사 황수관 교수와 함께 한동안 삶의 고달픔을 잊게 해 준 해독제 역할로 방송계를 석권한 보기 드문 입담의 주인공이었다.

하지만 그녀는 최고의 인기를 구가하던 시점에 신병을 비관하고 남편과 함께 동반 자살함으로써 그녀를 사랑했던 많은 사람의 가슴을 더욱 착잡하게 만들었다. 생전에 방송에 나와 '자살'이라는 말을 거꾸로 읽으면 '살자'가 된다며 끝까지 희망을 잃으면 안 된다는 메시지를 던지던 그녀였기에 더욱 그렇다. 그런데 원래 이 말은 MBC 드라마 〈불새〉에서 에릭의 입을 통해 알려진 대사였다.

1947년생인 그녀는 명문대학교 국문과를 나와 평범한 주부로 지내다가 방송계에 진출해 뛰어난 재치와 유머 감각을 동원한 구수한 말솜씨로 시청자들을 사로잡았으며, 글 솜씨도 좋아서 수많은 저서를 내기도 하면서 행복 전도사로 명성을 날렸지만, 결국에는 병마를 이기지 못하고 2010년 한 모텔에서 남편과 함께 동반 자살로 생을 마감하고 말았다.

그러나 스스로 행복 멘토요, 행복 디자이너를 자처했던 그녀가 비록 불치병인 홍반성 낭창을 앓으며 고통받고 있었다 해도 그렇게 간단히 삶을 포기해 버린 점에 대해서는 선뜻 이해가 가지 않는다. 물론 그녀 자신도 그동안 자신이 해 온 말과 사회적 위치 때문에 더욱 큰 심적 부담을 안고 있었겠지만, 설사 그렇다 쳐도 그녀의 결정은 너무 성급하고도 무책임했다는 느낌을 지우기 어렵다.

왜냐하면 동기야 어찌 됐든 언행일치가 되지 않는 모습을 보여 주기 때문이다. 그렇다면 그동안 그녀가 쏟아 낸 모든 말이 그저 한번 웃자고 해 본 소리인지 아니면 단순히 인기 유지를 위한 콘셉트에 불과했던 것이라는 말인가. 공인으로서 만인의 사랑을 독차지하며 그동안 그녀가 누렸을 엄청난 혜택을 생각하면 더욱 그렇다.

하기야 그런 선택을 하기까지 엄청난 정신적 고통을 겪었겠지만, 설사 그렇다 처도 남편까지 덩달아 죽게 만든 건 너무도 이기적인 발상이 아닐 수 없다. 물론 치매에 빠진 아내가 안타까워 동반 자살을 시도한 노인 부부의 경우는 간혹 접할 수 있지만, 최윤희 부부의 경우는 좀 사정이 다르다고 하겠다. 어떻게 보면 안락사로 간주할 수도 있을지 모르나 우리나라 실정법에서는 엄연히 안락사도 이유 여하를 막론하고 살인행위로 간주하기 때문이다.

더군다나 그녀를 초빙해 자살예방 교육까지 열었던 단체들에서는 그동안의 노력이 물거품이 되어 버리지는 않을까 전전긍긍하는 모습도 보이니 그녀는 실로 너무도 무책임하다고 볼 수도 있다. 자신의 행동으로 인해 타인들에게 가해질 부정적인 파급효과에 대한 배려가 너무도 없었기 때문이다. 하기야 내 몸이 아파 죽을 지경인데 남 생각할 겨를조차 없는 게 인지상정이겠지만, 그렇다면 일반인들과 행복 전도사의 차이점이 뭐가 있단 말인가?

적어도 행복의 노하우에 대해서 잘 알지 못하는 대부분의 사람은 그 어떤 고통이 오더라도 최후의 순간이 올 때까지 그래도 어떻게든 살아보려고 몸부림치기 마련이다. 그런 점에서 남들에게는 무슨 수를 써서라도 살라고 해 놓고 정작 본인 자신은 고통에서 벗어나기 위해 자살을 선택한 것은 너무도 무책임한 행동이 아닐 수 없다.

모든 말에는 책임이 따르기 때문이다. 특히 공인의 경우에는 더욱 그렇다. 그녀가 남긴 수많은 화려한 수식어들, 멋진 노후, 행복 멘토의 희망수업, 행복의 홈런, 행복동화, 인생역전, 행복사전, 칠전팔기 등등의 아름다운 문구들이 그녀의 죽음과 함께 낙엽처럼 흩날려 우수수 떨어지는 모습이 눈에 선하다. 자신의 말대로 최후까지 병마의 고통과 싸우다 웃으며 삶을 마감했다면 얼마나 많은 사람에게 더욱 큰 용기와 희망을 주었을까를 생각해 보면 실로 아쉬움이 클 수밖에 없다.

자살한 영화감독 곽지균과 김종학 PD

2000년대에 접어들어 겉으로 화려하기 그지없는 가수나 배우, 패션 모델들의 자살이 줄을 잇는 가운데 이번에는 영화감독과 드라마 연출가의 자살이 이어졌는데, 특히 곽지균 감독과 김종학 PD의 자살은 연예계에 가장 큰 파문을 던졌다. 두 사람 모두 연탄가스를 피워 자살했는데, 곽지균 감독은 56세, 김종학 PD는 61세였다.

서울예술대학 영화과를 졸업한 곽지균(1954~2010) 감독은 영화 〈겨울 나그네〉〈두 여자의 집〉〈상처〉〈그 후로도 오랫동안〉〈젊은 날의 초상〉〈이혼하지 않은 여자〉〈장미의 나날〉〈청춘〉〈사랑하니까, 괜찮아〉 등 많은 작품을 감독했으나 흥행과는 크게 인연이 없던 감독이었다. 비록 한때 1986년 〈겨울 나그네〉로 대종상 신인감독상을 수상하고, 1991년 〈젊은 날의 초상〉이 대종상 최우수작품상을, 그리고 1992년 〈걸어서 하늘까지〉로 대종상 각색상을 타기도 했으나 그 이후로는 상복마저 없었다.

10년 전부터 우울증을 앓아 온 그는 오랜 기간 마땅한 일거리가 없어 심적으로 몹시 힘겨운 나날을 보낸 것으로 알려졌는데, 모처럼 메가폰을 잡았던 영화 〈사랑하니까, 괜찮아〉마저 흥행에 실패한 이후로는 영화인들과의 교류도 단절한 채 고립된 생활을 보내고 있었다. 결국 그는 "일이 없어 괴롭고 힘들다"는 내용의 유서를 남기고 그동안 홀로 외롭게 지내던 대전의 자택에서 스스로 목숨을 끊고 말았는데, 특히 국민배우 최진실의 동생인 최진영이 자살한 지 불과 2개월 뒤에 벌어진 일이라 영화계를 더욱 슬프게 했다.

2012년 1월에는 TV 드라마 PD로 활동하던 손문권(1972~2012)이 일산 자택의 계단에 목을 매 자살했는데, 그의 죽음을 처음 발견하고 경찰에 신고한 부인 임성한 작가는 한동안 그런 사실을 외부에 알리지 않았다. 이들 두 사람은 2005년 SBS 드라마 〈하늘이시여〉를 통해 조연 출자와 작가로 처음 만난 이후 2007년에 결혼했는데, 당시 〈인어아가씨〉 등을 집필해 인기 작가로 떠오른 임성한이 열두 살이나 연상이어서 화제를 모으기도 했다. 그 후 임 작가는 자신이 쓴 드라마의 연출을 남편인 손문권이 맡게 해 달라고 방송사 측에 요청해 〈아현동 마님〉 〈신기생뎐〉 등을 연출하기도 했으나 시청률은 그다지 높지 않았다. 손 PD는 이혼한 전처와의 사이에서 낳은 아들에게 미안하다는 내용의 유서를 남기고 죽었다.

하지만 방송계에 가장 큰 충격을 안겨 준 사건은 TV 드라마 〈여명의 눈동자〉 〈모래시계〉 등으로 한 시대를 풍미했던 방송 연출계의 거장 김종학 PD(1951~2013)의 죽음일 것이다. 휘문고등학교를 거쳐 경희대학교 신문방송학과를 졸업한 그는 MBC 인기 수사물 〈수사반장〉

으로 출발해 〈다산 정약용〉 〈조선 총독부〉 〈동토의 왕국〉 〈영웅시대〉 〈북으로 간 여배우〉 〈회천문〉 〈남한산성〉 〈인간시장〉 〈태왕사신기〉 〈신의〉 등 많은 작품을 연출했다.

그중에서도 특히 작가 송지나와 함께 손잡고 연출한 〈여명의 눈동자〉는 그를 일약 스타의 반열에 오르게 했으며, 그 후 역시 송지나 작가와 함께 작업한 〈모래시계〉는 '귀가시계'로 불릴 만큼 폭발적인 인기를 끌어 드라마 방영시간에는 거리가 한산할 정도였다. 송 작가와 작업한 〈여명의 눈동자〉 〈모래시계〉 〈대망〉 등은 모두 백상예술대상 연출상을 받는 기염을 토했다.

이처럼 뛰어난 연출력을 지닌 카리스마적 PD로 큰 명성을 얻으며 연출계의 제왕으로 군림한 그는 한류스타 배용준을 내세운 〈태왕사신기〉에서 다시 송 작가와 손을 잡았으며, 그 후 〈신의〉에서도 함께 작업했으나 이 드라마는 결국 그의 유작이 되고 말았다. 극히 저조한 시청률을 기록한 〈신의〉는 결국 그의 죽음을 부른 악재로 작용했는데, 출연료 미지급과 관련한 배임 및 횡령사기 혐의로 고소를 당한 그는 검찰의 사전구속영장이 청구된 상태에서 경기도 분당의 한 고시텔 5층 방에 연탄가스를 피워 놓고 자살해 버렸다.

에필로그

이 책을 마무리하면서 새삼스레 느낀 점은 지금까지 오랜 세월에 걸쳐 참으로 많은 사람이 스스로 목숨을 끊었다는 것과 그들 대다수가 고통스러운 삶에 힘겨워했다는 사실이다. 물론 그들 중에는 온갖 악행을 저지른 사람이 없는 것도 아니지만, 대부분은 불가피한 사연 때문에 스스로 생을 마감하고 말았다는 사실을 알 수가 있다.

오늘날 이 지구상에는 매년 80만 명 이상이 자살하고 있다. 매일 2천 명 이상, 매 시간마다 100명 정도가 스스로 목숨을 끊고 있는 셈이다. 지금 이 순간에도 누군가 은밀한 장소에서 자살을 시도하고 있는 것이다. 그러니 이 책에서 소개한 인물들은 그나마 이름이 알려진 유명인사들로 인류 역사 이래 자살한 수천만 아니 수억에 달하는 사람들 가운데 지극히 일부임을 알 수 있다.

인간은 누구나 죽을 때 홀로 죽어갈 수밖에 없는 존재지만, 철저히 고립된 상태에서 스스로 죽음을 맞이하는 자살자의 최후는 그야말로 가장 처절하고도 외로운 죽음이라 할 수 있다. 그런 점에서 우리는 끔찍한 고통 속에서 숨겨간 그들의 죽음을 단순히 어리석은 행동으로 폄하하거나 또는 정반대로 미화시켜서도 안 될 것이다.

385

물론 대부분의 사람은 자살자에 대해 안타까움을 표시하겠지만, 이름조차 알려지지 않은 사람들은 그런 관심의 대상에 오르지도 못한다. 더욱이 수많은 촛불 가운데 한 개가 꺼졌다고 해서 세상이 크게 달라지는 것도 아니다. 그럼에도 불구하고 그들이 굳이 왜 그런 극단적 선택을 할 수밖에 없었는지 그 이유를 알고 이해하는 작업은 반드시 필요하다. 왜냐하면 또 다른 사람들의 비극을 예방하는 차원에서도 그렇겠지만, 우리가 살아가는 삶의 조건을 개선하는 일에도 도움이 되기 때문이다.

이 책에서 소개한 사람들의 대부분은 역사적 기록에 남겨진 인물들이기 때문에 그나마 자살의 배경을 이해할 수 있는 여지가 충분히 남아 있다고 하겠지만, 그렇지 못한 사람들의 경우에는 오로지 그들이 남긴 유서 내용을 통해 그 동기를 짐작할 수 있을 뿐이다. 하지만 유명 인사들의 경우에도 유서를 남기지 않은 사람들이 적지 않기 때문에 단지 생전에 보인 행적을 통해 짐작이 가능한 경우도 많다.

이름이 알려진 자살자의 수치로만 보자면, 가장 많은 자살자를 낳은 분야는 역시 예술계라 할 수 있다. 특히 문학가들 가운데 자살자가 많은데, 그중에서도 시인들이 가장 많다. 작가들 다음으로는 배우들과 가수들이 차지하고 있으며, 스포츠 선수들이 그 뒤를 잇고 있다. 특이한 점은 예술계에서도 화가들과 음악가들에서는 의외로 자살한 경우가 매우 적다는 사실이다. 미를 추구하는 직업이어서 특히 그런지는 모르나 어쨌든 화가나 음악가들은 학자들보다 자살한 경우가 훨씬 적다는 사실을 알 수 있다.

작가와 연예인 다음으로 자살이 많은 경우는 정치적 인물들이라 할 수 있다. 물론 그것은 예술의 역사보다 정치적 역사가 오래되었기 때문이기도 하겠지만, 정치적 인물들의 자살은 예술가들과는 달리 우울증이나 스트레스 때문이 아니라 권력을 찬탈당하거나 전쟁에서 패배한 경우가 대부분이다. 따라서 그들은 자신을 탓하고 죽은 것이 아니라 세상을 원망하며 좌절한 상태에서 스스로 목숨을 끊은 경우가 많다.

하지만 그 동기나 배경이 어찌됐든 유명인사들의 자살은 기억해 주는 사람들이 있기 때문에 그나마 죽은 이후에도 위안이 될 수 있을지 모르나 이름조차 남기지 못하고 사라진 수많은 자살자는 대중의 관심 밖에 있으니 죽어서도 몹시 외로울 것이다. 문제는 소중한 삶을 포기하고 스스로 죽음을 선택할 수밖에 없는 저간의 사정을 이해하고 또 다른 자살자의 출현을 막기 위해 우리 모두가 어떤 노력을 기울여야 할 것인가 하는 점에 있다고 본다. 세상에 쓸모 있는 사람이건 아니건 간에 이왕 태어난 삶이라면 누구나 행복한 삶을 누릴 권리가 있다. 따라서 자살 자체를 악으로 간주하기보다는 자살로 몰고 가는 사회적 배경 자체가 악이라 할 수 있다. 타인에게 고통을 심어 주는 것이 악이라면 더욱 그렇다.

세상에는 개인에게 극심한 고통을 안겨 주는 구조적 모순이 존재하기 마련인데, 사회학에서는 그것을 구조악(structural evil)이라고 부른다. 하지만 개인적 차원에서도 그런 구조적 모순이 존재하는데, 각자의 심리 내면에서 서로 충돌을 일으키는 갈등이 바로 그런 모순의 결과로 일어난다. 그리고 각자의 내면에서 자아가 적절한 타협에 실패할 경우에는 자살이라는 극단적인 선택도 마다하지 않게 된다.

따라서 한 개인의 자살에는 환경적 배경뿐 아니라 심리적 균형의 붕괴 또한 중요한 동기로 작용하기 마련이다. 자살 방지에 있어서 정신의학적 개입의 필요성이 그만큼 중요하다는 뜻이다. 하지만 우리나라는 현재 지구상에서 가장 심각한 자살문제를 안고 있는 현실임에도 불구하고 자살 예방에 별다른 관심을 보이지 않을뿐더러 더 나아가 자살문제와 맞서 싸워야 할 정신과 의사들의 사기를 오히려 여러 제도적 제약을 통해 꺾고 있는 실정이다.

그런데 일반 대중 역시 자살에 무관심하기는 마찬가지라 할 수 있다. 산 사람도 먹고살기 힘든 판에 자살을 시도하는 사람 걱정까지 할 여력이 없다고 여기기 때문일까? 그럴지도 모른다. 하지만 이웃 마을에 불이 나는 것과 마찬가지로 자살도 결코 단순히 강 건너 불구경하듯이 다룰 문제가 아니다. 그런 비극은 언제, 어느 때 우리 앞에 닥칠지 모르는 일이다. 예기치 못한 자식의 자살을 두고 대부분의 부모가 하는 말은 "우리 애는 결코 자살할 아이가 아니며 자살할 이유도 없다."라는 것이다. 그런 주장을 달리 해석하자면 부모 자식 간에도 서로 소통이 부족했다는 점을 알려 주는 것이라 할 수 있으며, 그런 소통의 부재는 우리 사회에 만연한 또 다른 돌림병이기도 하다는 점에서 심각한 사회문제가 아닐 수 없다.

어쨌든 고대사회를 비롯해 오늘날에 이르기까지 수많은 인물의 자살을 통해 우리가 배울 수 있는 교훈이 있다면 한마디로 정신적 건강을 적절히 유지하는 일이라고 하겠다. 물론 그것은 말처럼 쉬운 일이 아니겠지만, 정신의학적 치료가 엄연히 존재하는 오늘날에 와서 극심한 우울증은 얼마든지 극복할 수 있다는 점을 고려한다면 자살이라는 극단적 선택도 피해 갈 수 있는 여지는 충분히 있다고 본다. 문제는 그런 위기를 극복한 후 삶의 의지를 계속해서 유지해 나갈 수 있도록 환경적 지지와 보호가 요구된다는 점이다. 물론 그것은 사회적 제도의 뒷받침이 마련되어야 가능한 일이기도 하다. 그리고 그런 변화가 이루어지지 못한다면 앞으로도 자살 현상은 계속 멈추지 않을 것이다.

우리 사회는 유독 '우리'라는 말을 자주 사용한다. 우리나라, 우리 민족, 우리말, 우리 부모, 우리 집, 우리 마누라, 우리 자식, 우리 회사 등등. 물론 그것은 우리 모두가 단일민족으로 한 가족처럼 한 울타리 안에 살아간다는 의식을 반영한 말이기도 하겠지만, 가족을 비롯해 모든 것이 해체되고 분리를 거듭하는 고도산업화시대에 이르러서는 오히려 그런 공동체의식이 매우 희박해지고 치열한 생존경쟁과 더불어 반대급부로 소외와 고립이 만연한 개인주의사회로 변하고 말았다. 그리고 그런 소외와 고립이 결국 자살로 이끄는 가장 큰 사회적 배경으로 작용한다는 점에서 우리 모두 함께 더불어 산다는 의식의 회복이 더욱 절실한 시점이 아닐 수 없다. 저자가 굳이 자살에 대한 역사를 소개한 이유도 바로 그런 점을 강조하고 싶었기 때문이다.

참고문헌

강준만(2006). 한국 현대사 산책 전집. 서울: 인물과사상사.

구견서(2001). 일본 知識人의 사상. 서울: 현대미학사.

권혁건(1997). 일본 근대 작가의 이해. 대구: 학사원.

김기란, 최기호(2009). 대중문화 사전. 서울: 현실문화연구.

김재영(1999). 조선의 인물 뒤집어 읽기. 서울: 도서출판 삼인.

김정형(2005). 역사 속의 오늘. 서울: 생각의 나무.

박규원(2003). 상하이 올드 데이스. 서울: 민음사.

박성수(2003). 독립운동의 아버지 나철. 경기: 북캠프.

박영규(1998). 한 권으로 읽는 조선왕조실록. 경기: 도서출판 들녘.

안성일(2004). 혁명에 배반당한 비운의 혁명가들. 서울: 선인.

야마다 쇼지(2003). 가네코 후미코(정선태 역). 서울: 산처럼.

오영섭(2007). 한국 근현대사를 수놓은 인물들 (1). 경기: 경인문화사.

이가원(1965). 李朝名人列傳. 서울: 을유문화사.

이덕일(1997). 당쟁으로 보는 조선역사. 서울: 도서출판 석필.

이덕일(2005). 장군과 제왕. 경기: 웅진지식하우스.

이병욱(2013). 정신분석으로 본 한국인과 한국문화. 서울: 소울메이트.

이병욱(2014). 프로이트와 함께하는 세계문학일주. 서울: 학지사.

이병욱(2015a). 위대한 환자들의 정신병리. 서울: 학지사.

이병욱(2015b). 카우치에 누운 시인들의 삶과 노래. 서울: 학지사.

이이화(2015). 한국사 이야기. 경기: 한길사.

이현희(1988). 한민족광복투쟁사연구. 서울: 정음문화사.

장숙연(2011). 중국을 뒤흔든 불멸의 여인들(이덕모 역). 서울: 글누림.

전혜린(1998). 그리고 아무 말도 하지 않았다. 서울: 민서출판사.

정유석(2009). 예술가들의 이상심리. 서울: 랜덤하우스코리아.

정종진(1991). 한국 작가의 생태학. 서울: 우리문학사.

조영래(1983). 전태일 평전: 어느 청년 노동자의 삶과 죽음. 경기: 돌베개.

최승범(1994). 일본 기행 조선도공을 생각한다. 서울: 신영출판사.

최윤희(2009). 멋진 노후를 예약하라. 서울: 황매.

최정표(2014). 한국재벌사연구. 서울: 해남.

탁명환(1991). 한국 신흥종교의 실상. 서울: 현대종교사.

홍승표(2005). 중국유학의 남방 전파. 대구: 계명대학교출판부.

Alvarez, A. (1990). *The Savage God: A Study of Suicide.* New York: W. W. Norton & Company.

Avrich, P., & Avrich, K. (2012). *Sasha and Emma: The Anarchist Odyssey of Alexander Berkman and Emma Goldman.* Cambridge, MA: Harvard University Press.

Badiou, A. (2000). *Deleuze: The Clamor of Being.* Minneapolis, MN: University of Minnesota Press.

Barbagli, M. (2015). *Farewell to the World: A History of Suicide.* Cambridge, UK: Polity Press.

Becker, J. (1977). *Hitler's Children: The Story of the Baader-Meinhof Terrorist Gang.* New York: J. B. Lippincott & Co.

Berman, J. (1999). *Surviving Literary Suicide.* Amherst, MA: University of Massachusetts Press.

Brayer, E. (2006). *George Eastman, A Biography.* Rochester, NY: University Rochester Press.

Brenot, P. (1997). *Le Genie et La Folie: en Peinture, Musique et Litterature.* Paris:

PLON. 김웅권 역(1997). 천재와 광기. 서울: 동문선.

Brown, R. (2004). *Art of Suicide*. London: Reaktion Books.

Burstein, S. M. (2004). *The Reign of Cleopatra*. Westport, CT: Greenwood Press.

Carell, P. (1960). *The Foxes of the Desert*. New York: Dutton.

Casey, N. (2002). *Unholy Ghost: Writers on Depression*. New York: William Morrow.

Cesarani, D. (1999). *Arthur Koestler: The Homeless Mind*. New York: Free Press.

Champlin, E. (2005). *Nero*. Cambridge, MA: Harvard University Press.

Chang, I. (1997). *The Rape of Nanking: The Forgotten Holocaust of World War II*. New York: Basic Books.

Chidester, D. (2004). *Salvation and Suicide: Jim Jones, the People's Temple and Jonestown*. Bloomington, IN: Indiana University Press.

Clarke, M. L. (1981). *The Noblest Roman*. Ithaca, NY: Cornell University Press.

Cook, D. (2013). *Thomas Chatterton and Neglected Genius, 1760-1830*. Basingstoke and New York: Palgrave Macmillan.

Cross, C. (2002). *Heavier Than Heaven: A Biography of Kurt Cobain*. New York: Hyperion.

Crowe, L. G. (2010). *Isabella Blow: A Life in Fashion*. New York: Thomas Dunne Books.

Dally, P. (1999). *The Marriage of Heaven and Hell: Manic Depression and the Life of Virginia Woolf*. New York: St. Martin's Press.

David, J. (1999). *The Life and Humor of Robin Williams: A Biography*. New York: Quill.

Di Marco, F. (2016). *Suicide in Twentieth Century Japan*. London: Routledge.

Durkheim, E. (1997). *Suicide: A Study In Sociology*. New York: Free Press.

Eiland, H., & Jennings, M. W. (2014). *Walter Benjamin: A Critical Life*. Cambridge, MA: Harvard University Press.

Eissler, K. R. (1983). *Victor Tausk's Suicide*. Madison, CT: International Universities

Press.

Felstiner, J. (1995). *Paul Celan: Poet, Survivor, Jew*. New Haven, CT: Yale University Press.

Fine, R. (1979). *A History of Psychoanalysis*. New York: Columbia University Press.

Fisher, D. J. (2008). *Bettelheim: Living and Dying*. Amsterdam: Rodopi.

Freud, S. (1917). Mourning and Melancholia. *Standard Editions, 14*, 243-358. London: Hogarth Press.

Fromm, E. (1973). *The Anatomy of Human Destructiveness*. New York: Norton.

Gerzina, G. H. (1989). *Carrington: A Life*. New York: W. W. Norton & Co.

Goldman, E. (1970). *Living My Life*. New York: Dover Publications.

Goodman, R., & Soni, J. (2012). *Rome's Last Citizen: The Life and Legacy of Cato, Mortal Enemy of Caesar*. New York: Thomas Dunne Books.

Gruen, E. S. (1974). *The Last Generation of the Roman Republic*. Berkeley, CA: University of California Press.

Hammer, E. J. (1987). *A Death in November: America in Vietnam, 1963*. New York: E. P. Dutton.

Harman, O. (2010). *The Price of Altruism: George Price and the Search for the Origins of Kindness*. New York: W. W. Norton & Company.

Harrowitz, N., & Hyams, B. (1995). *Jews and Gender: Responses to Otto Weininger*. Philadelphia: Temple University Press.

Hjortsberg, W. (2012). *Jubilee Hitchhiker: The Life and Times of Richard Brautigan*. Berkeley, CA: Counterpoint.

Hu, H. L. (2000). *American Goddess at the Rape of Nanking: The Courage of Minnie Vautrin*. Carbondale, IL: Southern Illinois University Press.

Jamison, K. R. (1996). *Touched with Fire: Manic-Depressive Illness and the Artistic Temperament*. New York: Free Press.

Jamison, K. R. (2000). *Night Falls Fast: Understanding Suicide*. New York: Alfred A. Knopf.

Jansen, M. B. (2000). *The Making of Modern Japan*. Cambridge, MA: Harvard University Press.

Joiner, T. (2007). *Why People Die by Suicide*. Cambridge, MA: Harvard University Press.

Jonas, K. (1992). Modelling and Suicide: A Test of the Werther Effect. *British Journal of Social Psychology, 31*(4), 295-306.

Karlinsky, S. (1985). *Marina Tsvetaeva: The Woman, Her World, and Her Poetry*. Cambridge, UK: Cambridge University Press.

Kingsley, P. (1995). *Ancient Philosophy, Mystery, and Magic: Empedocles and Pythagorean Tradition*. Oxford: Clarendon Press.

Kübler-Ross, E. (1969). *On Death and Dying*. New York: Macmillan.

Lacroix, A. (2001). *Se Noyer Dans L'alcool?* Paris: PUF. 백선희 역(2002). 알코올과 예술가. 서울: 마음산책.

Lahr, J. (2014). *Tennessee Williams: Mad Pilgrimage of the Flesh*. New York: W. W. Norton & Co.

Leavitt, D. (2006). *The Man Who Knew Too Much: Alan Turing and the Invention of the Computer*. New York: W. W. Norton & Co.

Lindenberger, H. (1971). *Georg Trakl*. New York: Twayne.

Lubin, A. J. (1972). *Stranger on the Earth: A Psychological Biography of Vincent van Gogh*. New York: Holt, Rinehart and Winston.

Lukas, C., & Seiden H. M. (2007). *Silent Grief: Living in the Wake of Suicide*. London: Jessica Kingsley Publisher.

Mariani, P. (1999). *The Broken Tower: A Life of Hart Crane*. New York: W.W. Norton & Co.

Max, D. T. (2013). *Every Love Story is a Ghost Story: A Life of David Foster Wallace*. New York: Penguin Books.

Menninger, K. A. (1973). *Man Against Himself*. New York: Harcourt.

Meyer, R. J. (2005). *Ruan Ling-Yu: The Goddess of Shanghai*. Hong Kong: Hong

Kong University Press.

Middlebrook, D. W. (1992). *Anne Sexton: A Biography*. New York: Vintage Books.

Minois, G. (2001). *History of Suicide: Voluntary Death in Western Culture*. Baltimore: Johns Hopkins University Press.

Nabokov, V. (1961). *Nikolai Gogol*. New York: New Directions.

Nearing, S. (1972). *The Making of a Radical: A Political Autobiography*. New York: Harper and Row. 김라합 역(2000). 스콧 니어링 자서전. 서울: 실천문학사.

Newton, S. H. (2006). *Hitler's Commander: Field Marshal Walter Model-Hitler's Favorite General*. Cambridge, MA: Da Capo Press.

Nichols, P. (2003). *Evolution's Captain: The Dark Fate of the Man Who Sailed Charles Darwin Around the World*. New York: HarperCollins.

Parenti, M. (2003). *The Assassination of Julius Caesar*. New York: New Press.

Pearson, L. (1981). *The Art of Demosthenes*. Chico, CA: Scholars Press.

Prochnik, G. (2014). *The Impossible Exile: Stefan Zweig at the End of the World*. New York: Other Press.

Rankin, A. (2011). *Seppuku: A History of Samurai Suicide*. Tokyo: Kodansha.

Reynolds, M. (1999). *Hemingway: The Final Years*. New York: W. W. Norton & Co.

Roller, D. W. (2010). *Cleopatra: A Biography*. Oxford: Oxford University Press.

Salvendy, J. T. (1988). *Royal Rebel: A Psychological Portrait of Crown Prince Rudolf of Austria-Hungary*. Lanham, MD: University Press of America.

Sandblom, P. (1989). *Creativity and Disease*. Philadelphia: J. B. Lippincott.

Schoolcraft, R. W. (2002). *Romain Gary: The Man Who Sold His Shadow*. Philadelphia: University of Pennsylvania Press.

Seneca, L. A. (2014). *Hardship and Happiness*. Chicago IL: University of Chicago Press.

Shirer, W. L. (1960). *The Rise and Fall of the Third Reich*. New York: Simon & Schuster.

Shneidman, E. S. (1998). *The Suicidal Mind*. Oxford: Oxford University Press.

Sloan, J. P. (1996). *Jerzy Kosinski: A Biography*. New York: Penguin Books.

Sowerby, B. (1974). *The Disinherited: The Life of Gérard de Nerval*. New York: New York University Press.

Spoto, D. (2001). *Marilyn Monroe: The Biography*. New York: Cooper Square Press.

Stack, S. (1996). The Effect of the Media on Suicide: Evidence from Japan, 1955-1985. *Suicide Life Threat Behavior, 26*(2), 132-142.

Styron, W. (1990). *Darkness Visible: A Memoir of Madness*. New York: Random House. 임옥희 역(2011). 보이는 어둠. 서울: 문학동네.

Swindell, L. (1983). *Charles Boyer: The Reluctant Lover*. Garden City, New York: Doubleday.

Tabor, S. (1988). *Sylvia Plath: An Analytical Bibliography*. London: Mansell.

Terrill, R. (1999). *Madame Mao: The White-Boned Demon*. Stanford, CA: Stanford University Press.

Thomas, D. (2015). *Gods and Kings: The Rise and Fall of Alexander McQueen and John Galliano*. New York: Penguin Press.

Värnik, P. (2012). Suicide in the World. *International Journal of Environmental Research and Public Health, 9*(3), 760-771.

Vinogradov, V. K., Pogonyi, J. F., & Teptzov, N. V. (2005). *Hitler's Death: Russia's Last Great Secret from the Files of the KGB*. London: Chaucer Press.

Voss, R. F. (2000). *A Life of William Inge: The Strains of Triumph*. Lawrence, Kansas: University Press of Kansas.

Weaver, J., & Wright, D. (2008). *Histories of Suicide: International Perspectives on Self-Destruction in the Modern World*. Toronto: University of Toronto Press.

Wessinger, C. (2000). *How the Millennium Comes Violently: from Jonestown to*

Heaven's Gate. New York: Seven Bridges Press.

Wolf, A. S. (1990). *Suicidal Narrative in Modern Japan: The Case of Dazai Osamu*. Princeton, NJ: Princeton University Press.

Worthen, J. (2007). *Robert Schumann: Life and Death of a Musician*. New Haven, CN: Yale University Press.

참
고
문
헌

찾아보기

한국 인명

399

찾아
보
기

401

서양 인명

찾아보기

찾아보기

저자 소개

■ **이병욱**(Lee, Byung-Wook)

서울 출생으로 고려대학교 의과대학을 졸업하고 동 대학에서 박사학위를 받았다. 한림대학교 정신건강의학과 교수로 재직하면서 정신치료와 정신분석에 주된 관심을 기울여 118편의 논문을 발표하였으며, 대한신경정신의학회 학술부장, 한국정신분석학회 간행위원장과 회장을 역임하고, 제1회 한국정신분석학회 학술상을 받았다. 현재는 한빛마음연구소를 개설하여 인간심리 연구 및 저술 활동에 전념하고 있다.

〈저서〉

프로이트, 인생에 답하다(소울메이트, 2012)

마음의 상처, 영화로 힐링하기(소울메이트, 2012)

정신분석을 통해 본 욕망과 환상의 세계(학지사, 2012)

정신분석으로 본 한국인과 한국문화(소울메이트, 2013)

세상을 놀라게 한 의사들의 발자취(학지사, 2014)

프로이트와 함께하는 세계문학일주(학지사, 2014)

카우치에 누운 시인들의 삶과 노래(학지사, 2015)

위대한 환자들의 정신병리(학지사, 2015)

자살의 역사

자살은 죄악인가 용기인가 아니면 도피인가

History of Suicide

Is the suicide a crime or a courage? If not, is it the escape?

2017년 1월 10일 1판 1쇄 인쇄
2017년 1월 20일 1판 1쇄 발행

지은이 • 이병욱
펴낸이 • 김진환
펴낸곳 • (주) **학지사**

      04031 서울특별시 마포구 양화로 15길 20 마인드월드빌딩
대표전화 • 02-330-5114   팩스 • 02-324-2345
등록번호 • 제313-2006-000265호

홈페이지 • http://www.hakjisa.co.kr
페이스북 • https://www.facebook.com/hakjisa

ISBN 978-89-997-1097-1 03180
정가 17,000원

인터넷 학술논문 원문 서비스 **뉴논문** www.newnonmun.com

이 도서의 국립중앙도서관 출판시도서목록(CIP)은 서지정보유통지원
시스템 홈페이지(http://seoji.nl.go.kr)와 국가자료공동목록시스템
(http://www.nl.go.kr/kolisnet)에서 이용하실 수 있습니다.
(CIP 제어번호: CIP2016023888)

•·················· 교육문화출판미디어그룹 **학지사** ··················•

심리검사연구소 **인싸이트** www.inpsyt.co.kr
원격교육연수원 **카운피아** www.counpia.com
학술논문서비스 **뉴논문** www.newnonmun.com